제2판

경찰관직무집행법의
이론과 실제

김형규

제2판 머리말

경찰대학에서 경찰관직무집행법 수업교재로 사용하면서 제1판을 수십 번 다시 읽어보았고, 수업을 통해 독자들이 이를 어느 정도 이해하는지 확인할 수 있었습니다. 이러한 과정을 거쳐 이 책 제2판을 내어 놓습니다.

제2판에서 저자는 위험방지와 접점에 있는 수사의 목차를 조정하여 경찰작용 관련 법률의 적용체계를 구조적으로 이해하는 데 도움이 되도록 하였고, 행정기본법의 내용 반영, 특별법의 보완, 신규 판례의 추가 등을 통해 법률 규정과 실제 적용을 더욱 깊이 있게 이해할 수 있도록 하였습니다. 제1판 출판 후 시행된 경찰관직무집행법 제11조의5와 곧 시행이 예정된 경찰관직무집행법 제10조의5 내지 제10조의7의 추가도 이루어졌습니다. 이에 대한 학술적 논의가 부족하고, 판례도 형성되지 아니하였지만 당장의 경찰작용에 큰 영향을 미칠 것이기에 조문의 내용을 조목조목 따져보고 관련 작용과 판례를 소개하는 것에도 큰 의미가 있을 것입니다.

법서라는 본질상 개정은 피할 수 없는 운명이지만, 제2판의 개정에는 많은 고민과 긴 시간이 소요되었고, 이 책의 큰 틀은 제2판에서 변경되지 않을 것입니다. 저자의 고민과 시간이 독자들의 고민과 시간을 조금이라도 덜어주길 기대해 봅니다.

끝으로 이 책의 출판에 도움을 아끼지 아니한 박영사 여러분께 다시 한 번 감사말씀 드립니다. 무대 뒤 스텝의 역할이 제대로 수행되지 아니하면 결코 좋은 공연이 나올 수 없듯, 박영사 여러분의 도움이 없었다면 이 책은 온전히 제2판을 맞이할 수 없었을 것입니다.

2024년 3월

김 형 규

머리말

'경찰이 하는 일은 무엇인가'라는 질문에 대다수의 사람은 범인을 잡는 일, 즉 '수사'라고 대답할 것입니다. 영화, 드라마를 넘어 예능, 심지어 교양 프로그램까지 앞다투어 경찰 수사의 극적인 모습만을 다루고 있으니, 경찰이라는 말이 가장 먼저 떠올리는 이미지가 수사인 것은 당연한 일이겠지요. 하지만 사실 수사는 경찰이 하고 있는 많은 일 중 하나일 뿐이고, 수사경찰관은 전체 경찰관의 1/4에도 미치지 못하는 등 그 비중도 생각만큼 크지 않습니다. 이는 시도경찰청이나 경찰서의 조직도를 통해서도 확인할 수 있습니다. 예컨대 일반적으로 경찰서에는 수사과와 형사과 외에도 경무과, 생활안전과, 경비과, 교통과, 외사과, 보안과, 112 상황실, 청문감사관실 등이 있습니다.

그렇다면 나머지 3/4의 경찰관, 즉 10만 명에 가까운 경찰관이 하고 있는 일은 무엇일까요? 교통정리나 음주단속을 하고 있는 경찰관이나 순찰을 돌고 있는 경찰관을 단 한 번도 보지 않은 사람은 없을 겁니다. 뉴스를 통해 자살을 하려는 사람을 구한 경찰관, 가출청소년이나 독거노인을 적극적으로 보호한 경찰관과 같은 미담을 들을 기회도 종종 있고요. 이처럼 대다수의 경찰관이 일선 현장에서 하는 일은 국민이 안전하고 평온한 생활을 할 수 있도록 위험한 일이 애초에 발생하지 않도록 예방하고, 위험이 실현되어 장해가 발생하면 이를 제거하는 것입니다. 이와 같은 경찰의 작용을 "위험방지"라고 합니다. 일반적으로 위험방지는 수사처럼 극적인 면이 없기에 눈에 잘 띄지 않고 사람들로부터 큰 관심을 받지도 않지만, 어쩌면 수사보다 더욱 중요한 일일지 모릅니다. 최고의 수사는 범인이 죗값을 치르게 하는 데 그치지만, 최고의 위험방지는 애초에 피해자를 존재하지 않도록 하는 것이니까요.

이 책은 독자가 경찰관직무집행법을 중심으로 위험방지와 수사라는 경찰의 양대 권한을 전반적으로 이해하고, 경찰작용의 적법성을 평가하는 능력을 배양할 수 있도록 구성되어 있습니다. 특히 현장 경찰작용과 직결되어있는 위험방지와 수사, 즉 경찰관직무집행법 제3조 내지 제7조 및 영장에 의하지 아니한 체포 · 압수 · 수색에 대해 필수적인 이론과 판례를 망라하여 철저하게 분석하고 간결하게 정리함으로써, 다양한 경찰작용의 실제를 명확하고 세세하기 풀어내고자 하였습니다. 그림으로 비유하자면, 이 책의 제1부는 경찰의 권한에 대한 전반적인 이해와 위험방지와 직결되어 있는 강제수사를 집중적으로 다루어 경찰작용의 이해를 위한 밑그림을 그렸고, 제2부는 경찰관직무집행법 각 조항과 관련 특별법의 조문 해석이라는 세부적 표현을 하였습니다. 이를 통해 독자들은 현장 경찰관의 위험방지 권한과 수사권을 입체적으로 고찰할 수 있을 것으로, 이 그림의 채색은 독자들에게 맡기고자 합니다.

　늘 그렇듯 조금 더 쉽고 명확하게 책을 쓸 수는 없었는지에 대해 반성하며, 이 책이 법률전문가와 일선 경찰관은 물론 일반 시민들이 자신의 권리와 의무를 이해하는 데 도움이 되고, 이를 통해 적법한 경찰작용이 뿌리내려 조금 더 나은 국가가 되는 데 티끌 만큼이라도 기여하기를 기대합니다.

2022년 2월

김 형 규

차 례

제1부 경찰작용과 경찰관직무집행법

제 2 부　경찰관직무집행법 조문별 해설

제 1 부

경찰작용과
경찰관직무집행법

I   경찰의 임무와 권한, 그리고 의무

1. 경찰의 임무

국가경찰과 자치경찰의 조직 및 운영에 관한 법률

[시행 2023. 2. 16.] [법률 제19023호, 2022. 11. 15., 일부개정]

제3조(경찰의 임무) 경찰의 임무는 다음 각 호와 같다.

1. 국민의 생명·신체 및 재산의 보호
2. 범죄의 예방·진압 및 수사
3. 범죄피해자 보호
4. 경비·요인경호 및 대간첩·대테러 작전 수행
5. 공공안녕에 대한 위험의 예방과 대응을 위한 정보의 수집·작성 및 배포
6. 교통의 단속과 위해의 방지
7. 외국 정부기관 및 국제기구와의 국제협력
8. 그 밖에 공공의 안녕과 질서유지

경찰관직무집행법

[시행 2022. 2. 3.] [법률 제18807호, 2022. 2. 3., 일부개정]

제2조(직무의 범위) 경찰관은 다음 각 호의 직무를 수행한다.

1. 국민의 생명·신체 및 재산의 보호
2. 범죄의 예방·진압 및 수사

2의2. 범죄피해자 보호

3. 경비, 주요 인사(人士) 경호 및 대간첩·대테러 작전 수행
4. 공공안녕에 대한 위험의 예방과 대응을 위한 정보의 수집·작성 및 배포
5. 교통 단속과 교통 위해(危害)의 방지
6. 외국 정부기관 및 국제기구와의 국제협력
7. 그 밖에 공공의 안녕과 질서 유지

경찰의 임무는 국가경찰과 자치경찰의 조직 및 운영에 관한 법률 제3조 및 경찰관직무집행법 제2조에 거의 동일하게 규정되어 있다. 경찰은 국민의 생명·신체·재산의 보호라는 국가의 본질적인 기능을 담당하는 국가기관으로, 범죄와 관련하여 예방·진압·수사 및 피해자의 보호를, 교통과 관련하여 단속과 위해 예방을 비롯하여 경비, 경호, 대간첩, 대테러 작전수행을 임무로 하고 있다. 이러한 업무의 범위 내에서 경찰은 관련 정보를 처리하고, 외국 정부기관 및 국제기구와 국제 협력을 할 수 있으며, 구체적으로 규정되어 있지 아니하여도 공공의 안녕과 질서 유지 또한 경찰의 임무이다.

이러한 경찰의 임무를 수행하기 위해 경찰관은 현장에서 다양한 작용을 하는데, 이를 법적 성질에 따라 분류하면 위험방지와 범죄수사로 나눌 수 있다. 경찰관은 범죄라는 위험이 실현되지 않도록 다양한 예방활동을 수행하고, 범죄가 이미 발생하여 장해가 되면 이를 진압함으로써 제거한다. 도로 상의 위험을 방지하기 위해 도로교통법 등 관련 법규를 준수하도록 지도하고 위반 행위를 단속하며, 집회시위나 대형 행사 등에서 사고를 방지하기 위한 경비 업무를, 주요 요인에 대한 안전보장을 위해 경호 업무를 수행한다. 경찰관의 대간첩, 대테러 작전의 수행이 국가적 위험을 방지하기 위한 작용임은 자명하다. 이러한 다양한 위험방지를 위한 경찰관의 작용은 당해 위험을 야기하거나 장해를 발생시킨 자에 대한 형사처벌이 규정되어 있는 경우 범죄수사로 이어진다. 형사소송법상 범죄수사를 수행하는 경찰관을 사법경찰관리라 하는데, 사법경찰관은 수사결과 검사가 공소를 제기함이 상당하다고 판단하면 검사에게 사건을 송치하고, 그렇지 아니하면 불송치한다. 이렇듯 경찰관은 위험방지와 범죄수사 모두를 임무로 하여 현장 상황에 맞는 다양한 작용을 할 권한과 의무를 지니고 있다.

참고

2021년 개정 형사소송법과 검찰청법의 시행으로 검사의 수사권은 제한되었고, 사법경찰관에게는 수사 종결권까지 주어지게 되었다. 이에 따라 현재 경찰청은 위험방지에 대한 일반적 권한과 더불어 일반적 수사권을 지닌 유일한 국가기관이다. 이처럼 광범위한 임무규정을 통해 행정의 효율성이 담보된다는 장점이 있지만, 경찰에게 과도한 권한이 주어져있다는 비판으로부터 자유롭기 어렵다.

형사소송법
[시행 2022. 9. 10.] [법률 제18862호, 2022. 5. 9., 일부개정]

제195조(검사와 사법경찰관의 관계 등) ① 검사와 사법경찰관은 수사, 공소제기 및 공소유지에 관하여 서로 협력하여야 한다.

② 제1항에 따른 수사를 위하여 준수하여야 하는 일반적 수사준칙에 관한 사항은 대통령령으로 정한다.

제197조(사법경찰관리) ① 경무관, 총경, 경정, 경감, 경위는 사법경찰관으로서 범죄의 혐의가 있다고 사료하는 때에는 범인, 범죄사실과 증거를 수사한다.

② 경사, 경장, 순경은 사법경찰리로서 수사의 보조를 하여야 한다.

③ 내지 ⑥ 삭제

제245조의5(사법경찰관의 사건송치 등) 사법경찰관은 고소·고발 사건을 포함하여 범죄를 수사한 때에는 다음 각 호의 구분에 따른다.

1. 범죄의 혐의가 있다고 인정되는 경우에는 지체 없이 검사에게 사건을 송치하고, 관계 서류와 증거물을 검사에게 송부하여야 한다.
2. 그 밖의 경우에는 그 이유를 명시한 서면과 함께 관계 서류와 증거물을 지체 없이 검사에게 송부하여야 한다. 이 경우 검사는 송부받은 날부터 90일 이내에 사법경찰관에게 반환하여야 한다.

검찰청법
[시행 2022. 9. 10] [법률 제18861호, 2022. 5. 9, 일부개정]

제4조(검사의 직무) ① 검사는 공익의 대표자로서 다음 각 호의 직무와 권한이 있다.

1. 범죄수사, 공소의 제기 및 그 유지에 필요한 사항. 다만, 검사가 수사를 개시할 수 있는 범죄의 범위는 다음 각 목과 같다.
   가. 부패범죄, 경제범죄 등 대통령령으로 정하는 중요 범죄
   나. 경찰공무원(다른 법률에 따라 사법경찰관리의 직무를 행하는 자를 포함한다) 및 고위공직자범죄수사처 소속 공무원(「고위공직자범죄수사처 설치 및 운영에 관한 법률」에 따른 파견공무원을 포함한다)이 범한 범죄
   다. 가목·나목의 범죄 및 사법경찰관이 송치한 범죄와 관련하여 인지한 각 해당 범죄와 직접 관련성이 있는 범죄

검찰청법 제4조 관련 대통령령인 「검사의 수사개시 범죄 범위에 관한 규정」은 제2조에서 중요범죄를 규정하고 있음

2. 경찰의 권한

가. 경찰권 발동의 근거와 한계

경찰권의 발동은 그로 인해 국민의 기본권을 제한하지 않는 이상 조직법적 규정인 임무규정만으로도 가능하다. 따라서 국가경찰과 자치경찰의 조직 및 운영에 관한 법률 제3조 및 경찰관직무집행법 제2조에 따라 경찰은 임의적인 위험방지 작용 또는 임의수사를 할 수 있다. 하지만 경찰권의 발동으로 인해 국민의 기본권이 제한된다면 위험방지의 영역에서는 법률유보의 원칙, 수사의 영역에서는 강제수사 법정주의에 따라 어떠한 요건이 갖추어졌을 때 어떠한 기본권을 어느 만큼 제한할 수 있는지를 명확하게 규정한 법적 근거, 즉 작용법상 법적 근거가 필요하다.

참고

행정실체법은 일반적으로 행정작용법과 행정조직법으로 구분된다. 행정작용법이란 행정주체가 외부적으로 행하는 행정작용을 법치주의 관점에서 규율하는 것을 본질로 하는 법규범으로서 어떠한 요건이 갖추어지면 그 효과로서 행정기관은 어떠한 작용을 할 수 있는지가 명확하게 규정된 것을 말한다. 행정조직법이란 행정주체를 구성하는 행정기관의 설치, 조직, 폐지와 이들의 권한 및 상호 간의 관계에 관한 법규범으로서, 특정 행정기관의 임무를 규정한 것은 행정조직법에 해당한다. 한편 범죄수사는 형사소송 절차의 일부를 이루는 것으로서 다른 행정 작용과 다양한 차이가 있으나, 기본권 제한의 측면에서 행정 작용법과 마찬가지로 명확한 법적 근거를 요한다. 이렇듯 위험방지든 수사든 그 작용이 국민의 기본권을 제한할 수 있는 것이라면 헌법 제37조 제2항에 따라 법률에 명확한 근거규정이 있어야 한다.

경찰권이 발동될 수 있는 근거는 다수의 법률에 규정되어 있다. 먼저 위험

방지 작용에 대하여, 경찰관직무집행법은 불심검문, 보호조치, 위험발생의 방지, 범죄의 예방과 제지, 위험방지를 위한 출입 등 경찰의 위험방지 작용을 주요 내용으로 하고 있어 위험방지 영역의 일반법이라 불린다. 어떠한 법률이든 위험방지 작용의 근거 조항을 두고 있다면 위험방지의 특별법이라 할 수 있는데, 예를 들어 정신건강복지법상 정신질환자에 대한 보호조치[1]는 경찰관직무집행법상 보호조치에 대한 특별 규정, 도로교통법상 차량이동조치[2]는 경찰관직무집행법 상 위험발생의 방지에 대한 특별규정, 가정폭력방지법상 신고된 현장에 대한 출입[3]은 경찰관직무집행법상 위험방지를 위한 출입의 특별규정으로, 위 세가지 법은 모두 위험방지의 특별법이다. 한편 수사권 발동근거의 일반법은 형사소송법이고, 금융실명거래 및 비밀보장에 관한 법률, 통신비밀보호법 등 어떤 법률이든 경찰의 수사권과 관련된 내용을 두고 있는 조항이 있다면 특별법이다. 범죄수사에 있어서는 특히 강제수사 법정주의가 적용되어 강제수사에 대해 명확한 법률상의 근거를 요한다.

　경찰권 발동의 근거는 동시에 경찰권 행사의 한계가 되기도 한다. 예를 들어 경찰관직무집행법 제4조 제1항에 근거한 강제적인 보호조치는 정신착란을 일으킨 사람, 술에 취한 사람, 자살을 시도하는 사람에 대해서만 가능하고 미아, 가출인, 병자에 대해서는 불가능하다. 형사소송법 제200조의3에 근거한 긴급체포는 법원에 영장을 발부받을 수 없는 상황에서 중대한 범죄를 범하였다고 인정할 만한 상당한 이유가 있는 사람을 당장 체포하지 않으면 증거인멸 또는 도주의 우려가 있는 경우에만 가능하다. 또한 강제처분 또는 강제수사에 대한 규정은 그 한계를 함께 두는 경우가 대부분이다. 예를 들어 강제적인 보호조치는 경찰관직무집행법 제4조 제7항에 의해 24시간을 초과할 수 없고, 긴급체포는 형사소송법 제200조의4에 의해 피의자를 체포한 때로부터 48시간 이내에 구속영장을 청구하거나 석방하도록 하고 있다. 나아가 경찰권 행사의 한계는 다양한 불문법상 원칙, 예컨대 행정법 일반원칙 또는 경찰행정법 일반원칙이나 수사비례원칙에 의해서도 제한된다. 예를 들어 경찰관직무집행법 제5조에 근거하여 경찰이 위험의 대상이 되는 사람을 피난시킬 때, 피난을 거부하는 자에 대한 유형력의 행사는

---

1) 정신건강복지법 제50조(응급입원)
2) 도로교통법 제47조(위험방지를 위한 조치)
3) 가정폭력방지법 제9조의4(사법경찰관리의 현장출동 등)

필요·최소한의 정도에 그쳐야 하고, 임의수사만으로도 수사목적을 달성할 수 있는 경우 강제수사는 허용되지 않는다.

나. 경찰권 발동 근거 중첩시 우선순위

수사권의 발동에 있어서는 일반법인 형사소송법을 따르되, 다른 법률에 특별한 규정이 있으면 그 규정이 우선 적용된다는 특별법 우선의 원칙에 대해서는 이론의 여지가 없다. 위험방지 내에서 경찰권이 중첩되거나, 수사와 위험방지가 모두 가능한 경우 어떠한 작용을 우선해야 하는지에 대해 살펴본다.

1) 위험방지의 내에서 권한 중첩시

먼저 일반법인 경찰관직무집행법과 특별법상 권한이 중첩되면 특별법 우선의 원칙에 따라 특별법이 적용된다. 예를 들어 경찰관이 음주운전이 의심되는 차량의 운전자를 단속하기 위해 차량을 정지시키는 근거는 도로교통법 제47조로서, 이는 경찰관직무집행법 제3조 불심검문에 우선하여 적용된다. 다만 법원은 경찰작용의 적법성을 평가할 때 특별법과 일반법의 근거규정 모두를 검토하는 것이 일반적이다. 한편 일반법상 개괄적 수권조항의 인정여부[4]에 대해서는 다툼이 있는데, 개괄적 수권조항의 존재를 인정한다면 일반법에 대해 보충적으로 적용됨이 원칙이다.

다음으로 일반법 내에서 권한이 중첩되면 경찰관은 합리적인 판단에 의하여 상황에 가장 적절한 작용을 선택하면 된다. 예를 들어 술에 취하여 다른 사람에게 폭행을 가하려 하는 사람은 경찰관직무집행법 제4조 보호조치의 대상이 될 수도 있고, 제6조 범죄의 제지 대상이 될 수도 있다. 이처럼 하나의 사안에 대해 여러 가지 작용이 가능한 경우, 상황에 따라 합리적으로 선택하였다면 경찰이 어떠한 조항에 따른 작용을 하였다 해도 그 작용의 적법성은 인정된다.

---

4) 이에 대해서는 아래 Ⅱ. 3. 법치행정의 원칙에서 자세히 다룬다.

2) 위험방지와 수사 권한 중첩시

경찰관이 위험방지를 위한 작용과 수사를 모두 할 수 있는 경우 수사를 우선해야 한다는 주장은 형사소송법적 사고를 중시하는데서 비롯된 오해일 뿐, 기본권의 제한이라는 측면에서 볼 때 수사를 위험방지 작용에 우선해야 할 이유는 없다. 법원도 이러한 경우 평균적인 경찰관의 수준에서 합리적인 판단에 의해 상황에 가장 적절한 작용이 선택되었다면 적법성을 인정한다.[5] 예를 들어 공사장의 입구에 눕는 방법으로 공사차량의 공사장 출입을 방해하고 있는 자에 대해 위력에 의한 업무방해죄가 성립하여 현행범인 체포의 요건도 충족하고 경찰관직무집행법 제6조 범죄의 제지 요건도 충족한다면, 경찰관은 그를 현행범인으로 체포할 수도 있고 범죄의 제지로 공사장 입구에서 근처의 안전한 곳으로 옮길 수도 있는 것이다. 하지만 경찰관이 특정한 작용을 하였음이 명백함에도 당해 작용의 적법성이 인정되지 아니하자, 사후에 당해 작용과는 다른 작용을 한 것이라는 주장은 받아들여질 수 없다. 예를 들어 수사상 강제처분에는 반드시 준수해야 하는 적법절차가 있는데, 경찰관이 그 절차를 위반하여 수사상 강제처분을 하면 위법하다. 이 때 그러한 적법절차가 적용되지 아니하는 위험방지 작용을 한 것이라는 주장은 받아들여지지 않는 것이다. 위 공사장 입구에서 업무를 방해한 자에 대한 사례에서 경찰관이 그 사람을 수사 목적으로 현행범인 체포하면서 체포에 따른 권리고지를 하지 아니하였다면, 비록 체포 당시에는 경찰관직무집행법 제6조상 범죄의 제지를 할 수 있었다 해도 사후에 이를 범죄의 제지로 평가할 수는 없다.[6]

---

5) 대법원 2013. 9. 26. 선고 2013도643 판결 등
6) 동지 대법원 2017. 3. 9. 선고 2013도16162 판결, 2017. 3. 15. 선고 2013도2168 판결

3. 경찰의 의무와 권리구제

대한민국헌법
[시행 1988. 2. 25] [헌법 제10호, 1987. 10. 29., 전부개정]

제7조 ① 공무원은 국민전체에 대한 봉사자이며, 국민에 대하여 책임을 진다.

제29조 ① 공무원의 직무상 불법행위로 손해를 받은 국민은 법률이 정하는 바에 의하여 국가 또는 공공단체에 정당한 배상을 청구할 수 있다. 이 경우 공무원 자신의 책임은 면제되지 아니한다.

국가공무원법
[시행 2023. 6. 5.] [법률 제19228호, 2023. 3. 4., 타법개정]

제56조(성실 의무) 모든 공무원은 법령을 준수하며 성실히 직무를 수행하여야 한다.

제59조(친절·공정의 의무) 공무원은 국민 전체의 봉사자로서 친절하고 공정하게 직무를 수행하여야 한다.

국가배상법
[시행 2017.10.31.] [법률 제14964호, 2017.10.31., 일부개정]

제2조(배상책임) ① 국가나 지방자치단체는 공무원 또는 공무를 위탁받은 사인(이하 "공무원"이라 한다)이 직무를 집행하면서 고의 또는 과실로 법령을 위반하여 타인에게 손해를 입히거나, 「자동차손해배상 보장법」에 따라 손해배상의 책임이 있을 때에는 이 법에 따라 그 손해를 배상하여야 한다. 다만, 군인·군무원·경찰공무원 또는 예비군대원이 전투·훈련 등 직무 집행과 관련하여 전사(戰死)·순직(殉職)하거나 공상(公傷)을 입은 경우에 본인이나 그 유족이 다른 법령에 따라 재해보상금·유족연금·상이연금 등의 보상을 지급받을 수 있을 때에는 이 법 및 「민법」에 따른 손해배상을 청구할 수 없다.
② 제1항 본문의 경우에 공무원에게 고의 또는 중대한 과실이 있으면 국가나 지방자치단체는 그 공무원에게 구상(求償)할 수 있다.

형 법

[시행 2023. 8. 8.] [법률 제19582호, 2023. 8. 8., 일부개정]

제122조(직무유기) 공무원이 정당한 이유없이 그 직무수행을 거부하거나 그 직무를 유기한 때에는 1년 이하의 징역이나 금고 또는 3년 이하의 자격정지에 처한다.

제123조(직권남용) 공무원이 직권을 남용하여 사람으로 하여금 의무없는 일을 하게 하거나 사람의 권리행사를 방해한 때에는 5년 이하의 징역, 10년 이하의 자격정지 또는 1천만원 이하의 벌금에 처한다.

제124조(불법체포, 불법감금) ① 재판, 검찰, 경찰 기타 인신구속에 관한 직무를 행하는 자 또는 이를 보조하는 자가 그 직권을 남용하여 사람을 체포 또는 감금한 때에는 7년 이하의 징역과 10년 이하의 자격정지에 처한다.
② 전항의 미수범은 처벌한다.

행정소송법

[시행 2017. 7. 26.] [법률 제14839호, 2017. 7. 26., 타법개정]

제12조(원고적격) 취소소송은 처분등의 취소를 구할 법률상 이익이 있는 자가 제기할 수 있다. 처분등의 효과가 기간의 경과, 처분등의 집행 그 밖의 사유로 인하여 소멸된 뒤에도 그 처분등의 취소로 인하여 회복되는 법률상 이익이 있는 자의 경우에는 또한 같다.

가. 경찰관의 의무와 책임

경찰관에게는 국가 공무원으로서 법령을 준수하며 성실하고 공정하게 직무를 수행하여야 할 의무가 있다. 경찰의 임무로 규정된 업무 중 경찰관에게 구체적으로 주어진 임무를 수행함에 있어서 과도한 경찰권을 행사하거나 부작위 또는 과소한 경찰권을 행사하면 이러한 의무를 위반한 것으로서, 대외적으로는 형사책임 또는 민사책임을, 대내적으로는 징계책임을 질 수 있다.

먼저 대외적 형사책임으로 경찰관의 과도한 경찰권 행사가 범죄에 해당하면 형사책임을 면할 수 없다. 예컨대 경찰관이 체포 요건이 갖추어지지 않았음에도 체포를 하면 형법 제124조의 직권남용체포감금죄가 성립하고, 피체포자를 접견하고자하는 변호사의 접견을 방해하면 형법 제123조의 직권남용권리행사방해죄가 성립한다. 경찰관의 부작위가 직무를 유기하는 정도에 이르렀다면 형법 제122조의 직무유기죄가 성립한다. 게다가 경찰관직무집행법 제12조는 "이 법에 규정된 경찰관의 의무를 위반하거나 직권을 남용하여 다른 사람에게 해를 끼친" 경찰관에 대해 1년 이하의 징역이나 금고의 형사처벌을 규정하고 있다. 경찰관은 어떠한 범죄이든 자격정지 이상의 형을 선고받으면 당연퇴직 대상이 되므로[7] 자격정지 이상의 형사처벌은 신분상실이라는 결과를 가져온다. 대외적 민사책임으로 경찰관의 불법행위로 인한 손해가 발생하면 손해배상책임이 인정된다. 일반적으로 경찰관의 불법행위로 인한 손해배상은 국가배상소송으로 이루어지는데, 국가가 배상책임을 진다 하더라도 경찰관에게 불법행위에 대한 고의 또는 중과실이 인정되면 국가는 경찰관에게 구상권을 행사할 수 있다.[8] 실무상으로는 피해자가 피고1을 대한민국, 피고2를 당해 경찰관으로 하여 소송을 제기하는 경우도 상당히 많다.

대내적 책임인 경찰의 징계에는 파면, 해임, 강등, 정직, 감봉, 견책이 있는데, 민·형사상 책임이 인정되지 않는다 하더라도 징계책임은 인정될 수 있다. 파면과 해임은 임용관계를 강제로 해지하는 것으로 일반적으로 배제징계라 한다. 강등은 1계급 아래로 직급을 내리고 공무원신분은 보유하나 3개월간 직무에 종사하지 못하며 그 기간 중 보수는 전액을 감하는 것을, 정직은 1개월 이상 3개월 이하의 기간 동안 공무원의 신분은 보유하나 직무에 종사하지 못하게 하고 보수는 전액을 감하는 것을, 감봉은 1개월 이상 3개월 이하의 기간 동안 보수의 3분의 1을 감하는 것을, 견책은 전과(前過)에 대하여 훈계하고 회개하게 하는 것을 말한다.[9] 징계를 받은 경찰관은 승진 등 인사에 있어서도 불이익을 받게 된다.

---

7) 경찰공무원법 제7조 제2항
8) 국가배상소송에서의 대외적, 선택적 청구권에 대해서는 다양한 이론적 접근이 있으나, 우리 법원은 고의 또는 중과실인 경우에 공무원 개인의 배상책임을 인정한다.
9) 국가공무원법 제79조, 제80조

나. 권리구제

1) 위험방지 작용에 대한 권리구제

경찰관이 위험방지 작용을 하여 국민의 기본권을 제한하면 그 작용은 처분성이 인정되므로 행정소송에 의해 피해자의 권리구제가 이루어질 것처럼 생각되기 쉽다. 하지만 현장에서의 경찰작용은 일반적으로 위험이 소멸되거나 장해가 제거됨으로써 즉시 종결되므로 행정소송의 적법요건인 협의의 소익이 인정되기 어렵다. 이러한 경우 행정소송은 부적법 각하되어 본안판단 없이 종결되므로 법원에서 행정작용의 적법성 여부를 직접 따질 수 없고, 예외적으로 긴요성이 인정될 경우 헌법재판소로부터 위헌성을 확인받을 수 있을 뿐이다. 이처럼 위험방지 작용에 의한 피해자는 행정소송 또는 헌법소원 등으로는 권리를 구제받기 어렵다. 경찰관의 위법한 경찰작용으로 인해 재산상의 손해를 입은 피해자는 손해배상소송을 통해 국가 또는 당해 경찰관으로부터 배상을 받는 것이, 적법한 경찰작용으로 인해 생명, 신체, 재산상의 손실은 입은 자는 경찰관직무집행법에 의한 손실보상을 통해 경찰관서로부터 보상을 받는 것이 사실상 유일한 권리구제 수단이라 할 수 있다.

한편 경찰관에게 특정한 작용을 할 의무가 인정됨에도 부작위하거나 과소한 경찰권 행사에 그쳤다면 피해자는 부작위 위법 확인소송을 할 수 있다. 경찰관직무집행법 상 경찰의 권한은 대부분 재량행위로 수권되어 있지만 경찰관은 자신에게 주어진 의무에 합당한 재량을 행사해야 하고, 그러하지 아니한 경우 재량권 남용으로 위법함을 면하지 못하는 것이다. 특히 재량권이 0으로 수축된 경우는 재량범위 내에서 적법한 선택지가 단 하나밖에 없음을 의미하므로, 경찰관은 단 하나의 선택지로 남은 작용을 할 경우에만 의무에 합당한 재량을 행사하였다고 평가된다.[10] 한편 이 경우 국민에게는 경찰관직무집행법에 근거한 경찰의 의무 이행에 대해 개인적 공권이 인정된다. 개인적 공권이 인정되려면 행정작용의 근거법이 사익 보호성을 가져야 하고, 당해 작용의 근거 규범이 강행규범이

---

10) 재량권 0으로 수축이론은 경찰관의 부작위 또는 과소한 작용이 위법한 지 여부를 판단하는데 중요한 기준이 된다. 재량권이 0으로 수축하는 경우는 ① 피해자의 중대법익에 대한 구체적 위해가 존재하고 ② 피해자 스스로는 위해를 제거할 수 없으며 ③ 행정기관은 그 위해를 제거할 수 있고, 그로 인해 동가치 이상의 법익침해가 발생하지 않는 것이다.

어야 하는데, 경찰관직무집행법은 제1조 목적에서 사익 보호성이 명확히 확인되고,[11] 재량권 0으로 수축이론이 적용되는 경우에는 재량행위로 수권되어 있는 규범들이 강행 규범화하기 때문이다. 즉 경찰관직무집행법상 경찰권 행사에 대한 재량권이 0으로 수축되는 경우라면 상대방에게는 개인적 공권이 인정되어 행정개입을 청구할 자격이 인정되고, 경찰관의 부작위나 과소한 경찰권 행사에 대해 부작위 위법 확인소송을 제기할 원고적격도 인정된다. 하지만 행정개입 청구권이 인정된다고 해도 경찰관이 계속 부작위할 수 있고, 법원이 부작위가 위법함을 확인하는 데는 상당한 시간이 소요되며, 부작위가 위법함을 확인한다 해도 그것만으로는 권리구제로서 큰 의미가 없다. 이 경우에도 위법한 부작위로 인해 재산상 손해가 발생하였다면 국가배상법상 손해배상을 청구하는 것이 현실적으로는 유일한 권리구제 방법이다.

2) 범죄수사에 대한 권리구제

경찰관이 위법한 범죄수사로 수사 대상자 등에게 피해를 입힌 경우, 불법체포나 직무유기 등 형사처벌 대상에 해당하면 피해자는 경찰관을 고소하여 형사처벌을 받게 할 수 있다. 하지만 피해자의 입장에서 경찰관이 형사처벌 받는 것을 딱히 권리구제의 수단이라 보기 어렵다. 이러한 경우에도 사실상 권리구제는 국가배상법에 의한 손해배상청구인 것이다. 법원은 위법한 수사로 경찰관이 형사처벌을 받은 경우는 물론, 형사처벌을 받지 아니하더라도 위자료 등을 인정한다. 경찰이 적법한 수사를 하였고, 수사대상자가 불기소처분 또는 무죄판결을 받은 경우에는 형사보상법에 따라 금전적 보상을 받을 수 있다.

관련판례 청소년 피의자에 대한 피의자신문조서 허위작성(대법원 2020. 4. 29. 선고 2015다224797 판결)

만 14세~17세인 소년들이 같은 학교에 재학 중인 정신지체 2급의 여성에 대한 합동강간 등 성폭력범죄의 피의자로 입건되어 조사를 받으면서, 사법경찰관 작성 제1회 피의자신문조서에서 범행을 자백하였다가 이후 부인하였는데, 사법경찰관이 위 제1회 피의자신문조서를 작성함에 있어 문답을 바꾸어

---

11) 경찰관직무집행법 제1조는 이 법의 목적이 "국민의 자유와 권리를 보호"하기 위함을 명시하고 있다. 이에 대해서는 제2부 제1조에서 살펴본다.

장문단답의 실제 신문내용을 단문장답으로 기재함으로써 피의자가 자발적으로 구체적인 자백진술을 한 것처럼 작성한 사안에서, 법원은 "국가배상책임에 있어 공무원의 가해행위는 법령을 위반한 것이어야 하고, 법령을 위반하였다 함은 엄격한 의미의 법령 위반뿐 아니라 인권존중, 권력남용금지, 신의성실과 같이 공무원으로서 마땅히 지켜야 할 준칙이나 규범을 지키지 않고 위반한 경우를 포함하여 널리 그 행위가 객관적인 정당성을 결여하고 있음을 뜻하는 것이므로, 수사기관이 범죄수사를 하면서 지켜야 할 법규상 또는 조리상의 한계를 위반하였다면 이는 법령을 위반한 경우에 해당한다(대법원 2008. 6. 12. 선고 2007다64365 판결 등 참조). 수사기관은 수사 등 직무를 수행할 때에 헌법과 법률에 따라 국민의 인권을 존중하고 공정하게 하여야 하며 실체적 진실을 발견하기 위하여 노력하여야 할 법규상 또는 조리상의 의무가 있고, 특히 피의자가 소년 등 사회적 약자인 경우에는 수사과정에서 방어권행사에 불이익이 발생하지 않도록 더욱 세심하게 배려할 직무상 의무가 있다. 따라서 경찰관은 피의자의 진술을 조서화하는 과정에서 조서의 객관성을 유지하여야 하고, 고의 또는 과실로 위 직무상 의무를 위반하여 피의자신문조서를 작성함으로써 피의자의 방어권이 실질적으로 침해되었다고 인정된다면, 국가는 그로 인하여 피의자가 입은 손해를 배상하여야 한다."며 배상책임을 인정하였다.

한편 경찰이 의무에 합당한 수준으로 범죄수사를 하지 않는 경우, 즉 부작위에 대해 경찰이 수사를 하도록 강제할 방법은 찾기 어렵다. 고소나 고발을 한 후 사법경찰관이 불송치하면 이의신청, 사법경찰관이 송치하였으나 검사가 불기소처분을 하면 항고 및 재정신청을 할 수 있을 뿐이다. 물론 경찰의 수사상 부작위로 인해 피해자에게 재산상 손해가 발생하였다면 피해자는 국가배상법상 손해배상을 청구할 수 있다. 최근 법원은 경찰관이 고소장 접수를 거부한 경우와 같이 작위의무에 대한 법령상의 명확한 근거가 존재하는 경우는 물론, 그러한 근거가 존재하지 아니한다 하더라도 경찰관에게는 적정한 수준의 수사를 할 의무가 있다며 피해자의 손해배상 청구를 인용하였다.

관련판례 ▶ **고소장 접수 거부**(대법원 2021. 4. 29. 선고 2019다296790 판결)

운송료 횡령죄로 고소장을 접수시키려는 민원인에게 경찰관이 민사사안이라며 고소장 접수를 하지 않고 강제로 반려한 사안에서, 법원은 원심의 판단을 유지하여 경찰관에게 위자료 50만원의 배상책임을 인정하였다. 아래는 원심(수원지방법원 2019. 11. 7. 선고 2019나56678 판결) 중 일부이다.

"피고 B는 원고가 제출하는 고소장을 접수한 후 심사하여 이를 처리할 의무가 있음에도, 고의 또는 중과실로 기본적인 고소장 접수절차를 밟지 아니하고 이를 거부함으로써 경찰공무원으로서의 직무상 의무를 위반하는 위법행위를 저질렀고, 이로 인하여 원고가 정신적 고통을 당하였음은 경험칙상 인정되므로, 그에 대하여 원고가 입은 손해를 배상할 책임이 있고 피고 대한민국 또한 그 소속 공무원의 직무상 불법행위로 인하여 발생한 위 손해를 배상할 책임이 있다."

▶ **작위의무의 명확한 근거법령이 없는 경우**(대법원 2022. 7. 14. 선고 2017다290538 판결)

성범죄 전과자(범인)가 전자발찌를 차고 1차 성범죄를 저질렀고, 경찰은 다양한 방법으로 수사를 진행하였으나 전과자에 대한 전자발찌 위치정보를 확인하지 않았다. 만약 전자발찌 위치정보를 확인하였다면 피의자 특정에 도움이 되었을 것이지만, 성범죄 수사시 동종·유사 범죄 전과자의 전자발찌 위치정보를 확인해야 한다는 명확한 법령상의 근거는 없다. 이후 범인은 2차 성범죄를 저질렀고 그 과정에서 피해자를 살해하였다.

사안에서 법원은 부작위로 인한 국가배상소송에서 법령위반이란 인권존중, 권력남용금지, 신의성실과 같이 공무원으로서 마땅히 지켜야 할 준칙이나 규범을 지키지 않고 위반한 경우 등 객관적 정당성 없는 행위를 포함한다면서, 국민의 생명·신체·재산 등에 관하여 절박하고 중대한 위험상태가 발생하였거나 발생할 우려가 있는 경우, "국민의 생명·신체·재산 등을 보호하는 것을 본래적 사명으로 하는 국가가 초법규적, 일차적으로 위험 배제에 나서지 않으면 이를 보호할 수 없는 경우, 형식적 의미의 법령에 근거가 없더라도 국가나 관련 공무원에 대하여 그러한 위험을 배제할 작위의무를 인정할 수 있다."하였다.

3) 소 결

경찰관의 권한 행사에 대한 국민의 실질적인 권리구제는 국가배상법에 의한 손해배상청구 외에는 생각하기 어렵다. 이러한 이유로 이 책에서 경찰 작용의 적법성을 판단하기 위해 제시되는 판례 중 다수는 국가배상소송과 관련되어 있다. 경찰관의 과도한 경찰권 행사 또는 부작위나 충분하지 못한 경찰권 행사로 인해 재산상 손해를 입은 피해자가 국가 등을 상대로 손해배상을 청구하면, 법원은 불법행위 인정 여부를 결정하기 위해 경찰관의 직무집행이 적법했는지를 평가하게 된다. 따라서 국가배상소송 판례를 통해 당해 경찰작용의 적법성 여부를 알 수 있게 되는 것이다.

Ⅱ 위험방지와 법치행정 원칙

1. 위험방지의 의미와 수사와의 관계

경찰작용 중 위험방지란 공공의 안녕과 질서에 대한 위험을 예방하는 것과 위험이 실현되어 발생한 장해를 제거하는 것을 의미한다. 다양한 실제 상황에서 경찰관은 경찰관직무집행법 등을 근거로 위험방지 작용을 하고 있다. 한편 수사 란 수사기관이 어떠한 행위가 범죄를 구성한다고 인식할 때, 범죄혐의의 유무를 명백히 하여 공소를 제기, 유지할 것인가의 여부를 결정하기 위하여 범인을 발 견, 확보하고 증거를 수집, 보전하는 수사기관의 활동[12]을 말한다. 이 정의에 따 르면 수사는 이미 발생한 범죄를 저지른 범인의 처벌과 관련된 활동으로 위험방 지와는 직접적인 관련성이 없는 것으로 보인다. 하지만 경찰은 범죄현장에서 위 와 같이 범인의 검거 및 증거수집 외에도 피해자 보호, 질서회복, 범죄예방과 관 련된 활동을 동시에 하는데, 이러한 활동을 수사와 완전히 분리하기는 어렵다. 또한 현행범인 체포와 같이 실무적으로는 위험방지와 수사가 동시에 이루어지는 경우도 많다. 아래의 예를 살펴보자.

> 순찰을 돌고 있던 경찰관 P는 주택가에서 칼을 들고 자살을 하겠다며 난 동을 부리고, 지나가는 사람들에게 같이 죽자며 위협하고 있는 A를 발견하였 다. P는 A가 관내에 거주하는 정신질환자였음을 알고 있었다. P는 A를 진정 시키면서 칼을 버리라고 하였으나, A는 칼을 버리지 않았다. P는 적법절차를 준수하여 A를 특수협박죄의 현행범인으로 체포하고 사전 영장없이 칼을 압 수하였다.

P는 A를 체포하고 증거물을 압수하였으므로 P의 작용은 수사에 해당한다. 그런데 P의 체포를 통해 주민에 대한 위험은 예방되었고, 이미 발생한 장해도 제 거되었다. P의 체포로 수사와 위험방지 양자가 동시에 이루어진 것이다. 한편 위 사안에서 P는 A에 대해 경찰관직무집행법상 보호조치를 할 수도 있다. A는 정신

---

12) 대법원 1999. 12. 7. 선고 98도3329 판결

질환자 또는 자살시도자로서 응급의 구호를 필요로 하는 사람이기 때문이다. 이처럼 하나의 상황이 위험방지를 위한 경찰권과 수사권 발동의 요건을 모두 갖추고 있는 경우, 경찰관은 위험방지든 수사든 합리적으로 판단하여 가장 적절한 작용을 선택할 수 있다. 이러한 이유로 경찰관은 하나의 사건을 바라볼 때 위험방지와 수사 어느 한 쪽만을 염두에 두어서는 아니 된다.

2. 위험방지의 주요 요소

위험방지의 의미를 명확히 하기 위해 그 요소 중 '공공의 안녕', '질서', 및 '위험'의 의미를 살펴본다.

가. 공공의 안녕

공공의 안녕은 공동체의 이익과 개인의 이익을 의미하는데, 공동체의 이익에는 법질서와 국가의 존속이 포함된다. 법질서란 법이 규범으로서 가지고 있는 가치로, 국민의 대표가 적정한 절차를 통해 정한 규범인 법은 누구든 지켜야 함이 당연하고, 이를 지키지 아니하는 것은 법이 가진 가치를 무너뜨리는 것이다. 이와 관련하여 법률에 어떠한 의무는 규정되어 있으나 이를 강제할 방법이 정해져 있지 아니하거나 과태료에 의한 제재만이 규정되어 있는 경우, 이를 위반한 사람에게 경찰관이 법률상의 의무 준수를 강제할 수 있는지가 문제된다. 이는 기본권의 제한에 대한 명확한 법적 근거가 없는 경우, 법질서를 보호할 필요가 있는 것인지 만약 그러한 필요가 있다면 그 근거는 무엇인지에 대한 질문으로 이어져 개괄적 수권조항의 인정여부에 대한 논의에 도달한다[13]. 다음으로 개인의 이익이란 개인의 생명, 신체 등을 의미한다. 따라서 공공의 안녕이란 국가의 존속, 법질서, 개인의 생명 및 신체 등을 의미한다.

---

13) 개괄적 수권조항에 대해서는 Ⅱ. 3. 법치행정행정 원칙에서 자세히 다룬다.

나. 질 서

질서란 건전한 공동생활을 위한 필수적 전제로서 당시 지배적인 사회관, 윤리관 등의 총합을 의미한다. 그런데 질서에 대한 위험을 방지하고자 하는 작용은 임의적인 수단의 활용에 그쳐야 하고, 질서의 유지를 위해 국민의 기본권을 제한하는 것은 허용될 수 없다. 질서의 정의 자체가 지배적인 사회관 및 윤리관인데 경찰관이 무엇이 질서인지를 판단하는 것은 매우 어려운 일이고, 판단하는 것이 가능하다 하더라도 개개의 경찰관에 따라 판단 결과도 달라질 수 있는 것으로 자의적인 법집행의 우려가 크기 때문이다. 나아가 만약 누구든지 동일한 잣대로 질서가 무엇인지를 쉽게 판단할 수 있다고 해도, 국민의 합의에 의해 법으로서 강제하기로 하지 않는 이상 개인의 차이와 개성의 존중이라는 보편적 가치를 생각해 볼 때, 다수가 지지하는 사회관 또는 윤리관을 지키기 위해 명확한 법적 근거도 없이 국민의 기본권을 제한한다는 것은 결코 받아들일 수 없다.

생각해 볼 문제 / 01

경범죄처벌법
[시행 1973. 3. 11.] [법률 제2504호, 1973. 2. 8., 일부개정]

제1조 (경범죄의 종류) 다음 각호의 1에 해당하는 자는 구류 또는 과료에 처한다.
49. 성별을 알아볼 수 없을 정도의 장발을 한 남자, 또는 미풍양속을 해하는 저속한 옷차림을 하거나 장식물을 달고 다니는 자

1970년대 경찰관은 당시 경범죄처벌법에 근거하여 장발의 남성이나 미니스커트를 입은 여성을 단속하였다.

1. 오늘 날 이러한 작용을 할 수 있는 법적 근거가 있다고 가정해 보자. 위헌성에 대해 생각해보자.
2. 오늘 날 지배적인 사회관 및 윤리관에 해당하는 것 중 법으로 준수할 의무가 규정되어 있지 않은 예를 생각해보자. 이를 보호하기 위해 기본권을 제한하는 것은 상당한가?

다. 위 험

위험의 종류 및 분류방법에는 여러 가지가 있는데, 이 중 경찰관의 실무상 의미가 큰 추상적 위험과 구체적 위험 및 외관상 위험과 오상위험에 대해 살펴본다.

1) 구체적 위험과 추상적 위험

추상적 위험이란 특정한 행동방식이나 물건의 상태를 일반 추상적으로 고찰했을 때, 구체적인 사례가 발생한다면 손해발생의 개연성이 충분하여 이를 방지하여야 할 필요성이 있는 경우를 말한다.[14] 구체적 위험이란 특정 구체적인 사실관계에서 현재 상태나 행위가 진행되면 가까운 장래에 공공의 안녕이나 질서에 손해가 발생할 충분한 개연성이 있는 상태를 의미한다. 예를 들어 경찰관직무집행법 제4조는 경찰관이 자살하려는 사람을 발견하면 그를 보호할 수 있도록 규정하고 있는데, 조문의 내용 자체가 추상적 위험이고 경찰관이 실제 현장에서 자살시도자를 발견하면 구체적 위험인 것이다.

추상적 위험에 대해 경찰관이 어떠한 작용을 할 수 있는지가 법률에 명확히 규정되어 있고, 그러한 추상적 위험이 구체화 될 때, 즉 구체적 위험이 인정될 때 경찰관은 이미 법률에 정해진 작용을 함으로써 국민의 기본권을 제한할 수 있다.

2) 외관상 위험과 오상 위험

위험은 "개연성"의 문제로 현장의 경찰관이 어느 정도 확신을 할 수 있는 상황에서 개입할 수 있는지, 즉 어느 정도의 사실관계라면 사후에 결과적으로 손해발생의 여부와 관계없이 경찰의 작용을 적법하다고 할 수 있는지가 문제된다.

외관상 위험이란 실제로는 구체적 위험이 존재하지 않지만 평균적인 경찰관의 합리적인 기준으로 판단하여 구체적 위험이 있는 것으로 오인한 경우로, 이 때 경찰관의 개입은 적법하다. 한편 오상 위험이란 실제로 구체적 위험이 존재하지 않고, 평균적인 경찰관의 합리적인 기준으로 판단해도 구체적 위험이 인정되지 아니함에도 구체적 위험이 존재하는 것으로 오인한 경우, 즉 경찰관이 충분한 객관적 근거를 바탕으로 한 합리적인 판단을 하지 아니함으로써 구체적

---

14) 손재영, 경찰법 제5판, 박영사, 2021, pp.200~202

위험이 있다고 오판한 경우이다. 이때 경찰관의 개입은 위법하다. 아래의 예를 살펴보자.15)

2017. 12. 4. 07 : 28경 피고인과 같은 아파트의 주민이 피고인의 주거지에서 아버지와 아들이 싸우고 있다는 취지로 112신고를 하였다.

신고를 접수한 경찰관 P1과 P2 등이 07 : 38경 피고인의 주거지에 출동하였으나16) 피고인의 주거지에서는 싸우는 소리는 전혀 들리지 않았고, 초인종을 수회 누르고 현관문을 두드려도 아무런 인기척이 없었다. P1이 신고자에게 확인전화를 하자 신고자는 통화 도중에도 "000호가 확실하고 싸우는 소리가 들리고 개 짖는 소리가 들린다"라고 하여 P1이 신고자의 위치를 확인하려 하자 "내가 왜 이야기를 해야 되느냐"는 식으로 따져 더 이상 대화를 하지 못하고 전화를 끊었고, P1은 신고자가 술에 취해 있다고 생각하였다. 그 사이 P2가 피고인 주거지의 현관문을 열어보자 현관문이 열려 피고인의 허락없이 피고인의 주거지에 들어갔고, 그 뒤를 따라 P1도 피고인의 주거지에 들어갔는데, 경찰관들은 피고인과 주거지 내의 현관에서 마주하게 되었다.

경찰관들은 피고인에게 가정폭력 사건의 신고를 받고 출동하였다고 설명하며 집안에 문제가 없느냐고 물어보았으나, 피고인은 "누구냐, 당신들 누구냐"라고 대답하다가 주방에 있던 빈 유리병(10cm X 16cm) 1개를 위 경찰관들을 향해 던지고 주먹으로 위 경찰관의 오른쪽 뺨과 턱 부위를 때리는 등 폭행하였다.

사후적으로 확인된 사실 : 당시 피고인의 집에는 피고인과 그의 어머니만 있었고, 가정폭력사건은 발생하지 않았다.

경찰관들은 피고인의 집 안에서 가정폭력 사건이라는 구체적 위험이 있다고 판단하고 피고인의 허락없이 집 안으로 들어갔고, 피고인의 퇴거요구를 무시하였다. 하지만 피고인의 집안에서는 가정폭력 사건이 발생하지 않았음이 사후적으로 밝혀졌다. 만약 이 사건에서 가정폭력 사건에 대한 위험이 외관상 위험이라면 경찰관의 출입은 적법하지만, 오상 위험이라면 경찰관의 출입은 위법하다.

법원은 위 사안에서 경찰관의 공무집행이 위법함을 이유로 피고인의 공무

---

15) 대법원 2019. 7. 4. 선고 2019도4821 판결
16) 현장 도착시간이 07 : 38경이라는 내용은 2심 판결문에 적시되어 있는 것으로, 공소사실 또는 2심 판결문의 사실인정 부분에 오기가 있는 것으로 보인다.

집행방해죄에 대해 무죄를 선고하였다. 법원은 당시의 상황을 오상위험으로 본 것이다. 상황을 자세히 살펴보자. 경찰관들은 가정폭력이 있다는 신고를 접수하였고, 현장에 출동하였으나 현장에서는 가정폭력 사건에 대한 어떠한 징후도 발견할 수 없었다. 이를 확인하기 위한 전화통화에서 제3자인 신고자는 현재도 여전히 시끄러워 가정폭력 사건이 진행 중이라는 취지로 진술하였는데, 이는 경찰관이 당시 현장에서 확인하고 있는 상황과 전혀 달랐다. 이 상황에서 합리적인 경찰관이라면 오인신고 또는 허위신고의 가능성을 고려하여 추가적인 정보 수집을 위해 노력했을 것인데, 위 사건의 경찰관들은 그러한 노력을 전혀 하지 아니하고 집안으로 들어갔다. 일반적으로 경찰관에게는 상황을 판단할 시간적 여유가 부족하고 완벽한 정보 수집을 요구하면 적절한 시점에 위험을 방지할 수 없으며, 가정폭력 관련 특별법들은 진행중인 가정폭력에 대한 신고가 접수되면 경찰관은 현장에 출입하여 피해자에 대한 보호와 수사를 진행하도록 규정하고 있어 신고 자체가 출입의 요건이 된다 할 수 있지만, 위 사안에서 경찰관의 판단을 합리적이었다고 할 수는 없다. 이에 당시의 위험을 오상위험에 그친다고 보아 경찰의 출입을 위법한 작용으로 판단하고, 그 결과 피고인의 공무집행방해죄에 대해 무죄를 선고한 법원의 판단에 동의할 수밖에 없다. 오인신고나 허위신고의 가능성이 매우 높은 경우, 추가적인 정보 확인을 전혀 하지 아니하였음에도 경찰관이 타인의 주거에 강제로 출입할 수 있다고 볼 수는 없기 때문이다.

생각해 볼 문제 / 02

위 사건에서 경찰관들은 피고인의 동의없이 피고인의 집에 들어갔고, 피고인의 퇴거요구에도 불응하였다. 경찰관들에 대해 주거침입죄 또는 퇴거불응죄가 성립하는가?

---

3. 법치행정의 원칙

법치행정이란 말 그대로 법이 행정을 다스린다는 뜻으로, 법률유보원칙과 법률우위원칙으로 이루어진다. 쉽게 말해 법률유보원칙이란 일정한 행정작용은 명확한 법률적 근거가 있어야 한다는 것이고, 법률우위원칙이란 모든 행정작용은 법률을 위반할 수 없다는 것이다. 법치행정 원칙은 행정법 영역의 문제로서 경찰 작용 중 위험방지에서 논해지는 것이 일반적이지만, 수사 작용도 국가기관에 의한 행정작용의 하나로 법치행정 원칙을 준수해야 함이 당연하다. 그런데 수사 작용, 특히 이 책에서 다루는 강제수사에 대해서는 영장주의와 강제수사 법정주의가 지배하므로 경찰관은 명문의 법률에 정해져 있지 아니하면 강제수사를 할 수 없고, 강제수사는 법률에 정해진 요건이 갖추어졌을 때 법률에 규정된 절차를 준수하여 법률에 정해진 한계 내에서만 이루어져야 하며, 대부분의 강제수사는 사전영장에 의하는 것을 원칙으로 하고 사후 영장에 의하는 것은 예외로 하고 있다. 즉 법치행정원칙의 측면에서 볼 때 수사 작용에는 강제수사법정주의와 영장주의가 적용되어 행정법 영역에 비해 법률유보원칙과 법률우위원칙의 준수가 매우 엄격하게 요청된다는 점 외에는 논의의 실익이 없다. 따라서 여기에서는 경찰의 위험방지 작용을 중심으로 법치행정원칙에 대해 살펴본다.

가. 법률유보 원칙

1) 의 의

대한민국헌법

[시행 1988. 2. 25] [헌법 제10호, 1987. 10. 29, 전부개정]

제37조 ② 국민의 모든 자유와 권리는 국가안전보장·질서유지 또는 공공복리를 위하여 필요한 경우에 한하여 법률로써 제한할 수 있으며, 제한하는 경우에도 자유와 권리의 본질적인 내용을 침해할 수 없다.

헌법상 국민의 자유와 권리는 그 본질적인 내용을 침해하는 것이 아닌 이상 국가안전보장, 질서유지 또는 공공복리를 위하여 필요한 경우 법률로써 제한할 수 있다. 뒤집어 말하면 국가가 국가안전보장 등을 목적으로 국민의 자유와 권리를 제한하고자 할 때에는 그에 앞서 그러한 작용을 할 법적 근거를 국민의 대표인 의회의 합의로 마련하고, 행정청은 그러한 합의의 산물인 법률에 근거하여 국민의 기본권을 제한하는 작용을 하여야 한다. 이와 관련하여 모든 행정 작용에 대해 법률에 근거를 두는 것이 필요한 것인지, 법률의 형식과 내용은 어떠한 것을 의미하는지가 주로 문제된다.

2) 적용범위

법률유보원칙은 어떠한 종류의 행정작용에 적용되는지, 즉 적용범위에 대해 견해의 대립이 있다. 국민의 기본권을 침해하는 작용에 대해서 적용되어야 한다는 침해행정유보설, 기본권을 제한하는 작용은 물론 급부작용에도 적용되어야 한다는 급부행정유보설, 국민의 권리의무와 관련된 작용에 대해 적용되어야 한다는 권력행정유보설, 모든 행정작용에 대해 적용되어야 한다는 전부유보설 등이 있는데, 헌법재판소는 국민의 기본권과 관련된 중요한 사항 또는 본질적인 사항에 대해서는 법률유보원칙이 적용된다고 하였다.[17]

경찰의 위험방지 작용 중 강제처분에 해당하는 것은 상대방의 기본권을 제한하는 작용이자 국민의 권리의무와 관련된 작용이므로 위 견해 중 어느 것을 따르더라도 법률유보원칙이 적용되는 영역이다.

3) 작용법상 근거

헌법상 명확성의 원칙에 따라 기본권을 제한할 때에는 법률에 근거를 두어야 하고, 그 법률은 명확해야 하므로 작용법은 법률유보원칙을 충족시키지만, 조직법은 이를 충족시키지 못한다. 예를 들어 경찰관직무집행법 제2조 제7호는 기타 공공의 안녕과 질서유지를 경찰의 임무로 명시하고 있는데, 어떠한 경우에 어떤 작용을 할 수 있는지에 대한 내용이 없어 조직법인 임무규정에 불과하므로 경찰관이 이에 근거하여 국민의 기본권을 제한할 수는 없다. 반면 경찰관직무집행법 제3조 제1항은 경찰관이 범죄를 저질렀다고 인정할 만한 상당한 이유가 있는 사람을 발견하면, 경찰관은 그를 정지시켜 질문할 수 있다고 규정하고 있다. 전자는 요건을, 후자는 효과를 명확히 규정하고 있는 작용법으로, 이에 근거하여 경찰관은 국민의 기본권을 제한할 수 있다.

4) 형식적 의미의 법률(의회유보)

법률유보원칙에서 작용의 근거가 되는 법규범은 국회에서 제정된 법률 및 법률에 명확한 위임의 근거가 있고, 그 범위 내에서 법률의 내용을 구체화하는 시행령 또는 시행규칙이다. 형식적 의미의 법률에 의해서만 기본권의 제한이 가능한 이유는 국민의 기본권 제한은 국민의 대표가 합의한 법률로써 미리 규정해

---

17) 헌법재판소 1999. 5. 27. 선고 98헌바70 전원재판부 결정.

두는 경우에만 가능하다고 생각하면 쉽게 이해할 수 있다. 경찰관직무집행법은 법률로서 형식적 의미의 법률에 해당한다.

5) 위험방지 작용의 법적 근거

가) 일반법과 특별법

경찰관직무집행법은 경찰의 위험방지 작용에 대한 법적 근거를 주요 내용으로 하는 법률로서 위험방지작용의 일반법이다. 한편 도로교통법, 가정폭력방지법 등 경찰에 의한 위험방지 작용에 대한 근거는 다양한 법률에서 찾을 수 있는데, 이들은 경찰관직무집행법에 대하여 특별법의 관계에 있다.

나) 개별적 수권조항

개별적 수권조항이란 위험방지를 위한 경찰권 발동의 요건과 요건 충족 시 그 효과로서 어떠한 수단을 사용할 수 있는지가 명확하게 기술되어 있는 조항을 말한다. 다만 모든 위험을 구체적으로 나열하기 어렵고 이를 방지하기 위한 경찰 작용은 다양한 방식으로 이루어질 수 있으므로, 입법 기술상 한계로 요건과 수단을 매우 자세히 미리 정한다는 것은 불가능에 가깝다. 예를 들어 경찰관직무집행법 제4조 제1항의 요건은 응급의 구호가 필요한 구호대상자를 발견하는 것이고, 그 효과로서 수단은 경찰관이 그를 24시간 이내에 경찰관서에서 보호하는 것 등인데, 응급의 구호가 필요하다는 것이 어떤 의미인지, 어떠한 방법으로 그를 보호할 수 있는지 등에 대해서는 명확하게 기술되어 있지 않다. 하지만 위 조항의 내용만으로도 위험의 의미를 충분히 이해할 수 있고, 다양한 현장 상황과 그에 따른 적절한 조치를 구체적으로 기술하는 것은 불가능에 가까우므로 이 조항이 명확성 원칙을 위반한 것은 아니다. 이러한 점은 경찰관직무집행법 상 다른 개별적 수권조항에 있어서도 마찬가지이다.

다) 개괄적 수권조항

(1) 의 의

공공의 안녕과 질서에 대한 위험의 예방이나 장해의 제거가 필요하지만 그러한 작용의 개별적 수권조항이 없는 경우가 있다. 이러한 경우 위험방지 작용의 법적 근거를 개괄적 또는 일반적 수권조항이라 한다. 경찰관직무집행법에는 명시적으로 개괄적 수권조항을 두고 있지 않아서 이를 인정할지 여부가 문제된다.

(2) 인정여부

개괄적 수권조항을 인정할 필요가 있는지에 대해서는 필요설과 불요설, 현재 우리나라에 개괄적 수권조항이 존재하는지에 대해서는 긍정설과 부정설의 대립이 있다. 개괄적 수권조항의 필요성과 존재여부가 논리필연적인 관계는 아니지만, 존재여부에 대한 논거로서 필요성이 검토되는 것이 일반적이므로, 긍정설과 부정설에 대해 살펴본다. 먼저 긍정설은 위험의 다양성, 입법기술의 한계가 있으므로 개괄적 수권조항은 명확성 원칙을 위반하지 않고 우리 경찰관직무집행법에 개괄적 수권조항이 존재한다는 견해로, 경찰관직무집행법 제2조 제7호가 개괄적 수권조항이라는 견해, 경찰관직무집행법 제2조와 제5조를 결합하여 해석함으로서 개괄적 수권조항으로 인정할 수 있다는 견해, 경찰관직무집행법 제2조, 제5조 및 제6조를 결합하여 해석함으로써 개괄적 수권조항으로 인정할 수 있다는 견해 등이 있다[18]. 다음으로 부정설에는 우리 경찰관직무집행법에는 개괄적 수권조항이 존재하지 않고, 기본권 제한은 명확한 법률에 의해야 하므로 개괄적 수권조항을 입법한다 해도 위헌이라는 견해, 현행 경찰관직무집행법에는 개괄적 수권조항이 존재하지 않으나 위험의 다양성과 입법기술의 한계로 그 필요성은 인정되므로 입법을 해야 한다는 견해 등이 있다.

개괄적 수권조항의 인정과 관련하여 대법원은 지방자치단체 소속 청원경찰이 불법건축물 단속부서로 발령이 난 후 청원경찰법상 직무의 범위가 아닌 관내 불법건축물을 단속하다 피고인으로부터 폭행을 당한 사안에서, 피고인에 대해 공무집행방해죄를 인정한 바 있다[19]. 이를 두고 긍정설의 입장에서는 청원경찰의 직무는 관할 구역내의 경비에 그치는데, 이러한 직무범위에 속하지 않는 작용인 불법건축물 단속을 하다가 폭행당하였음에도 법원이 공무집행방해죄를 인정하였으니 청원경찰의 직무를 적법하다고 인정한 것이고, 개괄적 수권조항을 인정하지 않으면 청원경찰의 직무가 적법하다고 볼 수 없으니 법원이 개괄적 수권조항을 인정한 것이라 주장한다. 한편 부정설은 청원경찰이 불법건축물을 단속하는 부서에 근무하면서 단속업무를 하다가 폭행당한 것으로 개괄적 수권조항을

---

18) 개괄적 수권조항을 인정하는 입장에서도 개괄적 수권조항에 근거한 기본권의 제한을 널리 인정하는 것은 아니다. 개별적 수권조항이 없는 경우 보충적으로 적용되고, 적용 가능한 영역은 상대방의 인권이나 기본권의 제한 정도가 가벼운 경우에 한한다고 한다.(서정범 등, 경찰법연구 제2판, 2012 세창출판사, 손재영, 경찰법 제2판, 2014, 박영사)

19) 대법원 1986. 1. 28. 선고 85도2448 판결

인정하지 않더라도 공무집행을 적법하다 할 수 있다면서 법원이 개괄적 수권조항을 인정한 것은 아니라고 주장한다.[20] 법원은 이 사안에서 경찰관직무집행법 제2조를 언급했을 뿐 이 조항이 개괄적 수권조항이라고 한 바 없다. 양자의 주장 어느 쪽을 따르더라도 위 사안에 대해 설명할 수 있으므로 법원이 개괄적 수권조항을 인정했는지 여부는 명확하지 않다.

한편 헌법재판소는 노무현 전 대통령 서거 1주년 기념 시위가 격화되자 경찰이 서울시 광장 주변을 경찰버스로 둘러싸 출입을 완전 봉쇄한 사안에 대해, 다수의견(5인)은 법률유보원칙에 대한 검토없이 과잉금지 원칙 위반으로 위헌이라고 하였다. 보충의견(2인)은 법률우위원칙에 앞서 법률유보원칙의 검토에서 개괄적 수권조항을 인정할 수 없다며 위헌이라고 하였으며, 반대의견(2인)은 개괄적 수권조항을 인정하고 과잉금지에도 해당하지 않는다며 합헌이라고 하였다[21]. 헌법재판소의 다수의견은 법률유보원칙에 대해 판단하지 않았고, 개괄적 수권조항의 인정여부에 대해서는 보충의견과 반대의견이 대립하고 있어 헌법재판소의 입장 역시 명확하지 않다.

(3) 검 토

경찰관직무집행법 제2조는 조직법임이 명백하여 개괄적 수권조항으로 인정할 수 없고, 우리 경찰관직무집행법에는 독일 통일경찰법모범초안 개정시안과 같은 개괄적 수권조항이 존재하지 않는다.

참 고 **독일 통일경찰법모범초안 개정시안(명시적 개괄적 수권조항)**

> 제1조 ① 경찰은 공공의 안녕 혹은 질서에 대한 위험을 방지하는 것을 그의 직무로 한다.
>
> 제8조(일반적 권한) ② 경찰은 제9조 내지 제24조가 경찰의 권한을 특별히 규율하지 않는 한 구체적인 경우에 존재하는 공공의 안녕, 혹은 질서에 대한 위험을 방지하기 위하여 필요한 조치를 취할 수 있다.

경찰관직무집행법 제2조와 다른 조를 결합한 해석방식은 경찰관직무집행법의 내용과 구조를 보아 인정하기 어렵다. 경찰관직무집행법은 제2조에 직무규정

---

20) 김남철, 행정법강론 제6판, 박영사, 2020. 1171면
21) 헌법재판소 2011. 6. 30. 선고 2009헌마406 결정

을 두고 있는데, 이와 결합하는 제5조나 제6조의 내용은 아래 독일의 경우와는 달리 개별적 수권조항임이 명백하고, 구조적으로도 제3조와 제4조를 배제하고 제5조 또는 제6조와 결합한다는 것은 받아들이기 어렵기 때문이다.

참 고   독일 바덴-뷔르템베르그 주(州) 경찰법(제1조와 제3조의 해석을 통해 개괄적 수권조항 인정)

> 제1조(일반적 직무) ① 경찰은 공익상 필요한 경우 공공의 안녕 또는 공공의 질서를 위협하는 위험으로부터 개인이나 공동체를 보호하고 공공의 안녕이나 공공의 질서에 대한 장해를 제거하는 직무를 수행한다.
>
> 제3조(경찰조치) 경찰은 법이 정하는 한계 내에서 직무수행을 위하여 필요한 조치를 의무에 적합한 재량에 따라 취하여야 한다.

하지만 입법기술적 한계와 현대사회의 급격한 변화를 생각해 볼 때 위험의 종류와 그에 대한 적절한 작용을 완벽히 입법해 둔다는 것은 사실상 불가능하고, 그러한 위험을 방지하는 작용이 필요함을 부정할 수 없으므로 현행 경찰관직무집행법에 개별적 수권조항을 더 자세히 규정하고, 아래와 같이 개괄적 수권조항을 입법해야 한다고 생각한다.

경찰관 직무집행법 개정안
제1조 (목적)
제2조 (정의)
제3조 (일반적 권한) 경찰은 제4조 내지 제00조가 경찰의 권한을 특별히 규율하지 않는 한 구체적인 경우에 존재하는 공공의 안녕에 대한 위험을 방지하기 위하여 필요한 조치를 취할 수 있다. 다만 이 경우 경찰은 직무수행을 위하여 필요한 최소한의 조치를 의무에 적합한 재량에 따라 취하여야 한다.

나. 법률우위원칙

법률우위원칙은 모든 행정작용은 법률을 위반해서는 아니 된다는 것을 의미한다. 따라서 법률이 무엇인지, 즉 경찰의 위험방지 작용과 관련된 법원이 중요하다. 이하에서는 성문법과 불문법으로 나누어 경찰작용의 법원에 대해 살펴본다.

1) 성문법

성문법을 공법과 사법으로 나누면 행정작용은 공법을 반드시 준수하여야 한다. 경찰관이 위험방지 작용을 할 때에는 그 작용의 근거가 되는 법률의 내용에 따라야 하는 것이다. 공법의 영역에서도 준용규정이 있는 경우나 예외적인 경우 사법은 보충적용 될 수 있지만[22] 위험방지나 수사 작용에 사법이 적용되는 예를 생각하기는 어렵다. 한편 최근 행정기본법이 입법되었고, 과거 불문법이었던 행정법상 일반원칙을 성문화하였으므로, 이를 중심으로 경찰작용의 법원으로서 성문법에 대해 살펴본다.

가) 행정법 기본원칙

행정기본법
[시행 2023. 6. 28.] [법률 제19148호, 2022. 12. 27., 일부개정]

제8조(법치행정의 원칙) 행정작용은 법률에 위반되어서는 아니 되며, 국민의 권리를 제한하거나 의무를 부과하는 경우와 그 밖에 국민생활에 중요한 영향을 미치는 경우에는 법률에 근거하여야 한다.

제9조(평등의 원칙) 행정청은 합리적 이유 없이 국민을 차별하여서는 아니 된다.

제10조(비례의 원칙) 행정작용은 다음 각 호의 원칙에 따라야 한다.
1. 행정목적을 달성하는 데 유효하고 적절할 것
2. 행정목적을 달성하는 데 필요한 최소한도에 그칠 것
3. 행정작용으로 인한 국민의 이익 침해가 그 행정작용이 의도하는 공익보다 크지 아니할 것

제12조(신뢰보호의 원칙) ① 행정청은 공익 또는 제3자의 이익을 현저히 해칠 우려가 있는 경우를 제외하고는 행정에 대한 국민의 정당하고 합리적인 신뢰를 보호하여야 한다.
② 행정청은 권한 행사의 기회가 있음에도 불구하고 장기간 권한을 행사하지 아니하여 국민이 그 권한이 행사되지 아니할 것으로 믿을 만한 정당한 사유가 있는 경우에는 그 권한을 행사해서는 아니 된다. 다만, 공익 또는 제3자의 이익을 현저히 해칠 우려가 있는 경우는 예외로 한다.

---

22) 예를 들어 민법상 일반원칙 또는 기간, 주소 등 법 기술적 규정 등이 이에 해당한다.

제13조(부당결부금지의 원칙) 행정청은 행정작용을 할 때 상대방에게 해당 행정작용과 실질적인 관련이 없는 의무를 부과해서는 아니 된다.

(1) 평등원칙

'같은 것은 같게 다른 것은 다르게'로 표현되는 평등원칙은 합리적 이유없는 차별을 금지한다. 평등원칙은 법률적합성을 우선하므로 불법행위에 대해서는 적용되지 않는다. 경찰작용과 관련하여 아직 우리나라에서는 크게 문제된 적이 없으나, 합리적 이유없이 인종, 성별, 나이 등에 따른 차별적 경찰작용이 있다면 이 원칙에 의해 위법하다.

(2) 자기구속원칙

행정청이 국민의 권리의무와 관련된 처분의 구체적 기준을 내부적으로 정하고 이 기준에 따라 지속적으로 처분하면, 행정청은 합리적인 이유없이 이를 변경할 수 없게 되는데, 행정청이 자기 스스로를 구속하였다 하여 이를 '자기구속원칙'이라고 한다. 예를 들어 경찰 물리력 행사의 기준과 방법에 관한 규칙은 행정청의 내부 규정에 불과한 경찰청 훈령이므로 이 규칙을 위반한 물리력 행사를 하였다는 이유만으로는 위법하다 할 수 없다. 하지만 위 규칙에 따른 물리력의 행사가 행정관행으로 형성되었다면 이를 위반한 물리력 행사는 자기구속원칙에 의해 위법하다.

(3) 비례원칙

행정 목적과 수단의 관계에서 수단은 목적달성에 적합하여야 하고, 여러 적합한 수단 중에 가장 작은 침해를 가져오는 수단을 선택하여야 하며, 달성하고자 하는 공익의 가치는 수단으로 인해 침해되는 사익의 가치보다 커야 한다는 원칙을 말한다. 비례원칙은 재량행위의 적법성 평가 기준으로 널리 활용되고 있고, 특히 경찰의 위험방지 작용의 적법성 평가 기준으로서 가장 중요한 원칙이다.

(4) 부당결부금지원칙

행정작용과 상대방이 부담하는 급부가 부당하게 결부되어서는 안 된다는 원칙으로 주로 부관 중 부담과 관련되는 경우가 많다. 경찰의 위험방지 작용은 당·부당을 떠나 상대방의 급부와 결부되어서는 아니된다.

(5) 신뢰보호원칙

행정청의 선행행위에 대해 사인이 보호가치 있는 신뢰를 하였다면 이를 보호해 주어야 한다는 원칙으로, 예를 들어 행정청의 약속을 믿고 사인이 재산을 처분했는데, 행정청이 약속을 어기고 이로 인해 사인에게 재산상 손해가 발생하면 행정청의 배신행위는 이 원칙에 따라 위법하다고 평가될 수 있다.[23] 신뢰보호원칙은 위험방지 작용과는 큰 관련이 없다. 경찰관의 위험방지 작용은 적법한 작용을 하겠다는 약속을 했는지 여부와 관계없이 적법하게 하여야 하고, 위법한 작용을 하겠다는 경찰관의 약속에 대한 신뢰는 보호할 가치가 없기 때문이다.

나) 절차규정(행정절차법 및 개별법)

불이익 처분을 규정하고 있는 대부분의 법률은 그 절차를 함께 규정하고 있고, 경찰관직무집행법상 개별수권조항에도 여러 종류의 절차가 강행규범의 형식으로 규정되어 있다. 이러한 절차를 위반할 경우 행정작용은 위법함이 원칙이다.[24]

다) 형식과 내용의 불일치

법규명령형식의 행정규칙이나 행정규칙형식의 법규명령과 같이 내용과 형식이 일치하지 아니하면 대외 법규성이 인정되는지 여부에 대해 문제가 생긴다. 전자에 대한 대표적인 예는 불이익 처분의 근거를 법률에 재량행위로 규정한 후, 하위 법령에 별표를 두면서 구체적인 위반의 종류에 따라 불이익처분을 기속행위화 하는 경우인데, 법원은 하위 법령이 대통령령인 경우 대외법규성을 인정하고,[25] 그 외의 경우에는 대외법규성을 부정한다.[26] 후자에 대한 대표적인 예는 고시인데 일반적으로 법령에 근거를 둔 고시는 법령과 결합하여 대외법규성이 인정된다. 경찰관직무집행법과 같이 경찰관이 현장에서 위험방지를 하는 작용에

---

23) 신뢰보호원칙은 법률적합성과 법적 안정성의 양형으로 행정청의 배신행위, 즉 약속했던 내용과 다른 처분의 적법성을 평가한다. 평등원칙과 달리 행정청에 대한 신뢰에 행정청의 책임이 있기 때문에 법률적합성이 양보하는 경우도 있는 것이다

24) 일반적으로 행정행위에 대한 절차적 하자는 취소사유로 치유가 가능하고, 공정력 또는 구성요건적 효력이 인정되며 선결문제가 발생한다. 하지만 행정소송에서 경찰관직무집행법 상 위험방지 작용은 현장에서 종결되어 협의의 소익이 부정되고, 공무집행방해죄에서는 구성요건요소로서, 국가배상법 상 손해배상 소송에서는 불법행위로서 경찰작용의 적법성 여부만 따지므로 이러한 문제는 큰 의미가 없다.

25) 대법원 1997. 12. 26. 선고 97누15418 판결.

26) 대법원 1988. 12. 6. 선고 88누2816 판결.

대한 근거 법률에는 형식과 내용이 불일치하는 것이 없다.

2) 불문법

불문법에는 관습법, 판례, 일반원칙 등이 있다. 관습법은 "사회의 거듭된 관행으로 생성한 사회생활규범이 사회의 법적 확신과 인식에 의하여 법적 규범으로 승인·강행되기에 이른 것"으로[27] 경찰작용에 있어서 관습법이 법원으로 인정된 예를 찾기는 어렵다. 판례는 성문법의 해석에 있어 실무적으로 상당한 구속력이 있다. 하지만 이를 강학상 법원으로 인정할 수 없고, 실무상으로도 판례는 언제든 변경되어 당해 사건에 즉시 적용될 수 있다. 일반원칙은 명문으로 입법되지 않더라도 그 내용의 보편적 타당성으로 인해 각 법 영역에서 법원으로 인정되는 원칙을 말한다. 독일에서 발전한 경찰법 일반원칙은 경찰의 위험방지 작용에 대해 법원으로 인정되는데, 이에는 경찰비례원칙, 경찰평등원칙, 소극목적원칙, 공공의 원칙, 경찰책임원칙 등이 있다. 이중 경찰비례원칙과 경찰평등원칙의 내용은 행정법 기본원칙인 비례원칙 및 평등원칙의 내용과 동일하므로 생략하고, 나머지 원칙의 내용을 간단히 정리한 후 우리나라의 현실에 맞게 새롭게 접근한다.

가) 소극목적원칙

경찰작용은 공공의 안녕과 질서유지를 위하는 작용에 그쳐야 하고, 적극적으로 복지향상 등의 작용을 할 수는 없다는 원칙이다. 하지만 오늘날 경찰에 대한 국민의 기대를 생각해 볼 때 적극적 복지향상을 위한 작용이라 해도 기본권을 제한하지 않는 이상 위법한 작용이라고 볼 이유는 없다.

나) 공공의 원칙

경찰작용은 공적인 목적을 위해서만 이루어져야 하고, 사생활, 사주소, 민사관계 등 사적인 영역에 개입하여서는 아니 된다는 원칙으로, 공권력은 개인의 집 문턱을 넘어 들어오지 말라는 것이다. 하지만 오늘날에는 사생활이나 사주소라 해도 가정폭력, 아동학대, 데이트폭력 사건 등에 경찰이 개입하는 것은 당연하게 여겨지고, 이러한 국민적 요청은 과거 사생활 등으로 여겨졌던 위험에 경찰이 개입할 명확한 법률을 입법하는 결과로 이어졌다. 나아가 국민이 경찰의 위험방지

---

27) 대법원 1983. 6. 14. 선고 80다3231 판결.

작용을 필요로 하는 경우, 경찰은 과도하게 소극적으로 작용하여서는 아니된다. 이를 과소보호금지원칙이라고 하는데, 그 본질은 비례원칙과 다를 바 없다. 비례원칙이 재량범위 내에서 경찰이 선택할 수 있는 작용의 상한을 설정한다면 과소보호금지원칙은 그 하한을 설정하는 것이다.

다) 경찰책임원칙

경찰작용은 위험이나 장해에 대해 책임 있는 자를 대상으로 하여야 한다는 원칙을 말한다. 이러한 책임에는 자신의 행위로 인해 위험이나 장해를 야기한 자가 부담하는 행위책임, 위험이나 장해가 발생한 대상물에 대한 관리자 등이 부담하는 상태책임, 행위책임과 상태책임 모두에 해당하는 혼합책임 등이 있는데, 다수의 책임자가 있는 경우 경찰관은 가장 효율적으로 목표를 달성할 수 있는 자에게 우선적으로 경찰 작용을 할 수 있다. 한편 중대한 위험이나 장해가 존재하고, 경찰책임자에 대한 경찰작용으로는 이를 방지하거나 제거하는 것이 불가능하며, 보충성과 수인가능성이 인정되면 경찰은 비경찰책임자에게 경찰작용을 할 수 있는데, 이를 경찰긴급권이라 한다. 경찰관직무집행법 제5조 제1항 제3호는 경찰긴급권을 규정하고 있다. 생명, 신체에 위해를 끼치거나 재산에 중대한 손해를 끼칠 큰 위험이 있으면, 경찰은 경찰책임이 없다 하더라도 그 장소에 있는 사람에게 위험을 방지하기 위한 조치를 하게 할 수 있다.

경찰관직무집행법

제5조(위험 발생의 방지 등) ① 경찰관은 사람의 생명 또는 신체에 위해를 끼치거나 재산에 중대한 손해를 끼칠 우려가 있는 천재(天災), 사변(事變), 인공구조물의 파손이나 붕괴, 교통사고, 위험물의 폭발, 위험한 동물 등의 출현, 극도의 혼잡, 그 밖의 위험한 사태가 있을 때에는 다음 각 호의 조치를 할 수 있다.
3. 그 장소에 있는 사람, 사물의 관리자, 그 밖의 관계인에게 위해를 방지하기 위하여 필요하다고 인정되는 조치를 하게 하거나 직접 그 조치를 하는 것

다. 실질적 법치행정의 중요성

법치행정원칙을 형해화하면 형식적 의미의 법률에 근거를 두기만 하면 행

정주체는 그에 따라 어떠한 행정작용을 하더라도 적법하다는 결론에 이르게 된다. 이를 형식적 법치행정이라 하는데, 법치행정원칙을 악용하여 법률과 그에 따른 행정을 정권의 유지 수단으로 전락시킬 수 있어 반드시 경계해야 한다.

경찰은 공공의 안녕 특히 국민의 생명, 신체 등을 보호하기 위한 경우에 한하여 국민의 기본권을 제한해야 하고, 이러한 목적과 수단에 대해 국민적 합의인 법률의 근거가 있어야만 실질적인 법치행정이 이루어졌다 할 수 있다. 나치 독일의 예처럼 정권의 유지를 위해 형식적으로 법을 만들고 이에 근거하여 국민의 기본권을 제한하는 것은 결코 용납되어서는 아니된다. 아래는 나치 독일의 민족과 국가의 위난을 제거하기 위한 법률과 나치 독일 당시 법학자들이 나치를 위해 한 활동을 간결하게 줄인 것이다. 그들도 자신들이 최고의 애국자라 믿었을 것이고, 당시 다수 독일 국민의 지지를 받았음을 부정하기 어렵다. 늘 깨어있지 않다면 이러한 자들은 언제든 등장할 것이다.

민족과 국가의 위난을 제거하기 위한 법률

독일 국가의회는 다음과 같은 법률을 제정한다. 이로써 참사원의 승인을 선언하며, 이 법률의 하위 항들로 인해 헌법 수정의 요건을 채운 것으로 확실하게 인정받는다.

제1조 독일의 법률은 헌법에서 규정되고 있는 절차 이외에 독일 행정부에 의해서도 제정될 수 있다. 이 조는 바이마르 헌법 제85조 제2항 및 제87조에 관한 사항에 대하여도 적용된다.

제2조 독일 행정부는 국가의회 및 국가참사원의 제도에 영향을 미치지 않는 범위 내에서 헌법에서 정한 것과 다른 내용의 법률을 제정할 수 있다. 다만, 대통령의 권한을 변경할 수는 없다.

제3조 독일 행정부에 의해 제정된 법률은 총리에 의해 작성되어 관보(官報)를 통해 공포된다. 다른 특별한 규정이 없는 한 그 법률은 공포한 다음 날부터 그 효력을 발생한다. 헌법 제68조에서 제77조는 정부에 의해 제정된 법률에 대하여서는 적용하지 아니한다.

제4조 독일이 외국과 조약을 체결하는 경우 그 조약은 입법권을 가진 다른 기관과의 합의를 필요로 하지 아니한다. 행정부는 이러한 조약의 이행에 필요한 법률을 공포할 수 있다.

제5조 이 법은 공포한 날부터 1937년 4월 1일까지 효력을 발휘하며 이 법 시행 당시의 행정부가 다른 행정부로 교체될 경우에는 효력을 잃는다.

나치독일의 법학자
　헌법학자 그나이스트 : 법률에 따르기만 한다면 어떠한 정치도 합법
　법률가 한스 프랑크 : 히틀러 명령은 국법에 구속되지 않는 긴급조치
　피의 재판관 오토 티라크 : 유태인 절멸절차 간소화

대한민국헌법

[시행 1988. 2. 25] [헌법 제10호, 1987. 10. 29., 전부개정]

제12조 ① 모든 국민은 신체의 자유를 가진다. 누구든지 법률에 의하지 아니하고는 체포·구속·압수·수색 또는 심문을 받지 아니하며, 법률과 적법한 절차에 의하지 아니하고는 처벌·보안처분 또는 강제노역을 받지 아니한다.

② 모든 국민은 고문을 받지 아니하며, 형사상 자기에게 불리한 진술을 강요당하지 아니한다.

③ 체포·구속·압수 또는 수색을 할 때에는 적법한 절차에 따라 검사의 신청에 의하여 법관이 발부한 영장을 제시하여야 한다. 다만, 현행범인인 경우와 장기 3년 이상의 형에 해당하는 죄를 범하고 도피 또는 증거인멸의 염려가 있을 때에는 사후에 영장을 청구할 수 있다.

④ 누구든지 체포 또는 구속을 당한 때에는 즉시 변호인의 조력을 받을 권리를 가진다. 다만, 형사피고인이 스스로 변호인을 구할 수 없을 때에는 법률이 정하는 바에 의하여 국가가 변호인을 붙인다.

⑤ 누구든지 체포 또는 구속의 이유와 변호인의 조력을 받을 권리가 있음을 고지받지 아니하고는 체포 또는 구속을 당하지 아니한다. 체포 또는 구속을 당한 자의 가족등 법률이 정하는 자에게는 그 이유와 일시·장소가 지체없이 통지되어야 한다.

⑥ 누구든지 체포 또는 구속을 당한 때에는 적부의 심사를 법원에 청구할 권리를 가진다.

⑦ 피고인의 자백이 고문·폭행·협박·구속의 부당한 장기화 또는 기망 기타의 방법에 의하여 자의로 진술된 것이 아니라고 인정될 때 또는 정식재판에 있어서 피고인의 자백이 그에게 불리한 유일한 증거일 때에는 이를 유죄의 증거로 삼거나 이를 이유로 처벌할 수 없다.

제16조 모든 국민은 주거의 자유를 침해받지 아니한다. 주거에 대한 압수나 수색을 할 때에는 검사의 신청에 의하여 법관이 발부한 영장을 제시하여야 한다.

이미 살펴보았듯 경찰작용 중 수사란 범죄혐의의 유무를 명백히 하여 공소를 제기·유지할 것인가의 여부를 결정하기 위하여 범인을 발견·확보하고 증거를 수집·보전하는 활동이고,[28] 경찰관은 하나의 상황에서 위험방지와 수사 권한의 적용 가능성을 모두 검토해보아야 하는 경우가 많다. 음주 운전자가 보호조치 대상자로 인정된다면 보호조치를 할 수도 있고, 도로교통법 위반으로 체포할 수도 있는 것이다. 이처럼 현장에서 경찰관은 위험방지와 수사 양자를 모두 검토하여 적법한 경찰작용의 가능성과 한계를 판단해야 한다.

형사소송법은 대인적 강제수사로 체포와 구속을, 대물적 강제수사로 수색과 압수 및 검증 등을 규정하고 있는데, 현장 경찰관의 입장에서 위험방지 작용과 밀접한 관계를 가지는 것은 영장없는 체포와 수색 및 사후 영장에 의한 수색이다. 아래는 범죄의 발생을 기준으로 경찰관직무집행법 상 위험방지와 형사소송법상 수사의 관계를 정리한 도식이다.

[그림 1] 위험방지와 수사의 관계

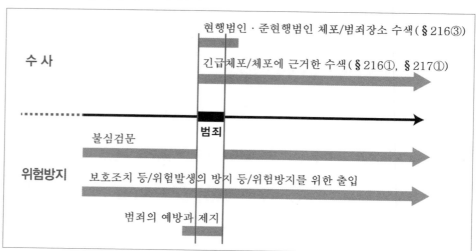

위와 같이 경찰관은 위험방지와 더불어 강제수사인 현행범인 체포, 긴급체포, 체포를 위한 수색, 체포에 근거한 수색, 범죄장소에서의 수색 등을 할 수 있는 다양한 경우가 존재한다. 그런데 형사소송법은 사전영장에 의한 체포와 압수수색을 원칙으로 하여 엄격한 절차와 한계를 두고, 영장없는 체포나 사후 영장에

28) 대법원 1999. 12. 7. 선고 98도3329 판결

의한 압수수색은 그 한계와 절차 등을 사전영장에 의한 체포나 압수수색에서의 그것을 준용하는 방식으로 규정하고 있다. 이에 영장없는 체포나 사후 영장에 의한 압수수색을 정확히 이해하기 위해서는 사전영장에 의한 체포와 압수수색을 먼저 이해하여야 한다.[29] 이하에서는 체포와 압수수색 중 현장 실무와 직결되어 있는 내용만을 간추려 볼 것으로, 여기에서는 먼저 체포에 대해 살펴본다.

1. 사전영장에 의한 체포

형사소송법
[시행 2022. 9. 10.] [법률 제18862호, 2022. 5. 9., 일부개정]

제195조(검사와 사법경찰관의 관계 등) ① 검사와 사법경찰관은 수사, 공소제기 및 공소유지에 관하여 서로 협력하여야 한다.
② 제1항에 따른 수사를 위하여 준수하여야 하는 일반적 수사준칙에 관한 사항은 대통령령으로 정한다.

제200조의2(영장에 의한 체포) ① 피의자가 죄를 범하였다고 의심할 만한 상당한 이유가 있고, 정당한 이유없이 제200조의 규정에 의한 출석요구에 응하지 아니하거나 응하지 아니할 우려가 있는 때에는 검사는 관할 지방법원판사에게 청구하여 체포영장을 발부받아 피의자를 체포할 수 있고, 사법경찰관은 검사에게 신청하여 검사의 청구로 관할지방법원판사의 체포영장을 발부받아 피의자를 체포할 수 있다. 다만, 다액 50만원 이하의 벌금, 구류 또는 과료에 해당하는 사건에 관하여는 피의자가 일정한 주거가 없는 경우 또는 정당한 이유없이 제200조의 규정에 의한 출석요구에 응하지 아니한 경우에 한한다.
② 제1항의 청구를 받은 지방법원판사는 상당하다고 인정할 때에는 체포영장을 발부한다. 다만, 명백히 체포의 필요가 인정되지 아니하는 경우에는 그러하지 아니하다.
③ 제1항의 청구를 받은 지방법원판사가 체포영장을 발부하지 아니할 때에는 청

---

[29] 수색은 체포 대상인 피의자의 발견 또는 증거물 등 사건과 관련성이 있는 물건 등의 압수를 목적으로 하는 것으로, 경찰관은 수색 도중 압수 대상물을 발견하면 적법하게 압수하는 등 법원에서 증거능력이 인정되도록 하여야 한다. 따라서 위험방지가 수사로 이어지는 경우 적법한 경찰작용의 완결을 위해 경찰관은 압수에 대해서도 정확히 이해하여야 한다.

구서에 그 취지 및 이유를 기재하고 서명날인하여 청구한 검사에게 교부한다.

④ 검사가 제1항의 청구를 함에 있어서 동일한 범죄사실에 관하여 그 피의자에 대하여 전에 체포영장을 청구하였거나 발부받은 사실이 있는 때에는 다시 체포영장을 청구하는 취지 및 이유를 기재하여야 한다.

⑤ 체포한 피의자를 구속하고자 할 때에는 체포한 때부터 48시간이내에 제201조의 규정에 의하여 구속영장을 청구하여야 하고, 그 기간내에 구속영장을 청구하지 아니하는 때에는 피의자를 즉시 석방하여야 한다.

제200조의5(체포와 피의사실 등의 고지) 검사 또는 사법경찰관은 피의자를 체포하는 경우에는 피의사실의 요지, 체포의 이유와 변호인을 선임할 수 있음을 말하고 변명할 기회를 주어야 한다.

제200조의6(준용규정) 제75조, 제81조제1항 본문 및 제3항, 제82조, 제83조, 제85조제1항·제3항 및 제4항, 제86조, 제87조, 제89조부터 제91조까지, 제93조, 제101조제4항 및 제102조제2항 단서의 규정은 검사 또는 사법경찰관이 피의자를 체포하는 경우에 이를 준용한다. 이 경우 "구속"은 이를 "체포"로, "구속영장"은 이를 "체포영장"으로 본다.

제75조(구속영장의 방식) ① 구속영장에는 피고인의 성명, 주거, 죄명, 공소사실의 요지, 인치 구금할 장소, 발부년월일, 그 유효기간과 그 기간을 경과하면 집행에 착수하지 못하며 영장을 반환하여야 할 취지를 기재하고 재판장 또는 수명법관이 서명날인하여야 한다.

② 피고인의 성명이 분명하지 아니한 때에는 인상, 체격, 기타 피고인을 특정할 수 있는 사항으로 피고인을 표시할 수 있다.

③ 피고인의 주거가 분명하지 아니한 때에는 그 주거의 기재를 생략할 수 있다.

제85조(구속영장집행의 절차) ① 구속영장을 집행함에는 피고인에게 반드시 이를 제시하고 그 사본을 교부하여야 하며 신속히 지정된 법원 기타 장소에 인치하여야 한다.

② 제77조제3항의 구속영장에 관하여는 이를 발부한 판사에게 인치하여야 한다.

③ 구속영장을 소지하지 아니한 경우에 급속을 요하는 때에는 피고인에 대하여 공소사실의 요지와 영장이 발부되었음을 고하고 집행할 수 있다.

④ 전항의 집행을 완료한 후에는 신속히 구속영장을 제시하고 그 사본을 교부하여야 한다.

제87조(구속의 통지) ① 피고인을 구속한 때에는 변호인이 있는 경우에는 변호인에

게, 변호인이 없는 경우에는 제30조제2항에 규정한 자 중 피고인이 지정한 자에게 피고사건명, 구속일시·장소, 범죄사실의 요지, 구속의 이유와 변호인을 선임할 수 있는 취지를 알려야 한다.

② 제1항의 통지는 지체없이 서면으로 하여야 한다.

제214조의2(체포와 구속의 적부심사) ① 체포되거나 구속된 피의자 또는 그 변호인, 법정대리인, 배우자, 직계친족, 형제자매나 가족, 동거인 또는 고용주는 관할법원에 체포 또는 구속의 적부심사(適否審査)를 청구할 수 있다.

② 피의자를 체포하거나 구속한 검사 또는 사법경찰관은 체포되거나 구속된 피의자와 제1항에 규정된 사람 중에서 피의자가 지정하는 사람에게 제1항에 따른 적부심사를 청구할 수 있음을 알려야 한다.

제244조의3(진술거부권 등의 고지) ① 검사 또는 사법경찰관은 피의자를 신문하기 전에 다음 각 호의 사항을 알려주어야 한다.

1. 일체의 진술을 하지 아니하거나 개개의 질문에 대하여 진술을 하지 아니할 수 있다는 것
2. 진술을 하지 아니하더라도 불이익을 받지 아니한다는 것
3. 진술을 거부할 권리를 포기하고 행한 진술은 법정에서 유죄의 증거로 사용될 수 있다는 것
4. 신문을 받을 때에는 변호인을 참여하게 하는 등 변호인의 조력을 받을 수 있다는 것

형사소송규칙

[시행 2022. 1. 1.] [대법원규칙 제3016호, 2021. 12. 31., 일부개정]

제51조(구속의 통지) ② 구속의 통지는 구속을 한 때로부터 늦어도 24시간이내에 서면으로 하여야 한다. 제1항에 규정한 자가 없어 통지를 하지 못한 경우에는 그 취지를 기재한 서면을 기록에 철하여야 한다.

제96조의2(체포의 필요) 체포영장의 청구를 받은 판사는 체포의 사유가 있다고 인정되는 경우에도 피의자의 연령과 경력, 가족관계나 교우관계, 범죄의 경중 및 태양 기타 제반 사정에 비추어 피의자가 도망할 염려가 없고 증거를 인멸할 염려가 없는 등 명백히 체포의 필요가 없다고 인정되는 때에는 체포영장의 청구를 기각하여야 한다.

검사와 사법경찰관의 상호협력과 일반적 수사준칙에 관한 규정
[시행 2021. 1. 1.] [대통령령 제31089호, 2020. 10. 7., 제정]

제32조(체포·구속영장 집행 시의 권리 고지) ① 검사 또는 사법경찰관은 피의자를 체포하거나 구속할 때에는 법 제200조의5(법 제209조에서 준용하는 경우를 포함한다)에 따라 피의자에게 피의사실의 요지, 체포·구속의 이유와 변호인을 선임할 수 있음을 말하고, 변명할 기회를 주어야 하며, 진술거부권을 알려주어야 한다.
② 제1항에 따라 피의자에게 알려주어야 하는 진술거부권의 내용은 법 제244조의3제1항제1호부터 제3호까지의 사항으로 한다.
③ 검사와 사법경찰관이 제1항에 따라 피의자에게 그 권리를 알려준 경우에는 피의자로부터 권리 고지 확인서를 받아 사건기록에 편철한다.

제33조(체포·구속 등의 통지) ① 검사 또는 사법경찰관은 피의자를 체포하거나 구속하였을 때에는 법 제200조의6 또는 제209조에서 준용하는 법 제87조에 따라 변호인이 있으면 변호인에게, 변호인이 없으면 법 제30조제2항에 따른 사람 중 피의자가 지정한 사람에게 24시간 이내에 서면으로 사건명, 체포·구속의 일시·장소, 범죄사실의 요지, 체포·구속의 이유와 변호인을 선임할 수 있음을 통지해야 한다.

체포는 체포영장에 의하는 것이 원칙이다. 체포영장의 발부요건, 체포영장 집행시 절차, 체포 후 절차 등을 살펴본다.

가. 발부요건

체포영장이 발부되면 사법경찰관은 피의자를 체포영장에 의해 체포할 수 있다. 따라서 체포영장의 발부 요건은 곧 영장에 의한 체포의 요건과 다를 바 없다. 체포영장의 발부요건은 체포의 사유와 체포의 필요성이다. 최근 법원은 체포의 필요성에 대해 엄격한 평가를 하고 있음에 유의하여야 한다.

먼저 체포의 사유는 범죄 혐의의 상당성 및 출석불응 또는 출석불응의 우려이다. 아직 범죄의 혐의가 명확하게 증명된 것은 아니지만, 피의자가 범죄를 저질렀다는 혐의가 상당한 정도로 소명되었음에도 수사기관의 출석요구에 불응하기 때문에 다른 방법으로는 더 이상 수사를 진행하지 못하는 경우라고 생각하면 쉽게 이해할 수 있다. 출석불응은 말 그대로 출석요구에 응하지 아니하는 것을

말하고, 출석불응의 우려란 사법경찰관이 피의자에게 출석요구를 할 시간적 여유가 없거나 출석요구를 하여도 피의자가 이에 불응할 개연성이 매우 높은 경우를 말한다. 출석불응의 우려를 체포의 사유로 삼은 것은 수사의 효율성을 위함이지만, 적법절차의 중요성 또한 간과할 수 없으므로 다액 50만원 이하의 벌금, 구류 또는 과료에 처해질 가벼운 범죄에 대해서는 주거부정 또는 출석불응의 경우에만 체포영장이 발부될 수 있도록 하고 있다. 다음으로 체포의 필요성은 도망, 도망의 염려 또는 증거인멸의 염려이다. 역시 아직 범죄의 혐의가 명확하게 증명되지 않았다는 점을 생각하면 이를 체포영장 발부의 요건으로 삼는 이유를 쉽게 이해할 수 있다. 범죄를 저질렀다는 상당성이 인정되고, 출석요구에 대해 불응하고 있다하더라도 당장 도망가거나, 도망가려하거나, 증거를 인멸하려하지 않는 자라면 방어권 보장을 위해 체포하지 못하도록 한 것이다. 한편 체포 영장 발부를 비롯한 지방법원판사의 재판은 항고나 준항고의 대상이 될 수 없다.

> **관련판례** **지방법원판사의 재판에 대해서는 항고, 준항고 불가, 재청구 가능**
> (대법원 2006. 12. 18. 자 2006모646 결정)
>
> 　대법원 이외의 각급법원에서 잘못된 재판을 하였을 경우에는 상급심으로 하여금 이를 바로 잡게 하는 것이 국민의 재판청구권을 실질적으로 보장하는 방법이 된다는 의미에서 심급제도는 재판청구권을 보장하기 위한 하나의 수단이 되는 것이지만, 심급제도는 사법에 의한 권리보호에 관하여 한정된 법 발견자원의 합리적인 분배의 문제인 동시에 재판의 적정과 신속이라는 서로 상반되는 두 가지 요청을 어떻게 조화시키느냐의 문제에 귀착되므로 어느 재판에 대하여 심급제도를 통한 불복을 허용할 것인지의 여부 또는 어떤 불복방법을 허용할 것인지 등은 원칙적으로 입법자의 형성의 자유에 속하는 사항(이다.) … 검사의 체포영장 또는 구속영장 청구에 대한 지방법원판사의 재판은 형사소송법 제402조의 규정에 의하여 항고의 대상이 되는 '법원의 결정'에 해당하지 아니하고, 제416조 제1항의 규정에 의하여 준항고의 대상이 되는 '재판장 또는 수명법관의 구금 등에 관한 재판'에도 해당하지 아니한다. 체포영장 또는 구속영장의 청구에 관한 재판 자체에 대하여 항고 또는 준항고를 통한 불복을 허용하게 되면 그 재판의 효력이 장기간 유동적인 상태에 놓여 피의자의 지위가 불안하게 될 우려가 있으므로 그와 관련된 법률관계를 가급적 조속히 확정시키는 것이 바람직하다는 점 등을 고려하여, 체포영장 또는

구속영장에 관한 재판 그 자체에 대하여 직접 항고 또는 준항고를 하는 방법으로 불복하는 것은 이를 허용하지 아니하는 대신에, 체포영장 또는 구속영장이 발부된 경우에는 피의자에게 체포 또는 구속의 적부심사를 청구할 수 있도록 하고 그 영장청구가 기각된 경우에는 검사로 하여금 그 영장의 발부를 재청구할 수 있도록 허용(하고 있다.)

나. 집행시 절차

체포영장의 집행으로서 피의자를 체포할 때에는 영장의 제시 및 사본 교부와 권리고지가 이루어져야 한다.

1) 영장의 제시

가) 체포영장 원본제시 원칙과 예외

체포영장은 집행시 피체포자에게 원본을 제시하는 것이 원칙이다. 하지만 압수수색 영장의 집행 상황과는 달리 경찰관은 우연히 체포영장이 발부된 피체포대상자를 발견하는 경우가 상당히 많다. 경찰관이 특정한 장소에 압수수색을 하러 갈 때에는 압수수색 영장을 소지할 수 있음이 당연하지만, 체포 영장은 그 대상자가 언제 어디에서 체포될지 알 수 없으므로 모든 경찰관이 모든 체포 대상자의 체포영장을 가지고 다닌다는 것은 불가능한 것이다. 특히 경찰관이 다른 사건으로 주민 조회 등을 하면서 우연히 체포영장이 발부되어 있는 수배자를 발견하는 경우가 많다. 이렇듯 급속을 요하면 사법경찰관은 피체포자에게 체포영장이 발부되었음을 고지하고 체포할 수 있다.

나) 체포영장 제시의 시기

체포영장은 집행에 앞서 피체포자에게 제시하는 것이 원칙이다. 하지만 피체포자가 영장집행, 즉 체포에 저항하면 경찰관은 피체포자의 저항을 제압한 후 영장을 제시할 수 있다.

다) 체포영장 제시의 범위

체포영장 양식은 다른 영장과 마찬가지로 1면에 형사소송법이 영장에 기재되어 있을 것을 요구하는 사항인 피의자의 성명, 주거, 죄명, 범죄사실의 요지,

인치 구금할 장소, 발부년월일, 유효기간 등을 모두 포함하고 있다. 일반적으로 이러한 기재사항을 구체적인 내용까지 하나의 면에 모두 담는 것은 불가능하므로, 범죄사실의 요지 등 분량이 많은 것은 별지로 처리되고 1면 해당란에는 "별지기재"라고만 기재된다. 이로 인해 경찰관이 피체포자에게 체포영장의 1면만을 제시하면 체포영장에 기재된 주요한 내용을 전혀 확인할 수 없게 된다. 따라서 피체포자가 그 내용을 충분히 이해할 수 있도록 별지까지 제시하여야 한다.

> **관련판례**　**깨진 유리**(대법원 2008. 2. 14. 선고 2007도10006 판결)
>
> 경찰관이 피고인에 대한 체포영장을 집행하기 전 피고인에게 필로폰 투약 혐의로 체포영장이 발부되었다는 사실과 범죄사실의 요지 및 변호인선임권 등을 고지하였고, 이어 체포영장을 꺼내어 피고인에게 제시하려고 하였으나, 피고인이 팔을 휘두르면서 도망가려고 저항하고, 이어 깨진 유리를 들어 경찰관의 오른쪽 팔을 찌르는 등 완강히 대항하여 결국 경찰관들이 체포에 실패하고 피고인이 현장에서 이탈함에 따라 피고인에게 체포영장을 제시하지 못하였다.
>
> 법원은 "사법경찰관 등이 체포영장을 소지하고 피의자를 체포하기 위하여는 체포 당시에 피의자에게 체포영장을 제시하고 피의자에 대한 범죄사실의 요지, 구속의 이유와 변호인을 선임할 수 있음을 말하고 변명할 기회를 주어야 하는데, 이와 같은 체포영장의 제시나 고지 등은 체포를 위한 실력행사에 들어가기 이전에 미리 하여야 하는 것이 원칙이나, 달아나는 피의자를 쫓아가 붙들거나 폭력으로 대항하는 피의자를 실력으로 제압하는 경우에는 붙들거나 제압하는 과정에서 하거나, 그것이 여의치 않은 경우라도 일단 붙들거나 제압한 후에 지체없이 행하여야 한다."며 경찰관의 체포를 적법하다 하였다.

체포영장 집행 중 현행범인 체포(대법원 2021. 6. 24. 선고 2021도4648 판결)

체포영장이 발부된 수배자가 차량으로 30분 정도 따라온다는 내용의 112신고를 받고 출동한 경찰관이 체포영장을 제시하지 않은 채 체포영장에 기한 체포 절차에 착수하였으나, 피고인이 저항하면서 경찰관을 폭행하였다. 경찰관은 피고인을 특수공무집행방해의 현행범인으로 체포하였고, 기 발부된 체포영장을 별도로 제시하지 않았다.

법원은 체포영장에 의한 체포절차가 착수된 단계에 불과하였고, 피고인에 대한 체포가 체포영장과 관련 없는 새로운 피의사실인 특수공무집행방해치상을 이유로 별도의 현행범 체포 절차에 따라 진행된 이상, 집행 완료에 이르지 못한 체포영장을 사후에 피고인에게 제시할 필요는 없다며 피고인에 대한 체포절차가 적법하다고 하였다.

2) 영장의 사본교부

최근 형사소송법의 개정으로 경찰관은 체포된 피의자에게 영장의 사본을 교부하여야 한다. 체포 현장에서 영장사본을 즉시 교부하는 것은 현실적으로 불가능한 경우가 대부분일 것으로, 이 경우 경찰관은 경찰관서에 피체포자를 인치하는 즉시 영장사본을 교부하여야 한다.

3) 권리고지

가) 권리고지의 시기

권리고지는 체포 영장의 제시와 마찬가지로 체포시 즉시하는 것이 원칙이고, 피체포자가 체포에 저항하는 경우에는 그를 제압한 후 할 수 있다.

나) 권리고지의 내용

과거 형사소송법은 체포시 경찰관은 피체포자에게 피의사실의 요지, 체포의 이유, 변호인 선임권을 고지하고, 피체포자에게 변명할 기회를 주도록 규정되어 있었고, 실무적으로는 "당신을 00죄로 (현행범인, 긴급, 영장에 의해) 체포합니다. 당신은 변호인을 선임 할 수 있습니다. 체포에 대해 하고 싶은 말이 있으면 하시기 바랍니다."라는 형식으로 이루어 졌다. 2019. 2.부터 경찰청은 체포·구속시 형사소송법 제244조의3 제1항의 진술거부권도 고지하도록 지시하였는데, 그 위반의 효과는 경찰청 내부에 그치므로 당시 경찰관이 체포시 피체포자에게 진술거부권을 고지하지 아니하였다 해도 그 즉시 불법체포로 볼 수는 없었다.[30] 하지만 2020. 2. 4. 신설된 형사소송법 제195조는 "수사를 위하여 준수하여야 하는 일반

---

30) 경찰청의 체포시 권리고지 내용의 확장지시는 행정청 내부의 지시에 그치므로, 그 위반은 당해 경찰관에 대한 징계책임이라는 법률효과를 발생시키는데 그쳤다. 위 지시위반에 대해 대외적 법률효과가 발생하려면, 즉 진술거부권 불고지가 즉시 불법체포가 되려면 적정절차원칙의 해석을 널리하여 지시위반을 적정절차 위반으로 보거나, 평등원칙 또는 자기구속원칙의 위반으로 보는 등의 복잡한 법리해석과 사안적용을 거쳐야 했다.

적 수사준칙에 관한 사항은 대통령령으로 정한다"고 하였고, 그 대통령령인 검사와 사법경찰관의 상호협력과 일반적 수사준칙에 관한 규정 제32조에는 피체포자에게 형사소송법 제244조의3 제1항 중 "1. 일체의 진술을 하지 아니하거나 개개의 질문에 대하여 진술을 하지 아니할 수 있다는 것, 2. 진술을 하지 아니하더라도 불이익을 받지 아니한다는 것, 3. 진술을 거부할 권리를 포기하고 행한 진술은 법정에서 유죄의 증거로 사용될 수 있다는 것"을 고지하도록 하고 있다. 따라서 2021. 1. 1. 이후 사법경찰관이 체포영장을 집행할 때에는 아래와 같은 방식으로 권리고지가 이루어져야 하고 그 위반은 즉시 불법체포라는 결과를 가져온다.

> **참고　체포시 권리고지의 예시**
>
> "당신을 00죄로 (현행범인, 긴급, 영장에 의해) 체포합니다. 당신은 변호인을 선임 할 수 있습니다. 당신은 일체의 진술을 하지 아니하거나 개개의 질문에 대하여 진술을 하지 아니할 수 있습니다. 진술을 하지 아니하더라도 불이익을 받지 아니합니다. 진술을 거부할 권리를 포기하고 행한 진술은 법정에서 유죄의 증거로 사용될 수 있습니다. 체포에 대해 하고 싶은 말이 있으면 하시기 바랍니다."

　　나아가 형사소송법은 체포된 피의자에게 체포적부심에 대해 고지하도록 하고 있고, 행정안전부령인 경찰수사규칙 별지 제36호 서식 '권리고지확인서'에는 체포시 체포적부심에 대한 권리도 위 권리고지와 함께 한 후 피체포자로부터 확인받도록 하고 있다. 따라서 경찰관은 체포시 위 권리고지와 더불어 체포적부심에 대한 고지도 함께 하는 것이 옳을 것이다.

> **관련판례　제압 후 권리고지**(대법원 2012. 2. 9. 선고 2011도7193 판결)
>
> 　검사 또는 사법경찰관리는 현행범인을 체포하거나 일반인이 체포한 현행범인을 인도받는 경우 피의자에 대하여 피의사실의 요지, 체포의 이유와 변호인을 선임할 수 있음을 말하고 변명할 기회를 주어야 하고, 이와 같은 고지는 체포를 위한 실력행사에 들어가기 전에 미리 하여야 하는 것이 원칙이지만, 달아나는 피의자를 쫓아가 붙들거나 폭력으로 대항하는 피의자를 실력으로

제압하는 경우에는 붙들거나 제압하는 과정에서 하거나 그것이 여의치 않은 경우에는 일단 붙들거나 제압한 후에 지체 없이 하면 된다.

다. 체포 후 절차

1) 체포통지

피체포자에게 변호인이 있는 경우 변호인에게, 변호인이 없는 경우 피의자가 지정한 자에게 사건명, 체포일시 및 장소, 범죄사실의 요지, 체포의 이유, 변호인을 선임할 수 있다는 취지를 체포한 때로부터 24시간 이내에 지체없이 서면으로 알려야 한다.

2) 구속영장의 청구 또는 석방

형사소송법은 체포한 때로부터 48시간 이내에 검사가 구속영장을 청구하거나, 피체포자를 석방하도록 하고 있다. 사법경찰관이 체포된 피의자를 구속 하고자 할 때에는 검사가 체포시로부터 48시간 이내에 구속영장청구 여부를 결정할 충분한 시간적 여유를 주어야 한다. 사법경찰관이 구속영장을 신청하지 아니하기로 결정하였으면 피체포자를 지체없이 석방하여야 한다.

2. 영장에 의하지 아니한 체포

영장에 의하지 아니한 체포는 현행범인 체포, 준현행범인 체포, 긴급체포가 있다. 세 가지 체포는 모두 사법경찰관이 범인체포를 위해 법원으로부터 영장을 발부받을 시간이 없다는 공통점이 있다. 현행범인의 체포는 범행을 중단시키므로 다른 체포와는 달리 그 자체로서 위험방지의 성격도 가지고 있다는 특징이 있다.

가) 현행범인 체포

형사소송법
[시행 2022. 9. 10] [법률 제18862호, 2022. 5. 9, 일부개정]

제211조(현행범인과 준현행범인) ① 범죄의 실행 중이거나 실행의 즉후인 자를 현행

범인이라 한다.

　② 다음 각 호의 1에 해당하는 자는 현행범인으로 간주한다.

　1. 범인으로 호창되어 추적되고 있는 때

　2. 장물이나 범죄에 사용되었다고 인정함에 충분한 흉기 기타의 물건을 소지하고 있는 때

　3. 신체 또는 의복류에 현저한 증적이 있는 때

　4. 누구임을 물음에 대하여 도망하려 하는 때

제212조(현행범인의 체포) 현행범인은 누구든지 영장없이 체포할 수 있다.

제213조(체포된 현행범인의 인도) ① 검사 또는 사법경찰관리 아닌 자가 현행범인을 체포한 때에는 즉시 검사 또는 사법경찰관리에게 인도하여야 한다.

　② 사법경찰관리가 현행범인의 인도를 받은 때에는 체포자의 성명, 주거, 체포의 사유를 물어야 하고 필요한 때에는 체포자에 대하여 경찰관서에 동행함을 요구할 수 있다.

　③ 삭제

제213조의2(준용규정) 제87조, 제89조, 제90조, 제200조의2제5항 및 제200조의5의 규정은 검사 또는 사법경찰관리가 현행범인을 체포하거나 현행범인을 인도받은 경우에 이를 준용한다.

제214조(경미사건과 현행범인의 체포) 다액 50만원 이하의 벌금, 구류 또는 과료에 해당하는 죄의 현행범인에 대하여는 범인의 주거가 분명하지 아니한 때에 한하여 제212조 내지 제213조의 규정을 적용한다.

1) 요 건

　형사소송법에는 현행범인 체포의 구체적인 요건을 두고 있지 않다. 하지만 법원은 현행성, 범죄의 명백성·가벌성, 체포의 필요성 및 비례성을 현행범인 체포의 요건이라 하고 있다.[31]

---

31) 체포행위의 상당성은 적법한 현행범인 체포의 평가기준이 될 수는 있지만, 체포의 요건에는 해당하지 않는다. 그 구체적인 내용은 체포시 사용한 유형력에 대한 적법성 평가로서, 체포행위의 상당성에 대한 논의는 경찰관의 유형력 행사 한계에 대한 논의에 포함되므로 경찰직무집행법 조문별 해석(제10조 내지 제10조의4)에서 살펴볼 내용과 같다. 따라서 여기에서는 따로 살펴보지 않는다. 같은 이유에서 긴급체포에서도 체포행위의 상당성은 검토하지 않는다.

가) 현행성

현행성은 범행 중과 범행 직후에 인정되는데, 범죄 행위가 발생한 시간과 장소에서 어느 정도 근접하여야 범행 직후로 인정되는지가 주로 문제된다. 이에 대해 법원은 범행을 저지른 장소에서 장소변경이 없고 범행을 저지른 때로부터 25분이 지난 경우 및 범행 장소에서 매우 근접한 곳으로 장소가 바뀌었고 범행을 저지른 때로부터 10분이 지난 경우에는 현행성을 인정하였다. 하지만 범행장소에서 다른 곳으로 장소가 변경되었고, 범행한 때로부터 35분 내지 40분이 지난 경우에는 현행성을 인정하지 않았다.

관련판례 **폭행 후 장소변경 없음. 25분 경과**(대법원 2006. 2. 10. 선고 2005도7158 판결)

술에 취한 피고인이 사건 당일 09 : 10경 위 목욕탕 탈의실에서 피해자를 구타하고 목욕탕 탈의실 의자에 앉아 있었는데, 목욕탕 주인이 경찰에 112 신고를 하여 경찰관이 출동하였다. 경찰관들이 현장에 도착했을 때 피고인은 목욕탕 탈의실에서 옷을 입고 있었다. 경찰관이 피해자, 피고인, 신고자 등을 상대로 신고내용을 들은 후 탈의실에 있는 피고인을 상해죄의 현행범인으로 체포한다고 하면서 미란다 원칙을 고지하고 피고인을 강제로 연행하려고 하자, 피고인이 잘못한 일이 없다고 하면서 탈의실 바닥에 누워 한동안 체포에 불응하여 같은 날 09 : 35 내지 09 : 40경 피고인을 들고 위 목욕탕 밖으로 나와 112 순찰차량의 뒷좌석에 태웠다.

법원은 경찰관이 피고인을 현행범인으로 체포한 시기는 피고인이 피해자에 대한 상해행위를 종료한 순간과 아주 접착된 시간적 단계에 있다고 볼 수 있을 뿐만 아니라 피고인을 체포한 장소도 피고인이 위 상해범행을 저지른 위 목욕탕 탈의실이라면서 현행성을 인정하였다.

폭행 후 장소변경, 10분 경과(대법원 1991. 9. 24. 선고 91도1314 판결)

경찰관이 112 신고를 받고 출동하여 피고인을 체포하려고 할 때는, 피고인이 서울 성동구 사근동에 있는 무학여고 앞길에서 피해자 주한식의 자동차를 발로 걷어차고 그와 싸우는 범행을 한 지 겨우 10분 후에 지나지 않고, 그 장소도 범행 현장에 인접한 위 학교의 운동장이며, 위 피해자의 친구가 112 신고를 하고 나서 피고인이 도주하는지 여부를 계속 감시하고 있던 중 위 신고를 받고 출동한 경찰관에게 피고인을 지적하여 체포하도록 한 때로, 피고인은 "범죄 실행의 즉후인 자"로서 현행범인에 해당한다.

협박 후 장소변경, 40분 경과(대법원 1991. 9. 24. 선고 91도1314 판결)

　형사소송법 제211조가 현행범인으로 규정한 '범죄의 실행의 즉후인 자'라고 함은, 범죄의 실행행위를 종료한 직후의 범인이라는 것이 체포하는 자의 입장에서 볼 때 명백한 경우를 일컫는 것으로서, '범죄의 실행행위를 종료한 직후'라고 함은, 범죄행위를 실행하여 끝마친 순간 또는 이에 아주 접착된 시간적 단계를 의미하는 것으로 해석되므로, 시간적으로나 장소적으로 보아 체포를 당하는 자가 방금 범죄를 실행한 범인이라는 점에 관한 죄증이 명백히 존재하는 것으로 인정되는 경우에만 현행범인으로 볼 수 있는 것이다.

　교사가 교장실에서 교장을 협박한 뒤 40여분 후 출동한 경찰관들이 서무실에서 동행을 거부하는 그를 체포한 경우에 현행범인의 체포라고 단정한 원심판결에는 심리미진 또는 법리오해의 위법이 있다.

음주운전 후 장소변경, 35분 경과(대법원 2015. 9. 24 선고 2015도7096 판결)

　대리운전 기사와 다툼 후 피고인이 음주상태에서 운전하여 집으로 갔고, 대리기사는 피고인을 음주운전으로 신고하였다. 경찰이 피고인에게 음주운전 여부를 확인키 위해 출석을 요구하였고, 피고인이 35분이 지난 후 지구대로 자진출석하였는데 경찰이 음주측정을 하려하자 피고인이 이를 거부하였다. 음주운전을 한 때로부터 약 35분 이상 지난 시점이었고, 피고인이 파출소 인근에서 운전을 하였다고 볼 수도 없으므로, 스스로 찾아온 피고인을 음주운전의 현행범인이라고 할 수는 없다.

음주운전 후 장소변경, 40분 경과(대법원 2007. 4. 13. 선고 2007도1249 판결)

　범죄실행의 즉후인 자라 함은 체포하는 자의 입장에서 볼 때 명백한 경우로서, 음주운전 종료후 40분 이상이 경과하여 길가에 앉아있던 운전자가 술냄새 난다는 점만을 근거로 현행범 체포는 위법하다.

　법원의 현행성 인정여부를 정리하면 아래와 같다. 아래 표는 법원의 결론만을 요약한 것으로서 현장 상황에 따라 시간과 장소의 상호 관계에 대한 구체적인 검토가 필요함에 유의하여야 한다.

[표 1] 법원의 현행성 인정여부

구 분	10분이내	25분이내	25분 ~ 35분	35~40분 초과
범행장소	현행성 인정	현행성 인정	판례 없음	판례 없음
범행장소 외	현행성 인정	판례 없음	판례 없음	현행성부정

생각해 볼 문제 / 03

아직 대법원의 판례가 없는 아래의 상황에서 현행범인 체포의 요건으로 현행성의 인정여부를 생각해보자. ('매우 가까운', '가까운', '먼' 곳의 의미에 대해서도 구체적인 상황으로 나누어 볼 것.)

1. 범죄장소에서 30분, 40분, 50분이 경과한 경우

2. 범죄장소와 가까운 곳에서 15분, 20분, 30분, 40분이 경과한 경우

3. 범죄장소와 먼 곳에서 10분, 20분, 30분, 40분이 경과한 경우

나) 범죄의 명백성·가벌성

구성요건에 해당하고 위법하며 유책한 행위로서 형사처벌의 대상인 범죄가 발생하였고, 피체포자가 그 범죄를 저질렀음이 명백하여야 한다. 범죄와 관련하여 일반적으로 경찰관의 입장에서는 객관적 구성요건요소의 충족여부보다는 주관적 구성요건요소의 충족여부를, 구성요건요소의 충족여부 보다는 위법성 조각사유 또는 책임조각 사유의 존재여부를 판단하는 것이 어려운데, 평균적인 경찰관이 상당한 주의를 기울였음에도 범죄가 발생하였다고 오인하였다면 사후적으로 피체포자에 대해 체포의 원인이 된 범죄에 대한 무죄판결이 있다는 이유만으로 그 체포가 위법한 것은 아니다. 따라서 평균적인 경찰관이 상당한 주의를 기울여서 자신의 면전에서 일어나는 행위가 범죄에 해당한다고 판단하면 범죄의 명백성과 가벌성은 인정된다. 하지만 그러하지 못한 경우, 예컨대 112신고를 받은 경찰관이 현장에 도착했을 때에는 이미 범죄가 종료된 경우라면 경찰관은 목격자의 진술, CCTV 영상 등 구체적이고 객관적인 정보를 추가로 수집하여 체포를 하려하는 시점 직전에 범죄가 발생한 것이 맞는지 판단해야 한다.

　　기본권 보장의 중요성을 생각할 때 이처럼 현행범인 체포의 요건을 엄격하게 해석하는 법원의 태도를 비판하기는 어렵다. 하지만 이로 인해 경찰관의 실무에 상당히 많은 문제가 발생하고 있다. 경찰관이 범죄행위에 대한 신고를 받아 현장에 출동하는 다수의 경우 범행이 종료된 이후에 현장에 도착하게 되는데, 이때 경찰관이 범죄혐의를 밝힐 객관적인 사실을 즉시 확인하기는 매우 어려운 것이 일반적이다. 법원의 태도를 따르면 피신고인이 범행을 저질렀다는 신고인의 주장과 그렇지 않다는 피신고인의 주장 외 다른 증거가 없는 경우, 경찰관은 현행범인 체포나 긴급체포를 할 수 없어 임의수사를 해야 한다. 그런데 피신고자가 임의수사에 전혀 협조하지 아니하고 현장을 이탈하려 하면 경찰관은 수사의 영역에서는 사건을 해결할 방법이 없는 것이다. 이처럼 강제수사를 할 수 없고 임의수사로는 적절한 현장 대응을 할 수 없는 지점에서 현장 경찰관에게 경찰관직무집행법 상 위험방지작용은 상당히 유용하게 활용될 수 있다. 위의 예에서 피신고자가 범죄를 저질렀다고 인정할 만한 상당한 이유가 있다면 경찰관은 불심검문을 활용하여 피신고자를 정지시키고, 체포 요건의 충족 여부를 확인하기 위한 정보를 수집할 수 있는 것이다.

　　관련판례　**부탄가스통**(대법원 2007. 9. 21. 선고 2006다57568 판결)

　　원고를 체포할 당시 경찰관들로서는 원고가 단지 덤프트럭 옆에서 부탄가스통을 바닥에 내리치는 것만 목격하였을 뿐이고 원고가 방화의 목적으로 부탄가스통을 바닥에 내리쳤는지, 부탄가스통에 불을 붙이기 위해 필요한 라이터 등을 소지하고 있었는지 여부는 명확하지 아니하였음에도, 추측과 의심만으로 원고가 부탄가스통의 가스를 새어나오게 한 후 거기에 라이터로 불을 붙여 위 트럭에 방화하려 한다고 속단하여 원고를 체포하였음을 추단할 수 있어, 당시 원고가 방화미수죄나 방화예비죄를 범하였음이 명백하였다거나 이를 의심할만한 상당한 이유가 있었다고 보기 어려우므로, 현행범체포나 긴급체포의 요건을 갖추지 못한 위 체포는 위법하다.

전날 음주(대법원 2017. 4. 7. 선고 2016도19907 판결)

　　08:11 빌라 주차장에 주차된 차량을 이동시켜 달라는 112신고가 접수되어 경찰이 전화로 차량 주인에게 3회에 걸쳐 차량이동 해 달라 요구하였다.

09:20 피고인이 주차장에 도착하여 자신의 차량을 2미터 정도 운전하여 주차하자, 차량을 완전히 빼 달라는 신고자와 다툼이 발생하였고, 그 과정에서 신고자는 피고인이 음주운전을 했다는 내용으로 다시 경찰에 신고하여 경찰관이 현장에 출동하였다. 경찰관이 피고인에게 술을 마시고 운전했는지 묻자 피고인은 '어제 밤에 술을 마셨다'고 하였고, 이에 경찰관이 음주감지기에 의한 확인 요구하자 피고인은 '이만큼 차량을 뺀 것이 무슨 음주운전이 되느냐'며 측정요구를 거부하였다. 경찰관은 임의동행을 요구하였으나, 피고인은 이를 거부하였고, 결국 경찰관은 피고인을 음주 운전죄의 현행범인으로 체포하였다.

이에 대해 법원은 피고인은 술 마신 때로부터 상당한 시간이 지난 후 주차된 차량의 이동을 요청받아 짧은 거리를 운전하였고 경찰관도 이러한 사정을 청취하여 알고 있었으므로, 술에 취한 상태에서 운전하였음이 명백하지 아니하고 그 사안도 경미하다는 등의 이유로 경찰관의 체포는 위법하다고 판단하였다.

사후 무죄라도 현행범인 체포는 적법(대법원 2013. 8. 23. 선고 2011도4763 판결)

피고인은 2009. 4. 17. 19:00부터 같은 날 20:00까지 피해자가 경영하는 식당에서 양은그릇 2개를 양손으로 들고 부딪치며 "이 가게는 내 가게이다, 오늘 내가 골든벨을 울릴 테니 마음껏 드시라."고 소리치고, 컴퓨터 모니터에 표시된 손님들의 주문내역을 지우려고 하는 등 소란을 피웠다.

비록 피고인이 식당 안에서 소리를 지르거나 양은그릇을 부딪치는 등의 소란행위가 업무방해죄의 구성요건에 해당하지 않아 사후적으로 무죄로 판단된다고 하더라도, 피고인이 상황을 설명해 달라거나 밖에서 얘기하자는 경찰관의 요구를 거부하고 경찰관 앞에서 소리를 지르고 양은그릇을 두드리면서 소란을 피운 당시 상황에서는 객관적으로 보아 피고인이 업무방해죄의 현행범이라고 인정할 만한 충분한 이유가 있으므로, 경찰관들이 피고인을 체포하려고 한 행위는 적법한 공무집행이라고 보아야 하고, 그 과정에서 피고인이 체포에 저항하며 피해자들을 폭행하거나 상해를 가한 것은 공무집행방해죄 등을 구성한다고 할 것이다.

※ 참고 : 업무방해죄가 무죄인 이유

업무방해죄에서의 업무는 사회적 관계로서 직업 등 계속적 종사하는 사무

등으로, 사실상 평온유지를 추구하고 사인간의 자력강제는 부정한다. 사업장 등을 양수받은 자의 업무가 형법상 보호가치 있는 업무로 인정받기 위해서는 양도양수에 대한 합의가 있고 사실상 평온하여야 한다. 사안에서는 피고인(양도인)과 피해자(양수인) 사이에 양도, 양수 합의가 인정되지 않아 피해자의 업무는 보호가치 없는 업무이므로 업무방해죄 구성요건이 조각되었다.

생각해 볼 문제 / 04

싸움이 있었다는 신고를 받고 경찰관이 현장에 출동하였다. 신고자는 상대방이 자신의 뺨을 때렸다고 하고, 상대방은 오히려 신고자가 자신을 밀쳤다고 한다. 현행범인 체포의 요건 중 명백성의 요건을 제외한 모든 요건이 충족된다면 경찰관은 신고자와 상대방 중 누구를 체포할 수 있는가?

다) 체포의 필요성

체포의 필요성이란 증거인멸 또는 도주우려를 말한다. 체포의 필요성은 이어서 살필 긴급체포의 요건으로 조문에 명시되어 있지만 현행범인 체포의 요건으로 명시되어 있지는 않다. 하지만 법원은 이를 현행범인 체포의 요건으로 삼고 있다.

> **관련판례** **빌라주차장 불심검문**(대법원 2011. 5. 26. 선고 2011도3682 판결)
>
> 빌라 주차장에서 술에 취한 상태에서 전화를 걸던 피고인은 인근 지역을 순찰하던 경찰관으로부터 불심검문을 받게 되었다. 피고인은 경찰관에게 자신의 운전면허증을 교부하였고, 경찰관이 신분조회를 위하여 순찰차로 걸어가자 피고인은 불심검문에 항의하면서 경찰관에게 큰소리로 욕설을 하였다. 경찰관이 피고인에게 모욕죄의 현행범으로 체포하겠다고 고지한 후 피고인의 오른쪽 어깨를 붙잡았고, 피고인은 이에 강하게 반항하면서 경찰관에게 상해를 가하였다.
>
> "피고인은 경찰관의 불심검문에 응하여 이미 운전면허증을 교부한 상태이고, 경찰관뿐 아니라 인근 주민도 욕설을 직접 들었으므로, 피고인이 도망하거나 증거를 인멸할 염려가 있다고 보기는 어렵고, 피고인의 모욕 범행은 불

심검문에 항의하는 과정에서 저지른 일시적, 우발적인 행위로서 사안 자체가 경미할 뿐 아니라, 피해자인 경찰관이 범행현장에서 즉시 범인을 체포할 급박한 사정이 있다고 보기도 어려우므로, 경찰관이 피고인을 체포한 행위는 적법한 공무집행이라고 볼 수 없고, 피고인이 체포를 면하려고 반항하는 과정에서 상해를 가한 것은 불법체포로 인한 신체에 대한 현재의 부당한 침해에서 벗어나기 위한 행위로서 정당방위에 해당한다"

사인의 현행범인 체포(대법원 1999. 1. 26. 선고 98도3029 판결)

차 주인이 열쇠로 차를 손괴하는 자를 발견하고 손괴죄의 현행범인으로 체포하면서 14일의 치료를 요하는 흉부찰과상을 입혔다. 이에 대해 피고인은 불법체포라 주장하였으나, 법원은 체포의 필요성이 인정되어 적법한 체포이고 체포과정에서 차 주인이 입힌 상해는 정당행위로서 위법성이 조각된다고 하였다.

※ 참고 : 사인 체포시 인도

사인이 현행범인 체포를 하면 인도가 가능한 상당한 시간 안에 검사나 사법경찰관리에게 인도하여야 하고, 그렇지 않을 경우 감금죄 등이 성립할 수 있다. 사법경찰관리가 현행범인의 인도를 받은 때에는 체포자의 성명, 주거, 체포의 사유를 물어야 하고 필요한 때에는 체포자에 대하여 경찰관서로 동행할 것을 요구할 수 있다. 사법경찰관리 등이 사인으로부터 체포된 자를 인도받은 때가 형사소송법상 일시 계산의 기산점이 된다.

소말리아 해적사건(대법원 2011. 12. 22. 선고 2011도12927 판결)

검사 또는 사법경찰관리 아닌 이가 현행범인을 체포한 때에는 즉시 검사 등에게 인도하여야 한다(제213조 제1항). 여기서 '즉시'라고 함은 반드시 체포 시점과 시간적으로 밀착된 시점이어야 하는 것은 아니고, '정당한 이유 없이 인도를 지연하거나 체포를 계속하는 등으로 불필요한 지체를 함이 없이'라는 뜻으로 볼 것이다. 체포된 현행범인에 대하여 일정 시간 내에 구속영장 청구 여부를 결정하도록 하고 그 기간 내에 구속영장을 청구하지 아니하는 때에는 즉시 석방하도록 한 것은 영장에 의하지 아니한 체포 상태가 부당하게 장기화되어서는 안 된다는 인권보호의 요청과 함께 수사기관에서 구속영장 청구 여부를 결정하기 위한 합리적이고 충분한 시간을 보장해 주려는 데에도 그 입법취지가 있다고 할 것이다. 따라서 검사 등이 아닌 이에 의하여 현행범인이 체포된 후 불필요한 지체 없이 검사 등에게 인도된 경우 위 48시간의 기산점은 체포시가 아니라 검사 등이 현행범인을 인도받은 때라고 할 것이다.

생각해 볼 문제 / 05

현행범인 체포의 요건으로 체포의 필요성을 인정하는 논거와 부정하는 논거를 생각해 보자.

라) 비례성

모든 국가기관의 작용은 비례원칙을 준수하여야 하고 현행범인 체포의 경우 긴급체포와 달리 범죄의 중대성이 체포의 요건이 아니므로 비례성은 현행범인 체포의 요건으로 볼 수 있다. 법원은 위 전날음주 사건, 빌라주차장 사건에서 체포의 이유가 된 범죄에 대해 "사안 자체가 경미하다"며 불법체포로 보았는데, 이는 비례성의 표현으로 볼 수 있다. 한편 형사소송법 제214조는 "다액 50만원 이하의 벌금, 구류 또는 과료에 해당하는 죄의 현행범인에 대하여는 범인의 주거가 분명하지 아니한 때에 한하여 현행범인으로 체포 할 수 있다"고 하여 죄질이 가벼운 범죄에 대해서는 현행범인 체포를 제한하고 있는데 이는 비례성의 성문화로 볼 수 있다. 참고로 형사소송법 제214조에서 다액 50만원은 선고형이므로 법정형이 50만원 이하로 되어 있는 경우, 특히 통고처분 대상자인 경우 경찰관은 피체포자가 주거불명인 경우에만 현행범인 체포를 할 수 있다.

2) 체포 시 및 체포 후 절차

체포 시 권리고지, 체포 후 체포 통지, 구속영장의 청구 또는 석방 등 절차는 체포영장에 의한 체포와 동일하다.

나. 준현행범인 체포

준현행범인이란 ① 범인으로 호창되어 추적되고 있는 자, ② 장물이나 범죄에 사용되었다고 인정함에 충분한 흉기 기타의 물건을 소지하고 있는 자, ③ 신체 또는 의복류에 현저한 증적이 있는 자, 또는 ④ 누구임을 물음에 대하여 도망하려 하는 자를 말한다. 이러한 자들은 현행범인과 같이 누구든지 영장없이 체포할 수 있다. 하지만 경찰관이 준현행범인 체포 대상자에 해당하는지 여부를 판단할 때에는 형사소송법 조문의 그대로를 기준으로 삼아서는 아니된다. 어떠한 체포든 경찰관이 체포를 한다는 것은 상당한 정도 이상의 범죄 혐의가 있음이 전제되어야만 하는 것으로, 조문 상 준현행범인 체포의 대상자는 범죄의 혐의가 어느 정도 인정될 수 있는 상황을 추상적으로 표현하고 있을 뿐이므로 현장에서 경찰관은 구체적으로 피체포대상자에 대해 범죄 혐의가 인정되는지 여부를 판단해야 한다. 예를 들어 경찰관이 아무런 범죄 혐의가 없음에도 누구인지 물어보자 그가 도망하려 했다면 그 이유만으로 어떠한 범죄에 대한 혐의점이 있다고는 하기는 어려우므로 그를 준현행범인이라 할 수 없다. 하지만 경찰관이 자신이 근무하고 있는 장소 근처에서 어떠한 범죄가 발생했다는 신고내용을 무전을 통해 알게 되었고, 잠시 후 그 범죄의 범인으로 묘사된 자와 유사한 사람을 발견하여 불심검문을 하려하자 도망하려 하였다면 그 사람에게는 범죄혐의가 인정되므로 준현행범인이라 할 수 있다. 체포 시 및 체포 후 절차는 체포영장에 의한 체포와 동일하다.

> **관련판례** **범퍼 파손**(대법원 2000. 7. 4. 선고 99도4341 판결)
>
> 00경찰서 00파출소에 근무하는 00경장과 00순경이 112차량을 타고 순찰 근무를 하던 중 이 사건 교통사고가 발생한 지 4분만에 경찰서 지령실로부터 교통사고를 일으킨 검정색 그랜져 승용차가 경찰서 방면으로 도주하였다는 무전연락을 받고 인천 중구 00 소재 00아파트 쪽으로 진행하고 있었는데, 다시 도보 순찰자인 00순경으로부터 검정색 그랜져 승용차가 펑크가 난 상태로 00아파트 뒷골목으로 도주하였다는 무전연락을 받고 그 주변을 수색하던 중 00아파트 뒤편 철로 옆에 세워져 있던 검정색 그랜져 승용차에서 피고인이 내리는 것을 발견하였고, 그 승용차의 운전석 범퍼 및 펜더 부분이 파손된 상태였다는 것인바, 사정이 이와 같다면, 피고인으로서는 형사소송법 제211조 제2항 제2호 의 '장물이나 범죄에 사용되었다고 인정함에 충분한 흉기 기타의 물건을 소지하고 있는 때'에 해당한다고 볼 수 있으므로, 준현행범인으로서 영장 없이 체포할 수 있는 경우에는 해당한다고 봄이 상

당하다.

동물 학대(울산지방법원 2019. 6. 13. 선고 2018노1309 판결)

　보행자가 거의 없는 지역의 한 도로에서 개를 던지거나, 차량 진행을 방해하는 자(이하 '피고인')가 있다는 신고를 받고 경찰관이 현장에 출동하였다. 경찰관은 신고된 장소에서 피고인을 찾을 수 없었고, 신고자로부터 피고인이 현장에서 다른 곳을 향해 걸어갔다는 진술을 얻었다. 경찰관은 신고자가 진술한 방향으로 가던 중 개를 데리고 있던 피고인을 발견하였는데, 피고인은 경찰관을 보자마자 산으로 도주하기 시작했다. 경찰관은 도주하던 피고인을 쫓아가 그의 옷자락을 잡았고, 그는 경찰관을 넘어뜨리는 등 폭행하였다.

　법원은 경찰관의 추적과 옷자락을 잡은 행위는 불심검문에서의 유형력 행사, 또는 준현행범인에 대한 체포로서 적법한 공무집행이라 하였다.

다. 긴급체포

형사소송법
[시행 2022. 9. 10] [법률 제18862호, 2022. 5. 9, 일부개정]

제200조의3(긴급체포) ① 검사 또는 사법경찰관은 피의자가 사형·무기 또는 장기 3년이상의 징역이나 금고에 해당하는 죄를 범하였다고 의심할 만한 상당한 이유가 있고, 다음 각 호의 어느 하나에 해당하는 사유가 있는 경우에 긴급을 요하여 지방법원판사의 체포영장을 받을 수 없는 때에는 그 사유를 알리고 영장없이 피의자를 체포할 수 있다. 이 경우 긴급을 요한다 함은 피의자를 우연히 발견한 경우 등과 같이 체포영장을 받을 시간적 여유가 없는 때를 말한다.
1. 피의자가 증거를 인멸할 염려가 있는 때
2. 피의자가 도망하거나 도망할 우려가 있는 때

　사법경찰관은 중대한 범죄를 저질렀다고 의심할 상당한 이유가 있고 체포영장을 발부받을 시간이 없으면 긴급체포할 수 있다. 체포영장에 의한 체포와 동일한 적법 절차를 두고 있으므로 이에 대해서는 생략하고, 조문의 내용에 따라 긴급체포의 요건만 살핀다.

1) 중대 범죄 혐의의 상당성

피체포자가 사형·무기 또는 장기 3년 이상의 징역이나 금고에 해당하는 죄를 범하였다고 의심할 만한 상당한 이유가 있어야 하는데, 이는 법정형이 장기 3년 이상인지 여부와 피체포자가 그러한 범죄를 저질렀다고 인정할 상당한 이유가 있는지 여부로 나누어 검토하여야 한다.

먼저 체포의 이유가 되는 범죄의 법정형이 장기 3년 이상의 징역이나 금고에 해당하지 아니하면 긴급체포는 할 수 없다. 실무상 유의해야 할 범죄로는 벌금형만을 두고 있는 도박죄, 장기 2년 이하의 징역에 해당하는 폭행죄, 과실치사죄, 사실적시 명예훼손죄 등이 있다. 경찰관은 어떠한 경우에도 장기 3년 이하의 징역이나 금고에 해당하는 범죄를 저지른 자를 긴급체포 할 수 없다.

다음으로 체포 대상자가 범죄를 저질렀다고 의심할 만한 상당한 이유가 있어야 한다. 따라서 상당한 이유가 어느 정도의 혐의를 말하는지는 긴급체포의 요건으로서 매우 중요하지만, 관련 판례나 의미있는 연구를 찾아보기 어렵다. 다만 유죄판결을 위한 합리적인 의심이 없는 증명은 현행범인 체포에서의 명백성에 대한 소명보다 높은 정도의 증명을 의미함이 명백하듯, 현행범인 체포에서의 명백성은 긴급체포의 상당성 보다 높은 정도 또는 최소한 동일한 수준의 소명을 의미한다는 점에 대한 이론이 있을 수 없다. 따라서 현행범인 체포에서의 명백성을 충족시키는 정도의 범죄 혐의라면 긴급체포에서의 상당성을 당연히 충족시킨다.

2) 긴급성

긴급성은 조문의 내용처럼 "피의자를 우연히 발견한 경우 등과 같이 지방법원판사의 체포영장을 받을 수 없는 때"를 말하는데, 경찰관이 체포영장 없이 피의자를 체포할 수 있는 정당화 요소로 긴급체포의 가장 핵심적인 요건이라 하겠다. 최근 법원은 긴급성 판단을 매우 엄격하게 하는 추세를 보이고 있다.

3) 체포 필요성

체포 필요성은 조문의 내용과 같이 증거인멸 염려, 도주 또는 도주 우려로 그 내용은 현행범인 체포에서 이미 살펴본 것과 동일하다. 긴급성과 체포 필요성의 관계는 마치 동전의 양면과 같다. 체포영장을 발부받기 위해 시간을 소요하면 피의자가 증거를 인멸하거나 도주 또는 도주할 우려가 있다는 말은 곧 피의자가 증거를 인멸하거나 도주 또는 도주할 우려가 있어서 법원에 체포영장을 발부받을 시간적 여유가 없었다는 말과 다를 바 없는 것이다. 이처럼 실무상 긴급성과 체포필요성의 검토는 상호 연계되는 것이 일반적이다.

> **관련판례** **현직 군수**(대법원 2002. 6. 11. 선고 2000도5701 판결)
>
> 현직 군수인 피고인에게 뇌물을 주었다는 피고인 3(증뢰자)와 참고인들의 진술을 먼저 확보한 다음, 피고인을 소환·조사하기 위하여 검찰수사관이 광주군청 군수실에 도착하였다. 피고인은 군수실에 없었고, 검찰수사관은 도시행정계장으로부터 검사가 자신을 소환하려 한다는 사실을 알고 자택 옆에 있는 초야농장 농막에서 기다리고 있으며, 수사관에게 위 농막으로 오라는 피고인의 말을 전해 들었다. 같은 날 17 : 30경 검찰수사관은 위 초야농장에서 수사관을 기다리고 있던 피고인을 긴급체포하였다.
>
> "피고인은 현직 군수직에 종사하고 있어 검사로서도 위 피고인의 소재를 쉽게 알 수 있었고, 피고인 3의 위 진술 이후 시간적 여유도 있었으며, 위 피고인도 도망이나 증거인멸의 의도가 없었음은 물론, 언제든지 검사의 소환조사에 응할 태세를 갖추고 있었고, 그 사정을 위 서진학으로서도 충분히 알 수 있었다 할 것이어서, 위 긴급체포는 그 당시로 보아서도 형사소송법 제200조의3 제1항의 요건을 갖추지 못한 것이다."
>
> **검사실 긴급체포**(대법원 2006. 9. 8. 선고 2006도148 판결)
>
> 변호사 사무실 사무장(피고인 2)은 변호사(피고인 1)의 위증 등 혐의에 대해 참고인으로 출석을 요구받아 자진출석하였다. 검사가 사무장을 피의자로 조사하려 하자 사무장은 퇴거하려하였고, 검사는 사무장을 긴급체포하였다. 사무장의 연락을 받고 검사실에 도착한 변호사는 체포에 항의하면서 검사실에서 사무장과 함께 나가려 하였고, 검사가 이를 제지하자 2주간의 치료를 요하는 상해를 입혔다.
>
> "참고인 조사를 받는 줄 알고 검찰청에 자진출석하였는데 예상과는 달리 갑자기 피의자로 조사한다고 하므로 임의수사에 의한 협조를 거부하면서 그에 대한 위증 및 위증교사 혐의에 대하여 조사를 시작하기도 전에 귀가를 요구한 것이므로, 공소외 1검사가 피고인 2를 긴급체포하려고 할 당시 피고인 2가 위증 및 위증교사의 범행을 범하였다고 의심할 만한 상당한 이유가 있었

다고 볼 수 없고, 기록에 나타난 피고인 2의 소환 경위, 피고인 2의 직업 및 혐의사실의 정도, 피고인 1의 위증교사죄에 대한 무죄선고, 피고인 1의 위증교사 사건과 관련한 피고인 2의 종전 진술 등에 비추어 보면 피고인 2가 임의수사에 대한 협조를 거부하고 자신의 혐의사실에 대한 조사가 이루어지기 전에 퇴거를 요구하면서 검사의 제지에도 불구하고, 퇴거하였다고 하여 도망할 우려가 있다거나 증거를 인멸할 우려가 있다고 보기도 어려우므로, 위와 같이 긴급체포를 하려고 한 것은 그 당시 상황에 비추어 보아 형사소송법 제200조의3 제1항 의 요건을 갖추지 못한 것으로 쉽게 보여져 이를 실행한 검사 등의 판단이 현저히 합리성을 잃었다고 할 것이다."

비자금 10일(대법원 2007. 1. 12. 선고 2004도8071 판결)

갑이 인터넷신문고를 통해 피고인을 고발하여 수사가 개시되었는데, 검사로서는 그 때부터 을을 긴급체포한 때까지(10일) 체포영장을 발급받을 시간적 여유가 충분히 있었던 것으로 보이고, 갑은 피고인을 고발하였지 을을 고발한 것이 아니었으며, 을과 관련된 비자금 부분은 병에 대하여 조사하면서 비로소 밝혀졌는데 검사는 그 전에 을을 긴급체포한 사실, 검사는 을을 긴급체포하고 조사를 하고서도 을을 입건도 하지 아니한 사실 등을 알 수 있는 바, 이러한 사정을 종합하면 긴급체포는 그 당시로 보아서도 형사소송법 제200조의3제1항의 요건을 갖추지 못하였음을 쉽게 알 수 있어 이를 실행한 검사 등의 판단이 현저히 합리성을 잃었다. 위법한 긴급체포 중 작성한 피의자 신문조서도 증거능력이 없다.

부장검사 부속실(대법원 2003. 3. 27. 자 2002모81 결정)

도로교통법위반 피의사건에서 기소유예 처분을 받은 재항고인이 그 후 혐의없음을 주장함과 동시에 수사경찰관의 처벌을 요구하는 진정서를 검찰청에 제출함으로써 이루어진 진정사건을 담당한 검사가, 재항고인에 대한 피의사건을 재기한 후 담당검사인 자신의 교체를 요구하고자 스스로 검찰청을 방문하여 부장검사 부속실에서 대기하고 있던 재항고인을 도로교통법위반죄로 긴급체포하여 감금한 경우, 그 긴급체포는 체포영장을 발부받을 수 없을 정도로 긴급을 요하거나 도망 내지 증거인멸의 염려가 있다고 볼 수 없어 형사소송법이 규정하는 긴급체포의 요건을 갖추지 못한 것으로서 당시의 상황과 경험칙에 비추어 현저히 합리성을 잃은 위법한 체포에 해당한다.

범죄 혐의의 정도와 관련하여 현행범인 체포는 "명확성"을, 체포영장 청구는 "상당성"을 요구하고 있다. 긴급체포의 요건인 중대 범죄를 저질렀다는 "상당성"은 어느 정도의 범죄 혐의를 의미하는가?

4) 소 결

지금까지 체포와 관련하여 살펴본 내용 중 요건만을 간단히 정리하면 다음과 같다.

[표 2] 체포 요건 정리

구 분	범죄 관련성	체포 필요성 (증거 인멸 염려 or 도망·우려)	개별요소	50만원 특칙
영장에 의한 체포	상당성	○	출석 불응, 불응 우려	주거부정
현행범인 체포	가벌성 + 명백성	○	현행성	주거불명
준현행범인 체포	호창 / 흉기 증적 / 도망	○	준현행성	주거불명
긴급체포	상당한 이유 + 중대성	○	긴급성	×

경찰관이 사람에 대해 유형력을 행사할 때에는 경찰관직무집행법 상 불심검문시 유형력 행사에 의한 정지, 신병확보를 위한 보호조치, 억류 및 피난, 신체의 자유를 제한하는 방식으로 이루어지는 범죄의 제지 등과 더불어 영장없는 체포가 가능한지도 늘 염두에 두어야 한다. 체포시에는 적법절차를 반드시 준수하여야 한다.

Ⅳ 위험방지와 접점에 있는 강제수사 2: 수색과 압수

　압수수색은 크게 사전영장에 의한 압수수색, 사후영장에 의한 압수수색, 영장에 의하지 아니한 수색과 압수로 나누어진다. 수사경찰관을 제외한 경찰관이 사전 압수수색 영장으로 압수수색을 진행하는 경우는 없지만, 사후 영장에 의한 압수수색 또는 영장에 의하지 아니한 수색과 압수에서도 사전영장에 의한 압수수색에 대한 법리가 동일하게 적용되는 경우가 많으므로, 사전영장에 의한 압수수색에 대한 명확한 이해가 필요하다.

1. 사전영장에 의한 압수수색

> **형사소송법**
> [시행 2022. 9. 10] [법률 제18862호, 2022. 5. 9, 일부개정]
>
> 제215조(압수, 수색, 검증) ① 검사는 범죄수사에 필요한 때에는 피의자가 죄를 범하였다고 의심할 만한 정황이 있고 해당 사건과 관계가 있다고 인정할 수 있는 것에 한정하여 지방법원판사에게 청구하여 발부받은 영장에 의하여 압수, 수색 또는 검증을 할 수 있다.
> ② 사법경찰관이 범죄수사에 필요한 때에는 피의자가 죄를 범하였다고 의심할 만한 정황이 있고 해당 사건과 관계가 있다고 인정할 수 있는 것에 한정하여 검사에게 신청하여 검사의 청구로 지방법원판사가 발부한 영장에 의하여 압수, 수색 또는 검증을 할 수 있다.
>
> 제219조(준용규정) 제106조, 제107조, 제109조 내지 제112조, 제114조, 제115조제1항 본문, 제2항, 제118조부터 제132조까지, 제134조, 제135조, 제140조, 제141조, 제333조제2항, 제486조의 규정은 검사 또는 사법경찰관의 본장의 규정에 의한 압수, 수색 또는 검증에 준용한다. 단, 사법경찰관이 제130조, 제132조 및 제134조에 따른 처분을 함에는 검사의 지휘를 받아야 한다.
>
> 제75조(구속영장의 방식)
> ② 피고인의 성명이 분명하지 아니한 때에는 인상, 체격, 기타 피고인을 특정할 수 있는 사항으로 피고인을 표시할 수 있다.

제106조(압수) ① 법원은 필요한 때에는 피고사건과 관계가 있다고 인정할 수 있는 것에 한정하여 증거물 또는 몰수할 것으로 사료하는 물건을 압수할 수 있다. 단, 법률에 다른 규정이 있는 때에는 예외로 한다.

② 법원은 압수할 물건을 지정하여 소유자, 소지자 또는 보관자에게 제출을 명할 수 있다.

③ 법원은 압수의 목적물이 컴퓨터용디스크, 그 밖에 이와 비슷한 정보저장매체(이하 이 항에서 "정보저장매체등"이라 한다)인 경우에는 기억된 정보의 범위를 정하여 출력하거나 복제하여 제출받아야 한다. 다만, 범위를 정하여 출력 또는 복제하는 방법이 불가능하거나 압수의 목적을 달성하기에 현저히 곤란하다고 인정되는 때에는 정보저장매체등을 압수할 수 있다.

④ 법원은 제3항에 따라 정보를 제공받은 경우「개인정보 보호법」제2조제3호에 따른 정보주체에게 해당 사실을 지체 없이 알려야 한다.

제110조(군사상 비밀과 압수) ① 군사상 비밀을 요하는 장소는 그 책임자의 승낙 없이는 압수 또는 수색할 수 없다.

② 전항의 책임자는 국가의 중대한 이익을 해하는 경우를 제외하고는 승낙을 거부하지 못한다.

제111조(공무상 비밀과 압수) ① 공무원 또는 공무원이었던 자가 소지 또는 보관하는 물건에 관하여는 본인 또는 그 해당 공무소가 직무상의 비밀에 관한 것임을 신고한 때에는 그 소속공무소 또는 당해 감독관공서의 승낙 없이는 압수하지 못한다.

② 소속공무소 또는 당해 감독관공서는 국가의 중대한 이익을 해하는 경우를 제외하고는 승낙을 거부하지 못한다.

제112조(업무상비밀과 압수) 변호사, 변리사, 공증인, 공인회계사, 세무사, 대서업자, 의사, 한의사, 치과의사, 약사, 약종상, 조산사, 간호사, 종교의 직에 있는 자 또는 이러한 직에 있던 자가 그 업무상 위탁을 받아 소지 또는 보관하는 물건으로 타인의 비밀에 관한 것은 압수를 거부할 수 있다. 단, 그 타인의 승낙이 있거나 중대한 공익상 필요가 있는 때에는 예외로 한다.

제114조(영장의 방식) ① 압수·수색영장에는 피고인의 성명, 죄명, 압수할 물건, 수색할 장소, 신체, 물건, 발부년월일, 유효기간과 그 기간을 경과하면 집행에 착수하지 못하며 영장을 반환하여야 한다는 취지 기타 대법원규칙으로 정한 사항을 기재하고 재판장 또는 수명법관이 서명날인하여야 한다. 다만, 압수·수색

할 물건이 전기통신에 관한 것인 경우에는 작성기간을 기재하여야 한다.

② 제75조제2항의 규정은 전항의 영장에 준용한다.

제118조(영장의 제시) 압수·수색영장은 처분을 받는 자에게 반드시 제시하여야 하고, 처분을 받는 자가 피고인인 경우에는 그 사본을 교부하여야 한다. 다만, 처분을 받는 자가 현장에 없는 등 영장의 제시나 그 사본의 교부가 현실적으로 불가능한 경우 또는 처분을 받는 자가 영장의 제시나 사본의 교부를 거부한 때에는 예외로 한다.

제120조(집행과 필요한 처분) ① 압수·수색영장의 집행에 있어서는 건정을 열거나 개봉 기타 필요한 처분을 할 수 있다.

② 전항의 처분은 압수물에 대하여도 할 수 있다.

제121조(영장집행과 당사자의 참여) 검사, 피고인 또는 변호인은 압수·수색영장의 집행에 참여할 수 있다.

제122조(영장집행과 참여권자에의 통지) 압수·수색영장을 집행함에는 미리 집행의 일시와 장소를 전조에 규정한 자에게 통지하여야 한다. 단, 전조에 규정한 자가 참여하지 아니한다는 의사를 명시한 때 또는 급속을 요하는 때에는 예외로 한다.

제123조(영장의 집행과 책임자의 참여) ① 공무소, 군사용 항공기 또는 선박·차량 안에서 압수·수색영장을 집행하려면 그 책임자에게 참여할 것을 통지하여야 한다.

② 제1항에 규정한 장소 외에 타인의 주거, 간수자 있는 가옥, 건조물(建造物), 항공기 또는 선박·차량 안에서 압수·수색영장을 집행할 때에는 주거주(住居主), 간수자 또는 이에 준하는 사람을 참여하게 하여야 한다.

③ 제2항의 사람을 참여하게 하지 못할 때에는 이웃 사람 또는 지방공공단체의 직원을 참여하게 하여야 한다.

제125조(야간집행의 제한) 일출 전, 일몰 후에는 압수·수색영장에 야간집행을 할 수 있는 기재가 없으면 그 영장을 집행하기 위하여 타인의 주거, 간수자 있는 가옥, 건조물, 항공기 또는 선차 내에 들어가지 못한다.

제126조(야간집행제한의 예외) 다음 장소에서 압수·수색영장을 집행함에는 전조의 제한을 받지 아니한다.

1. 도박 기타 풍속을 해하는 행위에 상용된다고 인정하는 장소

2. 여관, 음식점 기타 야간에 공중이 출입할 수 있는 장소. 단, 공개한 시간 내에 한한다.

제128조(증명서의 교부) 수색한 경우에 증거물 또는 몰취할 물건이 없는 때에는 그 취지의 증명서를 교부하여야 한다.

제129조(압수목록의 교부) 압수한 경우에는 목록을 작성하여 소유자, 소지자, 보관자 기타 이에 준할 자에게 교부하여야 한다.

형사소송규칙
[시행 2022. 1. 1.] [대법원규칙 제3016호, 2021. 12. 31., 일부개정]

제58조(압수수색영장의 기재사항) 압수수색영장에는 압수수색의 사유를 기재하여야 한다.

실무상 사전영장에 의한 압수수색의 시간 순서에 따라 영장의 발부, 영장 집행 통지와 참여, 영장의 제시와 사본교부, 압수수색에 대한 목록 또는 증명서의 교부의 순서, 압수수색의 한계에 대해 살펴본다. 최근 사전 영장에 의한 압수수색에서 적법절차의 준수와 압수물과 범죄사실과의 관련성에 법조계의 이목이 집중되어 있다. 이러한 문제는 특히 정보저장매체의 압수에서 두드러진다.

가. 영장 발부

1) 요 건

가) 범죄수사에 필요한 때

압수를 하지 않으면 수사목적을 달성할 수 없는 경우를 말한다. 어떠한 사건에 대해 수사를 한다는 목적이 특정되지 않았거나 범죄혐의가 없을 경우에는 압수수색은 허용되지 않는다.

관련판례 **필요성의 의미, 시설 압수는 위법**(대법원 2004. 3. 23. 선고 2003모126 결정)
미등록 폐수수탁처리업체에 대한 수사를 위해 업체의 공장부지와 시설 일체를 압수하는 것은 필요성, 비례원칙 위반으로 위법하다는 취지.

나) 죄를 범하였다고 의심할 만한 정황

문언상 죄를 범하였다고 의심할 만한 "정황"은 범죄를 저질렀다고 인정할 만한 "상당한 이유"보다 낮은 정도의 소명을 의미한다. 사전 압수수색 영장의 발부를 위해 구속에 준하는 수준의 범죄소명을 요구한다는 견해도 있으나, 금융실명거래 및 비밀보장에 관한 법률, 통신비밀보호법, 개인정보보호법 등에 의해 수사기관이 사전 압수수색영장 없이 정보를 수집할 수 있는 영역이 점점 줄어들면서 사전 압수수색 영장의 발부요건에 구속 수준의 범죄소명을 요구하면 수사를 전혀 진행할 수 없는 경우가 많다. 실무적으로도 압수 수색영장은 수사 초기 피해자의 진술만으로도 발부된다.

다) 해당 사건과 관계가 있다고 인정할 수 있는 것(관련성)

사법경찰관이 사전 압수수색영장을 신청할 때에는 범죄사실, 수색할 장소·신체·물건 및 압수할 물건을 기재하여야 한다. 여기에서 압수할 물건은 범죄사실과 관련성이 있는 것으로 제한되고, 수색할 장소 등은 압수할 물건이 있을 상당성이 있는 곳으로 제한된다. 관련성은 정보저장매체의 압수에서 크게 주목받기 시작하여[32] 점점 더 엄격한 심사의 대상이 되고 있다. 정보저장매체는 방대한 저장용량과 일상생활에서의 다양한 활용으로 인해 범죄사실과 관련성이 없는 전자정보도 함께 저장되어 있는 것이 일반적이고, 디지털 포렌식 등을 거치지 아니하는 이상 관련성이 있는 전자정보와 관련성이 없는 전자정보를 쉽게 구분하기 어렵다. 이에 수사기관이 사전 압수수색영장을 집행하여 정보저장매체를 확보하고 전자정보를 탐색하던 중 우연히 다른 범죄와 관련된 전자정보, 즉 영장에 기재된 범죄사실과는 무관하지만 다른 사건에서 증거로 사용될 수 있는 전자정보를 발견하는 일이 종종 일어나게 된다. 이때 수사기관이 우연히 발견한 관련성 없는 정보를 새로운 사전 압수수색영장을 발부받거나 피압수자로부터 임의제출 받아 압수하지 아니하고 애초의 사전영장에 의해 압수하고, 검사가 영장에 기재

---

32) 대법원 2014. 1. 16. 선고 2013도7101 판결, 대법원 2015. 7. 16. 선고 2011모1839 결정 등

된 범죄사실과는 다른 사건의 증거로 제출하자 법원은 이러한 압수를 위법하다며 증거능력을 부정한 것이다. 심지어 법원은 이미 적법하게 압수되어 수사기관이 보관하고 있는 전자정보를 다른 사건에 증거로 제출할 때에도 새로운 사전 압수수색 영장을 요구하고 있다.[33]

　　법원은 정보저장매체 뿐만 아니라 모든 압수수색에 있어 수사기관이 우연히 발견한 관련성 없는 증거물은 애초의 사전영장으로는 압수할 수 없음을 명백히 하고 있고, 최근에는 관련성을 객관적 관련성과 인적 관련성으로 나누어 더욱 엄격히 심사하고 있다. 법원은 사전 압수수색 영장에 의한 압수에서 객관적 관련성을 "① 압수·수색영장에 기재된 혐의사실 자체", "② 기본적 사실관계가 동일한 범행" 및 "① 또는 ②의 간접증거나 정황증거 등 개별적 구체적 연관관계가 있는 것"으로 제한하여 단지 범죄사실과 동종 또는 유사 범죄에는 객관적 관련성을 부정한다. 인적 관련성은 "압수·수색영장에 기재된 대상자", "공동정범이나 교사범 등 공범이나 간접정범은 물론 필요적 공범"에 대한 피고사건으로 제한하였다. 쉽게 말하자면 최근 법원은 압수수색 영장에 의한 압수의 경우 기재된 범죄사실에 대하여 증거로 사용될 수 있는 것에만 관련성을 인정하고 있다. 하지만 법원은 관련성의 구체적 판단에서 일관적이지 않은 태도를 보여 경찰관의 실무에 상당한 혼란을 주고 있다.

[그림 2] 관련성

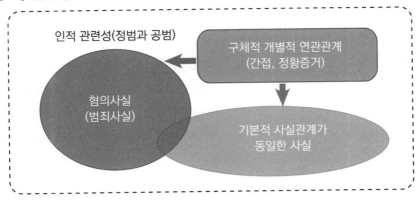

33) 대법원 2023. 6. 8. 선고 2018도18866 판결. 영장주의와 강제처분 법정주의를 내세워 형사소송법의 문언과 전혀 관계없이 관련성을 증거의 사용까지 확장하는 법원의 태도에는 동의하기 어렵다.

관련성은 사후영장에 의한 압수수색 및 영장에 의하지 아니한 압수에 있어서도 요구된다. 먼저 사후영장에 의한 압수수색으로 수사기관은 형사소송법 제216조 제1항 제2호에 의해 피의자를 체포하는 경우 영장없이 피의자의 신체와 지배범위를 수색하고 체포한 범죄와 관련성이 있는 것을 발견하면 압수할 수 있다. 제217조 제1항에 의해 피체포자가 소유·소지·보관하는 물건 중 긴급체포된 범죄의 증거가 존재할 상당한 이유가 있는 장소에 대해 수색하고 긴급체포한 범죄와 관련성이 있는 것을 발견하면 압수할 수 있으며, 제216조 제3항에 의해 범죄장소에서 영장없이 수색하고, 그 장소에서 일어난 범죄와 관련성이 있는 것을 발견하면 압수할 수 있다. 수사기관이 위 사후 압수수색 영장에 의한 수색과정에서 체포 또는 범죄장소의 범죄와는 관련성이 없지만 다른 범죄의 증거로 사용될 수 있는 것을 우연히 발견하게 되면, 피체포자로부터 임의제출 받거나, 그 장소가 또 다른 범죄의 장소가 되는 경우 형사소송법 제216조 제3항에 의해 압수할 수 있다. 이 때 형사소송법 제216조 제3항으로 압수할 수 있는 물건은 소유나 소지 자체가 범죄인 물건으로 그 예로는 마약류, 총기화약류, 성착취물 등을 들 수 있다. 이러한 물건은 소유나 소지 자체가 범죄이므로 이들이 발견된 장소는 특별한 사정이 없는 한 범죄장소가 되기 때문이다. 임의제출물 또는 범죄장소에 해당하지 아니하는 이상 경찰관은 수색을 중단하고 새로운 사전 압수수색 영장을 발부받아 압수하여야 한다.

다음으로 최근 법원은 영장에 의하지 아니한 압수 중 임의제출에 대해서도 관련성을 요구한다. 법원은 정보저장매체의 임의제출에 대한 다양한 사안에서 수사기관은 제출자로부터 제출하는 전자정보의 범위를 명시적으로 확인하여야 한다면서, 정보저장매체의 소유자인 피의자가 이를 제출할 경우에는 제출자인 피의자의 명시적 의사를 확인하여 그 범위 내에서만 관련성을 인정하여야 하고, 명시적 의사를 확인하지 아니한 경우에는 임의제출의 동기가 된 범죄에 대해서만 객관적 관련성을 인정하였다. 정보저장매체의 소유자 아닌 피해자가 피의자의 정보저장매체를 제출한 경우에는 제출의 동기가 된 범죄에 대해서만 객관적 관련성을 인정하였다. 따라서 경찰관은 임의제출물을 압수할 때에도 제출자로부터 어떠한 범죄에 대해 제출하는 것인지를 확인받아 이를 기록으로 남겨야 하고, 법원이 인정한 관련성의 범위 내에서만 임의제출의 적법성이 인정됨에 유의하여야 한다. 관련성이 없는 전자정보는 새로이 임의제출 받거나 새로운 사전 압수수색 영장을 발부받아 압수하여야 하는 것이다. 일반적으로 임의제출된 정보저장매체를 탐색하는 장소는 수사기관의 사무실 등으로 범죄장소에는 해당하지 아니하므로 형사소송법 제216조 제3항을 적용하거나, 유류물로 볼 수는 없다.

관련판례

1. 사전영장에 의한 압수수색
관련성 없는 증거물은 증거능력 없음. 환부 후 임의제출 가능(대법원 2016. 3. 10. 선고 2013도11233 판결)

〈사실관계〉
검사는 2009. 2. 6. 범죄사실이 배임수재로 기재된 압수수색영장을 집행하여 PC 1대, 서류 23박스, USB 1개 등을 압수하였다.

검사는 위 압수물을 확인하던 중 배임수재와는 관련이 없는 축산물가공법위반에 관한 정보가 USB에 저장되어 있는 것을 발견하였고, 2009. 5. 1. 피고인의 동생을 검사실로 불러 압수물건 수령서 및 승낙서를 작성하게 하였다. 검사는 피고인의 동생에게 검사실에 있던 세무공무원에게 위 USB 등을 제출하도록 하였고, 피고인의 동생은 세무공무원에게 이를 제출하였다. 당시 피고인은 위 배임수재 사건으로 구속기소 중이었고, 피고인의 동생은 검사가 위 USB를 임의제출하지 않을시 피고인에게 불이익이 있을 것이라는 취지로 위협하여 제출하였다고 진술하였다.

〈법원의 판단〉
법원은 압수수색은 영장의 범죄사실인 배임수재와 관련된 증거에 한하여 가능하고, 수사기관이 관련성이 없는 축산물가공법위반 관련 증거를 압수한 후 이를 환부하고 다시 임의제출 받으면 위법수집증거의 인과관계가 단절되었다 평가할 수 있으나, 검사가 제출의 임의성을 합리적 의심을 배제할 수 있을 정도로 증명하지 못하였다면서 USB의 증거능력을 부정하였다.

〈검토〉
실무상 압수수색장소에서 관련성이 있는 것만을 선별하여 압수할 수 없는 사정이 있으면 수사기관은 외견상 관련성이 인정되는 것을 모두 수사기관 사무실로 가져 온 후, 수사기관 사무실에서 확인하여 유관한 것은 압수하고 무관한 것은 피압수자에게 돌려주는 경우가 있다. 이러한 압수의 방식에 대해 법원은 위법하다고 하면서도, 수사기관이 피압수자에게 관련성이 없는 압수물을 돌려주면 위법함이 희석 또는 단절될 수 있다고 본 것이다.

객관적 관련성 1(대법원 2019. 10. 17. 선고 2019도6775 판결)

〈사실관계〉

경찰은 2018. 5. 23. 피고인의 필로폰 투약 첩보입수하고, 2018. 5. 29. 압수수색 영장 발부받았는데, 영장에 기재된 범죄사실은 "2018.5.23. 시간불상경 부산 이하 불상지에서 필로폰 불상량을 불상의 방법으로 투약하였다.", 압수할 물건은 "피고인의 소변, 모발, 마약류, 휴대폰"으로 기재되었다.

경찰은 2018. 6. 18. 피고인의 집에서 피고인의 어머니에게 영장을 제시하고 집행을 시도하였으나, 피고인을 찾지 못하였다. 경찰은 피고인을 추적하여 2018. 6. 25. 피고인 상대로 영장집행하여 피고인의 소변을 확보하였고, 소변에서 마약류가 검출되었으며, 이는 감정서에 기재되었다. 피고인은 아래의 두 가지 공소사실로 공소가 제기되었다.

① 2018. 5. 24. 필로폰 무상 교부에 의한 수수

② 2018. 6. 21.−6. 25. 시간 불상경 피고인은 부산 이하 불상지에서 필로폰 불상량을 불상의 방법으로 투약하였다.

〈공소사실 ② 쟁점 및 법원의 판단〉

① 공소사실 특정

법원은 공소사실의 특정은 방어권 행사를 위한 것으로, 구성요건 해당사실이 다른 사실과 식별 가능하면 충분한 것으로, 마약사건의 특성상 위와 같은 정도의 특정으로도 인정된다고 하였다.

② 영장의 재집행

법원은 영장은 한 번 집행하고 나면 다시 집행할 수 없으나, 사안에서 경찰이 피고인의 어머니에게 영장을 집행하려 시도하였다는 것을 영장 집행의 착수로 볼 수 있다고 가정하더라도 영장의 집행이 종료되지 않았으므로 피고인을 상대로 영장을 집행한 것은 재집행이 아니라고 하였다.

③ 영장과 압수물의 관련성

법원은 관련성을 객관적 관련성과 인적 관련성으로 나누고, 영장에 기재된 범죄사실과 객관적 및 인적 관련성이 없는 것은 압수할 수 없다고 하였다. 법원은 객관적 관련성은 혐의사실 자체 및 기본적 사실관계가 동일한 사실, 나아가 이러한 사실에 대해 간접증거 또는 정황증거에 해당하는 것으로 제한된다면서 단지 동종 또는 유사한 범죄사실에 대한 증거로 사용될 수 있는 증거에 대해서는 객관적 관련성이 부정된다고 하였다. 인적 관련성은 대상자, 공동정범, 교사범, 간접정범, 필요적 공범 등에 대해 인정된다고 하였다.

사안에서 범죄사실은 피고인이 2018. 5. 23. 필로폰을 투약했다는 내용이고,

소변을 압수한 것은 2018. 6. 25.로 이는 범죄사실과는 동종, 유사 범죄에는 해당하나, 기본적 사실관계가 동일하거나 간접 또는 정황증거에도 해당하지 않는 것으로 지방법원판사가 영장을 발부할 때 전혀 예상하지 못했던 범죄라며 객관적 관련성을 부정하였다. 따라서 피고인의 소변 및 마약 감정서는 위법하게 수집된 증거라며 증거능력을 부정하였다.

객관적 관련성 2(대법원 2021. 7. 29. 선고 2021도3756 판결)

〈사실관계〉

경찰은 2020. 7. 16. 필로폰 소지 및 투약 사실로 체포된 자로부터 2020. 8. 12. "피고인으로부터 무상으로 필로폰을 교부받아 투약하였다."라는 취지의 진술을 확보하여 2020. 8. 26. 울산지방법원으로부터 압수수색영장을 발부받았다. 영장의 범죄사실은 "피고인은 2020. 7. 11.~12. 및 2020. 7. 16. 공소외인에게 무상으로 필로폰을 교부하였다.", 압수수색을 필요로하는 사유는 "피고인 상대로 필로폰 제공에 대한 증거물을 확보하고자 할 경우 이에 항거하거나 소지하고 있을지 모르는 필로폰 등의 증거물을 은닉, 멸실시키는 등의 방법으로 인멸할 우려가 있으며, 필로폰 사범의 특성상 피고인이 이전 소지하고 있던 필로폰을 투약하였을 가능성 또한 배제할 수 없어 필로폰 투약 여부를 확인 가능한 소변과 모발을 확보하고자 한다.", 압수할 물건은 '피고인의 소변 50cc 및 모발 60수, 필로폰 및 필로폰을 투약할 때 사용되는 기구, 기타 마약류'으로 기재되었다.

경찰은 2020. 9. 11. 피고인을 체포하면서 이 사건 압수영장에 따라 피고인으로 부터 소변 50cc 및 모발 60수를 함께 압수하였고, 압수한 소변 및 모발에서 필로폰 양성반응이 있었다. 피고인은 경찰 및 검찰에서 "2020. 9. 11. 10:00경 (주소 생략) 화장실 내에서 필로폰을 주사기로 투약하였다."라고 자백하였다. 검사는 피고인의 자백으로 필로폰 투약 사실을 특정하여 공소를 제기하였다.

① 피고인은 2020. 7. 11.~12. 및 2020. 7. 16. 공소외인에게 무상으로 필로폰을 교부하였다.

② 피고인은 2020. 9. 11. 10:00경 (주소 생략) 화장실 내에서 필로폰을 주사기로 투약하였다.

〈공소사실 ②에 대한 법원의 판단〉

가) 통상 감정일로부터 1~2주 이내의 마약류 투약 여부 확인을 위해서는 소변 감정으로 족하고, 그 이전의 투약 여부를 확인하기 위해서는 모발에 대

한 감정이 필요한 것으로 알려져 있다. 법원이 압수할 물건으로 피고인의 소변뿐만 아니라 모발을 함께 기재하여 이 사건 압수영장을 발부한 것은 영장 집행일 무렵의 필로폰 투약 범행뿐만 아니라 그 이전의 투약 여부까지 확인하기 위한 것으로 볼 수 있고, 피고인이 이 사건 압수영장의 혐의사실인 필로폰 교부 일시 무렵 내지 그 이후 반복적으로 필로폰을 투약한 사실이 증명되면 필로폰 교부 당시에도 필로폰을 소지하고 있었거나 적어도 필로폰을 구할 수 있었다는 사실의 증명에 도움이 된다고 볼 수 있으므로, 압수한 피고인의 소변 및 모발은 이 사건 압수영장의 혐의사실 증명을 위한 간접증거 내지 정황증거로 사용될 수 있는 경우에 해당한다.

나) 이 사건 압수영장의 혐의사실로 피고인의 필로폰 교부의 점만 기재되어 있기는 하나, 법원이 위 영장의 '압수·수색·검증을 필요로 하는 사유'로 "필로폰 사범의 특성상 피고인이 이전 소지하고 있던 필로폰을 투약하였을 가능성 또한 배제할 수 없어 필로폰 투약 여부를 확인 가능한 소변과 모발을 확보하고자 한다."라고 기재하고 있는 점 등에 비추어 볼 때, 이 부분 공소사실이 이 사건 압수영장 발부 이후의 범행이라고 하더라도 영장 발부 당시 전혀 예상할 수 없었던 범행이라고 볼 수도 없다.

객관적 관련성 3(대법원 2021. 11. 25. 선고 2021도10034 판결)

〈사실관계〉

경찰은 피고인이 2019. 11. 9. 위력에 의해 13세 미만의 미성년자를 추행하고, 성착취물을 제작하였다는 범죄 혐의사실로 사전영장을 발부받았다. 압수수색을 필요로 하는 사유란에는 "증거인멸 가능성과 카메라 촬영 영상물 유포 등의 가능성"이 기재되어 있었다. 경찰은 사전영장을 집행하여 피고인의 휴대전화 1대와 하드디스크 1개를 압수하였다.

경찰은 휴대전화에서 성착취물을 발견하지 못하였고 휴대전화와 하드디스크를 압수한 후 디지털 증거분석을 통해 성착취물을 다수 발견하였는데, 영장 기재 범죄 혐의사실의 피해자 외에도 다른 피해자가 여러 명 있었다. 경찰은 디지털 증거분석 이후 법원으로부터 별도의 영장을 발부받지는 않았다.

검사는 피고인이 2018. 8.경부터 2020. 3.경까지 범죄 혐의사실 기재 피해자 및 다른 여러 피해자에게 성적 학대행위를 하고 이를 촬영하여 성착취물을 제작 및 소지하였다는 혐의로 공소를 제기하였다.

〈법원의 판단〉

원심(대전고등법원 2021. 7. 16. 선고 2021노23 판결)은 영장에 다른 피해자들에 대한 범행관련 내용이 없고, 추가 여죄 수사 목적의 기재도 없으며, 수사기관은 영장 발부 시 다른 피해자에 대한 수사를 개시하지조차 않았으므로 다른 피해자의 성착취물과 영장 기재 범죄 혐의사실 사이에는 객관적 관련성이 인정되지 아니한다고 하였다. 경찰은 다른 피해자들에 대한 성착취물 발견 시 별도의 영장을 발부받거나 피고인으로부터 임의제출을 받았어야 한다는 것이다.

대법원은 휴대전화를 이용한 성착취물 제작 범행의 특성과 압수수색을 필요로 하는 사유 란에 "카메라 촬영 영상물 유포 등의 가능성"이 기재되어 있어 영장 발부 시부터 추가 여죄수사의 가능성이 있었고, 영장 기재 범죄 혐의사실과 다른 피해자들의 성착취물 제작 등 범행은 범행시기가 근접하고, 피해자들이 모두 아동·청소년이며, 범행수단은 동일한 휴대전화이므로 다른 피해자들의 성착취물은 영장 기재 범죄 혐의사실의 직접 증거 또는 피고인 진술의 신빙성, 범행 동기, 성범죄에서 중요한 심리 요소인 피고인의 성적 취향 등을 증명할 간접증거나 정황증거에 해당한다며 다른 사건 피해자들의 성착취물과 영장 기재 범죄 혐의사실 사이의 객관적 관련성을 인정하였다.

〈검토〉

원심은 객관적 관련성이 인정될 수 있는 요건으로 '여죄 수사의 가능성 등 장래의 수사 가능성이 있다는 취지의 기재'를 들었다. 그러나 사전영장에 의한 압수에서 관련성은 압수물과 영장 기재 범죄 혐의사실과의 사이에 존재하여야 하는 것이지, 존재 여부조차 불분명한 장래 수사의 가능성이 있는 범죄 혐의사실과 압수물 사이의 문제가 아니다. 대법원 또한 동일한 쟁점에 대해 원심과 같은 태도를 취하면서도 추가 여죄수사의 가능성이 있었다는 이유로 객관적 관련성을 인정하였다. 이러한 법원의 태도에는 동의할 수 없다.

대법원은 영장 기재 범죄 혐의사실에 대해 다른 사건 피해자들의 성착취물은 최초 사건에서 피고인 진술의 신빙성, 범행동기, 성적취향 등을 증명할 간접증거나 정황증거에 해당한다 하였고, 그 근거로 최초 사건 범죄 혐의사실과 다른 사건 범죄 혐의사실의 시간적 근접성, 피해자의 유사성, 범행수단의 동일성 등을 들었다. 이 부분에 대한 대법원의 판단은 옳다고 생각한다.

객관적 관련성 4(대법원 2021. 12. 30. 선고 2019도10309 판결)

〈사실관계〉

경찰은 피고인이 2018. 3. 10. 안산시 소재 여자화장실에서 피해자가 사용 중인 용변칸의 옆칸으로 들어가 피해자를 촬영하기 위하여 칸막이 아래로 휴대전화를 집어넣었으나 미수에 그쳤다는 범죄 혐의사실로 사전영장을 발부받았다. 경찰은 영장을 집행하여 피고인 소유의 휴대전화 2대를 압수하였다. 경찰은 위 휴대전화 2대의 디지털 증거분석을 통해 이 사건 영장 범죄 혐의사실과 관련된 사진이나 동영상은 발견하지 못하였으나 노상, 버스 등 다른 공공장소에서 다른 여성 피해자들의 치마속, 허벅지 등이 촬영된 동영상을 발견하였다.

검사는 동영상과 피고인의 자백을 기초로 2018. 3. 9. 15:00경부터 18:00경까지 수원역, 안산시 인근에서 23회에 걸쳐 위 휴대전화로 성명불상의 여성 치마 속을 몰래 촬영하고, 2018. 4. 2. 운행중인 버스안에서 위 휴대전화로 버스 내 좌석에 앉아 있던 피해자의 교복 치마 속 허벅지 안쪽을 몰래 촬영하였다는 혐의로 공소를 제기하였다.

〈법원의 판단〉

원심(수원지방법원 2019. 7. 5. 선고 2018노8129 판결)은 피고인의 휴대전화는 영장 기재 범죄 혐의사실로 압수한 것이므로 다른 피해자들에 대한 신체 촬영물에 대해서는 객관적 관련성이 인정되지 않는다는 1심의 판단을 지지하였다.

대법원은 영장 기재 범죄 혐의사실과 다른 사건 피해자들의 신체 촬영 범행은 피고인이 공중밀집장소에서 불특정 여성 중 범행 대상을 물색한 후 피해자를 쫓아가 휴대전화를 이용하여 신체촬영을 한 것으로 범행방법이 동일하고, 양 범죄 혐의사실은 시간적 근접성이 인정되므로 다른 피해자들의 신체 촬영물은 최초 사건에서 피해자 진술의 신빙성을 뒷받침하는 간접증거나 정황증거 등에 해당한다며 다른 사건 피해자들의 신체 촬영물과 영장 기재 범죄 혐의사실 사이의 객관적 관련성을 인정하였다.

〈검토〉

원심은 다른 사건 피해자들의 신체 촬영물이 영장 기재 범죄사실의 간접증거나 정황증거에 해당할 수 있는지 여부에 대한 판단없이 직접증거에 해당하지 아니함을 이유로 객관적 관련성을 부정하였으므로 동의할 수 없다.

대법원은 영장 기재 범죄 혐의사실에 대해 다른 사건 피해자들의 신체 촬영물은 피해자 진술의 신빙성을 증명할 간접증거나 정황증거에 해당한다 하였고, 그 근거로 최초 사건의 범죄 혐의사실과 다른 사건의 범죄 혐의사실 사이의 시간적 근접성, 범행방법의 동일성을 들었다. 대법원의 판단은 옳다.

인적 관련성(대법원 2021. 7. 29. 선고 2020도14654 판결)

　〈사실관계〉

　경찰은 피고인이 피해자와 페이스북 메신저로 대화한 계정의 IP 주소 가입자가 여성이고, 주민등록표상 그 여성과 남편 및 아들이 등록되어 있음을 확인하여 아들을 피의자로 특정하고, 2018. 3. 일자불상경 성착취물을 제작하였다는 범죄 혐의사실, 수색·검증할 장소, 신체, 물건으로 '피의자의 주소지(아파트), 피의자의 신체 및 소지·소유·보관하는 물건', 압수할 물건으로 '피의자가 소유·소지 또는 보관·관리·사용하고 있는 스마트폰 등 디지털기기 및 저장매체'를 기재하여 사전영장을 발부받았다. 경찰이 2019. 4. 6. 피의자의 주소지에서 영장 집행시 피고인은 부재중이었고, 피의자와 위 여성으로부터 영장 기재 범죄 혐의사실의 진범은 피의자의 형인 피고인으로, 피고인은 주민등록상 주소지는 다르지만 함께 거주하고 있으며 압수 대상물인 정보저장매체의 소유자 또한 피고인임을 확인하였다. 경찰은 위 여성의 참여하에 피고인의 휴대전화 등 정보저장매체를 압수하였다. 경찰은 압수된 정보저장매체 중 휴대전화의 디지털 증거분석을 통해 영장 기재 범죄 혐의사실과 다른 사건 피해자들의 성착취물을 발견하였다.

　검사는 영장 기재 범죄 혐의사실을 포함하여 2017. 9. 3.경부터 2018. 12. 10. 경까지 아동인 피해자 21명의 성착취물을 제작하였다는 혐의로 공소를 제기하였다.

　〈법원의 판단〉

　원심(서울고등법원 2020. 10. 15. 선고 2019노2808 판결)은 피고인이 영장 기재 피의자가 아니라는 점에 대하여, 경찰은 피고인이 범한 범죄 혐의사실에 대해 수사를 진행하였고 사전영장도 그 범죄 혐의사실로 발부되었으므로 영장 기재 범죄 혐의사실과 피고인 사이에는 관련성이 인정되고, 영장 발부 당시는 수사초기로 경찰의 피의자 특정 과정은 위법하거나 미흡하지 아니하며, 형사소송법과 형사소송규칙은 영장 발부시 피의자의 특정을 원칙으로 하나 특정이 어려운 경우의 예외를 두고 있으므로 피의자를 잘못 특정하였다 해도 영장의 효력이 피고인에게 미친다고 하였다.

　대법원은 피고인이 영장 기재 피의자가 아니라는 점에 대하여, 영장 기재 압수할 물건의 문언해석은 엄격하여야 하고 피압수자 등에게 불리한 확장 유추해석은 금지됨을 전제로, 피고인은 영장에 압수수색의 상대방 또는 압수할 물건으로 기재되지 아니하였고, 영장 집행시 경찰이 진범이 피고인이고 정보저장매체가 피고인의 것임을 확인하였다 하더라도 영장에 기재되어 있지 아니한 피고인을 피압수자로 하여 영장을 집행할 수는 없다고 하였다.

〈검토〉

피고인이 영장 기재 피의자가 아니라는 점에 대하여 원심의 판단이 옳다. 사전영장에 의한 압수수색에서 인적 관련성은 영장 기재 범죄 혐의사실에서 분리할 수 없다. 원심이 지적했듯이 비록 경찰은 피의자를 잘못 특정하였으나 특정 과정에 흠결이나 위법이 있다고 볼 수는 없고, 영장은 피의자 특정 없이도 발부될 수 있다. 나아가 경찰은 피고인의 범죄 혐의사실에 대해 수사를 진행하였고, 사전 영장도 그 범죄 혐의사실에 대해 발부되었으므로 그 효력은 '피고인'의 범죄 혐의사실에 대한 것임을 부정할 수 없음에도 대법원은 단지 영장에 피고인이 피의자로 기재되어 있지 아니하다는 이유만으로 그 효력이 피고인에게 미치지 아니한다고 한 것이다. 대법원의 태도를 따르면 향후 수사기관은 이 사건과 유사한 사안에서 최대한 피의자 특정을 미루거나 자칫 그러한 노력을 해태할 우려마저 있다.

2. 사후영장에 의한 압수수색

긴급체포된 범죄사실과의 관련성 1(대법원 2020. 2. 13. 선고 2019도14341 판결)

경찰은 2018. 5. 6. 경 피해자 1에 대한 간음유인미수, 통신매체이용음란과 관련하여 적법하게 피고인을 긴급체포하여 그의 휴대전화를 압수하였고, 디지털 포렌식을 통해 2017. 12.경부터 2018. 4경까지 피해자 1과는 관련이 없는 피해자 2, 3, 4 에 대한 간음유인, 강간 등 범행에 관한 자료 확보하였다. 경찰은 위 압수에 대해 사후영장을 발부받았는데, 영장 범죄사실에 관한 혐의의 상당성 외에도 여죄수사의 필요성이 기재되어 있었다.

위 휴대전화에서 확보된 피해자 2, 3, 4에 대한 자료가 체포의 사유가 된 범죄혐의와 관련성 있는지에 대해 법원은 간음유인죄의 간음할 목적이나, 통신매체이용음란죄의 성적욕망을 유발하거나 만족시킬 목적에 대한 간접 증거이고, 체포 범죄혐의와 같은 범행을 저지른 수법, 준비과정, 계획 등에 관한 정황증거이며, 피고인 진술의 신빙성을 판단할 수 있는 자료라며 관련성을 인정하였다.

긴급체포된 범죄와의 관련성 2(대법원 2008. 7. 10. 선고 2008도2245 판결)

전화사기 범행 혐의자 긴급체포하고, 이후 바로 피의자의 주거지를 수색하여 그가 보관하고 있던 다른 사람의 주민등록증, 운전면허증을 압수한 경우, 법원은 긴급체포의 사유가 된 범죄사실 수사에 필요한 최소한의 범위 내이므로 압수가 가능하다며 증거능력을 인정하였다.

3. 영장에 의하지 아니한 압수

피해자의 임의제출(대법원 2021. 11. 18. 선고 2016도348 전원합의체 판결)

〈사실관계〉

2014. 12. 11. 교수인 피고인은 자신의 집에서 자신의 휴대전화를 이용하여 제자인 피해자(남성 24세)가 술에 취하자 그의 성기 등을 촬영하는 범행을 저질렀고, 피해자는 범행 현장에서 피고인의 휴대전화 2대를 가지고 나와 경찰에 임의제출하면서 피해자의 신체 촬영물이 저장되어 있다고 진술하였다. 경찰은 피해자로부터 휴대전화 내에 저장된 전자정보의 제출 범위에 관한 의사를 확인하지 않았다.

피고인은 2대의 휴대전화 중 피해자의 신체를 촬영하는데 이용한 휴대전화의 탐색에 대해서는 협조하였으나, 다른 휴대전화의 탐색에 대해서는 협조를 거부하였다. 경찰은 피고인이 협조한 휴대전화에서 피해자의 성기가 촬영된 신체 촬영물을 발견하였고, 피고인이 협조를 거부한 휴대전화에 대해 디지털 증거분석을 통하여 동일한 장소에서 촬영된 다른 2명의 피해자(남성 25세)의 성기 등 신체 촬영물을 발견하였다. 이때 경찰은 수색을 중단하고 별도의 영장을 발부받지는 않았다. 이후 경찰은 추가 수사를 통해 피고인이 2013. 12.경 자신의 집에서 자신의 휴대전화를 이용하여 술에 취해 잠들어 있는 위 다른 피해자 2명(피고인의 제자)의 성기 등 신체를 촬영하였음을 인지하였고, 이 시점에 이르러서야 다른 피해자들의 신체 촬영물에 대해 사전영장을 발부받았다.

검사는 피고인이 2013년 및 2014년 피해자의 의사에 반하여 피해자의 신체를 촬영했다는 혐의로 공소를 제기하였다.

〈법원의 판단〉

대법원은 먼저 임의제출에 있어서도 "범위를 정하여 출력 또는 복제하는 방법이 불가능하거나 압수의 목적을 달성하기에 현저히 곤란하다고 인정되는 때에 한하여" 정보저장매체 자체 또는 복제본의 압수가 가능하다고 하였다. 다음으로 수사기관이 유무관 정보가 혼재된 정보저장매체를 임의제출받은 경우, 임의제출된 전자정보의 범위는 제출자의 의사에 따르고 그 의사가 불명확하거나 알 수 없는 경우에는 임의제출의 동기가 된 범죄사실로 제한되며 피의자의 정보저장매체를 피해자 등 제3자가 임의제출하는 경우에는 임의제출의 동기가 된 범죄사실과 객관적 관련성이 있는 전자정보만이 압수의 대상이 된다고 하였다. 다음으로 휴대전화로 촬영된 신체 촬영물의 객관적 관련성에 대해, 범죄의 속성상 상습성 또는 성적 기호나 경향성의 발현에 따른 일련의 범행의 일환으로 의심되고, 범행의 직접증거가 휴대전화 안에 이미지 파일이나 동영상 파일의 형태로 남아 있을 개연성이 있는 경우에는 그 안에 저장되어 있는 같은 유형의 전자정보에서 유력한 간접증거나 정황증거가 발견될 가능성이 높으며, 탐색대상 전자정보의 유형은 이미지 파일 내지 동영상 파일 등으로 비교적 명확하게 특정되므로 관련성을 널리 인정할 수 있다고 하였다. 끝으로 관련성 없는 전자정보가 우연히 발견된 경우 수색을 중단하고 별도의 사전 압수수색 영장을 발부받아 압수하여야 하고, 사후에 영장이 발부되었다는 사실이나 피고인 측의 증거동의로는 위법성이 치유되지 않는다는 종래의 견해를 재확인하였다. 이러한 법리를 기초로 대법원은 사안에서 제출자의 의사는 명확하지 않거나 알 수 없으므로 임의제출을 통해 적법하게 압수된 전자정보의 범위는 임의제출의 동기가 된 피고인의 범죄 혐의사실과 객관적 관련성이 인정되는 범위로 제한되고, 다른 피해자에 대한 범죄 혐의사실은 임의제출의 동기가 된 범죄 혐의사실과 상당한 시간 간격이 있고, 양 범죄 혐의사실에서 피고인이 범행에 이용한 휴대전화도 달라 다른 사건 피해자의 신체 촬영물은 임의제출의 동기가 된 범죄 혐의사실의 정황증거나 간접증거에도 해당하지 아니한다며 다른 사건 피해자의 신체촬영물과 임의제출의 동기가 된 범죄 혐의사실 사이의 객관적 관련성을 부정하였다.

〈검토〉

피해자는 피의자의 허락없이 피의자가 소유하는 휴대전화를 임의제출하였고 이로 인한 피의자의 사생활 침해를 부정할 사유가 없다. 따라서 피해자의 임의제출은 위법하다 할 것이므로 이에 근거한 수사기관의 휴대전화 탐색 또한 위법하고, 신체 촬영물은 위법한 탐색으로 수집된 증거로서 증거능력이 부정된다고 생각한다.

한편 대법원은 다른 사건의 범죄 혐의사실은 임의제출의 동기가 된 범죄혐의 사실과 시간적 간격이 크고, 범행도구가 다른 휴대전화라며 객관적 관련성을 부정하였는데, 피고인은 동일한 장소에서 교수와 제자라는 동일한 관계, 남성이라는 동일한 성별, 20대 중반이라는 동일한 연령대의 피해자들이 술에 취한 상태에서 휴대전화를 이용하여 피해자들의 성기를 촬영하였으므로, 최초 사건과 다른 사건의 피해자, 범행수법, 범행도구 등의 관계는 유사성을 넘어 동일성에 가깝다. 따라서 만약 경찰이 휴대전화를 임의제출 받은 후 사전 영장을 발부받거나 피의자의 동의를 받아 이를 탐색하였다면 그 과정에서 발견된 다른 사건 피해자의 신체 촬영물은 최초 사건 범죄 혐의사실의 정황증거나 간접증거에 해당할 수 있다고 생각한다.

피의자의 임의제출 1(대법원 2021. 11. 25. 선고 2016도82 판결)
〈사실관계〉
경찰은 2014. 7. 28. 지하철 전동차 내에서 여성 피해자의 다리 등 신체를 촬영하는 피고인을 현행범인 체포하여 피고인으로부터 휴대전화를 임의제출 받고, 디지털 증거분석을 통해 임의제출의 동기가 된 범죄의 신체 촬영물은 발견하지 못하였으나, 다른 피해자의 나체와 음부가 촬영된 사진 파일을 발견하였다. 경찰은 별도의 사전영장을 발부받지 않았다.
검사는 2014. 11. 27. 피고인으로부터 "2014년 초경 안양시에 있는 다세대 주택에서 당시 교제 중이던 여성이 성관계 후 잠들어 있는 것을 보고서 몰래 가지고 있던 휴대폰 카메라를 이용하여 그녀의 나체와 음부를 촬영한 사실이 있다"고 자백 받았다. 검사는 여성의 나체 등을 촬영한 혐의로 공소를 제기하였다.
〈법원의 판단〉
대법원은 2016도348 판결의 법리를 전제로, 피고인이 지하철 전동차 내에서 피해자를 촬영한 행위와 다세대 주택에서 다른 피해자의 나체와 음부를 촬영한 행위는 범행 시간, 장소, 동기, 경위, 수단, 방법 등을 달리한다는 이유로 다른 사건 피해자의 신체 촬영물과 임의제출의 동기가 된 범죄 혐의사실과의 객관적 관련성을 부정하였다.
〈검토〉
대법원의 태도는 옳다고 생각한다. 피의자의 의사가 명확하지 아니하므로 관련성은 임의제출의 동기가 된 범죄 혐의사실에 대해서만 인정되고, 다른 사건의 범죄 혐의사실은 임의제출의 동기가 된 범죄 혐의사실과는 전혀 다른 내용이므로 다른 피해자의 신체 촬영물은 임의제출의 동기가 된 범죄 혐의사실에 대해 간접증거나 정황증거에도 해당할 수 없기 때문이다.

피의자의 임의제출 2(대법원 2021. 11. 25. 선고 2019도6730 판결)
〈사실관계〉
경찰은 2018. 4. 25. 16:00경 지하철 역사 내 에스컬레이터에서 피해자의 치마 속을 촬영하려는 피고인을 현행범인 체포하고, 피고인으로부터 휴대전화를 임의제출 받았다. 경찰은 같은 날 16:37~21:35경 같은 역 지하철 경찰대

사무실에서 피고인을 참여시키고 위 휴대전화를 탐색하여 타인의 신체 부위를 몰래 촬영한 것으로 의심되는 다수의 동영상을 발견하였다. 피고인은 불법 신체 촬영을 인정하면서 2018. 2. 15.부터 2018. 4. 25.까지 버스정류장, 지하철역사, 횡단보도 등에서 촬영된 47개 범행의 각 일시·장소를 특정하였다.

검사는 최초 사건 및 다른 사건의 범죄 혐의사실에 대해 공소를 제기하였다.

〈법원의 판단〉

대법원은 2016도348 판결의 법리를 전제로, 47개 동영상은 2018. 2. 15.부터 2018. 4. 25.까지 촬영된 것으로 임의제출의 동기가 된 범죄 혐의사실과 시간적으로 근접하고, 범행에 사용된 휴대전화가 동일하며 범행 장소도 공공장소로 유사하여 "범죄 속성상 해당 범행의 상습성이 의심되거나 피고인의 성적 기호 내지 경향성의 발현에 따른 일련의 범행의 일환으로 이루어진 것으로 의심"되므로 임의제출의 동기가 된 범죄 혐의사실의 동기, 경위, 범행 수단, 방법 등을 증명하는 간접증거나 정황증거에 해당한다며 다른 사건 피해자들의 신체 촬영물과 임의제출의 동기가 된 범죄 혐의사실 사이의 객관적 관련성을 인정하였다.

〈검토〉

대법원의 태도는 옳다고 생각한다. 피의자의 의사가 명확하지 아니하므로 관련성은 임의제출의 동기가 된 범죄 혐의사실에 대해서만 인정되는데, 다른 사건의 범죄 혐의사실은 임의제출의 동기가 된 범죄 혐의사실과 상당히 유사하고 시간적으로도 매우 근접해 있으므로 다른 피해자의 신체 촬영물은 최초 사건에 대해 간접증거나 정황증거에 해당하기 때문이다.

체포되지 아니한 피의자의 임의제출 1(대법원 2022. 1. 13. 선고 2016도9596 판결)

〈사실관계〉

경찰은 2015. 6. 7. 휴게소에서 여자친구의 신체를 촬영하는 자가 있다는 신고를 받고 사건 현장에 출동하였고, 피고인으로부터 범행에 사용한 휴대전화를 임의제출 받아 그 자리에서 확인하여 피해자의 다리 부위 영상 및 다수의 다른 피해자들의 신체를 촬영한 영상이 저장되어 있는 것을 발견하였다. 경찰은 같은 날 13:15 1회 피의자 신문에서 피고인으로부터 피해자 및 다른 피해자들의 신체를 몰래 촬영하였음을 자백받았다. 경찰은 휴대전화에 저장된 2013. 9.경부터 2015. 6. 7.까지 촬영된 여성의 영상 2,000여 개 중 성명불상 여성의 성기 등이 촬영된 5개를 발견하였다. 경찰은 같은 날 16:45 2회 피의자신문에서 피고인으로부터 위 5개의 영상에 대하여 2014년 피고인이 안마시술소에서 여종업원인 피해자의 나체를 몰래 촬영한 것임을 자백받았다.

검사는 2014년 5개 신체 촬영물 및 2015년 신체 촬영물에 대해 공소를 제기하였다.

〈법원의 판단〉

2014년 5개의 신체 촬영물이 임의제출의 동기가 된 범죄 혐의사실에 대해 객관적 관련성이 인정되는지 문제되었다.

대법원은 2016도348 판결의 법리를 전제로, 임의제출시 피고인의 제출 범위에 대한 피고인의 의사는 불명확하므로 임의제출의 범위는 임의제출의 동기가 된 범죄 혐의사실로 제한되는데, "이 사건 휴대전화에서 발견된 약 2,000개의 영상은 2년여에 걸쳐 지속적으로 카메라의 기능과 정보저장매체의 기능을 함께 갖춘 이 사건 휴대전화로 촬영된 것으로, 범죄의 속성상 해당 범행의 상습성이 의심되거나 피고인의 성적 기호 내지 경향성의 발현에 따른 일련의 범행의 일환으로 이루어진 것으로 의심되어, 2015년 범행의 동기와 경위, 범행 수단과 방법 등을 증명하기 위한 간접증거나 정황증거 등으로 사용될 수 있어 2015년 범죄 혐의사실과 구체적·개별적 연관관계를 인정할 수 있다"며 2014년 신체 촬영물과 임의제출의 동기가 된 범죄 혐의사실 사이의 객관적 관련성을 인정하였다.

〈검토〉

대법원은 다른 사건 피해자의 신체 촬영물은 임의제출의 동기가 된 범죄혐의 사실의 동기, 경위, 수단, 방법 등을 증명하기 위한 간접증거나 정황증거에 해당한다 하였다. 하지만 안마시술소에서 여종업원인 피해자의 나체를 몰래 촬영한 신체 촬영은 공공장소에서 이루어진 불특정 여성 피해자의 신체 촬영과는 경위, 수법, 장소 등이 전혀 다르다. 약 2,000개의 영상이 발견되었으므로 피고인의 신체 촬영에 상습성 또는 일련의 범행의 일환으로 의심된다 하더라도, 관련성은 5개의 신체 촬영물과 임의제출의 동기가 된 범죄혐의사실 사이에 인정되어야 하는 것이므로, 대법원의 판단에는 동의할 수 없다.

체포되지 아니한 피의자의 임의제출 2(대법원 2022. 2. 17. 선고 2019도4938 판결)

〈사실관계〉

경찰은 2017. 9. 4. 피해자로부터 신체 촬영을 하는 자가 있다는 신고를 받고 사건 현장에서 피고인이 소지하고 휴대전화를 임의제출 받은 후 피고인을 임의동행하여 경찰서로 이동하였다. 경찰은 휴대전화에서 피해자의 신체 촬영물을 발견하지 못했으나, 다수 여성 피해자의 엉덩이 부분이 촬영된 사진들을 발견하였고 디지털 증거분석을 통하여 위 피해자 외 불상의 여성 피해자 7명의 하체 부분이 촬영된 동영상을 발견한 후 피의자로부터 일시·장소를 특정받는 등 자백을 받았다.

검사는 최초 사건과 다른 사건의 범죄 혐의사실인 위 7명의 하체 부분 동영상의 촬영 혐의로 공소를 제기하였다.

〈법원의 판단〉

다른 사건 피해자들의 신체 촬영물이 임의제출의 동기가 된 범죄 혐의사실과 관련성이 있는지가 문제되었다.

대법원은 2016도348 판결의 법리를 전제로, 피고인은 휴대전화 임의제출시 제출 범위를 명확히 밝히지 않았으므로, 다른 사건 피해자의 신체 촬영물은 임의제출의 동기가 된 범죄 혐의사실과 관련성이 인정되어야 한다고 하였다. 다른 피해자의 신체 촬영물은 2017. 6. 28.부터 2017. 9. 2.까지 촬영된 것으로 임의제출의 동기가 된 범죄 혐의사실의 범행 일시와 가깝고, 최초 사건 및 다른 사건 범죄 혐의사실의 범행 도구는 동일하며 범행 장소도 버스정류장, 지하철 역사, 횡단보도 앞 등 공공장소로 유사하므로 "속성상 상습성이 의심되거나 성적 기호 내지 경향성의 발현에 따른 일련의 행위라고 의심할 여지가 많아, 각 범행 영상은 상호 간에 범행 동기와 경위, 수단과 방법, 시간과 장소에 관한 증거로 사용될 수 있는 관계에 있다"며 다른 사건 피해자들의 신체 촬영물과 임의제출의 동기가 된 범죄 혐의사실 사이의 객관적 관련성을 인정하였다.

〈검토〉

위 2019도6730 판결의 검토와 마찬가지의 이유로 대법원의 태도는 옳다고 생각한다.

2) 기재사항 등

사전 압수수색 영장에는 피의자의 성명, 죄명, 압수할 물건, 수색할 장소, 신체, 물건, 발부년월일, 유효기간 등이 특정되어야 하고, 영장을 발부하는 법관이 서명 날인하여야 한다. 위에서 살펴본 것처럼 법원은 최근 관련성을 매우 엄격하게 평가하고 있으므로 경찰이 압수수색 영장을 신청할 때에는 수색할 장소, 신체, 물건은 압수할 물건이 있을 것으로 인정되는 상당한 이유가 있는 곳으로 한정하고, 압수할 물건은 범죄사실과 관련성, 즉 그 사건 또는 기본적 사실관계가 동일한 사건에서 증거로 사용될 수 있는 것으로 제한하여야 한다. 인적 관련성을 유지하기 위해 피의자의 특정도 유의하여야 한다.

관련판례 **압수할 물건의 특정**(대법원 2009. 3. 12. 선고 2008도763 판결)

헌법과 형사소송법이 구현하고자 하는 적법절차와 영장주의의 정신에 비추어 볼 때, 법관이 압수·수색영장을 발부하면서 '압수할 물건'을 특정하기 위하여 기재한 문언은 엄격하게 해석하여야 하고, 함부로 피압수자 등에게 불리한 내용으로 확장 또는 유추 해석하여서는 안 된다. 따라서 압수·수색영장에서 압수할 물건을 '압수장소에 보관중인 물건'이라고 기재하고 있는 것을 '압수장소에 현존하는 물건'으로 해석할 수는 없다.

수색할 장소의 특정(대법원 2022. 6. 30. 자 2020모735 결정)

수사기관이 압수·수색영장에 적힌 '수색할 장소'에 있는 컴퓨터 등 정보처리장치에 저장된 전자정보 외에 원격지 서버에 저장된 전자정보를 압수·수색하기 위해서는 압수·수색영장에 적힌 '압수할 물건'에 별도로 원격지 서버 저장 전자정보가 특정되어 있어야 한다. 압수·수색영장에 적힌 '압수할 물건'에 컴퓨터 등 정보처리장치 저장 전자정보만 기재되어 있다면 컴퓨터 등 정보처리장치를 이용하여 원격지 서버 저장 전자정보를 압수할 수는 없다.

영장기재 압수수색 제한의 준수(대법원 2022. 1. 14. 자 2021모1586 결정)

법원은 압수·수색영장의 집행에 관하여 범죄 혐의사실과 관련 있는 전자정보의 탐색·복제·출력이 완료된 때에는 지체 없이 영장 기재 범죄 혐의사실과 관련이 없는 나머지 전자정보에 대해 삭제·폐기 또는 피압수자 등에게 반환할 것을 정할 수 있다. 수사기관이 범죄 혐의사실과 관련 있는 정보를 선별하여 압수한 후에도 그와 관련이 없는 나머지 정보를 삭제·폐기·반환하지 아니한 채 그대로 보관하고 있다면 범죄 혐의사실과 관련이 없는 부분에 대하여는 압수의 대상이 되는 전자정보의 범위를 넘어서는 전자정보를 영장 없이 압수·수색하여 취득한 것이어서 위법하고, 사후에 법원으로부터 압수·수색영장이 발부되었다거나 피고인이나 변호인이 이를 증거로 함에 동의하였다고 하여 그 위법성이 치유된다고 볼 수 없다.

> **판사 날인없는 영장**(대법원 2019. 7. 11. 선고 2018도20504 판결)
>
> 야간집행을 허가하는 판사의 수기와 날인이 있고, 간인이 되어 있으나, 법관의 서명날인란에 서명만 있고, 날인이 없는 압수수색 영장에 대해, 법원은 지방법원 판사의 의사에 기초하여 진정하게 영장이 발부된 것이지만, 적법절차 위반이므로 영장이 유효한 것은 아니라고 하면서도 수사기관으로서는 영장이 적법하게 발부되었다고 신뢰할 만한 합리적인 근거가 있었고, 의도적으로 적법절차의 실질적인 내용을 침해한다거나 영장주의를 회피할 의도를 가지고 압수수색을 하였다고 보기 어렵다면서 위법수집증거의 예외로 증거능력을 인정하였다.
>
> "(위법수집증거의 증거능력을 부정하는 것은) 수사기관의 위법한 압수수색을 억제하고 권한남용과 재발을 방지하기 위한 가장 효과적이고 확실한 대응책이기 때문이다...절차상 결함이 있으나 그 내용과 정도가 중하지 않고, 절차조항이 보호하고자 하는 권리나 법익을 본질적으로 침해하였다고 볼 수 없(다)"

나. 영장 집행

1) 통지와 참여

통지와 참여는 최근 압수수색시 적법절차의 핵심으로 떠오르고 있다. 압수수색의 참여권자는 사건의 당사자인 피의자 및 변호인과 영장의 피처분자인 영장이 집행되는 장소의 책임자 또는 주거주 등으로 나누어져 있는데, 이들의 참여권과 이를 보장하기 위한 통지받을 권리의 내용이 서로 달라 유의가 필요하다.

가) 피의자와 변호인

(1) 통 지

피의자에게는 압수수색에 앞서 미리 통지함이 원칙이나, 급속시 통지하지 않을 수 있다는 예외규정이 실무상 원칙으로 굳어져 있다. 수사기관이 압수수색 영장을 집행하면서 피의자에게 영장 집행하러 간다는 사실을 알리는 것은 증거를 인멸할 기회를 주는 것과 다를 바 없기 때문이다. 하지만 수사기관이 이미 확보한 정보저장매체를 수사기관 사무실에서 탐색할 경우에는 위 급속시 예외가 적용되지 않는다. 피의자가 수사기관이 이미 확보한 정보저장매체를 수색한다는 사실을 안다하더라도 증거를 인멸할 방법이 없기 때문이다. 최근 법원은 변호인의 참여권은 고유권이므로, 수사기관이 정보저장매체를 확보하면서 피의자로부터 탐색에 참여하지 않겠다는 명시적 의사를 확인받아 서면화 했다 하더라도, 변호인에게 따로 통지하고 참여권을 보장해야 한다고 하는 등 적법성 평가에 매우 엄격한 태도를 취하고 있다. 따라서 경찰관은 피의자와 변호인에 대해 증거인멸 등의 우려가 있는 경우에는 급속의 예외가 적용되므로 양자 모두 통지할 필요가 없다. 하지만 급속의 예외가 적용되지 않는 경우, 특히 정보저장매체를 탐색할 때에는 피의자와 변호인에게 개별적으로 압수수색을 통지하고, 각자로부터 압수수색에 대한 참여의사를 확인하여야 한다.

(2) 참　여

피의자와 변호인이 참여의사를 가지고 수색현장에 있으면 압수수색에 참여시켜야 한다. 피의자와 변호인이 통지를 받았음에도 참여의사가 없거나, 통지를 받지 아니하여 수색 장소에 없으면 참여를 시킬 수 없음이 당연하다.

나) 책임자 등

공무소등 책임자와 그 외 장소의 주거주 등에 대해 통지와 참여를 달리 규정하고 있으므로 나누어 살펴본다.

(1) 통　지

공무소 등 책임자에 대해서는 통지하여야 하나, 미리 통지하도록 하고 있지는 않으므로 영장을 집행하기 직전에 통지하면 족하다. 실무상 영장의 집행 장소인 공무소에 도착하여 통지한다. 그 외 장소의 주거주 등에 대해서는 통지규정이 없고 실무상으로도 통지하지 아니한다.

(2) 참　여

공무소등 책임자는 참여시켜야 한다. 그 외 장소의 주거주 등은 압수수색 장소에 있는 경우 참여시켜야 하고, 주거주 등이 없는 경우에는 이웃 사람 또는 지방공공단체의 직원을 참여시켜야 한다. 영장집행시 공무소에 공무원이 없는 경우는 생각하기 어렵지만, 그 외 장소에는 주거주 등이 없는 경우가 많다. 예를 들어 피의자가 소유 및 거주하는 개인주택을 압수수색할 때, 수사기관은 피의자에게는 급속의 예외에 따라 통지하지 않고 수색대상 장소가 개인주택이므로 주거주 등에 대해서도 통지하지 아니한다. 따라서 피의자는 물론 주거주 등도 압수수색에 참여하지 못하게 되는 경우가 발생할 수 있는데, 이 경우 수사기관 외 제 3자를 반드시 참여시켜야 하는 것이다. 피의자가 동시에 피처분자가 될 때에는 양자에게 요구되는 절차를 모두 지켜야 한다.

[표 4] 통지와 참여

참여권자	피의자, 변호인	피처분자	
		공무소 : 책임자 등	공무소 외 : 주거주 등
통지받을 권리	-미리 받을 권리 있음 -불참의사, 급속시 예외	있음 (미리 통지는 아님)	없음
참여할 권리	있음	있음	있음
필수적 참여	관련 내용 없음	관련 내용 없음	이웃사람 등이 대신 참여

참여규정에 대한 위반으로 얻은 증거는 위법수집증거 배제원칙에 따라 증거능력이 부정됨이 원칙이다. 일반적인 위법수집증거 배제법칙의 예외와 같이 증거능력을 인정하는 것이 본질적인 사법정의의 실현에 부합하는 경우에는 예외적으로 증거능력이 인정될 수 있다.

관련판례 **정보저장매체 확보 후 수사기관 내 수색시, 통지의 급속 예외는 적용되지 않음**(대법원 2015. 7. 16. 선고 2011모1839 전원합의체 결정)

〈사실관계〉

검사가 준항고인 이○○의 배임혐의와 관련하여 압수·수색 영장(제1 영장)을 발부받아 준항고인 회사 안에 있는 준항고인 이○○의 사무실을 압수·수색하였는데, 당시 저장매체에 유관정보와 무관정보가 혼재된 것으로 판단하여 준항고인 회사의 동의를 받아 저장매체를 수사기관 사무실로 반출하여 저장매체를 대검 디지털포렌식센터에서 피압수자 측의 참여 하에 저장매체에 저장된 전자정보파일 전부를 '이미징'의 방법으로 복제(제1 처분─영장에 의한 처분, 절차준수 등 적법)하고, 저장매체를 준항고인 회사에 반환한 다음 피압수 측의 참여 없이 이미징한 복제본을 자신이 소지한 외장 하드디스크에 재복제(제2 처분)한 후 재복제한 하드디스크에서 유관정보를 탐색하면서 피압수 측의 참여없이 준항고인 회사의 별건 혐의와 관련된 정보 등 무관정보도 함께 출력(제3 처분)하였다.

한편, 위 과정에서 검사는 3처분 결과로 얻은 별건 혐의(약사법위반)를 특별수사부 검사에게 통보하였고, 특별수사부 검사는 새로이 압수수색 영장(제2영장)을 발부받아 위 외장하드디스크에서 별건 정보를 탐색, 출력하는 방식으로 압수수색하였다. 제2 영장 집행과정에서 피압수 측에 참여할 기회 부여하지 않고, 압수한 전자정보 목록도 교부하지 않았다.

〈법원판단〉

① 제1 영장 관련

제1 처분은 위법하다고 볼 수 없지만 제 2·3처분에서 급속의 예외가 적용되지 않음에도 피의자에게 통지하지 않았다는 위법의 중대성에 비추어 제1 영장에 기한 압수수색은 전체적으로 취소되어야 한다며 제1영장에 기한 처분 전체를 취소하였다.

② 제2 영장 관련

제1 영장 제2, 3 처분으로 얻은 압수물에 근거하여 영장을 발부받은 것이므로, 새로운 영장에 근거한 압수수색이라 할지라도 위법하고, 제2영장 집행 자체도 급속의 예외가 적용되지 않음에도 통지하지 않아 위법하다며 취소하였다.

변호인의 참여권은 고유권(대법원 2020. 11. 26. 선고 2020도10729 판결)

〈사실관계〉

경찰은 피고인이 수년간 피시방, 노래방 등의 화장실에 몰래카메라를 설치하여 타인의 신체를 촬영한 혐의로 수사를 진행하면서 사전 압수수색영장에 의해 피고인 소유의 컴퓨터 본체 1대, 휴대전화 1대를 경찰서로 반출하는 방식으로 압수하였다.

당시 피고인은 이 사건 컴퓨터 및 휴대전화에 대한 각 원본반출확인서에 수색과정 참여 통지를 받았고, 과정에 참여하지 않겠다는 란에 자필로 'V' 표시를 하고 서명·무인을 하였다.

피고인은 경찰조사에서 혐의를 모두 자백하였고, 구속되었다. 경찰은 이 사건 컴퓨터의 하드디스크를 수색하여 피고인이 몰래카메라로 촬영한 것으로 보이는 다수의 동영상 파일 등을 발견하여 압수하였는데, 수사기관은 피고인의 국선변호인에 대하여 위와 같은 이 사건 컴퓨터의 탐색·복제 및 이 사건 출력물의 생성 절차에 관한 사전통지를 하지 않았고, 피고인이나 위 국선변호인이 위 절차에 참여하지도 않았다.

〈법원판단〉

법원은 변호인의 압수수색 참여권은 고유권으로 이를 위반해 얻은 증거는 위법하게 수집된 증거로서 증거능력이 부정되는 것이 원칙이지만, 피고인의 국선변호인이 수사기관에 이 사건 영장의 집행 상황을 문의하거나 그 과정에 참여를 요구한 바 없고, 이 사건 영장 집행 당시 피압수자의 참여 포기 또는 거부 의사에도 불구하고 압수·수색 절차 개시 후 선임 또는 선정된 그 변호인에게 별도의 사전통지를 하여야 한다는 점에 관하여 판례나 수사기관 내부의 지침이 확립되어 있었던 것은 아닌 점 등을 보아 예외적으로 증거능력을 인정하였다.

참여권이 보장되지 않은 위법수집증거의 예외(대법원 2015. 1. 22. 선고 2014도 10978 전원합의체 판결)

수사관들이 압수한 디지털 저장매체 원본이나 복제본을 국가정보원 사무실 등으로 옮긴 후 범죄혐의와 관련된 전자정보를 수집하거나 확보하기 위하여 삭제된 파일을 복구하고 암호화된 파일을 복호화하는 과정도 전체적으로 압수·수색과정의 일환에 포함되므로 그 과정에서 피고인들과 변호인에게 압수·수색 일시와 장소를 통지하지 아니한 것은 형사소송법 제219조, 제122조 본문, 제121조에 위배되나, 피고인들은 일부 현장 압수·수색과정에는 직접 참여하기도 하였고, 직접 참여하지 아니한 압수·수색절차에도 피고인들과 관련된 참여인들의 참여가 있었던 점, 현장에서 압수된 디지털 저장매체들은 제3자의 서명하에 봉인되고 그 해쉬(Hash)값도 보존되어 있어 복호화 과정 등에 대한 사전통지 누락이 증거수집에 영향을 미쳤다고 보이지 않는 점 등(은)... 유죄 인정의 증거로 사용할 수 있는 예외적인 경우에 해당한다.

피해자가 임의제출한 정보저장 매체의 수색시에도 피의자의 참여권 보장(대법원 2021. 11. 18. 선고 2016도348 전원합의체 판결)

촬영물이 저장된 피의자 소유 휴대전화를 피해자가 피의자의 허락없이 임의 제출한 경우, 참여권 보장에 대한 법리는 영장에 의한 압수에서의 그것과 동일하다.

실질적 피압수자로서 피의자의 참여권(대법원 2022. 1. 27. 선고 2021도11170 판결)

〈사실관계〉

검사는 부정입시 관련 사건의 수사를 진행하면서 피의자가 교수로 재직하던 대학교 강사휴게실에서 피의자가 이용하였던 PC를 그 대학 조교로부터 임의제출받았다. 검사는 PC의 탐색시 피의자에게 참여할 것을 통지하지 아니하였고, 이에 피의자의 참여는 이루어지지 않았다.

〈법원판단〉

피해자 등 제3자가 피의자의 소유·관리에 속하는 정보저장매체를 영장에 의하지 않고 임의제출한 경우에는 실질적 피압수·수색 당사자(이하 '피압수자'라 한다)인 피의자가 수사기관으로 하여금 그 전자정보 전부를 무제한 탐색하는 데 동의한 것으로 보기 어려울 뿐만 아니라 피의자 스스로 임의제출한 경우 피의자의 참여권 등이 보장되어야 하는 것과 견주어 보더라도 특별한 사정이 없는 한 형사소송법 제219조, 제121조, 제129조에 따라 피의자에게 참여권을 보장하고 압수한 전자정보 목록을 교부하는 등 피의자의 절차적 권리를 보장하기 위한 적절한 조치가 이루어져야 한다.

이와 같이 정보저장매체를 임의제출한 피압수자에 더하여 임의제출자 아닌 피의자에게도 참여권이 보장되어야 하는 '피의자의 소유·관리에 속하는 정보저장매체'란, 피의자가 압수·수색 당시 또는 이와 시간적으로 근접한 시기까지 해당 정보저장매체를 현실적으로 지배·관리하면서 그 정보저장매체 내 전자정보 전반에 관한 전속적인 관리처분권을 보유·행사하고, 달리 이를 자신의 의사에 따라 제3자에게 양도하거나 포기하지 아니한 경우로서, 피의자를 그 정보저장매체에 저장된 전자정보에 대하여 실질적인 피압수자로 평가할 수 있는 경우를 말하는 것이다.

〈검토〉

형사소송법상 참여권자는 피의자와 압수수색을 당하는 피처분자로서 책임자와 주거주 등이 규정되어 있을 뿐, '실질적 피압수수색 당사자'라는 개념은 존재하지 않는다. 법원이 수사기관의 사무실 내에서 이루어지는 정보저장매체의 탐색을 압수수색의 일부로 본 이상 피의자와 변호인의 참여권은 보장되어야 한다.

2) 영장의 제시와 사본의 교부

압수수색 영장은 원본을 처분을 받는 상대방이 기재사항을 충분히 알 수 있도록 제시함이 원칙이다. 체포영장과 달리 사후 제시의 예외가 존재하지 않는다. 원본을 제시하여야 하므로 실무상 많이 이루어지고 있는 금융영장의 팩스집행은 위법하다.[34] 영장은 기재사항을 충분히 알 수 있도록 제시하여야 하므로 일반적으로 별지 처리가 되어 있는 범죄사실 등에 대해서도 별지를 제시하여 확인시켜 주어야 한다. 만약 압수수색을 받는 자가 피의자인 경우에는 영장의 사본도 교부하여야 한다.

물론 영장제시와 사본의 교부가 불가능한 경우에는 양자 모두 이루어지지 아니할 수 있다. 형사소송법은 최근 개정을 통해 피처분자의 부재 또는 거부시 영장의 제시와 사본의 교부의 예외를 규정하였다.

관련판례 **영장제시 흠결의 정당화 사유**(대법원 2015.1.22. 선고 2014도10978 전원합의체 판결)

피고인 4의 주소지와 거소지에 대한 압수·수색 당시 피고인 4는 현장에 없었다. 피고인 7과 관련한 ○○평생교육원에 대한 압수·수색 당시 ○○평생교육원 원장 공소외 3은 현장에 없었고 이사장 공소외 4도 수사관들에게 자신의 신분을 밝히지 않은 채 건물 밖에서 지켜보기만 하였다. 이에 수사관들이 위 각 압수·수색 당시 피고인 4와 ○○평생교육원 원장 또는 이사장 등에게 영장을 제시하지 않았다.

법원은 형사소송법 제219조가 준용하는 제118조는 "압수·수색영장은 처분을 받는 자에게 반드시 제시하여야 한다"고 규정하고 있으나, 이는 영장제시가 현실적으로 가능한 상황을 전제로 한 규정으로 보아야 하고, 피처분자가 현장에 없거나 현장에서 그를 발견할 수 없는 경우 등 영장제시가 현실적으로 불가능한 경우에는 영장을 제시하지 아니한 채 압수·수색을 하더라도 위법하다고 볼 수 없다고 하였다.

팩스로 영장 제시 1(대법원 2017. 9. 7. 선고 2015도10648 판결)

경북대 안모 교수는 2006년 조국통일범민족연합 남측본부 등의 동향과 향후 활동계획, 주요 인물 신상자료를 수집해 대북보고서 형식으로 정리하고, 이적표현물을 인터넷 등에 올린 혐의(국보법 자진지원 및 찬양 고무죄)로 기소되었고, 2008년 북한 주체사상과 선군정치를 동조하는 이적단체를 구성한 혐의

---

34) 이에 비하여 통신비밀보호법 시행령에는 통신사실 확인자료 제공요청 허가서는 모사전송이 가능하도록 규정하고 있다.

(국보법 이적단체구성)도 있었다.

검찰은 압수수색 영장을 포털사이트에 팩스로 보내어 이메일을 확보하고, 이메일 등이 저장된 CD, USB를 받을 시점까지 영장원본을 제시했는지 여부에 대해 증명하지 못하였다.

법원은 팩스 등을 통해 사전에 영장 사본을 보낼 수 있으나, 자료를 건네받기 전까지는 원본을 제시해야 한다면서, 팩스로 영장을 집행하는 것은 위법하다 하였다.

팩스로 영장제시 2(대법원 2022. 1. 27. 선고 2021도11170 판결)

검사는 부정입시 관련 사건의 수사를 진행하면서 피의자의 금융거래 자료를 압수하기 위해 금융영장을 발부 받았고, 이를 팩스로 금융기관에 전송하였다. 검사는 금융기관으로부터 피의자의 금융거래자료 일체를 압수한 후 이를 분석하였고, 사건과 관련성이 인정되는 자료만을 확인하였다. 이후 검사는 금융기관에 영장의 원본을 제시하였고 금융기관으로부터 관련성이 인정되는 금융자료만을 다시 압수하였다.

법원은 금융영장의 경우에도 원본을 제시하는 것이 원칙이지만, 이 사건과 같이 자료의 분석이후 최종 압수시 원본을 제시하였다면 이는 적법하다 하였다.

필요적 기재사항을 확인할 수 있도록 제시 1(대법원 2017. 9. 21. 선고 2015도12400 판결)

충북 보은군수 비서실에 대한 공직선거법위반 관련 압수수색시 경찰이 압수수색 영장을 제시하면서, 혐의사실의 주요부분을 요약 고지하고 영장 첫 페이지와 범죄사실이 기재된 부분을 보여주었으나, 피처분자가 영장의 나머지 부분을 넘겨서 확인하려 하자 뒤로 넘기지 못하게 하였다. 법원은 이로 인해 피처분자는 압수대상물건, 장소, 필요로 하는 사유 등 영장의 필요적 기재사항이자 별지 처리된 부분을 확인하지 못하게 되었던 바, 이는 영장제시의 이유(사생활 보호, 재산침해 최소화, 불복신청기회 실질적 보장)를 몰각시키므로 위법하다 하였다.

필요적 기재사항을 확인할 수 있도록 제시 2(대법원 2020. 4. 16. 자 2019모3526 결정)

수사기관이 재항고인의 휴대전화 등을 압수하면서 압수수색영장을 제시하였는데, 재항고인이 영장의 구체적인 확인을 요구하였으나 영장의 범죄사실 기재부분을 보여주지 않았고, 그 후 재항고인의 변호인이 재항고인에 대한 조사에 참여하면서 영장을 확인한 사안에서, 법원은 압수수색 당시 영장 내용의 구체적 확인을 요구받았음에도 영장의 내용을 보여주지 않았으므로 위법하다 하였다.

생각해 볼 문제 / 07

가. 금융실명법상 금융영장과 형사소송법상 압수수색 영장의 법적 성질은 동일한가?

나. 금융영장의 집행시 통지에 대하여 급속의 예외는 인정되는가? 달리 피의자의 참여권을 보장해 주지 않을 정당한 사유가 있는가?

다. 금융영장의 원본제시는 필요한 것인가?

3) 수색의 실행

압수수색영장을 집행할 때에는 영장에 기재되어 있는 장소 내에서, 압수할 물건이 있을 수 있는 곳만을 수색해야 한다. 과장된 예를 들자면 압수할 물건으로 기재된 것이 '코끼리'라면 학생용 '책상 서랍'을 뒤져 보아서는 아니 되는 것이다.

4) 기록과 증명

수색 후 압수한 증거물 등이 없으면 수색증명서를, 압수한 증거물 등이 있으면 압수목록을 소유자 등에게 교부하여야 한다. 압수목록은 압수물의 종류와 수량을 특정하여 압수 직후 교부하는 것이 원칙이다. 전자정보의 압수시에는 압수된 전자정보별로 상세목록을 교부하여야 하는데,[35] 법원은 정보저장매체의 탐색시 피의자가 참여하여 압수된 전자정보에 대한 개별적인 확인을 거친 경우 전자정보 상세목록의 교부가 없다 하더라도 적법성을 인정하고 있다.[36]

---

[35] 대법원 2022. 1. 14.자 2021모1586 결정

[36] 대법원 2022. 2. 17. 선고 2019도4938 판결; 대법원 2023. 6. 1. 선고 2020도2550 판결 등

> **관련판례** **압수직후 교부 원칙**(대법원 2009. 3. 12. 선고 2008도763 판결)
>
> 공무원인 수사기관이 작성하여 피압수자 등에게 교부해야 하는 압수물 목록에는 작성연월일을 기재하고, 그 내용은 사실에 부합하여야 한다. 압수물 목록은 피압수자 등이 압수물에 대한 환부·가환부신청을 하거나 압수처분에 대한 준항고를 하는 등 권리행사절차를 밟는 가장 기초적인 자료가 되므로, 이러한 권리행사에 지장이 없도록 압수 직후 현장에서 바로 작성하여 교부해야 하는 것이 원칙이다.
>
> **전자정보 상세목록의 교부**(대법원 2021. 11. 25. 선고 2019도6730 판결)
>
> 경찰이 지하철 에스컬레이터에서 피해자의 신체를 촬영한 혐의로 현행범인 체포하고, 휴대전화를 임의제출받아 피고인과 함께 탐색하는 과정에서 발견된 순번 1~47번 범행에 관한 동영상을 압수하면서 피고인에게 전자정보 상세목록을 교부하지 않았다. 이에 대해 법원은 위 동영상은 피고인의 참여 아래 추출·복사하였고, 피고인은 직접 특정하여 위 순번 1~47 범행에 관한 동영상을 토대로 '범죄일람표' 목록을 작성·제출함으로써 실질적으로 피고인에게 전자정보 상세목록이 교부된 것과 다름이 없다 하였다.

5) 한 계

가) 시 간

압수수색 영장에 야간집행의 기재가 없으면 야간에 영장의 집행을 위해 타인의 주거 등에 들어가지 못한다. 따라서 실무 상 영장 신청 시 야간집행 필요성이 있다면 반드시 이를 소명하여 영장에 야간집행이 가능함이 기재되도록 하여야 한다. 다만 도박 등 풍속을 해하는 행위에 상용된다고 인정하는 장소와 여관 등 야간에 공중이 출입할 수 있는 장소에 공개시간 내에 출입하는 경우는 영장에 야간집행의 기재가 없어도 야간집행이 가능하다. 이와 관련하여 형사소송법 제216조에 의한 사전영장 없는 압수수색에 대해서는 제220조에 의해 이 규정의 적용이 배제되지만, 제217조에 의한 경우에는 배제규정이 없음에 유의해야 한다. 긴급체포된 자가 소유·소지·보관하는 물건에 대한 수색을 하기 위해서는 야간에 수색 대상 장소에 들어갈 수 없는 것이 원칙이다.

나) 장 소

군사상 비밀을 요하는 장소는 책임자 승낙 없이는 압수 수색 할 수 없다. 책임자는 국가의 중대한 이익을 해하는 경우를 제외하고는 승낙을 거부하지 못한다. 군사 상 비밀은 "일반인에게 알려지지 아니한 것으로 그 내용이 누설되면 국가안전보장에 명백한 위험을 초래할 우려가 있는 군 관련 문서, 도화, 전자기록 등 특수매체 기록 또는 물건으로서 군사기밀이라는 뜻이 표시 또는 고지되거나 보호에 필요한 조치가 이루어진 것과 그 내용을 말한다."[37)]

책임자와 승낙절차, 국가의 중대한 이익을 해하는 경우의 판단주체와 절차, 책임자가 승낙거부 시 적법성 판단 주체, 절차 등에 대해서는 유의미한 논의나 판례를 찾을 수 없었다.

다) 대 상

(1) 공무상 비밀

공무원이 소지 또는 보관하는 물건이 비밀임을 신고한 때에는 소속 공무소 또는 당해 감독 관공서의 승낙없이는 압수하지 못한다. 소속 공무소 등은 국가의 중대한 이익을 해하는 경우를 제외하고는 승낙을 거부하지 못한다. 공무상 비밀은 "반드시 법령에 의하여 또는 인위적으로 비밀로 분류 명시된 사항뿐만 아니라 정치적 경제적 군사적 외교적 또는 사회적 필요에 따라 비밀로 된 사항은 물론 정부나 공무소 또는 국민이 객관적 일반적인 입장에서 외부에 알려지지 않는 것에 상당한 이익이 있는 사항을 포함한다."[38)]

소속 공무소가 승낙을 거부할 경우 국가의 중대한 이익에 대한 1차적 판단 주체는 수사기관, 최종 판단주체는 법원이다.

관련판례 **국정원 심리전단 사건**(대법원 2015. 7. 16. 선고 2015도2625 전원합의체 판결)

국정원 심리전단 직원이 716개 트위터 계정에서 작성된 27만여개의 트윗 및 리트윗글이 정치관여 행위 및 선거운동에 해당하는지에 대한 사안에서,

---

37) 군사기밀보호법 제2조
38) 대법원 1981. 7. 28. 선고 81도1172 판결

> 검사가 압수한 업무용 휴대전화는 직무상 비밀에 관한 물건에 해당하고, 검사가 위 휴대전화를 압수한 후에 국가정보원이 직무상 비밀에 관한 것임을 신고하고, 그 압수의 승낙을 거부한 사실은 인정되나, 그 승낙의 거부사유가 형사소송법 제111조 제2항에서 정하고 있는 국가의 중대한 이익을 해하는 경우에 해당하지 않아 휴대전화에 저장된 정보의 증거능력이 인정된다는 취지.

(2) 업무상 비밀

변호사 등이 그 업무상 위탁을 받아 소지 또는 보관하는 물건으로 타인의 비밀에 관한 것은 압수를 거부할 수 있다. 단 그 타인의 승낙이 있거나 중대한 공익상 필요가 있는 때에는 예외로 한다. 타인의 비밀이란 객관적인 비밀은 물론, 본인이 비밀로 할 것을 요청한 경우도 포함하고,[39] 변호사 등이 압수를 거부할 경우 중대한 공익상 필요에 대한 1차적 판단주체는 수사기관, 최종 판단주체는 법원이 된다.

> **관련판례** **변호인·의뢰인 특권 부정**(대법원 2012. 5. 17. 선고 2009도6788 전원합의체 판결)
> 형사소송법은 변호인의 압수거부권을 인정하고 있을 뿐, 피고인이 변호인의 압수거부권을 원용할 특권, 이른바 변호인의뢰인 특권을 인정하고 있지 않으므로, 변호인이 업무상 위탁을 받은 관계로 알게 된 타인의 비밀에 관한 것이더라도 변호인이 보관하는 것이 아니라 피고인이 보관하고 있던 전자기록을 압수하였다면 위법수집증거에 해당하지 않는다는 취지.

2. 영장에 의하지 아니한 수색과 사후영장에 의한 압수수색

가. 개 관

영장에 의하지 아니한 수색은 체포대상자에 대한 수색인 형사소송법 제216조 제1항 제1호와 수색 상대방의 동의에 의한 수색으로 나뉘어지고, 사후영장

---

39) 백형구, 주석형소법 제4판, 한국사법행정학회, 2009.

에 의한 압수수색은 체포와 관련된 경우와 범죄장소인 경우로 나누어진다.[40] 체포와 관련된 경우로는 피체포자의 체포에 근거하여 체포한 범죄에 대한 증거물을 대한 수색과 압수인 216조 제1항 제2호 및 제217조가 있다. 범죄장소와 관련된 경우로는 범죄장소에서 증거물의 수색과 압수인 형사소송법 제216조 제3항이 있다.

이 중 상대방의 동의에 의한 수색은 자발적 동의에 따른 임의성이 인정되어야 한다는 점 외에는 따로 살펴볼 것이 없으므로 생략하고, 형사소송법의 조문 순서에 따라 구체적으로 살펴본다.

나. 영장에 의하지 아니한 체포대상자에 대한 수색(제216조 제1항 제1호)

형사소송법
[시행 2022. 9. 10.] [법률 제18862호, 2022. 5. 9., 일부개정]

제216조(영장에 의하지 아니한 강제처분) ① 검사 또는 사법경찰관은 제200조의2·제200조의3·제201조 또는 제212조의 규정에 의하여 피의자를 체포 또는 구속하는 경우에 필요한 때에는 영장없이 다음 처분을 할 수 있다.
 1. 타인의 주거나 타인이 간수하는 가옥, 건조물, 항공기, 선차 내에서의 피의자 수색. 다만, 제200조의2 또는 제201조에 따라 피의자를 체포 또는 구속하는 경우의 피의자 수색은 미리 수색영장을 발부받기 어려운 긴급한 사정이 있는 때에 한정한다.

제220조(요급처분) 제216조의 규정에 의한 처분을 하는 경우에 급속을 요하는 때에는 제123조 제2항, 제125조의 규정에 의함을 요하지 아니한다.

제123조(영장의 집행과 책임자의 참여) ② 전항에 규정한 이외의 타인의 주거, 간수자 있는 가옥, 건조물, 항공기 또는 선차 내에서 압수·수색영장을 집행함에는 주거주, 간수자 또는 이에 준하는 자를 참여하게 하여야 한다.

제125조(야간집행의 제한) 일출 전, 일몰 후에는 압수·수색영장에 야간집행을 할 수 있는 기재가 없으면 그 영장을 집행하기 위하여 타인의 주거, 간수자 있는 가옥, 건조물, 항공기 또는 선차 내에 들어가지 못한다.

---

40) 경찰이 구속에 근거하여 압수수색하는 경우는 실무적으로 거의 없고 체포에 근거한 압수수색과 본질적인 차이를 생각하기 어려우므로 구속에 근거한 압수수색은 생략한다.

　　사법경찰관은 피의자를 영장에 의해 체포하는 경우, 현행범인 체포 또는 긴급체포 하는 경우 체포 대상인 피의자를 찾기 위해 타인의 주거나 타인이 간수하는 가옥, 건조물, 항공기, 선차 내에서 수색할 수 있다. 피체포자를 체포하기 전에 그를 찾기 위한 수색을 하는 것이기 때문에 제216조 제1항 제1호의 수색은 선행하는 체포에 부수된 처분으로 볼 수 없음에도 과거에는 '긴급성'이 요건으로 명시되어 있지 않았다. 이에 대해 헌법재판소는 현행범인 체포나 긴급체포와 달리 체포영장에 의한 체포를 위해 피의자를 수색하는 경우에는 상황에 따라 긴급성이 인정되지 않을 수 있으므로 '긴급성'이 조문에 명시되어야 한다는 취지의 헌법 불합치 결정[41]을 하였고, 그 취지에 따라 제216조 제1항 제1호는 현행법과 같이 개정되었다. 한편 법원은 위 헌법 불합치 결정에 따라 개정된 조항은 부칙에 소급적용에 관한 경과조치를 두지 않고 있더라도, 헌법 불합치 결정의 당해 사건 및 당시 구법 조항의 위헌 여부가 쟁점이 되어 법원에 계속 중인 사건에 소급효가 미친다고 하였다.

> **관련판례**　**헌법불합치 해당 부분의 소급효**(대법원 2021. 5. 27. 선고 2018도13458 판결. 헌재 결정의 당해 형사사건 / 대법원 2021. 9. 9. 선고 2017다259445 판결. 당해 형사사건에서 입은 손해에 대한 민사사건)
>
> 　헌법재판소가 구 형사소송법 제216조 제1항 제1호 중 제200조의2에 관한 부분('구법 조항')에 대해 헌법불합치결정을 하면서 일정 시한까지 계속 적용을 명한 부분의 효력이 '수색영장 없이 타인의 주거 등을 수색하여 피의자를 체포할 긴급한 필요가 없는 경우'에까지 미치지 않는다... 입법자가 위 헌법불합치결정에 따라 구법 조항을 개정하면서 부칙에 '개정 조항'의 소급적용에 관한 경과조치를 두고 있지 않은 경우, 위 헌법불합치결정을 하게 된 당해 사건 및 위 헌법불합치결정 당시 구법 조항의 위헌 여부가 쟁점이 되어 법원에 계속 중인 사건에 대하여 위 헌법불합치결정의 소급효가 미치고, 이들 사건에 대하여는 위헌성이 제거된 개정 조항을 적용하여야 한다.

1) 요 건
가) 영장에 의한 체포를 위한 수색
체포 영장에 의한 체포 대상자가 그 장소에 있다는 개연성이 있고, 압수수

---

41) 헌법재판소 2018. 3. 20. 2015헌바370, 2016헌가7 결정

색 영장을 발부받을 수 없는 긴급한 사정이 있는 경우 경찰은 압수수색 영장 없이 해당 장소에서 피의자를 수색할 수 있다. 체포 대상자가 그 장소에 있다는 개연성의 의미를 명확히 한 견해는 찾을 수 없었으나, 사전적 의미를 보아 "객관적인 정보를 바탕으로 합리적인 경찰관의 기준으로 판단할 때 피의자가 그 장소에 있을 것이 단순한 가능성 이상인 경우"를 의미한다고 하겠다. 압수수색 영장을 발부받을 수 없는 긴급한 사정이란 긴급체포에서의 긴급성과 동일한 의미이다.

한편 형사소송법 제220조에 의해 사법경찰관이 제216조에 근거하여 공무소 외의 장소를 수색하는 경우에 급속을 요하면, 참여자가 없어도 수색할 수 있고, 야간 수색도 가능하다.

나) 현행범인 체포 또는 긴급체포를 위한 수색

현행범인 체포나 긴급체포 대상자가 그 장소에 있다는 개연성이 있으면, 경찰은 압수수색 영장 없이 해당 장소에서 피의자를 수색할 수 있다.[42] 따라서 이 수색은 피체포자에 대한 현행범인 체포 또는 긴급체포의 요건이 충족됨을 전제로 한다. 특정 장소에 체포 대상자가 현존한다는 개연성의 의미, 요급처분 등은 위 '영장에 의한 체포를 위한 수색'에서의 그것과 동일하다.

2) 절 차

특별한 절차가 없다. 사전압수수색 영장이 없으므로 제시 규정은 적용되지 아니하고, 사후영장을 청구 또는 발부받아야 한다는 규정, 수색에 대한 권리고지에 대한 규정도 존재하지 않는다.

다. 체포에 근거한 사후영장에 의한 압수수색(제216조 제1항 제2호)

형사소송법
[시행 2022. 9. 10.] [법률 제18862호, 2022. 5. 9., 일부개정]

제216조(영장에 의하지 아니한 강제처분) ① 검사 또는 사법경찰관은 제200조의2·제200조의3·제201조 또는 제212조의 규정에 의하여 피의자를 체포 또는 구

---

42) 현행범인 체포와 긴급 체포의 성격상 그 자체로 긴급성이 인정되는데, 이번 개정 시 굳이 체포영장에 근거한 피의자 수색의 경우에만 긴급성이 요건인 것으로 하여 조문이 복잡하게 보이도록 한 이유를 이해하기 어렵다.

속하는 경우에 필요한 때에는 영장없이 다음 처분을 할 수 있다.

2. 체포현장에서의 압수, 수색, 검증

제217조(영장에 의하지 아니하는 강제처분) ② 검사 또는 사법경찰관은 제1항 또는 제216조제1항 제2호에 따라 압수한 물건을 계속 압수할 필요가 있는 경우에는 지체 없이 압수수색영장을 청구하여야 한다. 이 경우 압수수색영장의 청구는 체포한 때부터 48시간 이내에 하여야 한다.

③ 검사 또는 사법경찰관은 제2항에 따라 청구한 압수수색영장을 발부받지 못한 때에는 압수한 물건을 즉시 반환하여야 한다.

제220조(요급처분), 제123조(영장의 집행과 책임자의 참여), 제125조(야간집행의 제한) 생략

1) 요 건

사법경찰관은 피의자를 체포하거나 구속하는 경우 체포현장에서 압수, 수색, 검증할 수 있다. 경찰관이 현장에서 피의자 또는 피고인을 구속하는 경우는 매우 예외적이므로 이하에서는 '체포하는 경우'로 제한하여 살펴본다.

먼저 '체포하는 경우'는 수색 등이 가능한 시점에 대한 문제로서, 그 의미에 대해 피의자를 체포한 이후에만 수색 등이 가능하다는 체포설, 체포에 착수하였으면 체포의 성공 여부와는 관련 없이 수색 등이 가능하다는 체포 착수설, 피의자가 현장에만 있었으면 체포를 착수하지 못했더라도 수색 등이 가능하다는 현장설, 피의자가 현장에 올 시점과 접착해 있는 시점부터는 수색 등이 가능하다는 접착설 등이 있다. 학계는 주로 체포설과 착수설을 지지하는 입장으로 나뉘는 것으로 보이고,[43] 판례는 주로 착수설과 같은 태도를 취하고 있는데[44], 현장설을 지지하는 듯한 태도를 보인적도 있다.[45]

다음으로 '체포현장'은 수색 등이 가능한 장소적 한계에 대한 문제로 이에 대해서는 체포된 피의자의 신체와 피체포자의 직접 지배하에 있는 장소라는 견해와 전자의 범위 및 피의자의 관리권한이 미치는 범위라는 견해가 대립한다.[46]

---

43) 김형규, CCTV 영상정보의 적법한 압수에 대한 연구, 경찰학연구 제57호, 2019. 3. 9－10면
44) 대법원 2017. 11. 29. 선고 2014도16080 판결
45) 대법원 2016. 2. 18. 선고 2015도13726 판결
46) 박일환 등, 주석형사소송법(Ⅱ) 제5판, 한국사법행정학회, 2017. 11., 295면

예를 들어 승용차량 안에 있는 피의자를 체포한 경우 전자에 따르면 피의자 및 차량의 실내만 수색할 수 있고, 후자를 따르면 트렁크까지 수색할 수 있을 것이다. 이에 대한 명확한 견해를 보인 판례는 찾을 수 없었는데, 실무상 경찰관은 후자의 견해를 따라도 큰 문제는 없을 것이라 생각한다.

한편 형사소송법 제220조는 제216조 제1항 제2호에도 적용되고, 그 내용은 위 제216조 제1항 제1호에서 살펴본 것과 같다.

관련판례 **수색 후 체포**(서울중앙지방법원 2006. 10. 31. 선고 2006노2113 판결)

경찰관은 76만원 절도 혐의로 피고인 집에서 19만원 발견하였다. 경찰관은 임의동행 형식으로 피고인을 지구대로 동행하였고, 피고인 주거를 수색하여 피고인 소유 차량열쇠를 발견한 후 차량 내에서 40만원을 추가로 발견하였다. 경찰관은 피고인과 함께 피고인 집에 가서 위 금원에 대해 압수한 후 지구대로 다시 와서 피고인을 현행범인으로 체포하였다. 현행범인 체포행위에 선행하는 압수 수색은 위법하다는 취지.

필로폰 밀수(대법원 2016. 2. 18. 선고 2015도13726 판결)

〈사실관계〉

2014. 5. 29.경 검찰 수사관은 필로폰 매매로 6회 처벌받은 피고인이 바지선을 타고 고현항을 통해 밀입국하면서 필로폰을 밀수한다는 제보를 받았다. 같은 해 6. 1. 16:15경 검찰수사관이 고현항에 도착한 위 바지선을 영장없이 수색하던 중 선용품창고 선반 위에 숨어 있던 피고인을 발견하고 천천히 내려오게 한 후 필로폰을 둔 장소를 물었으나 대답을 듣지 못하였다. 한편 바지선 내 다른 장소를 수색하던 다른 검찰수사관이 "물건이 여기 있다, 찾았다."라고 외치자, 16:30경 피고인을 필로폰 밀수입 및 밀입국 등의 현행범인으로 체포하였다.

검찰수사관은 피고인에게 발견된 필로폰 약 6.1kg을 제시하고 "필로폰을 임의제출하면 영장 없이 압수할 수 있고 압수될 경우 임의로 돌려받지 못하며, 임의제출하지 않으면 영장을 발부받아서 압수하여야 한다."라고 설명하면서 필로폰을 임의로 제출할 의사가 있는지를 물었고, 피고인으로부터 "그 정도는 저도 압니다."라는 말과 함께 승낙을 받아 필로폰을 압수하였으며, 같은 날 검찰청에서 임의제출확인서를 작성하여 피고인으로부터 서명·날인을 받았다. 검사는 압수한 필로폰에 관하여 사후 압수영장을 발부받지는 않았다.

〈법원의 판단〉

① 현행범인 체포가 적법한지

체포 당시 상황에서 피고인이 밀입국하면서 필로폰을 밀수한 현행범인에 해당하지 않는다거나 그에 관한 검찰수사관의 판단이 경험칙에 비추어 현저히 합리성이 없다고 볼 수는 없다.

② 임의제출이 적법한지

검찰수사관이 필로폰을 압수하기 전에 피고인에게 임의제출의 의미, 효과 등에 관하여 고지하였던 점, 피고인도 필로폰 매매 등 동종 범행으로 여러 차례 형사처벌을 받은 전력이 있어 피압수물인 필로폰을 임의제출할 경우 압수되어 돌려받지 못한다는 사정 등을 충분히 알았을 것으로 보이는 점, 피고인이 체포될 당시 필로폰 관련 범행을 부인하였다고 볼 자료가 없고, 검찰수사관이 필로폰을 임의로 제출받기 위하여 피고인을 기망하거나 협박하였다고 볼 아무런 사정이 없는 점 등에 비추어 보면, 피고인은 필로폰의 소지인으로서 이를 임의로 제출하였다고 할 것이므로 그 필로폰의 압수도 적법하다.[47]

노래연습장(대법원 2017. 11. 29. 선고 2014도16080 판결)

노래연습장에서 맥주를 팔고 있다는 신고가 동일한 파출소에 15일 간격으로 2회 있자, 경찰관이 노래연습장에 들어가 이를 확인하려 하였고, 노래연습장 업주인 피고인은 경찰관과 몸싸움을 벌이는 등 공무집행을 방해하였다.

법원은 원심(수원지방법원 2014. 11. 6. 선고 2014노3760 판결)의 판단을 지지하여 최소한 체포에 착수하여야 수색을 할 수 있다고 하였다.

집밖 체포, 집안 수색(대법원 2010. 7. 22. 선고 2009도14376 판결)

경찰관은 피고인을 피고인의 집에서 20m 떨어진 곳에서 체포하여 수갑을 채운 후, 피고인의 집으로 가서 집안을 수색하여 칼과 합의서를 압수하고 사진을 찍었다. 경찰관은 피고인으로부터 임의제출동의서를 받았고, 사후영장은 발부 받지 않았다.

법원은 경찰관이 피고인으로부터 임의제출동의서를 받았다 하더라도, 수색 자체가 위법하므로 칼, 합의서 및 2차 증거인 사진의 증거능력도 부정하였다.

---

47) 이 사안은 검찰수사관의 수색 목적에 따라 달리 판단해야 한다. 검찰수사관이 피의자와 함께 증거물에 대한 수색을 한 것이라면 현장설 또는 접착설을 취하지 아니하는 이상 증

2) 절 차

피처분자에게 제시할 압수수색 영장도 없고, 권리고지를 해야 한다는 규정도 존재하지 않는다. 압수물을 압수한 경우에는 압수목록을 교부하여야 한다. 만약 수색을 통해 압수할 물건을 발견하였고, 계속 압수할 필요가 있는 경우에는 사후영장을 발부받아야 한다. 조문에는 체포한 때로부터 48시간 이내에 사후영장을 청구하라고만 되어 있으나, 사후영장이 발부되지 않으면 위법한 압수수색이라는 의미로 본안에서도 증거능력이 인정될 가능성이 희박하다.

3) 한 계

형사소송법 제220조의 적용은 위 제216조 제1호에서 살펴본 것과 같다.

라. 긴급체포에 근거한 사후영장에 의한 압수수색(제217조 제1항)

형사소송법

[시행 2022. 9. 10.] [법률 제18862호, 2022. 5. 9., 일부개정]

제217조(영장에 의하지 아니하는 강제처분) ① 검사 또는 사법경찰관은 제200조의3에 따라 체포된 자가 소유·소지 또는 보관하는 물건에 대하여 긴급히 압수할 필요가 있는 경우에는 체포한 때부터 24시간 이내에 한하여 영장 없이 압수·수색 또는 검증을 할 수 있다.

② 검사 또는 사법경찰관은 제1항 또는 제216조제1항제2호에 따라 압수한 물건을 계속 압수할 필요가 있는 경우에는 지체 없이 압수수색영장을 청구하여야 한다. 이 경우 압수수색영장의 청구는 체포한 때부터 48시간 이내에 하여야 한다.

③ 검사 또는 사법경찰관은 제2항에 따라 청구한 압수수색영장을 발부받지 못한 때에는 압수한 물건을 즉시 반환하여야 한다.

---

1) 요 건

사법경찰관은 피의자를 긴급체포 한 후, 사전 압수수색영장을 발부받을

거물의 수색 자체가 위법하므로 이후 피고인으로부터 임의제출을 받았다 하더라도 위법함이 원칙이다. 한편 검찰수사관이 피의자를 수색하던 중 우연히 증거물을 발견하였다면 피고인으로부터 임의제출받을 수 있는 것이다. 수사관의 수색 목적은 수사관이 직접 진술하지 아니하는 이상 객관적인 사실을 통해 추단할 수 밖에 없다. 만약 마약을 발견한 장소가 사람이 숨어 있을 수 없는 곳이었다면 증거물을 발견하기 위한 수색이었음을 부정할 수 없을 것이다.

시간이 없는 등 긴급한 경우에는 그가 소유, 소지, 보관하는 물건을 찾기 위해 그러한 물건이 있을 것으로 인정되는 정황이 있는 장소에 대해 긴급수색 할 수 있다. 체포 장소가 아니라도 증거인멸 등이 우려되는 긴급상황이라면 체포사유가 된 범죄와 관련성이 있어 증거로서의 가치가 있는 피체포자의 소유물이나 보관물이 있는 장소에 대해 사전영장 없이 압수수색 할 수 있도록 한 것이다.

관련판례 **전화사기 피의자 보관 주민등록증**(대법원 2008. 7. 10. 선고 2008도2245 판결)

경찰이 전화사기 범행 혐의자를 긴급체포하고, 이후 바로 피의자의 주거지를 수색하여 그가 보관하고 있던 다른 사람의 주민등록증, 운전면허증을 압수한 경우, 긴급체포의 사유가 된 범죄사실 수사에 필요한 최소한의 범위 내이므로 압수가 가능하다는 취지.

체포장소 외에도 가능(대법원 2017. 9. 12. 선고 2017도10309 판결)

형사소송법 제216조 제1항 제2호와 달리, 체포현장이 아닌 장소에서도 긴급체포된 자가 소유·소지 또는 보관하는 물건을 대상으로 할 수 있다는 취지.

---

2) 절 차

위 제216조 제1항 제2호에서 살펴본 것과 같다.

3) 한 계

체포한 지 24시간 이내에만 가능하다. 제220조가 적용되지 않으므로 야간집행을 할 수 없고, 책임자의 참여도 필요하다. 이에 대해 법원실무제요는 사후영장의 발부가 가능함을 전제로 발부여부를 엄격히 심사할 것을 주문하고 있고, 실무적으로도 사후영장이 발부되는 예가 종종 발견된다. 게다가 아래와 같이 형사소송법 제217조에 근거한 압수수색을 야간에도 할 수 있다는 취지의 판례도 발견된다.

관련판례 **요급처분**(대법원 2017. 9. 12. 선고 2017도10309 판결)

경찰이 20시에 마약사범을 긴급체포한 후 그의 신체를 수색하여 마약을 발견하여 압수하였고, 20시40분 체포 장소에서 2km 떨어진 피체포자 집에서 영

> 장 없이 수색하여 마약을 추가로 발견하여 압수한 사안에서, 법원은 요급처분의 근거가 없다는 문제에 대한 언급 없이 제217조의 요건이 구비되었고, 관련성이 있다는 이유로 적법하다고 판결하였다.

하지만 형사소송법 제220조는 제217조의 압수수색에는 적용되지 않는다는 것이 문언상 명백하고, 위 판례에서는 변호인이 항소사유 및 상고사유에 요급처분에 대한 주장을 하지 않았고 법원도 그에 대한 평가를 하지 않았음에 유의해야 한다. 만약 변호인이 요급처분에 대한 주장을 하였다면 법원은 위법수집증거로 증거능력을 배제하거나, 그 예외로 증거능력을 인정하는 두 가지 중 하나를 선택할 수밖에 없었을 것이다.

라. 범죄장소에 근거한 사후영장에 의한 압수수색(제216조 제3항)[48]

형사소송법
[시행 2022. 9. 10.] [법률 제18862호, 2022. 5. 9., 일부개정]

제216조(영장에 의하지 아니한 강제처분) ③ 범행 중 또는 범행직후의 범죄 장소에서 긴급을 요하여 법원판사의 영장을 받을 수 없는 때에는 영장없이 압수, 수색 또는 검증을 할 수 있다. 이 경우에는 사후에 지체없이 영장을 받아야 한다.

제217조(영장에 의하지 아니하는 강제처분), 제220조(요급처분), 제123조(영장의 집행과 책임자의 참여), 제125조(야간집행의 제한) 생략

사법경찰관은 범행 중 또는 범행직후의 범죄 장소에서 긴급한 경우 영장없이 수색할 수 있다. 요건인 범행 중 또는 범행 직후, 범죄 장소, 긴급성 등을 중심으로 살펴본다.

1) 요 건

가) 범행 중 또는 범행직후

"범행 중"은 제211조 제1항 현행범에서의 범죄의 실행 중과 동일한 의미로

---

48) 이하 내용은 민영성·김형규, 제216조 제3항의 적용 가능영역에 대한 고찰, 법학연구 제59권 제2호, 2018. 5. 의 내용을 이 책 본문에 맞게 정리 및 요약한 것이다.

해석에 어려움이 없지만, "범행직후"의 의미는 명확하지 않다. 이에 대해 준현행범 상황도 포함된다는 견해와 범행 중 또는 범행직후를 포괄하여 현행범 상황 및 준현행범 상황으로 정의한 견해 등이 있으나 실무적으로 활용할 수 있는 명확한 기준이 되지 못한다. 범행 직후의 인정여부에 대한 판례도 발견되지 않는데, 법원은 동일장소에서 25분까지는 현행성을 인정하였으므로, 이를 기준으로 범행의 종류, 긴급성의 정도, 압수의 필요성 등을 종합적으로 고려하여 개별 상황에 대해 사회통념상 상당한 시간까지를 범행직후로 볼 수 있을 것이다.

나) 범죄 장소

범죄장소에는 범죄를 예비 또는 음모한 장소, 실행에 착수한 장소, 기수에 이른 장소, 범죄가 종료된 장소, 범죄의 결과가 발생한 장소 등이 포함된다.

관련판례 **후송된 병원**(대법원 2012. 11. 15. 선고 2011도15258 판결)

교통사고 야기자가 음주운전사고 준현행범인의 요건이 갖추어져 있고, 사고발생시로부터 사회통념상 범행 직후라고 볼 수 있는 시간 내라면, 피의자 구조를 위해 사고현장으로부터 곧바로 후송된 병원은 범죄장소에 준한다.

다) 긴급성

제3항에는 긴급성에 대한 구체적인 설명이 없는데, 이에 대해 긴급성의 의미는 긴급체포의 경우와 동일하다는 견해, 조금 더 구체적으로 영장을 청구할 시간적 여유가 없는 경우로서 수사관행에 비추어 형식적 절차로 시간이 지체됨으로써 증거물의 멸실, 은닉 등이 우려되는 경우로 사건에 따라 개별적으로 판단해야 한다는 견해 등이 있다. 형사소송법 제216조 제3항이 필요한 가장 중요한 이유를 긴급성에 두고 있다고 할 때, 그 의미를 긴급체포에서의 그것과 같은 것으로 이해하는 것이 상당한 접근이라 생각한다. 따라서 긴급성은 '수사기관이 압수수색영장을 발부받기 위해서는 검사의 영장청구 및 법원의 영장발부를 기다려야 하고, 특히 심야 등의 경우에는 그 시간이 더욱 소요되므로, 영장의 발부를 기다려서는 범죄현장에 있는 경찰이나 공공의 안녕에 대한 위해의 우려가 있거나, 중요사건에서 증거훼손이 우려되는 경우 등과 같이 수사기관이 압수수색영장을 발

부받을 시간적 여유가 없는 때를 말한다'고 하겠다.

관련판례 **불법오락실**(대법원 2012. 2. 9. 선고 2009도14884 판결)

다수의 신고, 건물외부의 상황 등으로 불법 오락실 영업의 의심이 들었음에도 경찰이 압수수색영장 없이 손님으로 가장하여 오락실에 들어가 수색 후 압수한 경우, 긴급성이 없어 위법하다는 취지.

노래연습장(대법원 2017. 11. 29. 선고 2014도16080 판결)

노래연습장에서 맥주를 팔고 있다는 신고가 동일한 파출소에 15일 간격으로 2회 있었던 경우, 긴급성이 인정되지 않으므로 형사소송법 제216조 제3항에 근거한 수색은 위법하다는 취지.

---

2) 절 차

제시할 압수수색 영장도 없고, 권리고지를 해야 한다는 규정은 없다. 다만 지체없이 사후영장을 발부받아야 한다. 압수한 물건이 있으면 압수목록을 교부하여야 함은 물론이다.

3. 영장에 의하지 아니한 압수

형사소송법

[시행 2022. 9. 10.] [법률 제18862호, 2022. 5. 9., 일부개정]

제218조(영장에 의하지 아니한 압수) 검사, 사법경찰관은 피의자 기타인의 유류한 물건이나 소유자, 소지자 또는 보관자가 임의로 제출한 물건을 영장없이 압수할 수 있다.

제219조(준용규정) 제106조, 제107조, 제109조 내지 제112조, 제114조, 제115조제1항 본문, 제2항, 제118조부터 제132조까지, 제134조, 제135조, 제140조, 제141조, 제333조제2항, 제486조의 규정은 검사 또는 사법경찰관의 본장의 규정에 의한 압수, 수색 또는 검증에 준용한다. 단, 사법경찰관이 제130조, 제132조 및 제134조에 따른 처분을 함에는 검사의 지휘를 받아야 한다.

가. 유류물

피의자, 기타인이 유류한 물건은 영장없이 압수할 수 있다. 물건이 유류되었다는 의미에 대해 이를 소지하고 있던 사람이 유류한 것으로 충분하고 그에 대한 새로운 점유자나 관리자의 존재유무는 관계가 없다는 주장, 점유이탈물횡령죄와 절도죄의 구별을 차용하여 소유자의 점유로부터 벗어났다하여 즉시 유류물이라 보기는 어렵고 점유 또는 관리하는 자도 없는 경우에만 인정된다는 주장 등을 펼 수 있을 것인데, 이에 대한 의미있는 판례는 찾을 수 없었다.

나. 임의제출

임의제출 할 수 있는 사람이 임의로 제출하였는지가 문제된다. 즉 소유자, 소지자, 보관자가 오로지 자발적인 의사에 의해 제출한 경우에만 적법하다. 임의제출물은 즉시 수사기관에 의해 압수되므로 기록, 증명, 반환 등은 영장에 의한 압수와 동일하다. 앞에서 살펴본 것처럼 법원은 정보저장매체를 제출하는 사람의 지위와 의사에 따라 범죄사실과의 관련성을 엄격하게 제한하는 태도를 견지하고 있다.

관련판례　**간호사의 혈액제출**(대법원 1999. 9. 3. 선고 98도968 판결)

진료 목적으로 채혈한 환자의 혈액을 간호사가 수사기관에 임의로 제출하였다면, 간호사가 임의제출할 권한이 없었다고 볼 특별한 사정이 없는 이상 소지자 또는 보관자의 지위가 인정되므로 적법하다는 취지.

교도관의 비망록 제출(대법원 2008. 5. 15. 선고 2008도1097 판결)

형사소송법 및 기타 법령상 교도관이 그 직무상 위탁을 받아 소지 또는 보관하는 물건으로서 재소자가 작성한 비망록을 수사기관이 수사 목적으로 압수하는 절차에 관하여 특별한 절차적 제한을 두고 있지 않으므로, 교도관이 재소자가 맡긴 비망록을 수사기관에 임의로 제출하였다면 그 비망록의 증거 사용에 대하여도 재소자의 사생활의 비밀 기타 인격적 법익이 침해되는 등의 특별한 사정이 없는 한 반드시 그 재소자의 동의를 받아야 하는 것은 아니다.

경찰관이 주워서 피해자가 임의제출(대법원 2010. 1. 28. 선고 2009도10092 판결)

경찰관이 피고인 소유의 쇠파이프를 피고인의 주거지 앞 마당에서 발견하였으면서도 그 소유자, 소지자 또는 보관자가 아닌 피해자로부터 임의로 제출받는 형식으로 위 쇠파이프를 압수하였다면, 피고인이 증거동의를 했다해도 증거능력이 부정된다는 취지.

피체포자의 임의제출(대법원 2019. 11. 14. 선고 2019도13290 판결)

〈사실관계〉

2018. 3. 26. 08:14 경 경찰이 서울 지하철 에스컬레이터에서 휴대전화로 여성 피해자의 치마 속을 촬영하는 피고인을 발견하고 불심검문하였다. 경찰은 범행을 부인하는 피고인으로부터 휴대전화를 제출받아 사진폴더를 확인하였는데. 피해자의 사진은 발견할 수 없었다. 경찰은 무음촬영 어플리케이션을 발견하여 저장된 사진 확인하려 했으나 비밀번호가 설정되어 있었고, 피고인을 추궁하여 피고인이 비밀번호를 해제하였다. 경찰은 휴대전화에서 불법 촬영 영상을 확인하고, 피고인을 현행범인 체포한 후 휴대전화는 임의제출 받아 압수하였다. 압수조서 압수 경위란에는 "2018. 3. 26...지하철...에서 경찰관이 소매치기 및 성폭력 ...예방...잠복 근무중 검정재킷, 검정바지... 20대 가량 남성이 짧은 치마를 입고 에스컬레이터를 올라가는 여성을 쫓아가 뒤에 밀착하여 치마 속으로 휴대폰을 집어넣는 등 해당 여성의 신체를 몰래 촬영하는 행동을 하였다"는 내용이 포함되어 있고, 그 하단에는 위 범행을 목격하면서 위 압수조서 작성한 사법경찰관 등의 기명날인이 있었다.

2018. 4. 1. 경찰이 따로 영장을 받지 않고, 피의자의 참여권을 보장하지 않은 상태에서 휴대전화를 수색하여 17건의 불법촬영 영상발견하고 캡쳐(3. 26. 건은 발견 못함)하였고, 피고인은 2심까지 자백하고, 검사가 제출한 위 증거에 증거 동의를 하였다.

〈공소사실〉(연번 1−18로 기소되었으나, 쟁점이 나누어지는 내용에 따라 저가가 임의로 분리)

1. 불법 촬영 사진이 있는 17건
2. 불법 촬영 사진이 없는 1건

〈공소사실 1 관련 쟁점〉

① 체포시 피체포자의 임의제출이 가능한지

원심은 체포된 피체포자는 임의제출을 할 수 없다고 하였으나, 법원은 체포된 피체포자도 임의제출 할 수 있고 임의성은 검사가 증명해야 한다는 종전의 견해를 유지하였다.

② 216조 1항에 의한 휴대전화 압수시 그 내용까지 영장없이 수색할 수 있는지

원심은 필요설, 불요설, 예외적 불요설 등을 설시한 후 예외적으로 긴급성이 있는 경우 외에는 사전영장 필요하다고 판단하였다.

③ 임의제출된 휴대전화의 내용 수색시 참여권 보장

원심은 참여권이 보장되어야 한다고 판단하였다.

법원은 ②와 ③에 대해 구체적인 판단없이 원심을 지지하였다.

CCTV 임의제출(대법원 2017. 11. 29. 선고 2017도9747 판결)

국가보안법 사건(간첩)에서 수사기관은 대학교와 PC방에서 피고인이 찍혀 있는 CCTV영상을 임의제출 받았다. 원심은 CCTV 영상자료는 개인정보이지만, 개인정보파일은 아니므로 대학교와 PC방 운영자는 개인정보 처리자가 아니라면서도 대학교는 공공기관이므로 개인정보보호법 18조2항7호가 적용된다며 증거능력을 인정하고, PC방 사장은 사인으로 개인정보보호법이 적용되지 않고, 피고인의 개인정보자기결정권과 수사의 공익으로 공사익 형량 후 증거능력을 인정하였다. 대법원은 원심을 지지하였다.

제 2 부

경찰관직무집행법
조문별 해설

제1조　　목　적

제1조(목적) ① 이 법은 국민의 자유와 권리 및 모든 개인이 가지는 불가침의 기본적 인권을 보호하고 사회공공의 질서를 유지하기 위한 경찰관(경찰공무원만 해당한다. 이하 같다)의 직무 수행에 필요한 사항을 규정함을 목적으로 한다.
② 이 법에 규정된 경찰관의 직권은 그 직무 수행에 필요한 최소한도에서 행사되어야 하며 남용되어서는 아니 된다.

경찰관직무집행법 제1조는 여느 법률과 마찬가지로 목적을 규정하고 있다.

1. 제1항

경찰관직무집행법 제1조 제1항은 이 법의 목적을 "국민의 자유와 권리 및 모든 개인이 가지는 불가침의 기본적 인권을 보호하고 사회공공의 질서를 유지"로 규정하여 사익 보호성을 명시하고 있다. 제정 목적은 법 전체의 해석에 영향을 미치는 바, 법 제3조 이하 표준수권조항의 각 경찰권의 행사는 국민의 자유, 권리 및 기본적 인권의 보호와 사회공공의 질서유지를 위한 것으로 한정해야 한다.[1]

한편 다수의 경우 경찰작용은 국민의 자유와 권리 및 기본적 인권의 보호라는 목적을 달성하기 위해 국민의 기본권을 제한한다.[2] 예를 들어 자살시도자에 대해 강제적 보호조치를 하는 목적은 구호대상자의 생명을 보호하기 위함이지

---

1) 이를 적극적으로 경찰권 발동의 범위로 규정하는 것이 일반적이나, 법 제3조 이하의 표준수권조항은 그 수단으로서 정지, 억류, 피난, 제지 등을 규정하고 있는 바, 이는 즉시강제의 일종으로 인권침해를 야기할 위험이 크다는 점에 주목하면 제1조 제1항은 경찰권 발동의 외적 한계를, 제2항은 개별 사안에서 경찰권 발동 시 그 수단 선택의 한계, 즉 경찰권 발동의 내적 한계를 설정한 것이라 보는 것이 타당할 것이다.
2) 이러한 점에서 다수의 위험방지를 위한 경찰작용은 복효적 행정작용이다.

만, 그 과정에서 경찰관이 유형력을 행사하여 그의 일반적 행동자유권 등 기본권
을 제한할 수 있는 것이다. 이로 인해 경찰관은 딜레마에 빠질 우려가 크다.

2. 제2항

위와 같이 제1항은 국민의 자유와 권리보호 및 사회공공의 질서유지를 제정
목적으로 명시하고 있는 바, 개별적 경찰권 발동 시 그 대상이 되는 경찰책임자
에 대한 기본권의 제한은 필요최소한에 그쳐야 할 것이다. 이에 경찰관직무집행
법 제1조 제2항에는 비례원칙이 경찰권 발동의 한계로서 성문화 되어 있다. 비례
원칙은 다른 일반원칙과 달리 재량행위로 규정된 모든 경찰작용의 한계를 설정[3]
하는데, 이를 성문화하여 수단의 적법성 판단 기준이 됨을 강조한 것이라 하겠
다. 제한된 정보에 근거한 현장의 판단으로 국민의 기본권을 제한하는 성격을 지
닌 경찰작용은 재량행위로 수권되어 있는 것이 일반적으로[4] 경찰관직무집행법
상 경찰작용 중 가장 중요한 제3조 내지 제7조의 작용은 재량행위로 규정되어
있다.

참 고 재량행위와 기속행위의 구별 및 경찰관직무집행법과의 관계

1. 재량행위와 기속행위의 구별

재량행위와 기속행위의 구별은 문언해석을 기초로 한다. 행정청의 권한을
수권하고 있는 규정의 말미가 "~할 수 있다"라면 재량행위이고, "~해야 한다"
라면 기속행위임이 일반적이다. 문언이 명백하지 않은 경우[5]에는 입법취지,
관련 법률과의 관계, 헌법의 취지까지 더한 해석을 통해 재량행위인지 기속행
위인지를 구별해야 한다.

2. 경찰관직무집행법과의 관계

경찰관직무집행법의 대부분 수권조항은 문언의 해석만으로도 작용은 재량

---

3) 평등원칙의 경우 비교 대상이 있는 경우, 신뢰보호원칙의 경우 선행하는 공적 견해표명이
   있는 경우에 한하여 개입이나 수단의 한계를 설정한다.
4) 기본권의 제한이 기속행위로 수권되어 있다면 그 법률이 과잉금지원칙 위반으로 위헌인
   지 여부가 문제될 수 있을 뿐, 그 법률을 준수한 작용의 위법성을 다툴 수는 없다.

행위, 절차는 기속행위임이 명백하다.

가. 작용은 재량행위

재량행위에 대해서는 요건 판단의 재량을 의미한다는 요건재량설과 효과의 결정과 선택의 재량을 의미한다는 효과재량설 등의 대립이 있는데, 효과재량설이 통설로 보인다. 작용과 관련된 경찰관직무집행법 조항은 주어를 "경찰관"으로 두고, 술어를 "할 수 있다"라고 하여 재량행위임이 명백하다.

나. 절차는 기속행위

절차와 관련된 경찰관직무집행법 조항은 주어를 "경찰관"으로 두고, 술어를 "해야 한다"라고 하여 기속행위임이 명백하다. 절차가 기속행위로 규정되어 있는 것은 너무나 당연한 일이다. 절차조항을 재량행위로 한다면 그러한 절차를 둘 이유가 없는 것이다.

하지만 법원은 경찰관직무집행법 상 절차가 기속행위라고 해도 그 위반 자체만으로 반드시 작용 전체가 위법하다고 평가하지는 않는다. 법원은 예외적으로 전체적인 상황의 심사를 통해 절차규정이 존재하는 본질적인 이유가 침해되지 않은 경우에는 그 작용의 적법성을 인정한다.[6]

비례원칙의 세부원칙으로는 적합성 원칙, 필요성 원칙, 상당성 원칙이 있다. 강학상 비례원칙의 준수여부 심사는 적합성, 필요성, 상당성의 순서를 지켜야 한다. 먼저 적합성 원칙이란 목적 달성에 적합한 수단을 사용해야 한다는 것을 말한다. 수단이 목적 달성에 적합하기만 하면 이 원칙은 충족되고 경찰 실무상 경찰관이 목적을 달성할 수 없는 작용을 선택하는 예는 사실상 없다해도 과언이 아닐 것으로 이 원칙을 위반하는 경우는 쉽게 찾기 어렵다. 다음으로 필요성 원

---

5) 예를 들어 경찰관직무집행법 제7조 제2항은 "흥행장(興行場), 여관, 음식점, 역, 그 밖에 많은 사람이 출입하는 장소의 관리자나 그에 준하는 관계인은 경찰관이 범죄나 사람의 생명·신체·재산에 대한 위해를 예방하기 위하여 해당 장소의 영업시간이나 해당 장소가 일반인에게 공개된 시간에 그 장소에 출입하겠다고 요구하면 정당한 이유 없이 그 요구를 거절할 수 없다."고 규정하고 있는데, 문언 자체만으로는 이에 근거한 출입이 기속행위인지 재량행위인지 명확하지 않다.

6) 대법원 2004. 10. 14. 선고 2004도4029 판결. 법원은 제3조의 불심검문 시 경찰관의 공무원증 제시는 기속행위로 규정되어 있으나, 경찰관의 공무집행임을 누구나 알 수 있었고, 피검문자가 신분증 제시를 요구하지 않았다면 그 자체만으로는 위법한 불심검문이라 볼 수 없다고 하였다.

칙은 최소침해원칙이라고도 하는데, 여러 적합한 수단 중 상대방에게 최소한의 침해를 주는 수단을 사용해야 한다는 것을 말한다. 경찰관은 상대방의 기본권을 제한하지 않고도 목적을 달성할 수 있는 수단이 있다면 그 수단을 사용해야 하고, 목적 달성을 위해 기본권을 제한해야 할 수밖에 없다면 최소한으로 제한하는 수단을 사용해야 한다. 다만 기본권의 제한 정도가 낮은 순서대로 적합한 수단을 모두 사용해야 한다는 것은 아니다. 합리적인 판단으로 상황에 적절한 수단을 선택한 것이라면 사후적으로 더 낮은 정도의 침해를 주는 수단이 있었음이 인정된다 해도, 경찰관의 작용을 위법하다 할 수 없다. 끝으로 상당성원칙이란 협의의 비례원칙이라고도 하는데, 목적달성으로 얻는 공익이 수단으로 인해 침해된 사익보다 커야 한다는 것, 즉 공사익 형량을 해야 함을 의미한다. 이 원칙은 개별 구체적인 사안에서 가장 많이 문제되는데, 소송은 이미 특정한 사익이 침해된 이후에 이루어지기 때문이다. 하지만 현실화된 사익침해를 두고 추구했던 공익과의 형량을 해서는 아니 된다. 경찰관이 현장에서 예견하거나 예견 할 수 있었던 사익의 침해와 추구했던 공익과의 비교형량이 이루어져야 하는 것이다.

비례원칙은 국가배상소송의 인용여부가 문제되는 민사사건, 공무집행방해죄의 구성여부가 문제되는 형사사건 및 공무집행의 위헌성이 문제되는 헌법사건에서 경찰작용의 적법성을 평가하는 중요한 기준이 된다.

참 고 경찰작용의 적법성 심사 기준으로서 비례원칙

1. 민사사건

국가배상법 제2조 제1항은 공무원의 직무집행 과정에서 발생한 불법행위에 대한 손해배상을 규정하고 있다. 국가배상법상 국가의 배상책임이 성립하기 위한 요건은 "① 공무원 또는 공무를 위탁받은 사인이, ② 직무를 집행하면서, ③ 고의 또는 과실로, ④ 법령을 위반하여, ⑤ 타인에게 손해를 입힐 것" 등인데, 경찰관은 공무원임이 명백하고, 공무집행 중 벌어지는 사건이 국가배상의 대상이 되므로 이 두 요건은 일반적으로 문제되지 않는다. 손해와 인과관계가 문제되는 경우는 종종 있으나, 이는 사실상 관점에서 해결되는 것이 대부분이다.

이에 국가배상소송의 요건 중 가장 문제되는 것은 고의 또는 과실로 법령을 위반했는지 여부라 하겠다. 경찰작용에 근거법이 있고, 그 요건을 충족했는지 여부는 성문법의 해석으로 결정할 수 있다. 하지만 위험방지를 위한 수단은 다양한 방식으로 이루어 질 수 있어 입법 기술상 한계로 수단을 매우 세세하게 미리 정한다는 것은 불가능에 가깝고, 이로 인해 수단의 본질적 내용과 한계를 기술함에 그치는 경우가 많다. 경찰관이 문언의 한계 내에서 선택된 수단이 상대방에게 과도한 침해를 가져오거나, 과도하게 부족한 경우는 재량권을 남용한 것으로서 비례원칙의 위반에 해당한다.

한편 헌법 제29조 제1항과 국가배상법 제2조 제2항은 불법행위를 한 공무원에 대한 구상권의 행사를 규정하고 있고, 나아가 법원은 공무원의 불법행위가 고의 또는 중과실에 의할 경우 당해 공무원에 대한 대외적·선택적 청구권도 인정하고 있다.[7] 종합하면 비례원칙을 위반한 경찰권의 발동은 불법행위를 구성하고, 국가배상법상 다른 요건을 충족시킬 경우 이로 인한 피해자는 국가를 상대로 국가배상법상 손해배상청구를 할 수 있다. 나아가 당해 경찰관의 불법행위에 고의 또는 중과실이 인정되는 경우, 경찰관도 국가와 함께 피고로 삼아 국가배상법 상 손해배상을 청구할 수 있다.

2. 형사사건

공무집행방해죄의 구성요건은 공무를 집행하는 공무원을 폭행 또는 협박하는 것이다. 법원은 공무집행방해죄의 공무는 적법한 것만을 의미한다고 하면서, 공무가 위법하면 공무집행방해죄의 구성요건 조각으로 무죄판결을 한다. 한편 공무집행방해죄의 가해자가 피해 공무원에게 상해까지 입힌 경우 상해죄는 공무집행방해죄와 상상적 경합의 관계에 있게 되고, 공무가 위법한 경우 상해죄에 대해서는 정당방위로서 위법성이 조각되는지가 주로 문제된다. 정당방위의 요건은 현재의 부당한 침해, 자기 또는 타인의 법익침해를 방위하기 행위, 상당한 이유인데 법원은 일반적으로 상당한 이유의 인정에 매우 인색하여 정당방위를 쉽게 인정하지 않는다. 하지만 위법한 공무를 집행하는 공무원을 상대로 한 정당방위에 대해 법원은 피해자가 2주 이상의 상해를 입은 경우에도 상당한 이유를 인정하는 등 정당방위를 널리 인정한다. 종합하면 위법한 공무를 집행하는 공무원에 대해 폭행, 협박을 한 자에 대해서 법원은 공무집행방해죄는 구성요건 조각으로 반드시 무죄를, 상해죄에 대해서는 위법성 조각으로 다수의 경우 무죄를 선고하고 있다.

> **관련판례** **검사실 긴급체포 사건**(대법원 2006. 9. 8. 선고 2006도148 판결)
>
> 참고인 조사 중이던 변호사 사무장을 긴급체포하려 하자 변호사가 검사실에 와서 이를 방해하였다. 변호사는 사무장에게 조사실에서 퇴실하도록 하였고, 검사가 이를 저지하자 검사를 밀어 넘어지게 하여 2주간의 상해를 입혔다. 공무집행방해죄는 구성요건 조각으로 무죄, 상해죄는 정당방위로 위법성이 조각되어 무죄라는 취지.
>
> **FTA 상경 원천봉쇄**(대법원 2008. 11. 13. 선고 2007도9794 판결)
>
> 경찰이 서울에서 열리는 불법집회에 참석하려 상경하는 농민들을 각 지방의 톨게이트에서 원천봉쇄하였다. 농민이 이에 격분하여 금속 재질인 배수로 뚜껑을 경찰차량에 던져 승차하고 있던 경찰관 머리부분에 유리조각이 박히는 등의 상해를 입혔다.
>
> 검사는 경찰의 원천봉쇄가 경찰관직무집행법 제6조 범죄의 제지에 해당한다며 적법한 공무임을 주장했으나, 법원은 범죄의 제지 요건 중 급박성이 결여되었다며 원천봉쇄를 위법한 공무로 보았다. 공무집행방해죄는 구성요건 조각으로 무죄나, 상해죄는 상당한 이유를 부정하여 유죄라는 취지.

한편 경찰청은 경찰청 예규로 경찰 물리력 행사의 기준과 방법에 관한 규칙을 두고 있다. 이 규칙은 상대방의 저항 수준을 '순응−소극적 저항−적극적 저항−폭력적 공격−치명적 공격'의 5단계로 나누고, 각 저항 단계에 따라 경찰관이 사용할 수 있는 물리력을 매우 세세하고 구체적으로 구분하고, 유형력 행사의 절차 또한 상당히 까다롭게 규정함으로써 비례원칙의 구체화를 꾀하고 있다. 경찰관은 직무집행시 위 규칙을 반드시 따라야 하지만, 이를 따랐다고 하여 그 작

---

7) 대법원 1996. 2. 15. 선고 95다38677 판결. 다수의견은 경과실의 경우 국가 등의 행위로 귀속되어 손해배상책임도 국가에만 귀속하나, 고의 또는 중과실의 경우에는 원칙적으로 가해공무원 개인의 책임이나 당해 행위가 직무행위로서의 외형을 갖추고 있는 경우에는 피해자 구제를 위하여 국가가 일종의 자기책임을 지는 것으로, 국가와 개인이 중첩적으로 배상책임을 진다고 하여 절충설을, 반대의견은 피해자 구제를 위해서 공무원 개인의 책임을 국가가 대신하는 대위책임이고, 국가가 책임을 인수한 것으로 보아 공무원 개인의 대외적 책임은 부정된다고 하여 대위책임설을, 별개의견은 국가는 기관인 공무원을 통해 행위하므로 국가의 자기책임이고, 공무원의 행위는 동시에 공무원 개인의 행위이므로 가해공무원의 대외적 책임이 인정된다고 하여 자기책임설을 취한 것으로 보인다.

용이 반드시 적법한 공무집행으로 평가되는 것은 아니라는 점에 유의하여야 한다. 법원이 규칙 자체가 위법성 또는 위헌성이 있다고 판단할 수 있기 때문이다.[8] 또한 이 규칙은 예규로서 내부법규성을 가지는데 그치지만, 자기구속의 법리에 따라 외부법규성도 인정될 수 있다.

---

[8] 물론 이 규칙을 따른 경찰관의 공무집행을 불법으로 판단한다 하더라도, 그 경찰관에게 불법행위의 고의 또는 중과실이 있다고 볼 수는 없다.

제2조　직무의 범위

제2조(직무의 범위) 경찰관은 다음 각 호의 직무를 수행한다.
1. 국민의 생명·신체 및 재산의 보호
2. 범죄의 예방·진압 및 수사
2의2. 범죄피해자 보호
3. 경비, 주요 인사(人士) 경호 및 대간첩·대테러 작전 수행
4. 공공안녕에 대한 위험의 예방과 대응을 위한 정보의 수집·작성 및 배포
5. 교통 단속과 교통 위해(危害)의 방지
6. 외국 정부기관 및 국제기구와의 국제협력
7. 그 밖에 공공의 안녕과 질서 유지

경찰관직무집행법 제2조는 경찰의 직무를 규정하고 있다. 각호의 순서에 따라 경찰의 직무범위에 대해 살펴본다.

1. 제1호 국민의 생명·신체 및 재산의 보호

굳이 사회계약설의 등장과 현대 국가개념이 정립되는 과정을 설명하고, 독일에서 경찰의 개념이 국정운영 전반을 의미하다가 점차 축소되어 현재에 이르렀다는 역사적 고찰을 하는 수고를 하지 않더라도, 오늘 날 국민의 생명, 신체 및 재산의 보호는 국가의 존재 이유 자체이고, 경찰의 임무는 여기에서 시작하고 끝난다는 점에 대하여 이견을 제기하기는 어려울 것이다.

이렇듯 경찰관직무집행법은 현대 국가의 본질적인 임무 자체를 여러 국가기관 중 하나인 경찰의 임무로 명시하고 있다. 따라서 다른 국가기관에게 국민의 생명, 신체, 재산의 보호와 관련된 임무가 개별적으로 주어져 있다고 해도 이는 경찰의 임무에도 해당한다. 물론 이러한 경우에는 개별법이 특정 국가기관에게 관련 권한을 개별적으로 수권함이 원칙이고, 임무수행의 우선적 권한은 그 특정

국가기관에 있다. 다음으로 특정 국가기관에 개별적으로 임무가 주어져 있지 않지만 국민의 생명, 신체, 재산의 보호와 관련되어 있는 업무라면 경찰의 고유한 임무이다. 이 경우 경찰은 최소한 임의적인 작용을 해서라도 위험 방지를 위한 노력을 경주하여야 한다.

생각해 볼 문제 / 08

2020년 2월 정부는 중국 우한에서 발생한 신종 코로나 사태로 귀국하게 된 중국 교민들을 감염병예방법에 근거하여 2주간 보호하려 하였으나, 보호시설이 마땅치 않아 상당한 어려움을 겪었다. 결국 귀국 교민 대부분에 해당하는 528명은 충남 아산시에 소재한 경찰인재개발원에서 보호되었고, 그 관리는 경찰인재개발원 소속 경찰관들이 맡게 되었다[9].

그런데 감염병예방법 상 감염병과 관련된 업무 주체는 국가와 지방자치단체이고, 국가기관으로서 이 임무를 수행하는 주체는 보건복지부이지 경찰청이 아니다. 구체적으로 감염병 관리기관의 지정은 시·도지사 또는 시장·군수·구청장의 임무이고[10], 접촉자 격리시설의 지정은 시·도지사의 임무이다[11]. 이 법에서 경찰은 감염병환자등의 조사나 진찰에 대한 협조의무[12], 감염병 관련 방역에 대한 협조의무[13], 감염병 관련 역학조사에 대한 협조의무[14], 감염병 관련자에 대한 정보제공[15] 등 행정응원의 임무만이 규정되어 있을 뿐임에도, 경찰은 교민들의 수송은 물론 경찰의 교육기관을 교민의 보호시설로 제공하고, 교육기관 근무 중인 경찰관이 이를 관리한 것이다.

1. 이를 경찰의 임무로 볼 수 있는가?
2. 이를 경찰의 임무라 한다면, 경찰은 어떠한 작용을 할 수 있는가?(강제처분에 해당하는 작용을 할 수 있는지, 구체적인 예로 어떠한 작용을 할 수 있는지)

---

9) http://news1.kr/articles/?3832345. 2020.2.4. 검색. 나머지 173명은 충북 진천에 소재한 국가공무원인재개발원에 보호되었다.
10) 감염병예방법 제36조
11) 감염병예방법 제39조의3
12) 감염병예방법 제42조
13) 감염병예방법 제60조
14) 감염병예방법 제60조의2
15) 감염병예방법 제76조의2

2. 제2호 범죄의 예방·진압 및 수사

범죄의 예방과 진압은 위험 방지에 해당하지만, 수사는 위험 방지에 해당하지 않는다. 양자를 명확히 구분해야 하는 이유는 양자의 목적이 다른 것은 물론 기본권의 제한방식이 다르기 때문이다. 먼저 목적 측면에서, 범죄의 예방과 진압은 범죄가 일어나지 않게 하여 위험을 방지하거나, 이미 발생한 범죄를 종식시켜 위험을 중단 또는 제거하기 위한 것이지만, 수사는 이미 범죄를 저지른 자를 처벌하기 위한 것이다. 수사의 결과로 범인의 체포와 형사처벌이 이루어지고, 이로 인해 일반예방 또는 특별예방의 효과가 발생한다 하더라도 이를 수사의 목적이라 할 수는 없다. 게다가 이미 발생한 피해의 원상 회복은 범인의 처벌만으로는 이루어질 수 없다. 경찰이 적극적인 위험방지 작용을 통해 위험을 예방하고 장해는 가능한 신속하게 제거해야 하는 이유가 여기에 있다. 다음으로 기본권의 제한 측면에서, 위험방지와 관련하여 국민의 기본권 제한은 헌법 제37조 제2항에 의하여 법률에 의해 이루어지고, 헌법상 영장주의가 요청되지 않으므로 강제처분에 대한 영장주의는 입법자의 선택에 따라 채택 여부가 결정된다. 이에 대비하여 체포·구속·압수·수색은 헌법 제12조 및 제16조를 준수하여야 하고, 이에 따라 영장주의가 적용됨이 원칙이다.

이렇듯 범죄의 예방과 진압은 수사와 차이가 있지만, 일반적으로 범죄의 진압은 수사로 이어지고, 수사는 추가 범죄를 예방하는 등 양자를 명확히 구분하기는 쉽지 않은 면도 있다. 하지만 그러한 이유로 경찰 외의 수시기관이 조직법적 근거조차 없이 범죄의 예방이나 진압 작용을 할 수는 없다.

3. 제2호의2 범죄피해자 보호

범죄피해자 보호는 경찰관직무집행법의 2018년 개정시[16] 국가경찰의 임무로 명시되었다. 입법취지를 통해 그 내용을 살펴보자.

---

16) 시행 2018. 4. 17. 법률 제15565호, 2018. 4. 17. 일부개정

> **경찰관 직무집행법**
> [시행 2018. 4. 17.] [법률 제15565호, 2018. 4. 17., 일부개정]
>
> ▶ 개정이유 및 주요내용
>
> 「범죄피해자 보호법」에서는 국가가 수사 및 재판 과정에서 범죄피해자 보호 등을 위한 정보를 범죄피해자에게 제공하도록 의무화하고 있으며, 현재 경찰·검찰·법원 등에서 정보를 제공하고 있음.
>
> 그러나 위와 같은 정보 제공이 안내문을 교부하는 방식 등으로 이루어져 범죄피해자가 보호를 받을 수 있다는 사실을 제대로 인지하지 못하여 적극적인 보호를 받지 못하는 경우가 발생하고 있음.
>
> 이에 범죄피해자를 1차적으로 접하는 경찰의 직무에 '범죄피해자 보호'를 명시함으로써 범죄피해자를 경찰이 적극적으로 보호하도록 하고, 범죄피해자가 적시에 필요한 지원을 받을 수 있게 하려는 것임.

　　입법취지를 보면 전 2문에는 범죄피해자 보호법 상 국가는 범죄피해자에게 정보를 제공해야 할 의무가 있으나 이를 제대로 이행하지 못하고 있다는 개정 당시 사회적 문제점이, 마지막 문에는 그러므로 경찰이 범죄피해자를 적극적으로 보호하고, 범죄피해자가 적시에 필요한 지원을 받을 수 있도록 하기 위해 이를 경찰의 임무로 명시한다고 되어있다. 한편 범죄피해자 보호법 상 범죄피해자 보호 지원의 구체적인 내용으로는 손실복구 지원, 형사절차 참여보장, 정보제공, 사생활의 평온과 신변의 보호[17], 구조금의 지급[18], 형사조정[19] 등이 있는데, 피해자 보호의 주무기관은 법무부이고 경찰은 국가기관으로서 국가의 의무를 이행할 역할이 주어질 수 있음이 엿보일 뿐 어떠한 권한도 명시적으로 수권되어 있지 않다.

　　위 입법이유는 범죄 피해자에게 정보제공이 안되니 경찰이 적극적으로 범죄피해자를 보호하라는 것으로 그 자체에 비논리적인 면이 있는데, 경찰에게 적

---

17) 이상 순서대로 범죄피해자 보호법 제7조 내지 제9조
18) 범죄피해자 보호법 제4장(제16조 내지 제32조)
19) 범죄피해자 보호법 제6장(제41조 내지 제46조)

극적인 범죄 피해자 보호자로서의 역할을 요구하는 것이라면 범죄피해자 보호법에 그러한 역할에 맞는 권한의 수권 및 이를 실행할 예산의 배정이 필요하다.

4. 제3호 경비, 주요 인사(人士) 경호 및 대간첩·대테러 작전 수행

경비는 인명과 재산을 인위적·자연적 위해로부터 보호하거나 특정한 지역, 국가시설 및 중요시설을 보호하는 활동을, 주요인사 경호는 국가적·사회적으로 중요한 사람을 보호하는 활동을, 대간첩·대테러 작전이란 적국을 위한 간첩 또는 국가안보나 공공의 안전을 위태롭게 하는 테러행위를 방지하고 범인을 체포하는 활동을 말한다[20].

5. 제4호 공공안녕에 대한 위험의 예방과 대응을 위한 정보의 수집·작성 및 배포

경찰은 공공의 안녕에 대한 다양한 위험을 예방하고 이에 대응하기 위한 정보(information)를 수집하고, 이를 처리함으로서 체계화된 정보(intelligence)를 작성하여 관련 기관 등에 배포한다.

최근 경찰의 정보수집, 작성 및 배포(이하 "정보활동")의 당위성에 대해 논란이 있다. 경찰의 임무에서 정보활동을 폐지해야 한다는 주장이 제기되고 있는데, 다양한 논거의 핵심 요지는 위험방지와 수사 권한을 가진 경찰이 정보활동까지 함으로서 권한의 과도한 집중 및 남용의 우려이다. 이러한 폐지론의 논거는 나름 설득력이 있지만 경찰의 정보활동을 폐지해야 할 본질적인 이유를 제시한 것은 아니라고 생각한다. 현재 국외 정보활동은 국정원이, 국내 정보활동은 경찰이 담당하고 있는데 경찰의 정보활동을 폐지해야 한다면 먼저 국가기관에 의한 국내 정보활동을 전면 폐지해야 하는 것인지 부터 생각해 보아야 한다. 만약 국내 정보활동이 필요치 않다면 경찰은 그러한 임무를 하지 않아야 할 것이다. 반대로 국내 정보활동이 필요하다면, 경찰의 정보활동 폐지는 경찰 외 기관에 의한 국내 정보활동이 가능함을 전제로 해야 할 것이다. 즉 국내 정보활동의 필요성을 부인

---

20) 김형훈 등 3명, 경찰관직무집행법, 경찰대학, 2019, 34면

할 수 있는지, 경찰과 같은 수준으로 국내 정보활동을 할 수 있는 국가기관이 현존하는지, 현존하지 않는다면 그러한 기관을 구축하는 것이 현실적으로 가능한지, 경찰의 권한남용에 대한 견제방안은 있는지 등에 대한 검토를 거친 후에야 비로소 이에 대한 본질적인 해결책을 모색할 수 있을 것이다.

> **생각해 볼 문제 / 09**
>
> 국내 정보활동은 필요하지 않는가? 필요하다면 어떤 기관에서 하는 것이 가장 적절한 것인가?

6. 제5호 교통 단속과 교통 위해(危害)의 방지

경찰은 교통의 안전을 유지하는 임무를 담당하고 있다. 이러한 임무의 수행을 위해 도로교통법은 경찰관이 범칙금이나 과태료 부과에 해당하는 범법 행위의 단속, 운전자에 대한 안전운전을 위한 지도나 명령, 출퇴근 시간의 교통 통제 등 다양한 위험방지 작용을 할 수 있는 근거조항을 두고 있다. 경찰은 도로의 설치나 시설물의 관리권한은 가지고 있지 않다.

7. 제6호 외국 정부기관 및 국제기구와의 국제협력

국제화 시대를 넘어 유비쿼터스 시대에 이른 현대사회에서 경찰의 국제협력 필요성은 자명하다. 경찰은 위험방지와 수사를 목적으로 다양한 외국 정부기관이나 국제기구와 교육, 정책, 개별 사건 공조 수사 등의 협력을 하고 있다.

8. 제7호 그 밖에 공공의 안녕과 질서 유지

경찰은 구체적으로 열거하지 아니한 각종 위험으로부터 공공의 안녕과 질서를 유지하는 임무를 지니고 있다. 이와 관련하여 개괄적 수권조항에 대한 논의는 이미 자세히 살펴보았으므로 여기에서는 생략한다.

제3조 불심검문

불심검문은 범죄 관련자에게 질문을 하기 위해 정지시키거나 가까운 경찰관서로 동행을 요구하는 것으로, 범죄의 명백성이나 상당성이 인정되지 않아 체포할 수 없는 경우 유형력의 행사를 동반한 정지는 수사를 위한 정보수집에 유용하게 활용할 수 있는 등 수사와 매우 밀접한 관계에 있다. 불심검문과 관련된 특별법으로는 도로교통법이 있다.

I 정지 및 질문

제3조(불심검문) ① 경찰관은 다음 각 호의 어느 하나에 해당하는 사람을 정지시켜 질문할 수 있다.

1. 수상한 행동이나 그 밖의 주위 사정을 합리적으로 판단하여 볼 때 어떠한 죄를 범하였거나 범하려 하고 있다고 의심할 만한 상당한 이유가 있는 사람
2. 이미 행하여진 범죄나 행하여지려고 하는 범죄행위에 관한 사실을 안다고 인정되는 사람

③ 경찰관은 제1항 각 호의 어느 하나에 해당하는 사람에게 질문을 할 때에 그 사람이 흉기를 가지고 있는지를 조사할 수 있다.

④ 경찰관은 제1항이나 제2항에 따라 질문을 하거나 동행을 요구할 경우 자신의 신분을 표시하는 증표를 제시하면서 소속과 성명을 밝히고 질문이나 동행의 목적과 이유를 설명하여야 하며,

⑦ 제1항부터 제3항까지의 규정에 따라 질문을 받거나 동행을 요구받은 사람은 형사소송에 관한 법률에 따르지 아니하고는 신체를 구속당하지 아니하며, 그 의사에 반하여 답변을 강요당하지 아니한다.

1. 요 건

정지의 요건은 경찰관이 상대방의 수상한 행동이나 그 밖의 주위 사정을 합리적으로 판단하여 볼 때 어떠한 죄를 범하였거나 범하려 하고 있다고 의심할 만한 상당한 이유가 있는 사람을 발견하거나, 이미 행하여진 범죄나 행하여지려고 하는 범죄행위에 관한 사실을 안다고 인정되는 사람을 발견하는 것이다. 판례를 통해 어느 정도의 범죄의심이 있는 경우 불심검문의 대상이 되는지 살펴본다.

가. 어떠한 죄를 범하였거나 범하려 하고 있다고 의심할 만한 상당한 이유

> **관련판례**

> ▶ **상당한 이유가 있다고 인정된 경우**

자전거 사건(대법원 2012. 9. 13. 선고 2010도6203 판결)

　01:14경 무전으로 당일 01시경 6.6킬로미터 떨어진 노상에서 "30대 남자, 찢어진 눈, 짧은 머리, 회색바지, 검정잠바 착용"한 자가 자전거를 이용한 핸드백 날치기를 하였다는 사실을 전파받고, 01 : 20경 자전거를 타고 검은잠바, 검은바지를 착용하고 자전거 앞 바구니에 검정색 가방을 싣고 오는 자를 발견하여 불심검문에 응할 것을 요구하였으나 이를 거부하자 경찰관이 그의 앞을 가로막은 경우

차량으로 정지(대법원 2014. 2. 27. 선고 2011도13999 판결)

　관내 놀이터 등에서 강간미수 사건이 발생하였고, 신고자들은 피의자에 대해 ① 20−30대, 170cm, 뚱뚱, 긴머리, 둥근 얼굴 흰T셔츠, 검은 바지, ② 175cm, 마른체형, 안경 등으로 묘사하였다. 경찰관 P는 근거를 밝히지는 못했으나 피의자가 178−180cm의 건장한 30대로 인식하고 있었다. P는 한 공원에서 승용차에 승차한 채 범인 체포를 위한 잠복 근무를 하던 중, 2시20분경 179cm, 건장하고 안경을 쓴 자를 발견하여 차량 창문을 내리고 질문을 하자, 피검문자가 뛰어서 도망가기 시작한 경우

술값 사건(대법원 2014. 12. 11. 선고 2014도7976 판결)

　03시경 술집에서 술값시비가 있다는 신고를 받고 경찰관이 현장에 도착하

자 여종업원이 피 묻은 휴지를 가지고 있고 손님으로 보이는 남성이 가게에서 나가려 하였다. 경찰관이 앞을 가로막자 경찰관의 멱살을 잡고, 뒤에서 잡자 팔꿈치를 휘둘러 경찰관의 턱을 친 경우

▶ **상당한 이유가 있다고 인정되지 않은 경우**
TV 시청자(서울중앙지방법원 2003. 11. 25. 선고 2003노4873 판결)
　추석 전날 개인 주택 앞에 차량을 주차시켜 두고 TV를 시청하고 있는 자에 대해 검문한 경우

　이처럼 법원은 신고자가 묘사한 범인의 인상착의와 유사한 사람, 경찰관이 가지고 있던 범인에 대한 정보와 유사한 사람, 범죄현장에서 범인으로 의심됨에도 급히 그곳을 벗어나려 하는 사람 등에 대해 불심검문 대상자로 인정하였다. 법원은 현장에서의 객관적인 상황뿐만 아니라 경찰관의 사전정보까지 고려하고 있는바, 만약 위 "TV 시청자" 사건에서 경찰관이 추석 전후로 차량을 이용한 개인주택 빈집털이가 다수 발생하고 있다는 사전정보를 가지고 있었는데 위 사건과 같은 사람을 발견하였다면 법원은 불심검문의 대상자로 인정하였을 것이다.

나. 이미 행하여진 범죄나 행하여지려 하는 범죄행위에 관하여 그 사실을 안다고 인정되는 자

　이와 관련된 판례를 찾을 수 없었다. 하지만 실무상 불심검문에서 문제되는 것은 과연 불심검문을 거부하는 자에게 유형력을 행사 할 수 있는지 여부로 범죄에 대한 정보를 가지고 있다는 이유만으로 그를 강제로 정지하는 것은 적법하다 보기 어렵다. 경찰이 과거 관행적으로 해 오던 일제검문검색을 폐지한 것도 이와 같은 맥락에서 이해할 수 있다.

2. 절 차

정지시킬 때 경찰관은 신분표시 증표를 제시하고, 소속과 성명을 고지하며 불심검문의 목적과 이유에 대해 설명해야 한다.

가. 신분표시의 증표제시

신분표시의 증표는 경찰공무원증으로, 경찰관의 신분표시 증표제시는 기속행위로 규정되어 있으나 법원은 예외적인 경우 그 위반만으로는 불심검문이 위법한 것은 아니라고 하였다.

관련판례 **대전 나이트 사건**(대법원 2004. 10. 14. 선고 2004도4029 판결)

대전 나이트 골목에서 상해사건이 발생하였는데, 경찰관이 피문은 셔츠를 입고있는 사람을 발견하였다. 경찰관은 근무복을 입고 있는 등 정황상 객관적으로 경찰관의 공무집행임을 누구나 인식할 수 있었던 상황이었다. 또한 검문 당시 피검문자들은 경찰관에 대한 신분확인을 요구하지도 않았다. 이와 같은 사정으로 법원은 경찰관이 불심검문시 신분증을 제시하지 않았다는 사실만으로 위법한 것은 아니라고 하였다.

술값 사건(대법원 2014. 12. 11. 선고 2014도7976 판결)

경찰관은 피검문자에게 신분증을 제시하지 않았지만, 당시 정황상 객관적으로 경찰관의 공무집행임을 누구나 인식할 수 있었고, 피검문자들이 경찰관에 대한 신분확인을 요구하지 않았다면, 경찰관이 신분증을 제시하지 않았다는 사실만으로 불심검문이 불법한 것은 아니라고 하였다.

하지만 국가인권위원회는 경찰관이 불심검문을 할 때 반드시 신분증을 제시할 것을 권고하고 있는데, 경찰관직무집행법 조문상 신분표시의 증표 제시는 기속행위이고 법원도 예외적인 경우에 한하여 전체적인 상황심사를 통해 신분표시의 증표를 제시하지 않은 사안의 적법성을 인정하고 있음에 그치므로 정복 또는 근무복을 착용하고 근무하는 중 이라도 불심검문시 경찰관은 자신의 신분증을 피검문자에게 제시해야 함이 원칙이다.

참 고 **경찰관직무집행법 시행령 5조 신분표시의 증표 개정 필요성**

> 경찰관직무집행법 시행령 제5조는 신분표시의 증표를 경찰공무원증으로 규정하고 있는데, 불심검문의 효율성과 검문자와 피검문자 상호의 안전 보장을 생각해 볼 때 개정이 필요하다. 불심검문시 신분표시의 증표를 제시하는 것은 경찰관에 의한 적법한 공무집행임을 피검문자에게 알려 이를 수인하도록 유도하고, 만약 위법한 공무집행이라면 사후 권리구제를 위한 최소한의 정보를 제공해 주기 위함이라 생각한다. 따라서 검문하는 경찰관의 소속, 계급, 이름 정도의 정보를 신뢰할 수 있는 방법으로 제공하면 될 것이다. 따라서 신분표시의 증표에 정복 또는 근무복에 부착된 흉장을 추가할 필요가 있다. 정복 또는 근무복을 통해서도 경찰관의 이름, 계급을 알 수 있어 신분증에 비해 피검문자에게 주어지는 정보에 큰 차이가 없고, 신뢰할 수 있는 방법임이 분명하며 불심검문의 효율성과 안전성이 보장될 수 있기 때문이다.

나. 소속과 성명을 밝히고 그 목적과 이유를 설명

이와 관련된 유의미한 판례 찾지 못하였지만, 이를 위반한 불심검문은 신분표시의 증표제시와 마찬가지로 위법함이 원칙이다.

3. 수단(효과)

가. 정 지

정지란 질문을 하기 위해 상대방을 특정장소에 일시적으로 머무르도록 하는 것인데, 위 절차에서 경찰관은 이미 피검문자에게 어떠한 사유에 대해 질문을 하려 한다고 말을 하게 되고 일반적으로 사람이 대화를 할 때에는 상대방의 앞에 서게 되는 것으로 이는 불심검문의 절차고지에서도 마찬가지이다. 즉 불심검문의 절차 준수는 자연스럽게 정지의 시작이 된다. 이때 피검문자가 경찰관의 질문에 응하여 대화가 시작되면 정지와 그 후속 절차인 질문이 이어지게 된다.

문제는 피검문자가 경찰관과의 대화를 거부하며 그 자리에서 이탈하려는 경우이다. 이때 경찰관이 유형력을 행사하여 상대방을 강제로 정지시킬 수 있는지에 대하여, 법원은 과거에는 불심검문을 위한 정지시 유형력을 행사하면 그 자체로 위법하다고 보다가 최근 위 "자전거 사건"에서 "범행의 경중, 범행과의 관련성, 상황의 긴박성, 혐의의 정도, 질문의 필요성"이 인정되면, "목적 달성에 필요한 최소한의 범위 내에서 사회통념상 용인될 수 있는 상당한 방법"으로 유형력을 행사할 수 있다고 하였고, 그 이후 이를 불심검문을 위한 정지시 유형력 행사의 적법성 평가 기준으로 삼고 있다.

관련판례 정지시 유형력 행사가 적법하다는 취지의 판례들

자전거 사건(대법원 2012. 9. 13. 선고 2010도6203 판결)

경찰관은 노상에서 불심검문에 응하지 아니하고 지나가려 한 자의 '앞을 가로막았다.'

차량으로 정지(대법원 2014. 2. 27. 선고 2011도13999 판결)

경찰관은 불심검문에 응하지 아니하고 뛰어가기 시작한 자의 앞을 '경찰관이 운행하던 차량을 급정거 하는 방법으로 가로막았다.'

술값 사건(대법원 2014. 12. 11. 선고 2014도7976 판결)

경찰관은 불심검문에 응하지 않고 가게에서 나가려는 자의 '앞을 가로막고 뒤에서 잡았다.'

법원은 정지시 유형력 행사의 요건으로 "범행의 경중, 범행과의 관련성, 상황의 긴박성, 혐의의 정도, 질문의 필요성"을, 유형력의 한계로서 "비례원칙 하에서 사회통념상 용인될 수 있는 상당한 방법"을 제시하고 있다. 위 판례들을 통해 그 의미를 구체적으로 정리한다.

먼저 유형력 행사의 요건을 본다. "범행의 경중"과 관련하여 법원은 절도죄, 강간죄, 사기죄, 상해죄 등에서 불심검문을 위한 정지시 유형력의 행사를 적법하다고 하였다. 경찰관은 죄종과 법정형, 범행의 유형과 성격, 피해의 정도, 사회적 영향력 등 다양한 요소를 고려하여 불심검문의 원인이 되는 범죄가 위 사실관계에서의 범죄 수준에 이르는지 여부를 판단해야 한다.

"상황의 긴박성"과 "질문의 필요성"은 불심검문의 성격상 인정될 가능성이 매우 높다고 생각된다. 경찰관이 피검문자를 잘 아는 사람인 경우는 사실상 없을 것으로 당장 유형력을 행사하여 정지시키고 불심검문을 하지 않으면 그를 다시 만난다는 것은 거의 불가능하다. 따라서 상황의 긴박성은 쉽게 인정된다. 질문의 필요성이 없는 사람은 정지의 대상이 된다고 볼 수 없으므로 이러한 자에 대한 정지는 유형력의 행사유무와 관계없이 위법하다. 실무상으로도 질문의 필요성이 없는 자에 대해 불심검문을 하는 경우는 없다고 해도 과언이 아닐 것이다.

"범죄와의 관련성"과 "혐의의 정도"는 불심검문 대상자의 범죄혐의 정도를 의미하는 것으로, 현행범인 체포의 요건인 범죄의 명백성이나 긴급체포 요건인 중대범죄를 저질렀다는 상당성에 이르지 않지만, 위 판례들과 같이 피검문자가 범행을 저질렀음을 의심할 만한 충분한 사정이 존재해야 할 것이다.

다음으로 유형력의 한계를 본다. 법원은 사회통념상 용인될 수 있는 유형력 행사로 경찰관이 피검문자의 앞을 가로막거나, 피검문자를 뒤에서 가볍게 잡는 행위 등을 적법하다고 하였다. 비례원칙의 준수가 요구되므로 구체적인 개별 상황에 맞는 적절한 유형력이 선택되어야 한다. 한편 사회통념상 용인 될 수 있다는 기준은 형법 상 정당행위의 판단기준이도 하다. 정당행위로 인정되어 위법성이 조각된 유형력의 구체적인 예는 밀치는 행위, 뿌리치는 행위, 당기는 행위, 잡는 행위 등으로 법원은 불심검문에 있어서도 구체적 상황에 따라 이 정도의 유형력 행사는 적법하다고 평가할 것이다.

생각해 볼 문제 / 10

위 자전거, 차량, 술값 사건에 대해 아래의 표를 완성해 보자.

구 분	범행의 경중	범행과의 관련성, 혐의의 정도	상황의 긴박성	질문의 필요성
자전거				
차 량				
술 값				

나. 추 적

피검문자가 정지에 불응할 경우 경찰관은 불심검문 또는 체포를 위해 그를 추적할 수 있다. 추적의 적법성은 주로 추적으로 인한 교통사고 등이 발생하여 피검문자 또는 제3자가 피해를 입는 경우에 문제된다. 법원은 이러한 사안의 국가배상소송 사건에서 추적의 필요성과 추적 방법의 상당성을 기준으로 추적의 적법성을 판단한다. 추적의 필요성은 범죄의 중대성과 범인으로 의심되는 정도에 따라 평가하고, 추적방법의 상당성은 추적 필요성의 크기와 도로 사정 등 추적으로 인한 위험의 크기를 양형하여 평가한다. 실무상 추적의 필요성이 인정되지 않음에도 추적을 개시하는 경우는 생각하기 어려우므로 추적의 상당성에 대한 평가가 중요하다.

> **관련판례** **추적차량 사고**(대법원 2000. 11. 10. 선고 2000다26807, 26814 판결)
> 01:20경 교통위반을 한 차량이 정지시지를 무시하자 경찰차량을 이용하여 50-70미터의 간격을 두고, 70-120킬로미터의 속도로 추적한 사안에서, 법원은 경찰관이 가해차량의 차량번호를 쉽게 식별할 수 있었다거나 무선으로 수배하여 다른 순찰차의 도움을 받을 수 있었다고 하더라도 추적이 필요하다는 사정을 부정하지는 못하고, 편도2차로 또는 4차로의 비교적 폭이 넓은 도로이고, 사람이나 차량의 왕래가 별로 없는 시간대로서 위와 같은 추적 방법으로 인해 제3자가 피해를 입으리라는 구체적인 위험성을 예견하였거나 이를 예견할 수 있었다고 보기는 어렵다면서 추적이 적법하다 하였다.

다. 질 문

정지시킨 후 경찰관은 피검문자로부터 얻고자 하는 정보, 즉 불시검문의 원인인 범죄에 대해 질문할 수 있다. 이에 대해 피검문자는 대답을 할 수도 있고, 하지 않을 수도 있다. 이때 경찰관은 피검문자에게 대답할 것을 강요하여서는 아니된다. 피검문자에게는 헌법상 진술거부권이 보장되어야 하고, 경찰관직무집행법 제3조에도 피검문자의 의사에 반하여 답변을 강요당하지 아니한다고 명시하고 있기 때문이다.

생각해 볼 문제 / 11

피검문자가 경찰관의 정지요구에 응하였지만, 피검문자는 어떠한 질문에도 대답하지 않겠다면서 언제 보내줄 것인지를 묻는다. 경찰관은 피검문자를 언제까지 정지시켜 둘 수 있는가? (참고판례 : 대법원 2021. 7. 23. 선고 2021도7368 판결)

라. 흉기조사

경찰관직무집행법 제3조에는 불심검문시 경찰관은 피검문자에 대해 흉기조사를 할 수 있다고 명시되어 있으나, 이를 근거로 강제 흉기조사를 할 수 있는지는 명확하지 않아 그 가능성 여부가 문제된다. 이에 대해 강제적 흉기조사가 가능하다는 견해, 예외적인 경우 가능하다는 견해, 불가능하다는 견해 등의 대립이 있는데, 경찰관은 피검문자의 옷 위를 툭툭 치는 정도로 외표검사를 할 수 있고, 그 결과 흉기로 의심되는 물건이 있다고 판단될 경우 강제로 개피 할 수는 없지만 상대방에게 개피할 것을 하명할 수는 있다는 견해가 유력하다.[21]

법원은 불심검문시 흉기조사를 할 수 있다고 한 바 있으나 어떻게 할 수 있는 지에 대해 구체적으로 언급하지는 않았다.[22] 물론 아래와 같이 흉기를 가지고 있는지를 확인하려는 것이 아닌 경우 또는 사실상 형사소송법 상 수색을 한 경우는 불심검문의 흉기조사에 해당하지 아니하여 위법하다.

> **관련판례** **주차장 차단기 손괴**(대법원 2010. 1. 14. 선고 2009도11041 판결)
> 음주 후 대리운전을 하여 아파트 주차장 진입로에 도착하였으나 차단기가 올라가지 않자 그 차단기를 손괴하고 차량을 진입로에 주차한 자에 대해, 경찰관이 진입로에서 차량을 이동해 달라고 요구하였으나 이에 불응하였다. 경찰관은 그의 주머니에서 차 열쇠를 꺼내기 위해 위 주머니 쪽으로 손을 뻗은 경우에 대해 법원은 피검문자가 흉기를 휴대하였다고 인정할 수 있는 고도의 개연성이 있었다고 보이지 않는 경우로서 위법하다 하였다.

---

21) 하지만 실무상 외표검사를 거부하는 자에게 강제로 외표검사를 하는 것은 상당히 어렵고, 상대방이 개피명령을 거부할 경우 의무의 이행을 확보할 방법이 마땅치 않다.

22) 대법원 2012. 9. 13. 선고 2010도6203 판결

참고 : 흉기 소지 자체가 범죄가 되는 경우

아래와 같이 흉기의 소지 자체가 범죄가 되는 경우, 흉기소지자에 대해 형사소송법 제216조 제3항에 근거한 압수수색이 가능하다.

1. 경범죄처벌법 제3조 제1항 제2호(흉기의 은닉휴대) 칼·쇠몽둥이·쇠톱 등 사람의 생명 또는 신체에 중대한 위해를 끼치거나 집이나 그 밖의 건조물에 침입하는 데에 사용될 수 있는 연장이나 기구를 정당한 이유 없이 숨겨서 지니고 다니는 사람

2. 폭력행위등처벌에관한법률 제7조(우범자) 정당한 이유 없이 이 법에 규정된 범죄에 공용(供用)될 우려가 있는 흉기나 그 밖의 위험한 물건을 휴대하거나 제공 또는 알선한 사람은 3년 이하의 징역 또는 300만원 이하의 벌금에 처한다.

법원은 휴대한 흉기가 폭력행위등처벌에관한법률에 규정된 범죄에 공용한다는 점에 대해 증명할 것을 요구한다.[23]

생각해 볼 문제 / 12

위 주차장 차단기 손괴 사건에서 형사소송법에 근거한 사전영장 없는 압수수색을 인정할 여지는 없을까?

---

23) 대법원 2017. 9. 21. 선고 2017도7687 판결

II 동행요구

제3조(불심검문) ② 경찰관은 제1항에 따라 같은 항 각 호의 사람을 정지시킨 장소에서 질문을 하는 것이 그 사람에게 불리하거나 교통에 방해가 된다고 인정될 때에는 질문을 하기 위하여 가까운 경찰서·지구대·파출소 또는 출장소(지방해양경찰관서를 포함하며, 이하 "경찰관서"라 한다)로 동행할 것을 요구할 수 있다. 이 경우 동행을 요구받은 사람은 그 요구를 거절할 수 있다.
④ 경찰관은 제1항이나 제2항에 따라 질문을 하거나 동행을 요구할 경우 자신의 신분을 표시하는 증표를 제시하면서 소속과 성명을 밝히고 질문이나 동행의 목적과 이유를 설명하여야 하며, 동행을 요구하는 경우에는 동행 장소를 밝혀야 한다.
⑤ 경찰관은 제2항에 따라 동행한 사람의 가족이나 친지 등에게 동행한 경찰관의 신분, 동행 장소, 동행 목적과 이유를 알리거나 본인으로 하여금 즉시 연락할 수 있는 기회를 주어야 하며, 변호인의 도움을 받을 권리가 있음을 알려야 한다.
⑥ 경찰관은 제2항에 따라 동행한 사람을 6시간을 초과하여 경찰관서에 머물게 할 수 없다.
⑦ 제1항부터 제3항까지의 규정에 따라 질문을 받거나 동행을 요구받은 사람은 형사소송에 관한 법률에 따르지 아니하고는 신체를 구속당하지 아니하며, 그 의사에 반하여 답변을 강요당하지 아니한다.

1. 요 건

동행요구의 요건은 "정지시킨 장소에서 질문을 하는 것이 그 사람에게 불리" 또는 "정지시킨 장소에서 질문을 하는 것이 교통에 방해가 된다고 인정"이다. 그런데 현대사회에서 정지시킨 장소에서 질문을 하는 것이 교통에 방해가 된다고 인정되는 경우가 있을지 의문스럽다. 또한 피검문자의 건강을 위협할 정도로 춥거나 더운 날인 경우, 피검문자가 일행과 함께 있는 상황에서 불심검문의 목적이 다른 사람에게 알려지면 피검문자에게 불리한 결과가 될 우려가 있는 경우 등 특별한 사정이 없는 한 그 자리에서 최대한 빨리 불심검문을 마치는 것이 피검문자에게 유리할 것이다. 즉 동행요구는 요건을 충족시키기 매우 어렵다.

> **관련판례** **학생회관 불심검문**(서울지방법원 1998. 5. 12. 선고 96가단221153 판결)
> 대학교내 시위용품 압수를 위한 압수수색영장을 발부받아 원고들이 은거하고 있던 학생회관 2층의 총학생회실과 5층 옥상으로 올라가는 계단에서 1,000여개의 이르는 화염병 제작용품을 발견한 경우, 그 자리에서 질문하는 것이 학생들에게 불리하거나 교통의 방해가 된다고 볼 만한 사정이 없음

2. 절 차

경찰관은 동행요구시 "신분을 표시하는 증표를 제시하고", "소속과 성명을 밝히고", "동행의 목적과 이유를 설명"하고, "동행 장소를 밝혀야 한다". 하지만 신분표시의 증표제시와 소속 및 성명의 고지는 정지시 이미 이루어져야 하므로, 정지와 동시에 동행을 요구하는 경우가 아니라면 경찰관은 동행요구시 피검문자에게 "동행의 목적과 이유의 설명" 및 "동행 장소의 고지"를 해야 한다.

피검문자가 동행요구에 응한 경우 경찰관은 "동행한 사람의 가족이나 친지 등에게 동행한 경찰관의 신분, 동행 장소, 동행 목적과 이유를 알리거나", "본인으로 하여금 즉시 연락할 수 있는 기회"를 주어야 한다. 또한 피검문자에게 "변호인의 도움을 받을 권리가 있음을 알려야 한다." 정지부터 동행요구까지 실무적으로 경찰관이 준수해야할 절차를 정리하면 아래와 같다.

[표 5] 불심검문의 절차

구 분	공통절차	추가절차
정지	- 신분 표시의 증표제시 - 소속 및 성명의 고지 - 질문의 목적과 이유 설명	없음
동행요구		-동행의 목적과 이유 설명, 동행 장소의 고지 -연락기회 제공 또는 경찰관이 가족 등에게 경찰관 신분, 동행장소 등 고지 -변호인 조력권 고지

3. 수단(효과)

피검문자가 경찰관의 동행요구를 거절할 경우, 경찰관이 상대방에게 유형력을 행사할 수 있는지 문제된다. 이에 대해서는 유형력 행사가 가능하다는 주장이 다수 발견되나, 경찰관직무집행법 제3조는 "이 경우 당해인은 경찰관의 동행요구를 거절할 수 있다"라고 명시하고 있어 동행요구를 거절하는 자에 대해 유형력 행사는 할 수 없음이 명백하다. 법원도 일관되게 수사상 임의동행은 물론, 경찰관직무집행법 상 동행요구가 수사로 귀결되는 경우라면 퇴거권을 고지 받거나 퇴거권이 실질적으로 보장되는 등 '오로지 피의자의 자발적인 의사에 의하여 동행이 이루어졌음이 객관적인 사정에 의하여 명백하게 입증된 경우에 한하여 적법성이 인정된다'고 하여 동행요구 시 유형력 행사는 불가능한 것으로 보고 있다.[24] 경찰관직무집행법 상 동행요구 만을 대상으로 하는 판례는 발견하지 못하였는데, 동행요구는 범죄 혐의점이 확인되면 수사로 연결되고 이 경우 법원은 수사상 임의동행과 동일한 기준을 적용하므로 임의동행에 대한 유의미한 판례 몇 가지를 소개하고자 한다.

> 관련판례

> ▶ **임의동행이 적법하다는 취지**
>
> **보이스 피싱**(수원지방법원 2011. 12. 8. 선고 2011나26664 판결)
>
> 보이스 피싱 사건이 다수 발생한 지역에서 가방 2개를 소지하고 ATM 기기에 여러 번 왔다 갔다 한 자에게, 경찰관이 신분증 제시요구를 하였으나 불응하였다. 한 경찰관이 "협조하지 않으면 긴급체포 될 수 있다"고 말하여 말다툼이 있었고, 다른 경찰관이 근처의 지구대에 가서 얘기하는 것이 어떻겠냐고 하자 피검문인은 자신이 긴급체포된 것으로 오인하여 지구대에 따라간 경우[25].
>
> **자발적 동행**(대법원 2012. 9. 13. 선고 2012도8890 판결)
>
> 음주운전을 한 자가 경찰관의 임의동행 요구에 대해 자발적으로 동행한 경우

---

24) 대법원 2006. 7. 6. 선고 2005도6810 판결. 임의수사에 대한 이 기준은 임의제출에도 동일하게 적용된다.

빨리 가자(대법원 2016. 9. 28. 선고 2015도2798 판결)

감지기에 의해 음주운전으로 적발된 자에게 경찰관이 정확한 측정을 위해 측정기가 있는 경찰관서로 동행을 요구하였다. 피의자가 이에 응하여 순찰차량으로 경찰관서로 이동하던 중 하차를 요구하였고, 경찰관이 즉시 정차하였다. 경찰관은 향후 수사가 진행되는 과정을 설명하면서 동행할 것을 요구하였고, 이에 피의자가 "빨리 가자"고 하여 경찰관서로 동행한 경우

▶ 임의동행이 위법하다는 취지

자발적 의사(대법원 2006. 7. 6. 선고 2005도6810 판결)

수사관이 동행에 앞서 피의자에게 동행을 거부할 수 있음을 알려 주었거나 동행한 피의자가 언제든지 자유로이 동행과정에서 이탈 또는 동행장소로부터 퇴거할 수 있었음이 인정되는 등 오로지 피의자의 자발적인 의사에 의하여 수사관서 등에의 동행이 이루어졌음이 객관적인 사정에 의하여 명백하게 입증된 경우에 한하여 임의동행은 그 적법성이 인정된다.

동틀 무렵인 새벽 6시경 자신의 누나에 의해 수표 위조범으로 지목된 피고인의 집 앞에서 4명의 경찰관들이 한꺼번에 차에서 내려 피고인을 둘러싸고 임의동행을 요구하였고, 동행거부권을 고지하지 않았으며, 동행한 경찰서 화장실을 갈 때 경찰관 1명이 따라와 감시하는 등 퇴거권도 보장되지 아니한 경우

전대협 의장(대법원 1993. 11. 23. 선고 93다35155 판결)

임의동행에 있어서의 임의성의 판단은 동행의 시간과 장소, 동행의 방법과 동행거부의사의 유무, 동행이후의 조사방법과 퇴거의사의 유무 등 여러 사정을 종합하여 객관적인 상황을 기준으로 하여야 한다. 국가보안법 위반으로 구속영장이 발부되어 있는 피의자(전대협5기 의장)라 해도 안기부가 영장을 제시하여 집행하지 않았다면 불법체포에 해당하고, 04 : 40경 소외 지인의 집에서 잠을 자고 있던 피의자를 위 집의 문을 부수고 방안으로 들어와 양말도 신지 못한 체 잠옷 바람으로 연행한 경우

---

25) 한편 법원은 훈령인 범죄수사규칙에 근거를 둔 임의동행확인서를 작성하지 않았다 해도 그 자체만으로 위법한 것은 아라고 하였다.

4. 한 계

경찰관직무집행법 조문 상 동행요구의 장소는 부근의 경찰서, 지구대, 파출소 또는 출장소로 제한되고, 동행 시간은 관련 범죄에 대한 정보를 얻기 위해 필요한 시간 내라 할 것으로 6시간을 넘길 수 없다.

관련판례

시간적 한계: 6시간 이내

▶ **적법**

보이스 피싱(수원지방법원 2011. 12. 8. 선고 2011나26664 판결)

　동행 후 지구대에 15분만 있었던 경우

▶ **위법**

6시간 구금(대법원 1997. 8. 22. 선고 97도1240 판결)

　경찰관직무집행법에 동행한 경우 당해인을 6시간을 초과하여 경찰관서에 머물게 할 수 없다고 규정하고 있다고 하여 그 규정이 동행한 자를 6시간 동안 경찰관서에 구금하는 것을 허용하는 것은 아니다.

장소적 한계: 부근의 경찰서, 지구대, 파출소 또는 출장소

▶ **적법**

보이스 피싱(수원지방법원 2011. 12. 8. 선고 2011나26664 판결)

　불심검문을 한 장소로부터 100-150미터 정도 떨어진 지구대로 동행한 경우

생각해 볼 문제 / 13

경찰관직무집행법 제3조의 불심검문은 실무상 상당히 많은 문제점을 가지고 있다. 개선이 필요한 부분에 대해 논의해 보자

1. 불심검문의 대상자는 범죄에 대한 정보를 가지고 있는 사람, 즉 비경찰책임자까지 포함하고 있다. 비경찰책임자가 정지에 불응하는 경우에도 유형력 행사가 가능한 것일까?

2. 경찰관직무집행법과 아래 주민등록법을 근거로 신분확인을 거부하는 피검문자의 신분

을 강제로 확인할 수 있을까? 피검문자의 신분을 강제로 확인할 수 없다면 어떠한 문제점이 있는가?

주민등록법
[시행 2020. 12. 10.] [법률 제17385호, 2020. 6. 9., 일부개정]

제26조(주민등록증의 제시요구) ① 사법경찰관리(司法警察官吏)가 범인을 체포하는 등 그 직무를 수행할 때에 17세 이상인 주민의 신원이나 거주 관계를 확인할 필요가 있으면 주민등록증의 제시를 요구할 수 있다. 이 경우 사법경찰관리는 주민등록증을 제시하지 아니하는 자로서 신원을 증명하는 증표나 그 밖의 방법에 따라 신원이나 거주 관계가 확인되지 아니하는 자에게는 범죄의 혐의가 있다고 인정되는 상당한 이유가 있을 때에 한정하여 인근 관계 관서에서 신원이나 거주 관계를 밝힐 것을 요구할 수 있다.

② 사법경찰관리는 제1항에 따라 신원 등을 확인할 때 친절과 예의를 지켜야 하며, 정복근무 중인 경우 외에는 미리 신원을 표시하는 증표를 지니고 이를 관계인에게 내보여야 한다.

제37조(벌칙) 다음 각 호의 어느 하나에 해당하는 자는 3년 이하의 징역 또는 3천만원 이하의 벌금에 처한다.

1. 제7조제4항에 따른 주민등록번호 부여방법으로 거짓의 주민등록번호를 만들어 자기 또는 다른 사람의 재물이나 재산상의 이익을 위하여 사용한 자
2. 주민등록증을 채무이행의 확보 등의 수단으로 제공한 자 또는 그 제공을 받은 자
3. 제10조제2항 또는 제10조의2제2항을 위반하여 이중으로 신고한 사람
3의2. 주민등록 또는 주민등록증에 관하여 거짓의 사실을 신고 또는 신청한 사람
4. 거짓의 주민등록번호를 만드는 프로그램을 다른 사람에게 전달하거나 유포한 자
5. 제29조제2항 및 제3항을 위반하여 거짓이나 그 밖의 부정한 방법으로 다른 사람의 주민등록표를 열람하거나 그 등본 또는 초본을 교부받은 자
6. 제30조제5항을 위반한 자
7. 제31조제2항 또는 제3항을 위반한 자
7의2. 제36조의3을 위반하여 직무상 알게 된 비밀을 누설하거나 목적 외에 이용한 사람
8. 다른 사람의 주민등록증을 부정하게 사용한 자

9. 법률에 따르지 아니하고 영리의 목적으로 다른 사람의 주민등록번호에 관한 정보를 알려주는 자

10. 다른 사람의 주민등록번호를 부정하게 사용한 자. 다만, 직계혈족·배우자·동거친족 또는 그 배우자 간에는 피해자가 명시한 의사에 반하여 공소를 제기할 수 없다.

제38조(벌칙) 제26조제2항에 따른 사법경찰관리가 그 직무를 수행하면서 직권을 남용하면 「경찰관 직무집행법」 제12조에 따라 처벌한다.

관련 특별법. 도로교통법

1. 자동차의 정지 및 강제적 신분확인

도로교통법

[시행 2023. 7. 4.] [법률 제19158호, 2023. 1. 3., 일부개정]

제47조(위험방지를 위한 조치) ① 경찰공무원은 자동차등 또는 노면전차의 운전자가 제43조부터 제45조²⁶⁾까지의 규정을 위반하여 자동차등 또는 노면전차를 운전하고 있다고 인정되는 경우에는 자동차등 또는 노면전차를 일시정지시키고 그 운전자에게 자동차 운전면허증(이하 "운전면허증"이라 한다)을 제시할 것을 요구할 수 있다.

제2조(정의) 이 법에서 사용하는 용어의 뜻은 다음과 같다.

1. "도로"란 다음 각 목에 해당하는 곳을 말한다.
   가. 「도로법」에 따른 도로
   나. 「유료도로법」에 따른 유료도로
   다. 「농어촌도로 정비법」에 따른 농어촌도로
   라. 그 밖에 현실적으로 불특정 다수의 사람 또는 차마(車馬)가 통행할 수 있도록 공개된 장소로서 안전하고 원활한 교통을 확보할 필요가 있는 장소

17. "차마"란 다음 각 목의 차와 우마를 말한다.
   가. "차"란 다음의 어느 하나에 해당하는 것을 말한다.
      1) 자동차
      2) 건설기계
      3) 원동기장치자전거
      4) 자전거
      5) 사람 또는 가축의 힘이나 그 밖의 동력(動力)으로 도로에서 운전되는 것. 다만, 철길이나 가설(架設)된 선을 이용하여 운전되는 것, 유모차, 보행보조용 의자차, 노약자용 보행기 등 행정안전부령으로 정하는 기구·장치는 제외한다.
   나. "우마"란 교통이나 운수(運輸)에 사용되는 가축을 말한다.

17의2. "노면전차"란 「도시철도법」 제2조 제2호에 따른 노면전차로서 도로에서

궤도를 이용하여 운행되는 차를 말한다.

18. "자동차"란 철길이나 가설된 선을 이용하지 아니하고 원동기를 사용하여 운전되는 차(견인되는 자동차도 자동차의 일부로 본다)로서 다음 각 목의 차를 말한다.

　가. 「자동차관리법」 제3조에 따른 다음의 자동차. 다만, 원동기장치자전거는 제외한다.

　　1) 승용자동차

　　2) 승합자동차

　　3) 화물자동차

　　4) 특수자동차

　　5) 이륜자동차

　나. 「건설기계관리법」 제26조 제1항 단서에 따른 건설기계

19. "원동기장치자전거"란 다음 각 목의 어느 하나에 해당하는 차를 말한다.

　가. 「자동차관리법」 제3조에 따른 이륜자동차 가운데 배기량 125시시 이하(전기를 동력으로 하는 경우에는 최고정격출력 11킬로와트 이하)의 이륜자동차

　나. 그 밖에 배기량 125시시 이하(전기를 동력으로 하는 경우에는 최고정격출력 11킬로와트 이하)의 원동기를 단 차(「자전거 이용 활성화에 관한 법률」 제2조제1호의2에 따른 전기자전거는 제외한다)

19의2. "개인형 이동장치"란 제19호나목의 원동기장치자전거 중 시속 25킬로미터 이상으로 운행할 경우 전동기가 작동하지 아니하고 차체 중량이 30킬로그램 미만인 것으로서 행정안전부령으로 정하는 것을 말한다.

20. "자전거"란 「자전거 이용 활성화에 관한 법률」 제2조 제1호 및 제1호의2에 따른 자전거 및 전기자전거를 말한다.

21. "자동차등"이란 자동차와 원동기장치자전거를 말한다.

26. "운전"이란 도로(제44조·제45조·제54조제1항·제148조·제148조의2 및 제156조제10호의 경우에는 도로 외의 곳을 포함한다)에서 차마 또는 노면전차를 그 본래의 사용방법에 따라 사용하는 것(조종을 포함한다)을 말한다.

제153조(벌칙) ① 다음 각 호의 어느 하나에 해당하는 사람은 6개월 이하의 징역이나 200만원 이하의 벌금 또는 구류에 처한다.

2. 제41조, 제47조 또는 제58조에 따른 경찰공무원의 요구·조치 또는 명령에 따르지 아니하거나 이를 거부 또는 방해한 사람

운전자가 자동차등 또는 노면전차를 무면허, 음주, 과로, 질병, 약물 상태로 운전하고 있다고 인정되면 경찰관은 자동차등 또는 노면전차를 정지시킬 수 있고, 운전자에게 운전면허증의 제시를 요구할 수 있다.

주목할 점은 자동차등 또는 노면전차의 운전자는 경찰관의 정지 요구에 불응하거나 정지에 응하더라도 신분증을 제시하지 않으면 형사 처벌의 대상이 된다는 것이다. 즉 경찰관직무집행법에 근거한 불심검문에 비해 경찰에 상당히 큰 권한을 부여하고 있는데, 이는 무면허·음주·과로·질병·약물운전자 등이 야기되는 위험이 매우 크기 때문에 그 위험으로부터 유지해야할 도로 상의 안전은 형사 처벌을 수단으로 한 기본권 제한을 통해서라도 달성해야할 공익으로 인정되기 때문이라 생각된다. 이와 같은 견지에서 경찰관직무집행법 상 불심검문과 달리 형사 처벌을 통해 강제적 신분확인[27]을 가능하게 하고 있는 것 또한 이해할 수 있다.

2. 음주 단속

도로교통법
[시행 2023. 7. 4.] [법률 제19158호, 2023. 1. 3., 일부개정]

제44조(술에 취한 상태에서의 운전 금지) ① 누구든지 술에 취한 상태에서 자동차등(「건설기계관리법」 제26조 제1항 단서에 따른 건설기계 외의 건설기계를 포함한다. 이하 이 조, 제45조, 제47조, 제93조 제1항 제1호부터 제4호까지 및 제14

---

26) 이는 무면허, 음주, 과로, 질병, 약물 운전이다.

27) 신분증 제시요구에 대한 불응이 형사 처벌 대상이라 하여 그 조항을 근거로 직접 신분증을 찾기 위해 운전자의 몸을 뒤져볼 수 있다는 것은 아니다. 형사 처벌의 근거만으로 다른 강제처분을 할 수 있는 것은 아니기 때문이다. 이 경우 운전자에 대한 신분확인은 형사소송법 상 사후 영장에 의한 수색에 의해야 할 것이다. 먼저 신분증 제시 요구에 불응하였음을 이유로 현장에서 운전자를 현행범인으로 체포한 후(현행성, 명백가벌성 요건 충족을 전제로, 운전자의 신분을 알 수 없으므로 체포필요성도 충족된다.), 형사소송법 제216조 제1항을 근거로 수색하여 신분을 확인할 수 있다. 다음으로 위 현장은 신분증 제시요구 불응의 범죄 장소이고 긴급성도 인정되므로 형사소송법 제216조 제3항을 근거로 수색할 수도 있을 것이다. 한편 신분증 제시요구 불응의 법정 최고형은 징역 6월이므로 긴급체포는 고려할 필요가 없다.

8조의2에서 같다), 노면전차 또는 자전거를 운전하여서는 아니 된다.

② 경찰공무원은 교통의 안전과 위험방지를 위하여 필요하다고 인정하거나 제
1항을 위반하여 술에 취한 상태에서 자동차등, 노면전차 또는 자전거를 운전하
였다고 인정할 만한 상당한 이유가 있는 경우에는 운전자가 술에 취하였는지를
호흡조사로 측정할 수 있다. 이 경우 운전자는 경찰공무원의 측정에 응하여야
한다.

④ 제1항에 따라 운전이 금지되는 술에 취한 상태의 기준은 운전자의 혈중알코
올농도가 0.03퍼센트 이상인 경우로 한다.

제148조의2(벌칙) ② 술에 취한 상태에 있다고 인정할 만한 상당한 이유가 있는 사
람으로서 제44조 제2항에 따른 경찰공무원의 측정에 응하지 아니하는 사람(자
동차등 또는 노면전차를 운전하는 사람으로 한정한다)은 1년 이상 5년 이하의
징역이나 500만원 이상 2천만원 이하의 벌금에 처한다.

가. 개별 음주단속

개별 음주단속은 술에 취한 상태에서 운전하였다는 상당한 이유가 있는 자
에 대해 이루어지는 것으로, 그 근거는 도로교통법 제44조 제2항 후문에 있다.
이를 위한 정지의 근거 및 강제에 대해서는 바로 앞에서 살펴보았다.

도로교통법에 따라 음주운전에서 술에 취한 상태는 혈중 알코올 농도가
0.03%이상인데, 측정기로 측정하기 전에는 정확한 혈중알코올 농도를 알 수 없
다. 경찰관은 특정차량의 운행 또는 주차상태, 운전자의 운전행태, 외관, 태도 등
객관적 사정을 종합하여 정지시킬 것인지 여부를 판단하여야 한다.[28] 참고로 실
무상 혈중 알코올 농도는 음주감지기로 감지한 후 이에 반응한 자에 대해서 음
주측정기로 정확히 측정을 하게 되는데, 음주감지기는 혈중 알코올 농도 0.02퍼
센트부터 반응하고 오차값은 0.005퍼센트로, 음주감지기에 감지되면 술에 취한
상태로 운전하였다는 상당한 이유가 있다. 법원도 음주감지기에 대한 거부도 측
정거부에 해당한다고 하였다.[29]

---

28) 대법원 2003. 1. 24. 선고 2002도6632 판결
29) 대법원 2017. 6. 8. 선고 2016도16121 판결

관련판례 개별음주 단속(대법원 2020. 8. 20. 선고 2020도7193 판결)

경찰관이 음주운전을 하려는 사람이 있다는 112 신고를 받고 현장에 출동하여 만취한 상태로 시동이 걸린 차량의 운전석에 앉아있는 피고인을 발견하였다. 경찰관들이 순찰차에서 내려 피고인의 차량에 다가가 피고인에게 음주운전을 했다는 신고가 있으니 음주측정을 위해 차량의 시동을 끄고 내리라고 요구했지만 피고인은 운전을 하지 않았다고 하면서 하차하지 않았고, 이에 경찰관이 신고자에게 연락하여 피고인이 운전하는 것을 목격하였는지 물어 차량이 10㎝ 정도 움직였다는 답변을 들었다. 당시 경찰관이 음주감지기 내지 음주측정기를 직접 소지하지는 않았지만 근처에 주차된 순찰차에 보관하고 있었으며, 경찰관이 하차를 계속 거부하는 피고인에게 지구대로 가 차량에 설치된 블랙박스 영상을 재생하여 보는 방법으로 운전 여부를 확인하자고 하자 피고인은 명시적인 거부 의사표시 없이 차량에서 내리더니 곧바로 도주하였다. 경찰관이 피고인을 10m 정도 추격하여 피고인의 앞을 가로막는 방법으로 제지한 뒤 '그냥 가면 어떻게 하느냐'는 취지로 말하자 피고인이 위 경찰관의 뺨을 때렸고, 계속하여 도주하고 폭행하려고 하자 경찰관이 피고인을 공무집행방해죄의 현행범으로 체포하였다.

법원은 피고인이 도주하는 방법으로 차량 블랙박스 확인을 위한 임의동행 요구를 거부하였더라도 이미 착수한 음주측정에 관한 직무를 계속하기 위하여 피고인의 도주를 제지하는 것은 도로교통법상 음주측정에 관한 일련의 직무집행 과정에서 이루어진 행위로서 정당한 직무집행에 해당한다고 판단하였다.

나. 일제 음주단속

일제 음주단속은 도로의 안전을 위해 특정시간에 특정 도로의 특정 지점에서 운전하고 있는 모든 운전자에 대해 이루어지는 것으로, 그 근거는 도로교통법 제44조 제2항 전문에 있다. 유의할 점은 개별 음주단속과 달리 강제로 정지시킬 수 있는 근거가 존재하지 아니하고, 불응하는 자에 대해서도 제재의 근거가 없다는 점이다. 물론 일제 음주 단속시 즉시 도주하는 자 또는 차량 문을 잠근 채로 측정에 불응하는 자로 얼굴 혈색이 붉고 몸을 제대로 가누지 못하는 자 등 음주운전을 했다는 합리적 의심이 든다면 개별 음주단속의 요건 또는 강제로 정지시킬 수 있는 불심검문의 요건을 충족시킨다. 따라서 개별 음주단속 또는 불심검문의 절차로 이어질 수 있다.

생각해 볼 문제 / 14

1. 만약 도로교통법 상 일제 음주단속을 위한 강제적 정지가 가능하다면 그 근거 조항은 국민의 기본권을 과도하게 제한하는 것은 아닌가?

2. 만약 경찰이 일제 음주단속을 특정지역에서만 하거나, 특정한 사람에 대해서만 한다면 그것이 적법한가?

제4조 보호조치

제4조(보호조치 등) ① 경찰관은 수상한 행동이나 그 밖의 주위 사정을 합리적으로 판단해 볼 때 다음 각 호의 어느 하나에 해당하는 것이 명백하고 응급구호가 필요하다고 믿을 만한 상당한 이유가 있는 사람(이하 "구호대상자"라 한다)을 발견하였을 때에는 보건의료기관이나 공공구호기관에 긴급구호를 요청하거나 경찰관서에 보호하는 등 적절한 조치를 할 수 있다.

1. 정신착란을 일으키거나 술에 취하여 자신 또는 다른 사람의 생명·신체·재산에 위해를 끼칠 우려가 있는 사람
2. 자살을 시도하는 사람
3. 미아, 병자, 부상자 등으로서 적당한 보호자가 없으며 응급구호가 필요하다고 인정되는 사람. 다만, 본인이 구호를 거절하는 경우는 제외한다.

② 제1항에 따라 긴급구호를 요청받은 보건의료기관이나 공공구호기관은 정당한 이유 없이 긴급구호를 거절할 수 없다.

③ 경찰관은 제1항의 조치를 하는 경우에 구호대상자가 휴대하고 있는 무기·흉기 등 위험을 일으킬 수 있는 것으로 인정되는 물건을 경찰관서에 임시로 영치(領置)하여 놓을 수 있다.

④ 경찰관은 제1항의 조치를 하였을 때에는 지체 없이 구호대상자의 가족, 친지 또는 그 밖의 연고자에게 그 사실을 알려야 하며, 연고자가 발견되지 아니할 때에는 구호대상자를 적당한 공공보건의료기관이나 공공구호기관에 즉시 인계하여야 한다.

⑤ 경찰관은 제4항에 따라 구호대상자를 공공보건의료기관이나 공공구호기관에 인계하였을 때에는 즉시 그 사실을 소속 경찰서장이나 해양경찰서장에게 보고하여야 한다.

⑥ 제5항에 따라 보고를 받은 소속 경찰서장이나 해양경찰서장은 대통령령으로 정하는 바에 따라 구호대상자를 인계한 사실을 지체 없이 해당 공공보건의료기관 또는 공공구호기관의 장 및 그 감독행정청에 통보하여야 한다.

⑦ 제1항에 따라 구호대상자를 경찰관서에서 보호하는 기간은 24시간을 초과할

수 없고, 제3항에 따라 물건을 경찰관서에 임시로 영치하는 기간은 10일을 초과할 수 없다.

경찰관직무집행법 제4조는 경찰관이 응급구호를 필요로 하는 사람, 즉 구호대상자를 발견하면 그 사람에게 위험이 실현되지 않도록 적절한 조치를 할 수 있다고 규정한다. 경찰의 적극적인 보호조치는 구호대상자를 위험으로부터 보호하기 위한 것을 목적으로 하지만 동시에 그 사람의 기본권을 침해할 수 있고, 재량권이 0으로 수축되는 경우에는 구호대상자가 이를 거부한다하더라도 반드시 적절한 조치를 해야 하는 등 실무상 많은 어려움이 있다.

1. 요 건

경찰관이 보호조치를 하기 위해서는 다음의 두 가지 요건을 모두 갖추어야 한다. 먼저 구호대상자는 명백히 ① 정신착란을 일으키거나 술에 취한 자로서 자신 또는 사람의 생명 신체 재산에 위해를 끼칠 우려가 있는 사람, ② 자살 시도자 또는 ③ 미아, 병자, 부상자 중 하나에 해당해야 한다. 이 중 미아, 병자, 부상자는 보호자가 없는 사람으로 본인이 구호를 거절하면 강제로 보호조치할 수 없다.

다음으로 경찰관이 합리적으로 판단할 때 위 세 종류 중 하나에 해당하는 자에 대해 응급구호가 필요하다고 믿을 만한 상당한 이유가 있어야 한다. 응급구호가 필요하다는 의미에 대해 먼저 살피고, 판례를 통해 구체적으로 어떠한 자들이 구호대상자에 해당하는지 검토한다.

가. 응급구호가 필요하다고 믿을만한 상당한 이유가 있는 사람

먼저 응급구호의 의미에 대해 경찰관직무집행법에는 정의가 없는데, 문언의 의미를 따르면 '응급'은 '급한 대로 우선 처리함' 또는 '급한 정황에 대처함'을, '구호'는 '재해나 재난 따위로 어려움에 처한 사람을 도와 보호함' 또는 '다쳤거나 아픈 사람을 보살피고 돌보거나 치료함'을 의미한다.[30] 이를 정리하면 '응급구호'의 문언상 의미는 "재해나 재난 따위로 어려움에 처한 사람 또는 다쳤거나 아픈 사람을 급한 대로 우선 보살피고 돌보거나 치료하고 보호함"을 의미한다[31]. 따라서 '응급구호가 필요하다고 믿을 만한 상당한 이유'의 의미는 '평균적 수준의 경찰관이 합리적으로 판단할 때, 경찰관에 의해 급한대로 우선 필요한 치료나 보호 등의 조치를 받을 필요가 있다고 믿을 만한 상당한 이유'로 정의하고자 한다.

나. 각 구호대상자에 대한 구체적 검토

구호대상자가 어떠한 경우 응급구호가 필요하다고 인정되는지 여부를, 구호대상자 별로 나누어 판례를 통해 구체적으로 검토한다.

1) 정신착란을 일으켜 자신 또는 다른 사람의 생명·신체·재산에 위해를 끼칠 우려가 있는 사람

정신건강복지법상 정신질환자와 같이 망상, 환각, 사고(思考)나 기분의 장애 등으로 인하여 독립적으로 일상생활을 영위하는 데 대한 제약이 있는 상태에 있는 사람[32]을 비롯하여 일시적이든 지속적이든 정상적인 사고능력을 잃어버린 사람을 의미한다.

관련판례 ▶ **보호조치 대상자로 인정된 사례**

정신질환자(대법원 1996. 10. 25. 선고 95다45927 판결)

피해자의 집에 세 들어 사는 정신질환자가 전입 첫날부터 피해자가 전혀 모르는 여성을 내 놓으라, 씨를 말린다라고 하는 등 행패를 부리고, 피해자의 집에 침입하여 물건을 부수고, 보일러 위에 연탄을 태우는 등 수회에 걸쳐 비정상적 행동을 한 경우

염전 노예 사건(대법원 2019. 4. 5. 선고 2018다300067 판결)

염전에서 강제노동을 당한 지적 장애인 등으로, 대면하여 대화하면 누가 보아도 장애가 있는 것을 충분히 알 수 있는 경우

---

30) 국립국어원(https://opendict.korean.go.kr/search/searchResult?focus_name=query&query=%EA%B5%AC%ED%98%B8 등) 2020. 11. 15. 검색
31) 다른 법률을 살펴보면 재해구호법 제4조 제1항의 정의 상 '구호'는 "임시주거시설의 제공, 급식이나 식품…그 밖의 생활필수품 제공, 의료서비스의 제공, 감염병 예방 및 방역 활동, 위생지도, 장사의 지원, 심리회복의 지원" 등을 포함하는 것으로 정의하고 있다.
32) 정신건강증진 및 정신질환자 복지서비스 지원에 관한 법률 제3조

생각해 볼 문제 / 15

정신질환자에 대한 관리주체는 지방자치단체이고, 경찰은 정신질환자에 대한 정보조차 가지고 있지 아니하고 있다. 그럼에도 정신질환자와 관련된 사건이 발생하면 경찰의 대응이 적절하지 않다는 비판여론이 형성되는 일이 종종 발생한다. 이에 대한 해결방안을 생각해 보자.

2) 술에 취하여 자신 또는 다른 사람의 생명 · 신체 · 재산에 위해를 끼칠 우려가 있는 사람

법원은 술에 취한 상태를 "정상적 판단능력, 의사능력을 상실한 상태"라 하고, 이에 대한 판단은 "구체적인 상황에서 평균적인 경찰관의 기준으로 판단"해야 한다고 하여 구호대상자에 해당하는 주취의 정도를 매우 높게 설정하였다[33]. 하지만 이 기준을 제시한 판례는 경찰관이 음주운전 등의 혐의로 술에 취한 자를 체포한 후 그 체포절차의 적법성이 문제되자, 그를 보호조치 한 것이었다는 주장과 관련된 형사사건이었음에 유의해야 한다. 경찰이 술에 취한 자를 보호조치 하지 않은 부작위로 손해가 발생한 경우, 그에 대한 국가배상소송에서 법원은 술에 취한 상태에 대해 이보다 훨씬 완화된 태도를 보인 바 있다.

관련판례

▸ **술에 취한 사람으로 인정된 사례**

음주단속 피의자(대법원 1998. 5. 8. 선고 97다54482 판결)

경찰의 음주단속에 단속된 피의자가 교통소통을 위해 차량을 옮기겠다며 차량 열쇠를 달라고 하는 경우

음주운전 의심(대법원 2012. 3. 29. 선고 2011도10012 판결)

경찰관이 음주운전 신고를 받은 편도 2차선 도로 갓길에 자신의 차량에 시동을 걸어놓고 그 앞 횡단보도에 누워있는 피의자 발견하였다. 경찰관이 그를

---

33) 대법원 2012. 12. 13. 선고 2012도11162 판결

끌어내려 하자 길에서 오줌을 누고, 욕설을 하며 저항하는 등 대화가 불가능한 경우

▶ **술에 취한 사람으로 인정되지 아니한 사례**

불봉 사건(대법원 2012. 12. 13. 선고 2012도11162 판결)

　경찰의 음주단속에 불응하고 차량을 운전하여 3km 가량 도주하면서 사고를 내지 않음은 물론 도로교통법을 준수하여 운행하다가, 차에서 내려 계속 도주한 경우

음주운전 후 35분 경과, 지구대로 자진출석(대법원 2015. 9. 24. 선고 2015도7096 판결)

　대리운전 기사와 다툼 후 피고인이 음주상태에서 운전하여 집으로 갔고, 대리기사는 피고인을 음주운전으로 신고하였다. 경찰이 피고인에게 음주운전 여부를 확인키 위해 출석을 요구하였고, 피고인이 35분이 지난 후 지구대로 자진출석하였는데 경찰이 음주측정을 하려하자 피고인이 이를 거부한 경우

3) 자살 시도자

이에 대해 유의미한 판례를 발견할 수 없었지만, 2018년 대한민국의 자살자 수는 10만명 당 26.6명으로 OECD 국가 중 1위[34]로 경찰은 매일 수많은 자살관련 사건을 처리하고 있다. 실무상 경찰관은 자살 시도자를 보호하기 위해 그의 주거지 등에 강제 출입하는 경우가 많은데, 이에 대한 문제는 제7조 출입에서 살펴본다.

4) 미아, 병자, 부상자 등 보호자가 없는 요응급구호자

미아나 병자에 대해서는 유의미한 판례를 발견할 수 없었다. 부상자의 경우 응급구호가 필요한지 여부를 비전문가인 경찰로서는 쉽게 판단하기 어려운 경우가 있다. 이때에는 경찰관이 함부로 판단할 것이 아니라 전문가인 응급의료 종사자에게 확인하도록 하는 것이 바람직하다. 응급의료에 관한 법률에 의해 급성 알

---

34) 한국일보 'OECD 자살률 1위 오명 벗자'…정부, 자살 통계 매월 공개한다 (https : //www.hankookilbo.com/News/Read/202001171456081296?did＝DA&dtype＝&dtypecode＝&prnewsid＝). 2020. 2. 24. 검색

코올 중독자도 응급환자에 해당하는 등 술에 취한 자는 그 정도가 심각하면 부상자에 해당할 수도 있다.

한편 미아, 병자, 부상자의 경우 보호자가 있거나 구호대상자가 보호조치를 거부하면 경찰은 그를 보호할 수 없다. 보호조치의 목적은 구호대상자를 보호하기 위한 것이지 그의 신병을 강제로 확보하기 위한 것이 아님을 생각할 때 구호대상자의 의사는 마땅히 존중되어야 한다. 하지만 미아, 병자, 부상자가 스스로 필요한 조치를 하는 것이 불가능함이 명백하고 그들을 방치할 경우 위험의 실현이 명백하였음에도, 그들이 보호조치를 거부하였음을 이유로 경찰관이 아무런 조치를 하지 아니한다면 그 부작위에 대한 책임으로부터 자유로울 수 없다.

관련판례 ▶ **부상자로 인정된 사례**

뇌출혈 사건(서울중앙지방법원 2006. 1. 10. 선고 2004가합91682 판결)

04:50경 교통사고를 일으키고 외상없이 의식불명인 자를 깨우려 했으나 망인이 손을 내저으며 일어나지 않았고, 이에 순찰차량에 태운 뒤 서류작업을 하느라 1시간 동안 방치한 후 다시 확인할 시 양말과 신발을 모두 벗어놓고 발로 순찰차량의 문을 차는 등 발버둥 쳤다. 06 : 45경 경찰서로 이송하자 괴성을 지르고 몸부림을 치기에 병원으로 후송하였으나 2일 후 사망한 경우[35]

---

35) 경찰은 피해자가 술에 취한 것으로 판단했는데, 피해자는 뇌출혈로 사망하였다. 뇌출혈의 증상은 술에 취한 사람의 행동과 유사하다고 한다.

생각해 볼 문제 / 16

1. 경찰관직무집행법 제4조 조문 상 미아, 병자, 부상자가 거부하면 경찰은 이들에 대해 강제적인 보호조치를 할 수 없다. 아래의 경우, 경찰관의 부작위에 대해 적법성을 평가해 보자.

   가. 3세 미만으로 보이는 길 잃은 아동이 보호조치를 거부하는 경우

   나. 방치 시 생명에 지장이 있을 것으로 판단되는 심각한 부상을 입은 병자 또는 부상자가 보호조치를 거부하는 경우

2. 아래 응급의료법 및 시행규칙을 근거로, 응급의료 종사자가 술에 취한 자 인계를 거부할 경우 법적 책임에 대해 생각해보자.

응급의료에 관한 법률

[시행 2023. 9. 15.] [법률 제19234호, 2023. 3. 14., 타법개정]

제2조(정의) 이 법에서 사용하는 용어의 뜻은 다음과 같다.

1. "응급환자"란 질병, 분만, 각종 사고 및 재해로 인한 부상이나 그 밖의 위급한 상태로 인하여 즉시 필요한 응급처치를 받지 아니하면 생명을 보존할 수 없거나 심신에 중대한 위해(危害)가 발생할 가능성이 있는 환자 또는 이에 준하는 사람으로서 보건복지부령으로 정하는 사람을 말한다.

2. "응급의료"란 응급환자가 발생한 때부터 생명의 위험에서 회복되거나 심신상의 중대한 위해가 제거되기까지의 과정에서 응급환자를 위하여 하는 상담·구조(救助)·이송·응급처치 및 진료 등의 조치를 말한다.

3. "응급처치"란 응급의료행위의 하나로서 응급환자의 기도를 확보하고 심장박동의 회복, 그 밖에 생명의 위험이나 증상의 현저한 악화를 방지하기 위하여 긴급히 필요로 하는 처치를 말한다.

4. "응급의료종사자"란 관계 법령에서 정하는 바에 따라 취득한 면허 또는 자격의 범위에서 응급환자에 대한 응급의료를 제공하는 의료인과 응급구조사를 말한다.

5. "응급의료기관"이란 「의료법」 제3조에 따른 의료기관 중에서 이 법에 따라 지정된 권역응급의료센터, 전문응급의료센터, 지역응급의료센터 및 지역응급의료기관을 말한다.

6. "구급차등"이란 응급환자의 이송 등 응급의료의 목적에 이용되는 자동차, 선박 및 항공기 등의 이송수단을 말한다.

7. "응급의료기관등"이란 응급의료기관, 구급차등의 운용자 및 응급의료지원센터를 말한다.

8. "응급환자이송업"이란 구급차등을 이용하여 응급환자 등을 이송하는 업(業)을 말한다.

제6조(응급의료의 거부금지 등) ② 응급의료종사자는 업무 중에 응급의료를 요청받거나 응급환자를 발견하면 즉시 응급의료를 하여야 하며 정당한 사유 없이 이를 거부하거나 기피하지 못한다.

제60조(벌칙) ③ 다음 각 호의 어느 하나에 해당하는 사람은 3년 이하의 징역 또는 3천만원 이하의 벌금에 처한다.

1. 제6조제2항을 위반하여 응급의료를 거부 또는 기피한 응급의료종사자

응급의료에 관한 법률 시행규칙

[시행 2023. 2. 24.] [보건복지부령 제938호, 2023. 2. 24., 일부개정]

제2조(응급환자) 「응급의료에 관한 법률」(이하 "법"이라 한다) 제2조제1호에서 "보건복지부령이 정하는 자"란 다음 각 호의 어느 하나에 해당하는 증상이 있는 자를 말한다.

1. 별표 1의 응급증상 및 이에 준하는 증상

2. 제1호의 증상으로 진행될 가능성이 있다고 응급의료종사자가 판단하는 증상

[별표 1] 응급증상 및 이에 준하는 증상(제2조제1호관련)

1. 응급증상

   다. 중독 및 대사장애 : 심한 탈수, 약물·알콜 또는 기타 물질의 과다복용이나 중독, 급성대사장애(간부전·신부전·당뇨병 등)

2. 절 차

경찰관은 구호대상자의 가족, 친지, 기타 연고자에게 통지해야 한다. 구호대상자를 공공보건의료기관이나 공공구호기관에 인계하였을 때에는 즉시 그 사실을 소속 경찰서장에게 보고하여야하고, 이러한 보고를 받은 소속 경찰서장은 구호대상자를 인계한 사실을 지체 없이 해당 공공보건의료기관 또는 공공구호기관의 장 및 그 감독행정청에 통보하여야 한다.

3. 수단(효과) 및 한계

가. 적절한 조치: 보건의료기관 또는 공공구호기관에 긴급구호 요청, 경찰 관서에 보호

1) 적절한 조치

경찰관은 구호대상자를 보호하는데 가장 적절한 조치를 할 수 있다. 경찰관 직무집행법 제4조는 적절한 조치의 예시로 경찰관서의 보호와 긴급구호의 요청 을 들고 있는데, 그 외에도 비례원칙을 준수하는 한 어떠한 유형의 조치라 해도 적절한 조치에 해당한다. 예를 들어 경찰관이 발견한 구호대상자가 의식을 잃거 나 정상적인 대화가 불가능하여 응급의료가 필요하다면 즉시 119에 협조를 요청 하여 응급치료가 이루어지도록 하여야 한다[36]. 구호대상자에게 응급의료가 필요 한 것은 아니지만, 그대로 방치하면 범죄나 다른 위험이 발생할 개연성이 있다면 경찰관이 취하여야 할 가장 적절한 조치는 그를 보호하면서 가족 등에게 연락을 취하여 인계하는 것이다. 현장에서 즉시 가족에게 연락이 이루어진다면 경찰관 은 그를 가족에게 인계함으로서 보호조치는 종결된다. 하지만 다수의 경우 현장 에서 인계가 이루어지지 못하는데, 계속 보호를 할 필요가 있다면 경찰관은 그를 경찰관서로 옮겨 보호하면서 가족 등에 대한 연락을 시도할 수 있을 것이다. 그 렇다면 가족 등의 연락처는 어떻게 확인할 것인가? 구호대상자의 신분 또는 가족 등의 연락처를 확인할 마땅한 방법이 없다면 경찰관은 구호대상자의 신체를 뒤 져 지갑이나 휴대전화를 찾아 볼 수 있다. 경찰관이 지갑을 찾지 못하였거나 지 갑 안에서 신분증을 발견할 수 없었고, 휴대전화는 발견하였으나 지문인식의 방 법으로 잠금장치가 되어 있다고 추가로 가정해 보자. 이 경우 경찰관은 구호대상 자의 동의 없이 구호대상자의 지문을 휴대전화에 인식시켜 잠금을 해제하고 통

---

[36] 실무상 응급의료 종사자의 보호조치 대상자 인수거부가 종종 일어나는데, 응급의료종사 자가 정당한 이유없이 응급환자의 인수를 거부하면 응급의료법 제6조 위반으로 형사 처 벌될 수 있다. 만약 응급의료종사자가 응급환자가 아님을 이유로 인수를 거부하면 경찰 관은 그 내용을 근무일지 등에 기록하여 남겨야 한다. 위 교통사고 운전자 방치 판례와 같이 응급의료에 대해 비전문가인 경찰관이 치료 필요성 여부 등을 함부로 판단해서는 안 되기 때문이다. 구호대상자에 대해 적절한 치료가 이루어지지 않아 피해가 발생한 경 우 경찰의 부작위에 의한 위법임이 명백하다.

화내역 또는 연락처 등을 확인해도 될 것이다. 오로지 구호대상자의 인계를 위한 연락처를 찾아내려는 목적으로 휴대전화의 잠금장치를 해제하는 것은 구호대상자의 자기결정권 등을 제한하지만, 이는 구호대상자의 보호라는 공익보다 크다 할 수 없기 때문이다. 이처럼 경찰관이 구호대상자를 발견했을 때에는 현장에서 보호조치를 할 필요가 없어질 경우 보호조치의 종결을, 구호대상자의 가족 등이 즉시 확인되면 인계를, 응급환자에 해당하면 발견 장소에서 즉시 병원에 후송되도록 하여야 한다. 그 외의 경우로서 계속하여 보호가 필요하면 경찰관서에 보호하면서 가족 등에게 연락하여 인계하여야 하고, 더 이상 보호할 필요가 없어지면 즉시 보호조치를 종결하여야 한다. 경찰관서에서의 보호조치는 24시간 이내의 임시적인 것으로 24시간 이상의 보호가 필요하다면 공공구호기관이나 보건의료기관에 인계하여야 한다.

2) 경찰관서, 보건의료기관, 공공구호기관

구호대상자에 대한 일시적이고 임시적인 보호는 경찰관에 의해 경찰관서에서 이루어지는데, 경찰관서는 대통령령인 경찰청과 그 소속기관 직제상 경찰서, 지구대, 파출소 등을 말한다. 구호대상자에 대해 장기적이고 전문적인 보호가 적절한 경우에 경찰관은 보건의료기관이나 공공구호기관에 그를 인계해야 한다. 경찰관직무집행법에는 보건의료기관과 공공구호기관의 정의가 없기에 어떠한 기관이 이에 해당하는지 살펴본다.

먼저 보건의료기관과 관련하여 보건의료기본법은 보건의료기관을 "보건 의료인이 공중 또는 특정 다수인을 위하여 보건의료서비스를 행하는 보건기관, 의료기관, 약국, 그 밖의 대통령령이 정하는 기관을 말한다"고 규정하고 있고,[37] 의료법은 보건의료기관을 "종합병원, 병원, 치과병원, 한방병원, 의원, 치과의원, 한의원 및 조산소 등을 말하며 국공립은 물론 사설의료기관도 이에 포함된다"고 규정하고 있다.[38] 경찰관직무집행법의 해석도 이를 따르는 것이 상당하다고 생각한다. 다음으로 공공구호기관에 대해서는 다른 법률에도 정의를 두고 있는 예를 찾을 수 없었지만, 관련 입법례를 보면 재해구호법 제2조는 지방자치단체장을 구호기관으로 규정하고 있고, 같은 법 제4조의2는 중앙행정기관이 운영하는

---

37) 보건의료기본법 제3조 제4호
38) 의료법 제3조

숙박시설 또는 교육훈련시설·연수시설 내의 숙박시설, 정부출연연구기관 등의 설립·운영 및 육성에 관한 법률에 따른 정부출연연구기관이 운영하는 숙박시설 또는 교육훈련시설·연수시설 내의 숙박시설 등 국가가 설립, 운영하거나 운영을 위탁하고 있는 사회보장시설을 재난구호를 위한 임시주거시설로 이용하도록 규정하고 있다. 나아가 주민의 복지에 대한 사무는 지방자치단체의 사무임이 명백하고, 관련 예산도 지방자치단체에서 운용하고 있다. 이에 공공구호기관이란 각종 법률에 따라 국가나 지방자치단체가 설립, 운영하거나 운영을 위탁하고 있는 사회보장시설이라 하겠다.[39]

나. 임시영치: 구호대상자가 휴대하고 있는 무기·흉기 등 위험을 일으킬 수 있는 것으로 인정되는 물건

보호조치를 할 때 구호대상자가 무기나 흉기를 비롯하여 자신 또는 타인의 생명, 신체, 재산상의 위험을 일으킬 수 있는 것으로 인정되는 물건을 휴대하고 있으면 10일 이내의 기간동안 경찰관서에 영치할 수 있다. 영치와 관련된 의미있는 판례는 찾을 수 없었다.

생각해 볼 문제 / 17

보호조치 시 영치된 물건이 형사사건의 증거로 사용되었다. 아래의 경우 증거능력의 인정 여부를 판단하라.

1. 영치는 위법하였으나, 이후 구호대상자로부터 적법하게 임의제출 받거나, 사전 압수수색영장을 발부받아 적법하게 압수한 경우
2. 영치는 적법하였으나, 이후 구호대상자로부터 임의제출 받지도 아니하고, 사전 압수수색 영장에 의한 압수도 하지 않은 채 형사기록에 첨부한 경우

---

39) 그 예로는 노인복지법에 따른 노인 복지시설, 아동복지법에 따른 아동복지시설, 노숙인 등의 복지 및 자립지원에 관한 법률에 따른 노숙인 시설 등이 있다.

40) 결국 정신질환자는 피해자, 처, 아들, 장모, 수퍼 주인 등을 살해하였는데 법원은 경찰은 권한에 상당한 적법한 조치를 했다고 판단하였다.

관련판례

▸보호조치가 적법한 사례

정신질환자(대법원 1996. 10. 25. 선고 95다45927 판결)

경찰관은 정신질환자를 수회 훈계하고, 정신병원에 응급입원조치도 하였다. 또한 그가 퇴원하자 정신병원에 장기치료를 받는데 도움이 되도록 생활보호대상자 지정 의뢰를 한 경우[40]

음주운전 의심(대법원 2012. 3. 29. 선고 2011도10012 판결)

피의자에 대한 보호조치로서 피의자를 파출소로 데려간 경우

▸보호조치가 위법한 사례

염전 노예 사건(대법원 2019. 4. 5. 선고 2018다300067 판결)

경찰관이 염전 사장에게 "사고나면 큰일나니 조치 잘해라"라고 경고하고, 구호대상자의 부모에게 연락하였다. 부모가 구호대상자에 대한 청구권 포기 및 양육 위임각서를 염전사장에게 교부하면서 구호대상자를 인계해 가지 않았음에도 경찰관이 더 이상 조치를 취하지 않은 경우

불봉 사건(대법원 2012. 12. 13. 선고 2012도11162 판결)

경찰관이 차에서 내려 도주하는 피의자를 쫓아가 잡았는데 체포하지 않고 강제로 경찰관서로 데려간 경우

음주단속 피의자(대법원 1998. 5. 8. 선고 97다54482 판결)

경찰관이 음주운전자가 교통소통을 위해 차량을 옮기겠다고 하자 차량열쇠를 준 경우[41]

뇌출혈 사건(서울중앙지방법원 2006. 1. 10. 선고 2004가합91682 판결)

2시간 상당이 지난 06 : 45경 경찰서로 이송하자 괴성을 지르고 몸부림을 치기에 병원으로 후송하였으나 2일 후 뇌출혈로 사망한 경우

---

41) 운전자는 음주운전을 계속하였고 결국 교통사고가 발생하였다. 법원은 경찰의 부작위가 위법하다고 하면서, 음주운전의 계속을 막기 위해 취할 수 있는 조치로 운전금지 명령, 타인으로 하여금 대신 운전, 임의제출 한 차량열쇠를 일시 보관하여 가족에게 연락, 주취 정도가 심한 경우 경찰관서에 일시 보호 등을 제시하였다.

생각해 볼 문제 / 18

1. 아래의 경우 경찰관은 보호조치를 위해 어느 정도의 유형력을 행사할 수 있는가?
   가. 자살을 시도하는 자가 이를 원하지 않는 자신의 애인과 함께 건물 옥상에서 뛰어내리려고 하는 경우
   나. 자살을 시도하는 자가 자신의 목에 칼을 대고 있는 경우
   다. 술에 취한 자가 술집에서 물건을 부수고 있는 경우
   라. 술에 취한 자가 길에서 자신의 시계를 부수고 있는 경우

2. 위 경우 경찰관은 보호조치 외의 이유로 유형력을 행사할 수 있는가? 그럴 수 있다면 어느 정도의 유형력을 행사할 수 있는가

3. 아래의 표는 사안에 따른 보호조치시 유형력의 한계를 표현한 것이다. 비례원칙 중 상당성 원칙을 기준으로 아래의 표 빈 칸을 ○(가능), △(사안에 따라 다름), X(불가)로 채워보자.

위험의 종류 범죄해당가능성	유형력의 정도	생명에 위해	상해	폭행
타인의 생명 신체	크다			
자기의 생명 신체	작다			
타인의 재산	크다			
자기의 재산	작다			

4. 관련 특별법 1. 정신건강증진 및 정신질환자 복지서비스 지원에 관한 법률

가. 응급입원

> **정신건강증진 및 정신질환자 복지서비스 지원에 관한 법률**
> [시행 2021. 12. 9.] [법률 제18224호, 2021. 6. 8., 일부개정]
>
> **제50조(응급입원)** ① 정신질환자로 추정되는 사람으로서 자신의 건강 또는 안전이나 다른 사람에게 해를 끼칠 위험이 큰 사람을 발견한 사람은 그 상황이 매우 급박하여 제41조부터 제44조까지의 규정에 따른 입원등을 시킬 시간적 여유가 없을 때에는 의사와 경찰관의 동의를 받아 정신의료기관에 그 사람에 대한 응급입원을 의뢰할 수 있다.
> ② 제1항에 따라 입원을 의뢰할 때에는 이에 동의한 경찰관 또는 구급대원은 정신의료기관까지 그 사람을 호송한다.
> ③ 정신의료기관의 장은 제1항에 따라 응급입원이 의뢰된 사람을 3일(공휴일은 제외한다) 이내의 기간 동안 응급입원을 시킬 수 있다.

최근 정신질환자의 관리에 대한 사회적 관심이 높아지면서 관련 사건 발생시 경찰에 대한 비난 정도도 높아지고 있다. 하지만 위험방지의 영역에서 정신질환자에 대한 경찰의 권한은 매우 제한적이다. 지방자치단체로부터 그들에 대한 정보를 공유받고 있는 것도 아니고, 응급입원 외에는 특별한 수권도 찾기 어렵다. 실무상 경찰관이 치료를 필요로 하는 정신질환자를 발견하면 의사의 동의를 받아 3일간 응급입원을 시키고 있다.

참 고

정신건강복지법은 정신질환자에 대해 본인의 입원의사에 따라 크게 2가지 유형의 입원을 규정하고 있다.

▶ **본인의 동의에 의한 경우**
－자의입원(제41조) : 입원 대상자가 자의로 입원

－동의입원(제42조) : 입원 대상자가 보호의무자인 후견인 또는 부양의무자의 동의로 입원

▶ **본인의 동의에 의하지 않은 경우**
－보호의무자에 의한 입원(제43조) : 보호의무자 2인 이상과 정신과 전문의 진단에 의한 입원
－지방자치단체장에 의한 입원(제44조) : 지방자치단체장과 정신과 전문의 진단에 의한 입원
－응급입원(제50조) : 경찰관과 정신과 전문의 동의에 의한 3일간의 입원

생각해 볼 문제 / 19

1. 경찰관직무집행법에 근거하여 정신질환자에 대한 정보 처리 등 정신질환자를 관리할 수 있는가?
2. 정신질환자에 대한 관리는 지방자치단체와 국가 중 어느 곳이 해야 하는가? 국가라면 경찰이 그 임무를 맡아야 하는가?

나. 무단 퇴원자에 대한 조치

정신건강증진 및 정신질환자 복지서비스 지원에 관한 법률
[시행 2023. 6. 13.] [법률 제19464호, 2023. 6. 13., 일부개정]

제65조(무단으로 퇴원등을 한 사람에 대한 조치) ① 정신의료기관등의 장은 입원 등을 하고 있는 정신질환자로서 자신의 건강 또는 안전이나 다른 사람에게 해를 끼칠 위험이 있는 사람이 무단으로 퇴원등을 하여 그 행방을 알 수 없을 때에는 관할 경찰서장 또는 자치경찰기구를 설치한 제주특별자치도지사에게 다음 각 호의 사항을 통지하여 탐색을 요청하여야 한다.
1. 퇴원등을 한 사람의 성명·주소·성별 및 생년월일
2. 입원등의 날짜·시간 및 퇴원등의 날짜·시간
3. 증상의 개요 및 인상착의
4. 보호의무자 또는 보호를 하였던 사람의 성명·주소

> ② 경찰관은 제1항에 따라 탐색 요청을 받은 사람을 발견한 때에는 즉시 그 사실을 해당 정신의료기관등의 장에게 통지하여야 한다.
>
> ③ 제2항에 따라 통지를 받은 정신의료기관등의 장은 즉시 정신질환자를 인도받아야 한다. 다만, 그 정신질환자를 즉시 인도받을 수 없는 부득이한 사정이 있는 경우 경찰관은 그 정신질환자를 인도할 때까지 24시간의 범위에서 그 정신질환자를 경찰관서·의료기관·사회복지시설 등에 보호할 수 있다.

경찰관은 정신의료기관의 장으로부터 탐색이 요청된 무단퇴원자를 발견하면 그를 정신의료기관에 즉시 인도하여야 하는데, 즉시 인도할 수 없는 부득이한 사정이 있는 경우 24시간의 범위에서 보호할 수 있다.

5. 관련 특별법 2. 노숙인 등의 복지 및 자립지원에 관한 법률

> **노숙인 등의 복지 및 자립지원에 관한 법률**
> [시행 2021. 6. 30.] [법률 제17775호, 2020. 12. 29., 일부개정]
>
> **제2조(정의)** 이 법에서 사용하는 용어의 정의는 다음과 같다.
> 1. "노숙인 등"이란 다음 각 목의 어느 하나에 해당하는 사람 중 보건복지부령으로 정하는 사람을 말한다.
>   가. 상당한 기간 동안 일정한 주거 없이 생활하는 사람
>   나. 노숙인시설을 이용하거나 상당한 기간 동안 노숙인시설에서 생활하는 사람
>   다. 상당한 기간 동안 주거로서의 적절성이 현저히 낮은 곳에서 생활하는 사람
>
> **제14조(응급조치의 의무)** ① 경찰공무원, 소방공무원 또는 노숙인 등 관련 업무 종사자는 중대한 질병, 동사(凍死) 등 노숙인 등에 관한 응급상황을 신고받거나 발견한 때에는 지체 없이 필요한 조치를 하여야 한다.

경찰관은 중대한 질병, 동사 등 응급구호가 필요한 노숙인 등에 대한 신고를 받거나 그러한 노숙인을 발견한 경우 지체없이 필요한 조치, 즉 보호조치를 취하여야 한다. 이는 노숙인 등의 복지 및 자립지원에 관한 법률상 노숙인 등의 보호, 재활 및 자활의 업무주체는 지방자치단체이지만, 늘 현장에 존재하는 유일한 공무원인 경찰관에게도 노숙인 등에 대한 응급조치의 의무를 부여함으로써

노숙인 등에 대한 보호를 강화하기 위함이라 생각된다. 이처럼 전반적인 업무의 주체로서 지방자치단체의 장 또는 소속 공무원에게 노숙인 등의 보호에 대한 책임이 인정된다는 것이 경찰관의 책임을 면제해 주는 것은 아니다.

제5조 위험발생의 방지 등

위험 발생의 방지는 크게 두 가지 상황으로 나누어져 있다. 먼저 사람의 생명이나 신체 또는 재산상 중대한 손해를 끼칠 우려가 있는 위험이 발생한 경우로, 이는 다양한 위험에 대한 일반적인 위험방지 작용의 근거가 된다. 다음으로 대간첩 작전이나 소요상황이라는 위험이 발생한 경우는 국가의 존속을 위협하는 특별한 위험에 대한 위험방지 작용의 근거가 된다. 한편 경찰관직무집행법 제5조에는 위험방지 작용과 관련한 현장에서의 절차는 규정되어 있지 않다.

I 생명, 신체, 재산상 중대한 손해에 대한 위험방지

제5조(위험 발생의 방지 등) ① 경찰관은 사람의 생명 또는 신체에 위해를 끼치거나 재산에 중대한 손해를 끼칠 우려가 있는 천재(天災), 사변(事變), 인공구조물의 파손이나 붕괴, 교통사고, 위험물의 폭발, 위험한 동물 등의 출현, 극도의 혼잡, 그 밖의 위험한 사태가 있을 때에는 다음 각 호의 조치를 할 수 있다.
1. 그 장소에 모인 사람, 사물(事物)의 관리자, 그 밖의 관계인에게 필요한 경고를 하는 것
2. 매우 긴급한 경우에는 위해를 입을 우려가 있는 사람을 필요한 한도에서 억류하거나 피난시키는 것
3. 그 장소에 있는 사람, 사물의 관리자, 그 밖의 관계인에게 위해를 방지하기 위하여 필요하다고 인정되는 조치를 하게 하거나 직접 그 조치를 하는 것
③ 경찰관은 제1항의 조치를 하였을 때에는 지체 없이 그 사실을 소속 경찰관서의 장에게 보고하여야 한다.
④ 제2항의 조치를 하거나 제3항의 보고를 받은 경찰관서의 장은 관계 기관의 협조를 구하는 등 적절한 조치를 하여야 한다.

1. 요 건

사람의 생명 또는 신체에 위해를 끼치거나 재산에 중대한 손해를 끼칠 우려가 있는 위험한 사태가 있어야 한다. 위험한 사태의 예시로 "천재(天災), 사변(事變), 인공구조물의 파손이나 붕괴, 교통사고, 위험물의 폭발, 위험한 동물 등의 출현, 극도의 혼잡" 등이 주어져 있는데, 이러한 위험은 불특정 또는 다수인의 생명, 신체의 침해 또는 대규모의 재산상 손해가 발생할 매우 높은 개연성이 있는 정도의 위험한 사태로, "그 밖의 위험한 사태"는 예시에 준하는 정도의 위험한 사태를 의미한다. 판례를 통해 구체적인 예를 살펴보자.

관련판례

▶ **위험한 사태로 인정된 사례**

트렉터 방치(대법원 1998. 8. 25. 선고 98다16890 판결)

　22:30경 편도 1차선 도로상에서 시위를 하던 농민들이 트랙터 2대를 방치하고 귀가하자, 경찰관들이 소형트랙터 1대는 치웠으나, 대형 트랙터 1대는 무거워서 옮기지 못하고, 달리 사고예방조치도 취하지 아니한 채 방치하고 철수한 경우

교통사고 현장 방치(대법원 1992. 10. 27. 선고 92다21371 판결)

　교통사고 발생 시 사고 내용에 관한 다툼이 있어 현장보존의 필요성이 있다 해도, 평소 차량의 통행이 많은 도로변의 인도나 도로상에 건설자재 및 공사도구가 방치된 경우

▶ **위험한 사태로 인정되지 않은 사례**

천막철거 행정대집행(대법원 2012. 11. 29. 선고 2012도8814 판결)

　무단으로 설치된 천막을 철거하는 행정대집행을 개시하여 천막을 걷는 작업이 마쳐지고 아직 해머나 지렛대 등을 동원한 철거작업은 시작되지 않았는데, 피고인이 이를 방해하기 위해 천막 안에 들어가 드러누운 경우

부탄가스통(대법원 2007. 9. 21. 선고 2006다57568 판결)

　트럭 방화사건을 수사하던 경찰관이 피고인이 덤프트럭 옆에서 부탄가스통을 바닥에 내리치는 것만을 목격한 경우

도로에 위험물이 방치되면 언제든지 교통사고가 발생할 수 있으므로, "트랙터 방치" 사건과 "교통사고 현장 방치" 사건에서의 상황은 생명, 신체, 또는 재산에 중대한 위해를 끼칠 우려가 있음이 명백하다. 반면에 "천막철거 행정대집행" 사건의 경우에는 아직 위험한 작업을 시작하지 않았으므로 더 이상 철거작업을 진행하지 아니하면 위험이 있다 보기 어렵다. 물론 이미 진행된 철거작업으로 인하여 사고가 발생할 수 있는 상황이었다면 철거를 중단했다 하더라도 위험성이 인정되었을 것이다. "부탄가스통" 사건에서는 경찰관이 본 것은 부탄가스통을 바닥에 내리치는 것이었을 뿐 위험을 확인한 바 없다.

생각해 볼 문제 / 20

경찰관직무집행법 상 불심검문이나 보호조치의 요건은 "인정할 만한 상당한 이유"만 있으면 충족되지만, 위험발생의 방지는 실제로 그러한 위험이 "있을 때"라고 하고 있다. 양자의 차이에 대해 설명하라.

참고

1. 행정대집행과 관련하여 다중이 위력을 행사하는 경우 특수공무집행방해죄가 구성될 수 있다. 특수공무집행방해죄는 흉기 또는 단체·다중의 위력이 구성요건이기 때문이다.

2. 법원은 상황에 따라 공무집행방해죄의 구성요건인 '폭행'을 넓게 인정하기도 한다. 법원은 아래 사안에서 "피고인들이 합세하여 위와 같이 순찰차의 진행을 방해한 행위는 직무를 집행하는 경찰관들에 대한 간접적인 유형력의 행사로서 공무집행방해죄에 있어서의 폭행에 해당한다고 볼 여지가 크다(대법원 2017. 3. 30. 선고 2016도9660 판결)."며 공무집행방해죄를 인정하였다.

경찰관이 '주점에서 술값을 내지 않고 행패를 부린다'는 112신고를 받고 출동하였는데, 신고내용을 파악하던 중 피고인들이 술값을 결제하고 주점 업주도 처벌을 원하지 않아 피고인들에게 귀가하도록 권유하였으나, 피고인들은 이에 응하지 않은 채 경찰관들에게 "못 가, 너희도 못가 씨발 놈들아"라고 욕설을 하며 주점 밖에까지 따라 나와 시비를 하였다. 경찰관이 주점 밖으로 나와 순찰차를 타고 출발하려고 하자 갑자기 피고인 A가 "이 경찰 나부랭이 새끼들아, 그냥 가기는 어딜 가냐?"고 말하면서 순찰차의 우측 사이드미러를 붙잡아 뒤로 접은 후 자신의 몸을 순찰차 조수석 앞 펜더 부분에 밀착시킨 채로 순찰차가 출발하지 못하게 하였다. 피고인 B는 순찰차의 보닛 위에 올라가 보닛과 앞 유리 부분에 옆으로 팔베개를 하고 드러눕는 등, 피고인 A와 함께 약 15분간 순찰차가 진행하지 못하도록 방해하였다. 당시 경찰관들이 피고인들에게 부당한 공권력을 행사한 정황은 보이지 않는 반면에, 피고인들은 경찰관들이 출동한 직후부터 경찰관들을 조롱하거나 무시하면서 몰래 발로 치기도 하는 등 계속 시비를 걸었고, 욕설까지 반복하면서 위와 같은 행위를 하였다.

2. 수단(효과)

위험이 발생한 경우 경찰관은 이를 방지하기 위한 조치를 직접 취하거나, 경찰책임자나 비경찰책임자에게 그러한 조치를 할 것을 하명할 수 있다.

가. 경찰관이 직접 조치를 취하는 경우

1) 그 장소에 모인 사람, 사물(事物)의 관리자, 그 밖의 관계인에게 위험을 경고하는 것

경찰관은 상대방에게 경고를 할 수 있는데, 경고의 법적 성질은 상대방이 경찰책임자인지 여부에 따라 달라질 수 있다. "그 장소에 모인 사람"은 대부분의 경우 비경찰책임자일 것으로, 그들에 대한 경고는 위험을 알리고 스스로 그러한 위험에 대비하도록 하거나 위험으로부터 벗어날 정보를 제공하는데 그치는 권고에 해당할 것이다. "사물의 관리자"는 위험에 대한 경찰책임자 또는 가까운 시간 내에 경찰책임자가 될 가능성이 매우 높은 자이다. 따라서 그에 대한 경고는 "그 장소에 모인 사람"에 대한 경우와 같이 위험을 알리는 수준의 권고에 해당할 수도 있지만, 자신이 관리하는 사물로 인한 위험을 제거할 것을 명령하는 것이라면 하명에 해당한다. "그 밖의 관계인"이 의미하는 바는 명확하지 아니하지만, 개별 상황에서 경찰책임자이냐 비경찰책임자이냐에 따라 경찰은 권고 또는 하명을 할 수 있다.

그런데 경찰관이 현장에서 말로서 경고하는 것의 법적 성질이 권고냐 하명이냐는 현장 실무상 큰 의미가 없다. 상대방이 경찰관의 경고를 받아들이지 않더라도 이를 강제할 방법이 없기 때문이다.

참 고

상대방이 경찰하명에 불응할 경우 이를 강제할 법적 근거가 없는 이상, 하명의 근거법률이 있다는 이유만으로 상대방에게 의무이행을 강제할 방법은 없다. 의무이행의 강제는 기본권 제한과 직결되므로 그 전제로서 명확한 법률의 근거가 존재하여야 하는데, 경찰관직무집행법은 경찰하명의 불응에 대한 강제 방법을 두지 않고 있기 때문이다. 다만 경범죄처벌법 제3조 제29호 공무원 원조불응죄를 경찰관직무집행법 제5조의 경고 또는 조치명령에 대한 간접강제의 근거로 볼 수 있는데, 이 역시 범칙금 부과에 그치므로 실효성이 높다고 보기 어렵다.

2) 위험방지를 위해 필요한 조치를 직접 하는 것

경찰관은 위험을 방지하기 위해 필요한 조치를 직접할 수 있다. 필요한 조치는 위험의 종류, 예상되는 피해의 정도, 긴박한 정도, 경찰관이 취할 조치가 가져올 수 있는 피해의 정도, 그러한 피해가 발생할 가능성 등 구체적인 사정에 따라 달라질 것으로 그 한계는 비례원칙에 따른다. 적합성의 준수여부는 경찰관이 취한 조치가 위험을 제거할 수 있는 것인지 여부로 즉시 확인이 가능하고, 이를 위반하는 경우는 극히 예외적일 것이다. 필요성의 준수여부는 수단의 종류 선택에 대한 평가로 사후적으로는 상당히 다양한 논의가 가능하겠지만, 현장의 긴박한 사정에서 경찰관이 자신의 선택에 극도로 치밀한 수단 간의 비교형량을 기대하기는 어렵다. 판단 당시 주어진 정보를 기초로 한 경찰관의 합리적인 선택은 존중받아야 한다. 상당성의 준수여부는 위험으로 인해 예상되는 손실과 필요한 조치로 인해 예상되는 손실을 비교 형량하는 것으로, 위험의 방지가 성공한 경우 전자는 예상에 불과한데 반하여 후자는 실현되는 것이기 때문에 이 역시 판단 당시 주어진 정보를 기초로 합리적인 경찰관의 기준으로 적법성을 평가해야 하고, 사후에 객관적인 기준으로 평가해서는 아니 된다.

▶경찰 조치가 위법한 사례

트렉터 방치(대법원 1998. 8. 25. 선고 98다16890 판결)

경찰이 대형 트랙터 1대를 도로에 방치하고 달리 사고예방조치도 취하지 아니한 체 철수하여 익일 03 : 45경 위 방치된 트랙터로 인해 교통사고가 발생하였다. 법원은 경찰의 부작위가 위법하다면서 트랙터를 도로 밖으로 옮기거나 그것이 어려우면 야간에 추돌사고를 방지하기 위해 트랙터 후방에 안전표지판을 설치하는 등 조치를 해야 했어야 한다고 하였다.

교통사고 현장 방치(대법원 1992. 10. 27. 선고 92다21371 판결)

방치된 건설자재 등으로 인해 2차 교통사고 발생하였다. 법원은 경찰의 부작위가 위법하다면서 통행차량이 쉽게 식별할 수 있도록 점멸등과 같은 조명시설이나 야광안전표지판 등의 식별표지를 설치하던가, 안전관리 근무자를 배치 등 조치를 했어야 한다고 하였다.

천막철거 행정대집행(대법원 2012. 11. 29. 선고 2012도8814 판결)

경찰이 피고인의 팔과 다리를 잡아 천막 밖으로 끌어냈는데, 법원은 경찰관직무집행법 제5조 위험방지의 요건을 갖추지 못했음은 물론 제4조 및 제6조의 요건도 충족되지 않고, 천막아래 누워있는 것은 위력에 불과하여 영도구청의 행정대집행에 대한 공무집행방해죄의 구성요건도 조각되어 현행범인 체포대상자도 아니라며 위법하다고 하였다.

부탄가스통(대법원 2007. 9. 21. 선고 2006다57568 판결)

경찰이 덤프트럭 옆에서 부탄가스통을 바닥에 내리친 사람을 체포하였는데, 법원은 경찰관직무집행법 제4조 및 제5조의 요건을 갖추지 못했고, 방화예비죄 등의 명백성이나 상당성이 조각되어 현행범인 또는 긴급체포 대상자가 아니라며 위법하다고 하였다.

"트랙터 방치" 사건에서 경찰관은 트랙터 1대를 도로상에 방치하였고, "교통사고 현장방치" 사건에서 경찰관은 이후 이 도로를 이용하는 운전자가 사고현장임을 명백히 알 수 있는 충분한 조치를 취하지 아니하였다. "천막철거 행정대집행" 사건이나 "부탄가스통" 사건에서는 위험이 존재하지 아니하므로 이에 근거한 조치를 할 수 없음이 명백하다.

3) 위해를 입을 우려가 있는 사람을 필요한 한도에서 억류·피난시키는 것

경찰관은 위험이 실현될 가능성이 농후하고, 실현시 피해가 심각할 것으로 예상되는 "매우 긴급한 경우" 위해를 입을 우려가 있는 사람을 억류 또는 피난을 시킬 수 있다. 억류는 그 장소에서 벗어나지 못하게 하는 것이고, 피난은 그 장소에서 머무르지 못하게 하는 것으로 피처분자의 기본권을 매우 크게 제한한다. 또한 이는 위험방지를 위해 필요한 조치의 특별한 유형으로 따로 규정되어 있으므로 "매우 긴급한 경우"는 엄격하게 해석되어야 한다. 이와 관련된 판례는 찾을 수 없었는데, 법원은 경찰관직무집행법 제6조 제지의 요건인 긴급한 경우를 "당장 제지하지 않으면 손해가 발생할 것이 객관적으로 인정되고, 그 방법 외에는 결과를 막을 수 없는 절박한 상황[42])"이라 정의한 바 있다. 이에 매우 긴급한 경우는 '당장 억류 또는 피난 시키지 않으면 손해가 발생할 것이 명백하고, 그 방법 외에는 결과를 막을 수 없는 매우 절박한 상황'이라 하겠다.

나. 경찰관이 직접 조치를 취하지 아니하는 경우

경찰은 그 장소에 있는 사람, 사물의 관리자, 그 밖의 관계인에게 위해를 방지하기 위하여 필요하다고 인정되는 구체적인 조치를 하게 할 수 있다.

"그 장소에 있는 사람"은 "그 장소에 모인 사람"과 달리 개인을 의미하고 있으나, 하명의 상대방이 개인으로 특정되어야 한다는 점 외에 양자의 의미에 큰 차이는 없다고 생각된다. "그 장소에 있는 사람"의 다수는 비경찰책임자일 것으로 경찰긴급권이 문제된다. 따라서 ① 중대한 위험이나 장해가 존재하고, ② 경찰책임자로는 예방이나 제거 불가하며, ③ 보충성과 수인가능성 인정될 경우 "장소에 있는 사람"에게 필요한 조치를 하게 할 수 있다. "사물의 관리자"는 경찰책임자로서 그에 대해서는 특별한 이유가 없는 한 위해방지를 위해 필요한 조치를 하도록 하명할 수 있다. "그 밖의 관계인"은 개별 사안에 따라 경찰책임자인 경우에는 하명을 할 수 있고, 비경찰책임자인 경우에는 경찰긴급권이 인정될 수 있다.

---

42) 대법원 2013. 6. 13. 선고 2012도9937 판결

생각해 볼 문제 / 21

초대형 태풍이 한반도로 북상하고 있다는 일기예보가 있는 날, 태풍의 직접적인 영향을 받을 것으로 예보된 해안가 마을을 관할하는 경찰서에서 당직관으로 근무하고 있다고 상상해 보자. 과거 이 마을에는 현재 예보된 것 보다 작은 규모의 태풍으로 인해 가옥이 파손되고 수십 명의 이재민이 발생하였으며, 사망자도 발생한 바 있다.

1. 18시경 아직 특별히 태풍의 영향이 없다. 경찰관직무집행법 제5조에 근거하여 어떠한 조치를 할 수 있는가?
2. 20시경 바람이 불고 비가 내리기 시작하였다. 순찰요원이 마을 내 한 가옥에 태풍이 불면 감전사고가 일어날 위험성이 매우 커 보이는 자가 발전시설을 발견하였다고 보고하였다. 그 가옥의 주인에게 전기를 차단할 것을 하명하였으나, 이를 따르지 않는다면 경찰관직무집행법 제5조에 근거하여 어떠한 조치를 할 수 있는가?
3. 23시경 바람이 매우 거세지고, 큰 비가 내리기 시작했다. 집의 문을 잠그고, 집안에서 나오지 않으려는 자가 있다. 문을 부수고 들어가 강제로 피난시키기 위해 집에서 끌어낼 수 있는가?
4. 위 3에서 강제로 피난을 시키는 과정에서 피해자가 집에서 나오지 않으려 하자 피해자를 끌고 나오며 피해자의 팔에 2주의 치료를 요하는 상해를 입혔다. 그런데, 00시경 태풍이 기적적으로 소멸하여 마을에 아무런 피해를 입히지 않았다. 경찰작용의 적법성을 논하라.
5. 아래의 표는 사안에 따른 위험발생방지 시 유형력의 한계를 표현한 것이다. 비례원칙 중 상당성 원칙을 기준으로 아래의 표 빈 칸을 ○(가능), △(사안에 따라 다름), X(불가)로 채워보자.

유형력의 정도 / 위험의 종류	생명에 위해	상 해	폭 행
자기의 생명 신체			
자기의 재산			

Ⅱ 대간첩 작전 등

제5조(위험 발생의 방지 등) ② 경찰관서의 장은 대간첩 작전의 수행이나 소요(騷擾) 사태의 진압을 위하여 필요하다고 인정되는 상당한 이유가 있을 때에는 대간첩 작전지역이나 경찰관서·무기고 등 국가중요시설에 대한 접근 또는 통행을 제한 하거나 금지할 수 있다.
④ 제2항의 조치를 하거나 제3항의 보고를 받은 경찰관서의 장은 관계 기관의 협 조를 구하는 등 적절한 조치를 하여야 한다.

1. 요 건

대간첩 작전의 수행이나 소요사태의 진압을 위해 필요하다고 인정되는 상 당한 이유이다. 경찰관직무집행법에는 '소요사태'의 정의가 없어 형법 상 소요죄 의 구성요건 해석과 같이 '다중이 집합하여 한 지방의 안전이나 평온을 해할 수 있는 정도의 폭행, 협박, 손괴를 하는 사태'로 정의하고자 한다. 이러한 사태가 있을 때에는 위험이 실현될 가능성이 매우 높고, 다수의 생명에 대한 침해나 대 규모 재산상 손해는 물론 자칫 국가의 존립 자체가 위협받을 수 있으므로 적극 적인 위험방지 작용이 필요한 경우이다.

2. 수단(효과)

경찰관은 대간첩 작전지역과 경찰관서·무기고 등 국가중요시설에 대한 접 근 또는 통행을 제한하거나 금지할 수 있다. 경찰관서나 무기고는 국가중요시설 의 예시로서 통합방위법에 따른 국가시설 중 그 중요성이 경찰관서 및 무기고에 준하는 정도라면 여기에서 말하는 국가중요시설에 해당한다. 대간첩 작전지역은 매우 위험한 장소임이 명백하고, 대간첩 작전 진행시나 소요사태 발생 시 국가중 요시설은 보호할 필요성이 매우 크다. 따라서 이러한 장소에 대한 국민의 접근을 금지하는 등 기본권을 크게 제한할 수 있도록 규정한 경찰관직무집행법 제5조는 헌법상 과잉금지원칙에 위반된다고 할 수 없다.

범죄의 예방과 제지

경찰관직무집행법 제6조는 범죄의 예방과 제지를 규정하고 있다. 범죄 구성 요건을 충족시키기 이전 단계에서 범죄로 인한 위험을 방지하기 위한 경찰작용의 근거를 두고 있는 것으로, 법원은 기수에 이르러 체포가 가능한 시점에서도 범죄로 인한 위험이 존재하는 한 범죄의 제지는 가능하다고 하였다. 한편 경찰관직무집행법 제6조는 특별한 절차나 한계규정을 두지 않고 있다.

I 예 방

> 제6조(범죄의 예방과 제지) 경찰관은 범죄행위가 목전(目前)에 행하여지려고 하고 있다고 인정될 때에는 이를 예방하기 위하여 관계인에게 필요한 경고를 하고,

1. 요 건

범죄행위가 목전에 행하여지려 하고 있다고 인정되어야 한다.

가. 범죄행위

범죄행위란 실정법상 범죄로 규정된 모든 범죄행위를 말한다. 범죄의 종류, 시기, 정도에 대해 문제될 수 있으나, 조문상 어떠한 제한도 없다. 따라서 미수죄가 존재하는 경우 미수죄도, 예비죄나 음모죄가 존재하는 경우 양 죄도 범죄행위에 해당할 수 있고, 경범죄 등 통고처분의 대상이 되는 범죄라도 범죄행위에 해

당한다. 최근 법원도 경범죄처벌법상 인근소란죄를 저지른 자에 대한 범죄의 제지가 적법하다[43]고 한 바 있다.

나. 목 전

'목전'이란 형사 처벌의 대상이 되는 행위가 눈앞에서 막 이루어지려고 하는 것이 객관적으로 인정될 수 있는 상황으로[44], 목전을 지나 범행이 진행 중인 경우를 포함한다[45]. 이는 경찰관이 현장에서 상황을 직접 목격한 경우는 물론 객관적 사정을 기초로 합리적으로 판단했을 때 인정할 수 있는 경우도 포함한다. 목전으로 인정되는 상황이 종료되어 더 이상 범죄의 위험이 없다면, 형사 처벌의 가능성 및 그에 근거한 수사로서 현행범인 체포나 긴급체포가 가능함은 별론으로 하고 경찰관직무집행법 제6조의 요건을 충족시키지 못하여 그에 근거한 작용은 할 수 없다.

관련판례

▶ **목전이 부정된 사례**

원천봉쇄 사건(대법원 2008. 11. 13. 선고 2007도9794 판결 등)

서울에서 금지통고된 집회시위에 참여하기 위해 집회 시작 수 시간 전에 광주, 경남, 제천 등에서 출발하고 있는 경우

---

2. 수단(효과)

관계인에게 경고할 수 있다. 관계인이 누구인지에 따라 경고의 성격도 달라질 것이다.

---

43) 대법원 2018. 12. 13. 선고 2016도19417 판결
44) 대법원 2008. 11. 13. 선고 2007도9794 판결
45) 대법원 2013. 9. 26. 선고 2013도643 판결

가. 관계인

관계인에는 범죄를 행하려 하는 자 외에 범죄에 의하여 피해를 받을 우려가 있는 자나 그 보호자 등이 포함된다.[46] 즉 당해 범죄와 관련된 모든 사람이 경고의 대상이 될 수 있다.

나. 경　고

'경고'란 주의 촉구, 설득, 지시, 권고 등을 하는 것을 의미하는데,[47] 범죄를 저지르려 하는 자에 대해서는 권고 등은 물론 범죄를 중지할 것을 하명할 수 있고, 범죄 행위로 피해를 입을 우려가 있는 사람들에 대해서는 그 장소에서 이탈할 것 등을 권고할 수 있다. 경고는 문언의 의미에서 유형력의 행사를 포함한다고 해석할 수 없다.

Ⅱ　제　지

제6조(범죄의 예방과 제지) 그 행위로 인하여 사람의 생명·신체에 위해를 끼치거나 재산에 중대한 손해를 끼칠 우려가 있는 긴급한 경우에는 그 행위를 제지할 수 있다.

1. 요　건

그 행위, 즉 범죄행위로 인하여 "사람의 생명, 신체에 위해를 끼칠 우려" 또는 "재산에 중대한 손해를 끼칠 우려"가 있는 "긴급한 경우"이다. 판례에 대한

---

46) 허은도, 경찰관직무집행법에관한연구, 한국형사정책연구원, 창신사(1995), 140, 142, 143면

47) 허은도, 앞의 책, 140, 143면

자세한 내용은 "긴급한 경우"에서 함께 확인한다.

가. 범죄행위

제지를 하기 위해서는 범죄행위 외에도 다른 요건이 충족되어야 하므로, 예방과 달리 범죄행위의 종류와 시기에 대한 검토가 필요하다.

1) 범죄의 종류

살인죄, 상해죄, 폭행죄 등 사람의 생명이나 신체에 대한 범죄는 그 행위를 하는 것 자체가 사람의 생명이나 신체에 대한 위해에 해당하므로 "범죄행위"에 해당함이 명백하다. 그 외의 범죄는 그로 인해 사람의 생명이나 신체에 대한 위해를 불러 올 수 있는지 여부를 현장의 상황에 따라 판단해야 할 것이다.

2) 범행의 단계

예비나 음모의 경우는 일반적으로 "긴급한 경우"를 충족시킬 수 없으므로 범죄행위에서 배제하여도 무방하다. 생명, 신체에 대한 범죄는 실행의 착수 이후에는 긴급한 경우를 충족시킬 것이고, 그 외의 범죄는 사안에 따라 판단하여야 할 것이다.

나. 사람의 생명, 신체에 위해를 끼칠 우려

사람과 우려의 정도가 문제된다.

1) 사 람

사람에는 범죄행위의 피해자는 물론, 그 행위를 저지르는 자도 포함된다. 경찰관직무집행법은 국민의 생명·신체·재산을 보호하는 것을 목적으로 하고, 범죄자도 국가의 보호를 받을 대상에 해당한다는 것은 부인할 수 없기 때문이다. 법원도 공사장에서 위력으로 업무를 방해한 자에 대해 그 사람의 생명이나 신체를 보호하기 위한 제지를 적법하다고 하였다.[48]

---

48) 대법원 2013. 9. 26. 선고 2013도643 판결

2) 우려의 정도

우려의 정도는 살인죄나 상해죄와 같이 직접적으로 사람의 생명이나 신체에 대한 범죄행위에 대해서는 '목전'과의 관계에서 해석에 큰 어려움이 없다. 법원은 목전에 대해 "형사 처벌의 대상이 되는 행위가 눈앞에서 막 이루어지려고 하는 것이 객관적으로 인정될 수 있는 상황"이라고 하였는데, 그러한 상황에서 살인죄나 상해죄 등은 당연히 사람의 생명이나 신체에 대한 위해를 끼칠 우려가 있다고 인정될 수밖에 없기 때문이다. 폭행죄를 저지르기 직전의 경우를 생각해 보라. 주먹이 오가기 직전이라면 당연히 신체에 대한 위해를 끼칠 우려가 인정될 수밖에 없다.

문제는 그 외의 범죄에 대한 경우이다. 어떠한 범죄행위가 간접적으로 사람의 생명이나 신체에 위해를 끼칠 우려가 있는지에 대해서는 상황에 따라 판단할 수밖에 없겠다. 이와 관련하여 법원은 경범죄처벌법 상 인근소란죄를 범한 경우, 주변 주민들에게 수면부족을 가져올 수 있다면서 범칙행위자에 대한 제지를 적법하다고 하여 이를 상당히 널리 인정하였다.[49]

다. 재산에 중대한 손해를 끼칠 우려

생명이나 신체와 달리 재산에 대해서는 "중대한" 손해를 요건으로 하고 있는데, 그 의미를 직접 언급한 판례는 찾을 수 없었다. 문언의 의미를 볼 때 손해가 예상 되는 재산이 그 자체로 가치가 매우 높거나, 그 자체의 가치는 높지 않은 재산이라도 그 재산의 가치를 크게 상실시킬 수 있는 경우를 의미한다 하겠다.

라. 긴급한 경우

'긴급한 경우'는 제지를 하기 위해서 범죄행위로 인한 위험 실현이 시간적으로 어느 정도 근접해야 하는가의 문제로서, 제지의 요건 중 가장 중요한 요소이다. 제지의 시기가 너무 이르면 작위로서 위법할 수 있고, 제지의 시기가 너무

---

49) 대법원 2018. 12. 13. 선고 2016도19417 판결

느리면 부작위로 위법할 수 있기에 경찰관은 신속하고 정확하게 현장상황이 긴급한 경우에 해당하는지 여부를 판단해야 한다. 법원은 긴급한 경우를 "급박성"이라고 표현하면서, "당장 제지하지 않으면 손해가 발생할 것이 객관적으로 인정되고, 그 방법 외에는 결과를 막을 수 없는 절박한 상황"[50]이라고 하여 긴급한 경우의 해석을 매우 좁게 하기도 하지만, 집회시위의 현장에서 아직 시위대가 폭행이나 손괴를 하려하지 않았다 해도 그 시위대가 과거 수회의 걸쳐 같은 내용의 집회시위를 같은 장소에서 하면서 같은 유형의 폭행, 손괴를 반복적으로 하였다면 긴급한 경우로 인정된다고 하는 등[51] 사안에 따라 경찰관의 판단을 상당히 존중하는 태도를 보이기도 한다.

관련판례

▶ **긴급성이 인정된 경우**

중국인 교포(대법원 2013. 6. 13. 선고 2012도9937 판결)

교통사고 신고를 받아 출동하였는데, 피해자가 교통사고로 인해 피의자와의 시비로 피의자로부터 폭행을 당했다고 진술하고, 피의자는 중국인 교포이며 사고장소는 중국인 교포가 많이 살고 평소 중국인 관련 싸움이 확대되는 상황이 빈번하게 발생하는 장소였다. 경찰관은 피의자와 피해자를 분리하였는데, 피의자의 여자친구가 위 교통사고 목격자와 욕설을 하는 등 다툼이 있자 피의자가 다툼이 있는 장소로 뛰어가다가 1-2미터 앞에서 넘어진 경우

공사장 입구(대법원 2013. 9. 26. 선고 2013도643 판결)

공사가 시끄럽다는 이유로 주변 거주 주민이 공사장 입구에 드러누워 공사 차량의 진입 및 진출을 방해하고 있는 경우

횡단보도 통행저지(대법원 2015. 9. 10. 선고 2013다202182 판결)

미신고 야간 불법집회가 어느 정도 정리된 상황에서, 시위에 참여했던 사람들이 포함되어 있는 다수의 보행자가 교보문고에서 청와대 방면인 세종문화회관으로 가는 횡단보도를 이용하여 통행하려는 경우

---

50) 대법원 2013. 6. 13. 선고 2012도9937 판결
51) 대법원 2021. 10. 28. 선고 2017다219218 판결

차단기(대법원 2018. 12. 13. 선고 2016도19417 판결)

6개월간 자신의 집에서 과도한 소음을 내서 다수의 신고가 접수되었던 집에서 소음이 심각하다는 신고가 다시 접수되었다. 경찰관이 피고인의 집 초인종을 눌러 그 사정을 설명하자, 피고인이 욕설을 하며 계속 소음을 발생시킨 경우

화단 방어 1(대법원 2021. 10. 14. 선고 2018도2993 판결, 대법원 2021. 10. 28. 선고 2017다219218 판결)

2012. 4. 5.경 덕수궁 대한문 앞 인도에는 쌍용차 파업 사태 중 사망한 노조원과 그 가족을 추모하는 분향소용 천막이 설치되었고, 쌍용차 대책위는 그 무렵부터 대한문 앞 인도에 분향소와 농성 천막을 설치하고 집회·시위를 개최하였다. 쌍용차 대책위는 2012. 5. 24.경 행정대집행 절차를 통해 천막 등이 철거되었는데도 다시 천막을 설치하는 등 상당 기간 동안 대한문 앞 인도에서 점거와 농성을 계속하면서 이를 철거하려는 서울 중구청 직원과 물리적으로 충돌하였고, 대한문 앞 인도에서 집단적인 폭행·손괴 등이 반복적으로 발생하였다. 서울 중구청은 대한문 앞 인도에 화단을 조성하였고, 대책위는 그 화단 앞에 임시분향소를 설치하였다.

① 대책위는 위 화단 설치 이후 이를 훼손하거나 천막을 설치하려는 시도를 반복하였다. 2013. 5. 29. 19:28경 위 화단 앞에 무대를 마련하고 화단 안에 들어가 나무 사이에 '시민의 집회 시위 권리찾기 프로젝트 – 꽃보다 집회'라고 적힌 현수막을 설치한 경우

② 중구청은 2013. 6. 10. 09:18경부터 임시분향소를 철거하는 행정대집행을 하였고, 대책위 회원 약 30명이 현장에서 철거에 항의하였다. 대책위는 임시분향소 강제철거를 비판하는 기자회견을 11:00경 임시분향소가 있던 이 사건 화단 앞에서 개최한다고 예고하여 기자들이 취재를 위해 참석하였을 뿐 대책위는 화단 손괴 등 위험한 행위 또는 그 시도를 전혀 하지 않고 있는 경우

성매매업소 화재(대법원 2004. 9. 23. 선고 2003다49009 판결)

경찰관이 성매매업이 이루어진다는 사실을 알고 있음에도 뇌물을 받고 이를 묵인하였다. 또한 업소에 설치된 창살은 밖에서 보아도 성매매 여성을 감금하기 위한 것으로 인식되기에 충분하고, 영업주는 과거 성매매 여성들을 감금하여 형사 처벌 받은 경력이 있음에도 경찰관은 유흥업소 업주회의를 개최

하여 업주들로부터 문을 잠그지 않겠다는 각서를 받는데 그친 경우

한양대 사건(대법원 1990. 8. 14. 선고 90도870 판결)
　한양대가 집회장소사용 승낙을 하지 않았음에도 학생들이 집회시위를 하려 하자, 경찰에게 집회저지협조요청을 한 경우

▶ **긴급성이 부정된 경우**
청와대 앞 일인시위(서울지방법원 2003. 5. 21 선고 2002나60701 판결)
　06시부터 24시까지 일반인의 통행이 허용되는 청와대 앞에서 일인시위를 한 경우

화단 방어 2(대법원 2019. 1. 10. 선고 2016도21311 판결)
　화단 방어 1과 2013. 5. 이전까지의 사실인정은 동일하다. 2013. 5. 말경부 터 대책위는 화단에 진입하거나 문화재를 훼손하려는 시도를 하지 않았다. 2013. 7. 24. 대책위와는 관련이 없는 단체인 민변 노동회는 대한문 앞 화단조 성 위법성과 경찰력 남용 등을 주장하는 집회를 열었는데 화단 난입 등의 시 도를 전혀 하지 않았다. 2013. 7. 25. 민변 노동회는 전날과 동일한 내용으로 집회를 신고하였고, 아직 집회를 시작하지 않았는데 화단 앞에는 철제 출입통 제선이 설치된 상태였고, 집회장소 인근에 수십명의 경찰관이 배치되어 있었 던 경우

2. 수단(효과)

　범죄행위를 제지할 수 있다. 제지는 범죄행위를 중단시키는 일체의 방법으 로 유형력의 행사를 포함한다. 법원도 제지의 법적 성격을 즉시강제로 본 바 있 다.[52] 실무상 제지는 매우 다양한 형태로 나타날 수 있으므로, 비례원칙을 통해 적법성을 심사하여야 한다.

---

52) 대법원 2021. 10. 28. 선고 2017다219218 판결

관련판례 및 평가   **중국인 교포사건**(대법원 2013. 6. 13. 선고 2012도9937 판결)

2명의 경찰관이 넘어진 피고인의 팔을 잡아 눌렀는데, 법원은 이를 적법하다 하였다.

  − 이 정도의 유형력 행사는 제지의 가장 일반적인 방법이라고 생각된다. 타인의 생명이나 신체에 직접적인 위해를 가하려는 자에 대해 그 직전에 경찰이 비례원칙에 부합하는 유형력을 행사하여 위험을 방지하였기 때문이다.

공사장 입구(대법원 2013. 9. 26. 선고 2013도643 판결)

경찰관은 누워있던 주민의 팔다리를 잡고 들어 안전한 주변 인도로 옮겼는데, 법원은 자신의 생명이나 신체에 위해를 끼칠 우려가 있는 주민(범죄 행위자)에 대해 경찰이 비례원칙에 부합하는 유형력을 행사하여 위험을 방지한 것으로 판단했다.

  − 당시 상황이 그 주민의 생명이나 신체에 위해를 끼칠 우려가 있는 긴급한 경우였는지에 대해서는 의문이 있다. 그는 공사장에서 위력에 의한 업무방해죄를 범하고 있고, 이는 생명, 신체에 대한 직접적인 범죄가 아니므로 당시 상황에 대한 심사가 필요한데, 만약 공사장 입구에 주민이 누워 있음에도 공사차량이 공사장으로 진출 내지 진입을 하고 있다면 제지의 요건이 충족되었겠지만, 주민으로 인해 공사장으로 차량통행이 전혀 이루어지지 않는 상황이었다면 그 주민에 대해 생명 또는 신체에 위해를 끼칠 우려가 있는 긴급한 경우가 아니라고 할 여지가 있다. 경찰관이 그의 팔과 다리를 잡아 들어 주변의 인도로 옮긴 것은 비례원칙에 부합하는 적법한 수단으로 보인다. 그에게 특별한 위해를 끼치지 아니하고 직면한 위험을 제거하는 수단이기 때문이다.

횡단보도 통행저지(대법원 2015. 9. 10. 선고 2013다202182 판결)

경찰은 세종문화회관 방향의 횡단보도를 전면 통제하여 시민들이 통행을 못하게 하였는데, 법원은 이를 적법하다 하였다. 아직 상당수의 인원이 해산을 하지 않고 있었고, 보행자와 시위 참여자를 구분하기 어려웠으며, 경찰이 이용을 안내했던 지하도로 세종문화회관 방면으로 갈수 있었고, 종각방향으로 조금만 둘러 가도 되는 데로 경찰과 대치하면서까지 세종문화회관 방향 횡단보도의 이용을 요구하는 것을 보아 불법집회를 계속할 것이라는 경찰의 판단은 합리적이었고, 이를 제지한 방법 역시 소극적으로 횡단보도로의 진입을 막는데 그쳤으므로 비례원칙을 준수하였다는 것이다.

- 집회시위를 마치고 해산중인 사람들이 길을 건너려는 것이 어떠한 생명, 신체 또는 재산에 중대한 손해를 끼칠 우려가 있는 범죄행위의 목전에 해당하는 행위를 했는지, 요건이 갖추어졌다고 할지라도 청와대에서 수백 미터 떨어져 있는 횡단보도의 통행을 전면 통제한 것이 비례원칙에 부합하는지는 의문이 든다. 이 사건은 아래 "화단방어 1"사건과는 분명 달리 평가할 여지가 있을 것이다.

차단기 사건(대법원 2018. 12. 13. 선고 2016도19417 판결)

경찰이 소음을 발생시키는 집의 전기 차단기를 내려 단전시키자 가해자가 칼 등을 가지고 협박하여 특수공무집행방해죄로 체포되었는데, 법원은 경찰의 전기 단전을 제지로서 적법하다고 하였다.

- 이에 대해서는 아래 생각해 볼 문제에서 스스로 평가해 보자

화단 방어 1(대법원 2021. 10. 14. 선고 2018도2993 판결, 대법원 2021. 10. 28. 선고 2017다219218 판결)

① 2013. 5. 29. 19:35경 경찰기동대 약 30명은 이 사건 화단 앞으로 들어와 일렬로 화단을 둘러쌌다. 집회참석자 약 150명 중 일부는 경찰에게 위 행동이 집회방해로서 부당하다고 항의하며 물러날 것을 요구하였다. 집회참가자들이 경찰과 대치하던 중 일부 집회참가자들은 이 사건 화단 앞의 경찰을 밀고 당겼다. 경찰은 그 자리를 지키며 서 있는 정도의 소극적 대응을 하다가 집회참가자들이 물총을 쏘기 시작하자 물총을 쏘는 집회참가자들을 향해 최루액을 분사하고 물총 11개를 현장에서 압수하였다.

② 2013. 6. 10. 대책위가 기자회견을 예정하고 있다는 정보를 입수한 경찰은 2개 중대를 이 사건 화단 앞 주변으로 집결시켜 대한문 앞부터 이 사건 화단 주변까지 여러 줄로 넓게 서 있도록 하였고, 쌍용차 대책위 회원 등의 접근을 차단하였다.

법원은 ① 및 ②에 대해 대책위가 대한문 앞에서 점거와 농성을 시작한 이후 다수의 공무집행방해와 손괴 행위가 발생했고 장기간 불법적으로 물건을 비치 또는 설치하였던 일련의 과정을 고려하여 평가해야 하고, 경찰은 소극적인 제지는 불법적 사태가 반복되는 것을 막기 위한 필요최소한도의 조치라면

서 적법하다 하였다.

- 긴급성에 대한 판단은 위험 실현이 얼마나 임박했는가의 문제로 당시의 현장상황 뿐만 아니라 일련의 과정을 살펴보아야 한다는 법원의 태도에 동조하지 않을 수 없다. 과거 동일한 위험을 일으킨 동일한 자들이 동일한 상황에 있다면 그 자체로도 긴급하다 할 수 있다.

화단 방어 2(대법원 2019. 1. 10. 선고 2016도21311 판결)

경찰은 화단 방어 1과 마찬가지로 화단 주변에 줄을 섰고, 이에 대해 항의하던 집회참가자들은 결국 경찰관과 몸싸움을 벌이는 등 경찰관을 폭행하였다. 법원은 대책위가 2013. 5. 말경 이후 이 사건 화단에 진입하거나 문화재를 훼손하려는 시도를 하였다고 볼만한 증거가 없고, 특히 이 사건 집회 당일 집회는 시작되지도 않았으며, 집회참가자들에 의한 화단 또는 문화재 훼손행위가 이루어지려고 하는 것이 객관적으로 인정되고 그 행위를 당장 제지하지 않으면 곧 화단 또는 문화재에 중대한 손해를 끼칠 우려가 있는 상황이 발생하였다고 보기 어렵다며 경찰관의 배치는 위법하다고 판단하였다.

- 화단방어 2에서 화단방어 1과 같이 대책위가 2013. 6.경 여전히 화단 훼손 시도 등이 있었다고 인정했다 하더라도 화단 앞 경찰관의 배치는 위법하다는 결론에 도달했을 것이라 생각한다. 이 사건의 집회주최자는 대책위와는 전혀 다른 단체로 과거 어떠한 위험을 야기한 적이 없었고, 경찰이 화단앞에 줄을 선 당시 집회는 시작조차 하지 않았으며, 집회 참가자들도 어떠한 위험을 일으키려는 시도를 전혀 하지 않았기 때문이다. 한편 화단방어 1에서 경찰은 지속적인 피해를 입어왔던 화단을 둘러쌌는데, 이는 제지를 통해 보호하고자 하는 물건만을 대상으로 한 소극적인 방법으로 비례원칙을 준수한 것이다. 화단방어 2에서는 범죄 제지의 요건이 갖추어지지 않았으므로 제지를 위한 수단의 적법성 평가를 할 필요가 없다. 제지를 했다는 그 자체로 위법하기 때문이다.

한양대 사건(대법원 1990. 8. 14. 선고 90도870 판결)

경찰이 한양대에서 열리는 집회에 참가하려는 자의 출입을 저지하였는데, 법원은 이를 적법하다 하였다.

- 집회 시위의 자유와 재산권의 충돌이 있을시 경찰은 소유자 등의 시설보호요청에 따라 집회시위를 제한할 수 있다.

생각해 볼 문제 / 22

1. 경찰관직무집행법 제6조의 문언은 "...경고를 하고, ...긴급한 경우... 제지할 수 있다"라고 규정하고 있다. 경고와 제지를 모두 할 수 있는 상황에서 경찰관은 제지에 앞서 반드시 경고부터 해야 하는가?

2. 위 공사장 입구 사건에서 경찰관이 주민을 옮기는 과정에서 주민이 경찰관을 발로 차는 등 폭행하였다. 변호인은 주민이 이미 업무방해죄를 저질렀으므로 형사소송법에 근거하여 체포를 했어야 할 사안이지 경찰관직무집행법에 따른 작용을 해서는 아니되고, 체포에 따른 권리고지가 없었으므로 불법체포라고 주장한다. 이에 대해 비판하라.

3. 위 차단기 사건에 대해 아래의 점에 대해 생각해보자

   가. 법원은 지속적인 소음의 발생은 주민의 수면 등 건강에 위해를 줄 수 있다고 보아 제지의 요건이 성립된다고 하였다. 이에 대해 비판하라.

   나. 차단기를 내린 행위의 적법성을 평가하라.

4. 09년 쌍용차 정리해고와 관련하여 노동자들이 사업장을 점거하고 옥쇄파업에 들어갔다. 조합원 6명이 기자회견 등을 위해 공장 밖으로 나오자 경찰은 고착관리를 명목으로 방패로 에워싸 이동하지 못하게 하였다. 이에 변호사가 불법체포라고 주장하며 항의하였고, 경찰관을 발로 차는 등 폭행하여 공무집행방해죄의 현행범인으로 체포되었다. 변호사는 불법체포라고 계속 항의하였고, 조합원과 접견할 수 있도록 해 달라고 요청하였으나 경찰은 이를 거부하였고, 조합원들을 에워싼 지 30-40분이 지난 후에야 체포시 권리고지를 하였다. 변호사는 경찰 지휘관을 직권남용권리행사방해죄(접견불허)와 직권남용체포죄로 고소하였고, 경찰은 변호사를 공무집행방해죄와 상해죄로 입건하여 수사를 진행하였다.
   경찰 또는 경찰 측 대리인이라면 어떠한 주장을 펼칠 것인가? (변호사에 의한 상해는 1주의 치료를 요하는 정도의 수준이었고, 조합원들에 대한 체포는 권리고지의 시기 외 다른 적법요건은 다 갖추어 졌다고 가정한다. 참고 판례 : 대법원 2017. 3. 9. 선고 2013도16162 판결, 대법원 2017. 3. 15. 선고 2013도2168 판결)

5. 아래의 표는 사안에 따른 제지 시 유형력의 한계를 표현한 것이다. 비례원칙 중 상당성 원칙을 기준으로 아래의 표 빈 칸을 ○(가능), △(사안에 따라 다름), X(불가)로 채워보자.

유형력의 정도 위험의 종류	생명에 위해	상해	폭행
타인의 생명 신체			
자기의 생명 신체			
타인의 중대한 재산			
자기의 중대한 재산			

Ⅲ 관련특별법: 도로교통법

1. 도로교통법

도로교통법
[시행 2023. 7. 4.] [법률 제19158호, 2023. 1. 3., 일부개정]

제47조(위험방지를 위한 조치) ② 경찰공무원은 제44조 및 제45조를 위반하여 자동차등 또는 노면전차를 운전하는 사람이나 제44조를 위반하여 자전거를 운전하는 사람에 대하여는 정상적으로 운전할 수 있는 상태가 될 때까지 운전의 금지를 명하고 차를 이동시키는 등 필요한 조치를 할 수 있다.

제153조(벌칙) ① 다음 각 호의 어느 하나에 해당하는 사람은 6개월 이하의 징역이나 200만원 이하의 벌금 또는 구류에 처한다.
　　2. 제41조, 제47조 또는 제58조에 따른 경찰공무원의 요구·조치 또는 명령에 따르지 아니하거나 이를 거부 또는 방해한 사람

　　도로교통법상 음주운전과 과로운전은 범죄행위로, 경찰관은 이러한 사람을 발견하면 당해 행위에 대한 형사처벌 절차를 진행하고, 동시에 더 이상 범죄행위를 할 수 없도록 운전의 금지를 명하고, 차량을 이동하는 등 필요한 조치를 할 수 있다. 경찰의 하명에 대한 불응이나 조치에 대한 방해는 형사처벌의 대상이 된다.

위험방지를 위한 출입

경찰관직무집행법 제7조는 특정 장소에 대한 경찰관의 출입에 관련한 권한을 규정하고 있는데, 제1항 내지 제3항에서 세 가지 상황으로 나누어 규정하고 있다. 먼저 제1항에서는 생명, 신체, 중대한 재산에 대한 구체적 위험방지를 위한 출입을 규정하고 있다. 여기에서는 출입의 의미와 강제적 출입의 가능성 문제된다. 다음으로 제2항에서는 대중이 빈번하게 출입하는 장소에 대해 추상적 위험의 예방을 위한 출입 요구를 규정하고 있다. 여기에서는 출입 요구의 의미와 강제출입의 가능성이 문제된다. 마지막으로 제3항에서는 대간첩작전 구역 내의 다중 출입 장소라는 특별한 장소에 대해 검색을 규정하고 있다.

I 생명, 신체, 중대한 재산에 대한 위해 방지를 위한 출입

제7조(위험 방지를 위한 출입) ① 경찰관은 제5조 제1항·제2항 및 제6조에 따른 위험한 사태가 발생하여 사람의 생명·신체 또는 재산에 대한 위해가 임박한 때에 그 위해를 방지하거나 피해자를 구조하기 위하여 부득이하다고 인정하면 합리적으로 판단하여 필요한 한도에서 다른 사람의 토지·건물·배 또는 차에 출입할 수 있다.
④ 경찰관은 제1항부터 제3항까지의 규정에 따라 필요한 장소에 출입할 때에는 그 신분을 표시하는 증표를 제시하여야 하며, 함부로 관계인이 하는 정당한 업무를 방해해서는 아니 된다.

1. 요 건

① 제5조 제1항·제2항 및 제6조에 따른 위험한 사태가 발생, ② 사람의 생

명·신체 또는 재산에 대한 위해가 임박, ③ 그 위해를 방지하거나 피해자를 구조하기 위하여 부득이하다고 인정이라는 3가지 요건을 모두 갖추어야 한다.

가. 제5조 제1항·제2항 및 제6조에 따른 위험한 사태가 발생

제5조 제1항은 사람의 생명 또는 신체에 위해를 끼치거나 재산에 중대한 손해를 끼칠 우려가 있는 구체적인 위험한 사태를, 제2항은 대간첩 작전의 수행이나 소요(騷擾) 사태의 진압을 위하여 필요하다고 인정되는 상당한 이유가 있는 때를 규정하고 있고, 제6조 전단은 범죄행위가 목전(目前)에 행하여지려고 하고 있다고 인정되는 경우를, 후단은 목전에 이른 범죄행위로 인하여 사람의 생명·신체에 위해를 끼치거나 재산에 중대한 손해를 끼칠 우려가 있는 긴급한 경우를 규정하고 있다. 이러한 위험한 사태가 발생하였음이 명백하여야 한다.

나. 사람의 생명·신체 또는 재산에 대한 위해가 임박

먼저 제5조를 살펴본다. 제5조 제1항과 관련하여 사람의 생명 또는 신체에 위해를 끼치거나 재산에 중대한 손해를 끼칠 우려가 있는 구체적인 위험한 사태가 있고, 이로 인하여 사람의 생명 신체 또는 재산에 대한 위해가 임박하여야 한다. 제5조 제2항과 관련하여 대간첩 작전의 수행이나 소요(騷擾) 사태의 진압으로 인해 사람의 생명, 신체 또는 재산에 대한 위해가 임박하여야 한다.

다음으로 제6조를 살펴본다. 요건의 면에서 범죄의 제지는 범죄의 예방에 대해 특별관계에 있다. 따라서 범죄의 예방의 요건만 갖추어지면 제7조가 요구하는 제6조에 따른 위험한 사태의 발생은 인정된다. 즉 범죄행위가 목전(目前)에 행하여지려고 하여 사람의 생명, 신체 또는 재산에 대한 위해가 임박하여야 한다.

다. 그 위해를 방지하거나 피해자를 구조하기 위하여 부득이하다고 인정

"부득이하다고 인정"의 의미가 문제된다. 경찰관직무집행법은 제10조의4 무기의 사용에서 "필요하다고 인정되는 상당한 이유"와 "다른 수단이 없다고 인정되는 상당한 이유"를 요건으로 두고 있다. 문언의 의미를 볼 때, "부득이"는 양자의 사이에 있다고 생각된다. 즉 보충성을 충족시킬 정도는 아니라 해도 단지 필요한 정도를 넘어 그 방법 외에는 다른 대안을 찾기 쉽지 않은 경우를 의미한다고 생각된다.

라. 소 결

위 내용을 종합하여 경찰관직무집행법 제7조 제1항의 요건을 정리하면 아래와 같다. 이 세 가지 경우 중 하나에 해당해야 제1항의 출입을 위한 요건이 충족된다.

① 사람의 생명 또는 신체에 위해를 끼치거나 재산에 중대한 손해를 끼칠 우려가 있는 구체적인 위험한 사태로 인해 사람의 생명, 신체 또는 재산에 대한 위해가 임박하여, 그 위해를 방지하거나 피해자를 구조하기 위하여 해당 장소에 출입하는 것 외에는 다른 대안을 찾기 쉽지 않다고 인정되는 경우

② 대간첩 작전의 수행이나 소요(騷擾) 사태의 진압으로 인해 사람의 생명 신체 또는 재산에 대한 위해가 임박하여, 그 위해를 방지하거나 피해자를 구조하기 위하여 해당 장소에 출입하는 것 외에는 다른 대안을 찾기 쉽지 않다고 인정되는 경우

③ 범죄행위가 목전(目前)에 행하여지려고 하여 사람의 생명, 신체 또는 재산에 대한 위해가 임박하여, 그 위해를 방지하거나 피해자를 구조하기 위하여 해당 장소에 출입하는 것 외에는 다른 대안을 찾기 쉽지 않다고 인정되는 경우

관련판례

▶ **출입의 요건이 충족된 사례**

빌라 살인(대법원 2009. 3. 26. 선고 2008다88238 판결)

112신고센터가 "시흥시 정왕동 301호에요. 갑자기 여자가 살려달라고 소리를 지르고, 남자가 계단에서부터 여자를 때리면서 끌고 들어갔거든요"라는 신고를 접수받아, '남자가 여자를 때리면서 위 301호로 끌고 들어갔다'는 내용으

로 지령을 하였고, 현장출동 경찰관은 사고장소의 주소와 신고자의 전화번호 및 '남자가 여자 폭행'이라는 내용이 적힌 메모지를 받고 지령을 받은지 3분이 지난 후 신고장소에 도착하였다.

경찰관은 301호의 초인종을 눌렀으나 응답이 없었고, 10분 정도 전에 위와 같은 사실을 목격하여 신고를 하였다는 신고자의 진술을 청취하였고, 위 301호 앞에 있던 피해자의 지인으로부터 피해자가 최근 남자친구와 다투어 경찰 조사까지 받았는데 방금 피해자와 전화통화를 하던 중 갑자기 비명소리를 지르며 전화가 끊겨 걱정이 되어 왔다는 진술을 청취하였다.

경찰관은 301호의 초인종을 누르고, 현관을 두드렸으나 응답이 없고, 귀를 대어 보았으나 인기척을 확인할 수 없었다. 외부에서 다양한 방법으로 내부를 확인하려 하였으나 시야가 확보되지 않아 내부를 확인할 수 없었고, 관리인에게 문을 열어 달라는 협조요청을 하였으나 관리인이 거부한 경우.

▶ **출입의 요건이 충족되지 않은 사례**

가폭 오인 신고(대법원 2019. 7. 4. 선고 2019도4821 판결)

아파트 이웃 집에서 '아버지와 아들이 싸우고 있다'는 신고를 받고 경찰관이 현장에 출동하였다. 신고된 집에서 싸우는 소리는 물론 인기척 조차 없어 신고자에게 다시 확인하였는데, 신고자는 개가 짖고 있는 등 여전히 싸우는 소리가 난다고 대답하며 더 이상 협조를 거부하였다. 경찰관은 초인종을 누르고 문을 두드려도 응답이 없는 경우

2. 절 차

출입 시 경찰관은 공무원증을 제시하여야 한다. 경찰관직무집행법 제7조에는 출입의 이유를 고지하라는 규정을 두고 있지 않으나, 상대방의 불필요한 오해나 저항이 없도록 특별한 이유가 없으면 출입의 이유를 설명하는 것이 좋다.

3. 수단(효과)

필요한 한도에서 다른 사람의 토지·건물·배 또는 차에 출입할 수 있다. 경찰관직무집행법 제7조의 조문에는 합리적으로 판단하라고 규정되어 있는데, 어

떠한 경찰작용이든 평균적 경찰관의 기준에서 합리적으로 판단해야 하므로 "합리적으로 판단"에 특별한 의미는 없다고 생각된다. 이에 "필요한 한도"와 "출입"의 의미에 대해 자세히 살펴보고자 한다.

가. 출 입

아직 법원이 출입에 대해 명확한 의미를 제시한 예를 찾을 수는 없었으나, 조문상 문언의 의미에 충실하게 "경찰관직무집행법 제5조 제1항 및 제2항, 제6조에 규정된 구체적 위험의 방지라는 경찰목적의 달성을 위해 특정장소에 들어가는 행위"로 정의하고자 한다.[53] 특정 장소에 들어간 이후 경찰관은 시각, 청각 및 후각에 의한 자연적 정보의 수집을 할 수 있고, 이를 통해 경찰관직무집행법 제4조, 제5조, 제6조 등에 규정된 개별적 수권조항의 요건을 충족시킨다면 각 개별적 수권조항에 근거한 경찰권의 발동으로서 출입 이후의 작용을 할 수 있다. 또한 형사소송법상 현행범인 체포 또는 긴급체포, 사후 영장에 의한 수색 등의 요건을 충족시킨다면 그에 근거한 수사 작용도 할 수 있다.

나. 필요한 한도와 강제출입의 가능성

어느 정도의 출입이 필요한지에 대해 먼저 객관적인 문제로서 몇 채의 집에 출입 할 수 있는지, 집안에 출입을 하였다면 그 집의 방안, 지하실 등에는 출입을 할 수 있는지 여부가 문제된다. 이러한 문제는 결국 비례원칙의 문제로 사안에 따라 평가할 수밖에 없다.

주관적인 문제로서 관리자나 주거자의 출입에 대한 동의가 없는 경우에도 출입할 수 있는지, 출입을 명시적으로 거부하는 경우 강제로 출입할 수 있는 지

---

[53] 출입이란 경찰관이 경찰관직무집행법 제7조에 규정된 장소에 들어가 그 장소에 체재하며 장소내부에 있는 사람, 물건 또는 상태를 둘러보는 것으로, 형사소송법상 수색이 관계인이 외부에 공개하지 않으려 숨겨 둔 무언가를 발견할 목적으로 장소 내에 있는 사람이나 물건을 체계적으로 뒤져 찾는 것과 구별되고, 이에 닫힌 방문을 열고 그 내부를 체계적으로 샅샅이 뒤져 찾는 것은 허용되지 않는다는 견해가 있다.(손재영, 경찰관직무집행법 제7조에 따른 위험방지를 위한 출입에 있어서 "출입"의 개념, 공법연구 제39집 제2호 2010년 12월, 524쪽) 하지만 이러한 해석은 형사소송법상 수색과의 차이점을 보여줄 뿐, 위험방지를 위한 작용으로서 출입에 대한 정의로는 알맞지 않다고 생각된다.

등 강제출입의 가능성이 문제된다. 이와 관련하여 형사소송법상 수색에 대해서는 법 제120조 제1항에 수색을 위해 강제로 해당 장소에 들어갈 수 있도록 근거를 두고 있으나, 경찰관직무집행법에는 그러한 근거가 없으므로 강제출입을 할 수 없는 것이 아니냐는 주장이 있을 수 있다. 하지만 출입의 법적 성질을 즉시강제라 할 때 이러한 주장은 쉽게 배척된다. 헌법재판소는 즉시강제에는 영장주의가 적용되지 않는다면서, 특정 조문의 법적 성질을 즉시강제로 보려면 영장주의를 배제할 만한 합리적인 이유가 있을 정도의 급박성이 인정되어야 한다고 한 바 있다. 즉 헌법재판소는 어떠한 조문을 즉시강제로 쉽게 인정하지 않지만, 즉시강제로 인정하면 그 조문에 의한 강제처분에는 영장주의를 적용하지 않는다는 것이다.54) 경찰관직무집행법 제7조상 출입은 위 헌법재판소 결정의 기준에서 즉시강제로 인정된다. 예를 들어 사람의 생명에 관한 위험이 있는 경우 강제출입을 한다면 제한되는 사익은 주거의 자유, 사생활의 비밀과 자유 등으로 결코 가볍다 할 수는 없지만, 추구되는 공익은 사람의 생명으로 모든 기본권의 전제가 되는 기본권이자, 침해시 회복할 수 없는 것이다. 게다가 출입의 요건을 갖추기 위해서는 그러한 생명권에 대한 위험이 명백하고 다른 방법으로는 그러한 위험을 제거하기 어려운 급박한 상황이어야 한다. 즉 헌법재판소가 요구하는 긴급성을 갖추고 있다. 법원도 경찰관직무집행법 제7조에 근거하여 강제출입이 가능함을 전제로 출입의 적법성을 판단한다.

---

54) 헌법재판소 2002. 10. 31. 선고 2000헌가12 전원재판부. "행정상 즉시강제는 상대방의 임의이행을 기다릴 시간적 여유가 없을 때 하명 없이 바로 실력을 행사하는 것으로서, 그 본질상 급박성을 요건으로 하고 있어 법관의 영장을 기다려서는 그 목적을 달성할 수 없다고 할 것이므로, 원칙적으로 영장주의가 적용되지 않는다고 보아야 할 것이다...어떤 법률조항이 영장주의를 배제할 만한 합리적인 이유가 없을 정도로 급박성이 인정되지 아니함에도 행정상 즉시강제를 인정하고 있다면, 이러한 법률조항은 이미 그 자체로 과잉금지의 원칙에 위반되는 것으로서 위헌이라고 할 것이다."

55) 대법원 1976. 11. 9. 선고 76도2703 판결

▶ 요건 충족으로 강제 출입할 수 있다는 취지의 판례

빌라 살인(대법원 2009. 3. 26. 선고 2008다88238 판결)

경찰관은 결국 위 빌라 301호에 출입하지 않고 현장에 있던 피해자의 지인에게 다른 일이 있으면 연락을 하라면서 자신의 전화번호를 주는데 그쳤다. 당시 피해자는 가해자로부터 피해자 자신의 방에서 살해당했던 바, 법원은 경찰관의 부작위가 위법하다고 하였다. 법원은 119에 신고하거나 관리인을 설득하거나 열쇠 수리업자를 통하는 등의 방법으로 내부를 확인해 보았어야 했다고 하였다.

　　─이 중 열쇠 수리업자를 통한 출입은 경찰관 고유의 권한에 근거한 강제 출입을 인정하지 아니하고서는 제시할 수 없는 방법이다.

▶ 요건 충족되지 않아 강제 출입할 수 없다는 취지의 판례

가폭 오인 신고(대법원 2019. 7. 4. 선고 2019도4821 판결)

경찰관은 문이 열려있자 그대로 안으로 진입했다. 거주자인 조현병이 있었던 남성이 경찰관에게 나갈 것을 요구하였고, 경찰관이 가정폭력신고 확인을 요구하자 경찰관에게 유리병을 던지는 등 폭행하였다. 원심은 아래의 이유로 거주자에 대한 공무집행방해죄를 무죄라 하였다.

① 경찰관들은 당시 피고인에 대한 영장을 소지하거나 이를 제시한 적이 없고, ② 당시 피고인의 주거지를 범행 직후의 장소로 볼 만한 사정이 없었으며 더욱이 압수·수색·검증에 대한 사후 영장이 발부되지도 않았고, ③ 경찰관들이 피고인의 주거지 앞에 도착했을 때 아무런 인기척이 들리지 않았고, 이는 "지금도 다투는 소리와 개 짖는 소리가 들리고 있다"는 신고자의 신고 내용과 달랐으며, 신고자가 경찰관 신○○의 신원 파악 요청에 불응하는 등 신고의 진정성 자체가 의문이 드는 상황이었으므로 신고가 있었다는 이유만으로 위험한 사태가 발생하여 인명·신체 또는 재산에 대한 위해가 임박한 때에 해당했다고 보기 어려워 보인다. ④ 그 외에 피고인의 방문 요청이나 주거지 출입 동의가 있었다고 볼 수도 없다. 따라서 경찰관들이 이 사건 당시 피고인의 주거지에 임의로 출입한 것은 법률에서 정한 강제처분의 요건 또는 예외 사유에 해당하지 않아 적법한 공무집행 행위에 해당한다고 볼 수 없으므로, 피고인이 이에 대항하여 경찰관들에게 공소사실 기재 행위를 하였다 하더라도 이는 공무집행방해죄에 해당하지는 않는다.

법원은 원심의 판단을 유지하면서 나아가 자세한 이유를 설시하지는 않았지만 가정폭력관련 특별법에 근거한 강제출입도 할 수 없다 하였다.

－가정폭력관련 특별법은 가정폭력 신고시 신고장소에 출입할 수 있다고 규정하고 있는데, 법원은 허위신고나 오인신고까지 가정폭력 신고라 볼 수는 없다고 판단한 것이라 생각한다.

※참 고

행정조사에 대해서는 영장주의가 적용되는 것이라 주장하며 이를 뒷받침하기 위해 조세범칙사건과 관련한 조사 시 영장이 필요하다는 취지의 판례55)를 들고 있는 행정법 교과서가 다수 발견된다. 하지만 조세범처벌법 상 조세범칙사건을 처리하는 세무공무원은 검사장이 임명하여 수사업무를 하는 자들로 특별사법경찰관이라 볼 것이고, 조세범칙사건에 대한 조사는 수사라 할 것이다. 게다가 조세범처벌법 제9조는 조세범칙 관련 수색 등에 있어 형사소송법과 유사하게 사전영장을 받음을 원칙으로 하고, 예외적으로 사후영장을 받도록 하고 있다. 따라서 이는 강제수사라 함이 옳고 행정조사로 보기는 어렵다.

4. 한 계

경찰관은 출입시 관계인이 하는 정당한 업무를 방해해서는 아니된다. 여기에서 관계인은 그 개념이 명확하지 아니하나 그 장소의 업주, 종업원 및 사실상 그러한 업무를 하고 있는 사람 등으로 널리 해석할 수밖에 없다. 하지만 정당한 업무인지 여부에 대해서는 경찰관의 판단을 존중하는 것이 옳을 것이다. 특히 강제출입으로 업무 업무방해가 일어난다 하더라도 특별한 사정이 없는 한 경찰관은 그 장소에 강제로 출입할 수 있다고 생각한다. 강제출입의 요건이 갖추어졌다는 것은 그 장소에 긴급히 구조해야할 사람이 있거나 제지할 사람이 있다는 의미이므로 특별한 경우 외에는 그 장소의 업무가 정당하다 할 수 없을 것이기 때문이다.

생각해 볼 문제 / 23

1. 빌라 살인사건에서 법원은 경찰관이 취했어야할 조치의 예시로 3가지를 제시하였다. 각 예시가 경찰의 강제출입 가능성에 대해 제시하는 바를 설명하라.

2. 빌라 살인사건과 가폭오인 신고사건에서 법원은 강제출입이 가능성 여부를 달리 판단하였다. 그 이유를 생각해보자.

3. 경찰관직무집행법 제7조 제1항 출입의 요건에는 제4조가 포함되지 않는다. 하지만 실무상으로 방실에서 자살을 시도하는 자가 있는 경우, 경찰은 그의 의사에 반하더라도 방실에 출입하여 자살을 막고 있고 그러한 목적으로 잠긴 문을 부수고 강제출입한 경우, 그 재산상 손실에 대해 손실보상을 해 주고 있다. 즉 경찰은 이러한 경우 출입을 적법하다고 평가하고 있는 바, 아래의 질문에 대해 생각해보자.

   가. 자살시도를 제5항의 위험한 사태로 포섭하여 제7조의 요건이 충족되었다고 볼 수 있는가

   나. 제4조의 필요한 조치에 강제출입이 포함될 수 있는가?

   다. 개괄적 수권조항을 인정한다면, 그에 근거한 강제 출입은 가능한가?

4. 코로나 사태로 21시 이후 영업이 금지된 유흥주점에서 22시경 불법으로 영업을 계속하고 있다는 신고가 접수되었다. 신고자는 자신이 직접 손님으로 위장하여 유흥주점 안에 있다며 빨리 출동해 달라고 말하다 비명소리와 함께 전화가 끊어졌다. 경찰관이 위 유흥주점에 도착하여 안으로 들어가려 하자 유흥주점 관계자는 내일 영업을 위해 청소를 하고 있으니 정당한 업무를 방해하지 말라며 출입을 거부한다. 경찰관은 강제로 출입할 수 있는가?

Ⅱ 다중 출입 장소에 범죄나 생명, 신체, 재산에 대한 위해 예방을 위한 출입요구

> 제7조(위험 방지를 위한 출입) ② 흥행장(興行場), 여관, 음식점, 역, 그 밖에 많은 사람이 출입하는 장소의 관리자나 그에 준하는 관계인은 경찰관이 범죄나 사람의 생명·신체·재산에 대한 위해를 예방하기 위하여 해당 장소의 영업시간이나 해당 장소가 일반인에게 공개된 시간에 그 장소에 출입하겠다고 요구하면 정당한 이유 없이 그 요구를 거절할 수 없다.
> ④ 경찰관은 제1항부터 제3항까지의 규정에 따라 필요한 장소에 출입할 때에는 그 신분을 표시하는 증표를 제시하여야 하며, 함부로 관계인이 하는 정당한 업무를 방해해서는 아니 된다.

이 조항을 제외한 경찰관직무집행법 상 작용관련 조항의 주어는 모두 경찰관이고, 권한은 재량으로 주어져 있다. 하지만 이 조항의 주어는 "관리자나 그에 준하는 관계인"이고, "경찰관의 출입요구"가 있으면 그는 "정당한 이유없이 거절할 수 없다." 이러한 구조를 경찰관을 중심으로 재구성하여 살펴본다. 절차는 제1항과 동일하여 여기에서는 생략한다.

1. 요 건

경찰관이 흥행장(興行場), 여관, 음식점, 역, 그 밖에 많은 사람이 출입하는 장소에 대해 추상적 위험이 있다고 판단한 경우이다. 범죄, 생명, 신체, 재산, 위해 등에 대해서는 이미 충분히 살펴본 것과 크게 다르지 않다. 흥행장, 여관, 음식점, 역 등은 많은 사람들이 출입하는 장소의 예시로 그 외에도 다수인의 출입이 빈번하게 이루어지는 장소는 모두 포함된다.

2. 효 과

해당 장소의 영업시간이나 해당 장소가 일반인에게 공개된 시간에 그 장소에 출입하겠다고 요구할 수 있다.

3. 한 계

경찰관은 정당한 업무를 방해해서는 아니 되고, 흥행장(興行場), 여관, 음식점, 역, 그 밖에 많은 사람이 출입하는 장소의 관리자나 그에 준하는 관계인이 출입요구를 거절하면 출입할 수 없다. 관리자나 관계인이 정당한 이유없이 경찰의 출입요구를 거절할 수 없다고 하여 수인의무를 부과하고 있지만, 출입요구 거절시 경찰관이 출입을 할 수 있다는 내용의 문언조차 없기 때문이다. 제2항에 근거하여 경찰관이 당해 장소에 강제출입할 수 없음은 제1항 및 제3항과의 비교를 통해서도 명백히 드러난다. 제1항은 "출입할 수 있다"고 하고 있는데 비하여 제2항은 "요구하면"에 그치는데, 출입의 요구는 어떻게 해석하더라도 강제출입을 포섭할 수 없다. 제3항은 대간첩작전 수행시 필요한 경우에는 제2항에 따른 장소를 검색할 수 있다고 하여 대중이 이용하는 장소에 강제로 출입할 수 있음을 전제하고 있다. 동일한 장소에 대해 범죄 등의 추상적 위험과 대간첩 작전 수행이라는 구체적 위험의 차이에 따라 그 법적 효과를 명확히 달리 하고 있는 것이다. 따라서 문언의 의미 및 체계적 해석에 따라 제2항에 근거한 경우 경찰관은 당해 장소에 강제출입을 할 수 없다.

생각해 볼 문제 / 24

노래연습장에서 맥주를 팔고 있다는 신고가 동일한 파출소에 15일 간격으로 2회 있었던 경우 신고를 받은 경찰관은 사전 압수수색 영장 없이 그 노래연습장에 들어갈 수 있는가?

(관련 판례 : 대법원 2017. 11. 29. 선고 2014도16080 판결)

III 대간첩 작전시 작전지역 내 대중 이용 장소에 대한 출입과 검색

제7조(위험 방지를 위한 출입) ② 흥행장(興行場), 여관, 음식점, 역, 그 밖에 많은 사람이 출입하는 장소의 관리자나 그에 준하는 관계인은 경찰관이 범죄나 사람의 생명·신체·재산에 대한 위해를 예방하기 위하여 해당 장소의 영업시간이나 해당 장소가 일반인에게 공개된 시간에 그 장소에 출입하겠다고 요구하면 정당한 이유 없이 그 요구를 거절할 수 없다.
③ 경찰관은 대간첩 작전 수행에 필요할 때에는 작전지역에서 제2항에 따른 장소를 검색할 수 있다.
④ 경찰관은 제1항부터 제3항까지의 규정에 따라 필요한 장소에 출입할 때에는 그 신분을 표시하는 증표를 제시하여야 하며, 함부로 관계인이 하는 정당한 업무를 방해해서는 아니 된다.

이에 대하여는 특별한 관련 판례를 찾을 수 없었다. 출입의 요건은 "대간첩 작전의 수행에 필요", 효과는 "흥행장 등 많은 사람이 출입하는 장소의 검색"으로, 대간첩 작전이라는 위험의 크기를 볼 때 작전수행의 필요성은 널리 인정될 수 있을 것이다. 이 경우 경찰관은 해당 장소를 검색할 수 있는데, 검색은 출입을 전제하지 아니하고는 생각할 수 없으므로 출입을 포함한다. 구체적으로 검색이란 "대간첩 작전 수행에서 필요한 사람이나 물건을 찾기 위하여 대상 장소에 출입하여 뒤져보는 것"으로, 그 정도는 형사소송법에서의 수색과 마찬가지로 잠긴 문을 열어보는 등 샅샅이 뒤져 볼 수 있다.

Ⅳ   관련 특별법

1. 풍속영업의 규제에 관한 법률

풍속영업의 규제에 관한 법률

[시행 2021. 1. 1.] [법률 제17689호, 2020. 12. 22., 타법개정]

제9조(출입) ① 경찰서장은 특별히 필요한 경우 경찰공무원에게 풍속영업소에 출입하여 풍속영업자와 대통령령으로 정하는 종사자가 제3조의 준수 사항을 지키고 있는지를 검사하게 할 수 있다.

② 제1항에 따라 풍속영업소에 출입하여 검사하는 경찰공무원은 그 권한을 표시하는 증표를 지니고 이를 관계인에게 내보여야 한다.

제2조(풍속영업의 범위) 이 법에서 "풍속영업"이란 다음 각 호의 어느 하나에 해당하는 영업을 말한다.

1. 「게임산업진흥에 관한 법률」 제2조 제6호에 따른 게임제공업 및 같은 법 제2조 제8호에 따른 복합유통게임제공업
2. 「영화 및 비디오물의 진흥에 관한 법률」 제2조 제16호 가목에 따른 비디오물감상실업
3. 「음악산업진흥에 관한 법률」 제2조 제13호에 따른 노래연습장업
4. 「공중위생관리법」 제2조 제1항 제2호부터 제4호까지의 규정에 따른 숙박업, 목욕장업(沐浴場業), 이용업(理容業) 중 대통령령으로 정하는 것
5. 「식품위생법」 제36조 제1항 제3호에 따른 식품접객업 중 대통령령으로 정하는 것
6. 「체육시설의 설치·이용에 관한 법률」 제10조 제1항 제2호에 따른 무도학원업 및 무도장업
7. 그 밖에 선량한 풍속을 해치거나 청소년의 건전한 성장을 저해할 우려가 있는 영업으로 대통령령으로 정하는 것

제3조(준수 사항) 풍속영업을 하는 자(허가나 인가를 받지 아니하거나 등록이나 신고를 하지 아니하고 풍속영업을 하는 자를 포함한다. 이하 "풍속영업자"라 한다) 및 대통령령으로 정하는 종사자는 풍속영업을 하는 장소(이하 "풍속영업소"라 한다)에서 다음 각 호의 행위를 하여서는 아니 된다.

1. 「성매매알선 등 행위의 처벌에 관한 법률」 제2조 제1항 제2호에 따른 성매매알선등행위
2. 음란행위를 하게 하거나 이를 알선 또는 제공하는 행위
3. 음란한 문서·도화(圖畵)·영화·음반·비디오물, 그 밖의 음란한 물건에 대한 다음 각 목의 행위
   가. 반포(頒布)·판매·대여하거나 이를 하게 하는 행위
   나. 관람·열람하게 하는 행위
   다. 반포·판매·대여·관람·열람의 목적으로 진열하거나 보관하는 행위
4. 도박이나 그 밖의 사행(射倖)행위를 하게 하는 행위

풍속영업의 규제에 관한 법률 시행령

[시행 2020. 3. 3.] [대통령령 제30509호, 2020. 3. 3., 타법개정]

제3조(풍속영업종사자의 범위) 법 제3조 각 호 외의 부분, 제6조 제1항 및 제9조 제1항에서 "대통령령으로 정하는 종사자"란 명칭에 관계없이 영업자를 대리하거나 영업자의 지시를 받아 상시 또는 일시적으로 영업행위를 하는 대리인, 사용인, 그 밖의 종업원(무도학원업의 경우 강사·강사보조원을 포함한다)을 말한다.

※ 참 고

풍속영업규제법에는 제9조 위반에 대한 벌칙이나 과태료 규정은 존재하지 않는다.

경찰관은 필요한 경우 오락실, 비디오방, 노래연습장, 단란주점, 유흥주점, 숙박업장, 목욕탕 등의 풍속영업소에 출입하여, 허가, 등록 여부와 무관하게 사실상 풍속영업을 하는 자 및 종사자가 영업장 내에서 성매매 알선, 음란행위 알선, 음란한 물건의 반포, 도박 기타 사행행위 등을 하고 있는지 검사할 수 있다. 출입 및 검사의 장소가 법률에 규정된 풍속영업소로 제한되어 있고, 출입 및 검사의 목적 또한 법률에 규정되어 있는 성매매, 음란행위, 사행행위 등에 대한 확인으로 제한되어 있음에 유의해야 한다.

상대방이 출입이나 검사에 대해 거부할 때 경찰관이 강제로 출입할 수 있는지가 문제된다. 출입을 즉시강제로 보거나 유형력 행사를 인정하는 권력적 행정조사56)로 본다면 강제출입은 적법하다 할 것인데, 이에 대해서는 명확한 견해나

판례를 찾을 수 없었다. 성매매, 음란행위, 사행행위 등은 모두 범죄로서 경찰은 이를 예방할 임무를 가지고 있고, 풍속업소에서는 이러한 유형의 범죄발생 가능성이 높다는 점에서 "필요한 경우"는 범죄가 발생했거나 발생하고 있다는 구체적인 혐의 또는 위험이 있는 경우 뿐만 아니라, 범죄의 예방을 위한 정기적인 점검에서도 인정된다. 헌법재판소의 즉시강제 인정 기준에 따라 전자는 상황에 따라 즉시강제로 인정될 여지가 있지만, 후자는 즉시강제로 인정될 수 없다. 한편 풍속영업의 규제에 관한 법률에는 출입거부에 대한 형사처벌 또는 과태료 규정을 두지 않고 있지만, 적법하게 출입 또는 검사하는 경찰관을 폭행 또는 협박한 자는 공무집행방해죄로 처벌될 수 있다.

2. 사행행위 등 규제 및 처벌 특례법

사행행위 등 규제 및 처벌 특례법
[시행 2021. 1. 1.] [법률 제17689호, 2020. 12. 22., 타법개정]

제18조(출입·검사) ① 경찰청장이나 시도경찰청장은 특별히 필요한 경우... 관계 공무원으로 하여금 영업소에 출입하여 영업자등이 지켜야 할 사항의 준수 상태, 영업시설, 사행기구, 관계 서류나 장부 등을 검사하게 할 수 있다. 이 경우 인터넷 등 정보통신망을 이용한 사행행위영업에 관하여도 검사할 수 있다.
② 제1항에 따라 영업소에 출입하여 검사하는 관계 공무원은 그 권한을 표시하는 증표를 지니고 이를 관계인에게 내보여야 한다.

제2조(정의) ① 이 법에서 사용하는 용어의 뜻은 다음과 같다.
  1. "사행행위"란 여러 사람으로부터 재물이나 재산상의 이익(이하 "재물등"이라 한다)을 모아 우연적(偶然的) 방법으로 득실(得失)을 결정하여 재산상의 이익이나 손실을 주는 행위를 말한다.
  2. "사행행위영업"이란 다음 각 목의 어느 하나에 해당하는 영업을 말한다.
    가. 복권발행업(福券發行業) : 특정한 표찰(컴퓨터프로그램 등 정보처리능력을 가진 장치에 의한 전자적 형태를 포함한다)을 이용하여 여러 사람으로부터 재물등을 모아 추첨 등의 방법으로 당첨자에게 재산상의 이익을 주

---

56) 권력적 행정조사에 유형력 행사가 가능한지에 대해서는 견해의 다툼이 있다.

고 다른 참가자에게 손실을 주는 행위를 하는 영업

나. 현상업(懸賞業) : 특정한 설문 또는 예측에 대하여 그 답을 제시하거나 예측이 적중하면 이익을 준다는 조건으로 응모자로부터 재물등을 모아 그 정답자나 적중자의 전부 또는 일부에게 재산상의 이익을 주고 다른 참가자에게 손실을 주는 행위를 하는 영업

다. 그 밖의 사행행위업 : 가목 및 나목 외에 영리를 목적으로 회전판돌리기, 추첨, 경품(景品) 등 사행심을 유발할 우려가 있는 기구 또는 방법 등을 이용하는 영업으로서 대통령령으로 정하는 영업

제12조(영업자의 준수사항) 영업자(대통령령으로 정하는 종사자를 포함한다)는 다음 각 호의 사항과 제11조에 따른 영업의 방법 및 당첨금에 관하여 대통령령으로 정하는 사항, 영업시간 등의 제한 사항을 지켜야 한다.

1. 영업명의(營業名義)를 다른 사람에게 빌려주지 말 것
2. 법령을 위반하는 사행기구를 설치하거나 사용하지 아니할 것
3. 법령을 위반하여 사행기구를 변조하지 아니할 것
4. 행정안전부령으로 정하는 사행행위영업의 영업소에 청소년(「청소년 보호법」 제2조제1호에 따른 청소년을 말한다. 이하 같다)을 입장시키거나 인터넷 등 정보통신망을 이용하는 사행행위영업에 청소년이 참가하는 것을 허용하지 아니할 것
5. 지나친 사행심을 유발하는 등 선량한 풍속을 해칠 우려가 있는 광고 또는 선전을 하지 아니할 것

제30조(벌칙) ① 다음 각 호의 어느 하나에 해당하는 자는 5년 이하의 징역 또는 5천만원 이하의 벌금에 처한다.

12. 제18조 제1항에 따른 보고를 하지 아니하거나 거짓으로 보고한 자 및 관계 공무원의 출입·검사나 그 밖의 조치를 거부·방해 또는 기피한 자

경찰관은 필요한 경우 사행행위 영업소에 출입하여, 영업자 등이 영업방법, 명의대여 금지, 법령위반 사행기구 설치·사용·변조 금지 등을 준수하고 있는지 검사할 수 있다. 출입 및 검사의 장소가 사행행위 영업소로 제한되어 있고, 출입 및 검사의 목적은 영업방법 준수 등으로 제한되어 있음에 유의해야 한다.

출입 및 검사를 거부·방해 또는 기피한 자는 5년 이하의 징역 또는 5천만원 이하의 벌금으로 형사 처벌의 대상이 되므로, 사행행위 업소 안에서 출입을 거부

하면 그 즉시 현행범인 체포 또는 긴급체포 대상자가 사행행위 업소 안에 있는 것이 된다. 따라서 형사소송법 제216조 제1항 제1호에 근거하여 현행범인 체포를 위해 수색할 수 있으므로, 상대방이 출입검사를 거부할 때 강제출입이 가능한지에 대한 논의에는 큰 실익이 없다. 또한 적법하게 출입 또는 검사하는 경찰관을 폭행 또는 협박한 자는 공무집행방해죄로 처벌될 수 있다.

3. 가정폭력사건 관련법

> **가정폭력방지 및 피해자보호 등에 관한 법률**
> [시행 2023. 4. 11.] [법률 제19339호, 2023. 4. 11., 타법개정]
>
> 제9조의4(사법경찰관리의 현장출동 등) ① 사법경찰관리는 가정폭력범죄의 신고가 접수된 때에는 지체 없이 가정폭력의 현장에 출동하여야 한다.
> ② 제1항에 따라 출동한 사법경찰관리는 피해자를 보호하기 위하여 신고된 현장 또는 사건 조사를 위한 관련 장소에 출입하여 관계인에 대하여 조사를 하거나 질문을 할 수 있다.
> ③ 가정폭력행위자는 제2항에 따른 사법경찰관리의 현장 조사를 거부하는 등 그 업무 수행을 방해하는 행위를 하여서는 아니 된다.
> ④ 제2항에 따라 출입, 조사 또는 질문을 하는 사법경찰관리는 그 권한을 표시하는 증표를 지니고 이를 관계인에게 내보여야 한다.
>
> 제22조(과태료) ① 정당한 사유 없이 제9조의4 제3항을 위반하여 현장조사를 거부·기피하는 등 업무 수행을 방해한 가정폭력행위자에게는 500만원 이하의 과태료를 부과한다.
>
> **가정폭력범죄의 처벌 등에 관한 특례법**
> [시행 2023. 6. 14.] [법률 제19068호, 2022. 12. 13., 일부개정]
>
> 제5조(가정폭력범죄에 대한 응급조치) 진행 중인 가정폭력범죄에 대하여 신고를 받은 사법경찰관리는 즉시 현장에 나가서 다음 각 호의 조치를 하여야 한다.
> 1. 폭력행위의 제지, 가정폭력행위자·피해자의 분리 및 범죄수사
> 1의2. 「형사소송법」 제212조에 따른 현행범인의 체포 등 범죄수사
> 2. 피해자를 가정폭력 관련 상담소 또는 보호시설로 인도(피해자가 동의한 경우

만 해당한다)
3. 긴급치료가 필요한 피해자를 의료기관으로 인도
4. 폭력행위 재발 시 제8조에 따라 임시조치를 신청할 수 있음을 통보
5. 제55조의2에 따른 피해자보호명령 또는 신변안전조치를 청구할 수 있음을 고지

제8조의2(긴급임시조치) ① 사법경찰관은 제5조에 따른 응급조치에도 불구하고 가정폭력범죄가 재발될 우려가 있고, 긴급을 요하여 법원의 임시조치 결정을 받을 수 없을 때에는 직권 또는 피해자나 그 법정대리인의 신청에 의하여 제29조 제1항 제1호부터 제3호까지의 어느 하나에 해당하는 조치(이하 "긴급임시조치"라 한다)를 할 수 있다.

제29조(임시조치) ① 판사는 가정보호사건의 원활한 조사·심리 또는 피해자 보호를 위하여 필요하다고 인정하는 경우에는 결정으로 가정폭력행위자에게 다음 각 호의 어느 하나에 해당하는 임시조치를 할 수 있다.
1. 피해자 또는 가정구성원의 주거 또는 점유하는 방실(房室)로부터의 퇴거 등 격리
2. 피해자 또는 가정구성원이나 그 주거·직장 등에서 100미터 이내의 접근 금지
3. 피해자 또는 가정구성원에 대한 「전기통신기본법」 제2조 제1호의 전기통신을 이용한 접근 금지

제66조(과태료) 다음 각 호의 어느 하나에 해당하는 사람에게는 300만원 이하의 과태료를 부과한다.
2. 정당한 사유 없이 제8조의2 제1항에 따른 긴급임시조치(검사가 제8조의3제1항에 따른 임시조치를 청구하지 아니하거나 법원이 임시조치의 결정을 하지 아니한 때는 제외한다)를 이행하지 아니한 사람

경찰관은 가정폭력 사건의 처리를 위해 가정폭력방지 및 피해자보호 등에 관한 법률과 가정폭력범죄의 처벌 등에 관한 특례법을 포괄적으로 이해하고 있어야 한다. 가정폭력 사건장소의 출입, 보호조치 등의 위험방지와 수사에 대한 수권조항이 양 법률에 나누어져 규정되어 있기 때문이다. 양 법률에 따라 경찰관은 가정폭력 범죄의 신고가 접수된 때에는 현장에 출동하여야 하고 피해자를 보호하기 위하여 신고된 현장 또는 사건 조사를 위한 관련 장소에 출입하여 관계인에 대하여 조사를 하거나 질문을 할 수 있다. 특히 진행 중인 가정폭력 범죄에 대한 신고인 경우에는 경찰관은 현장에 출동하여 아래 6가지의 응급조치를 모두

하여야 한다.

① 폭력행위의 제지, 가정폭력행위자·피해자의 분리 및 범죄수사
② 형사소송법 제212조에 따른 현행범인의 체포 등 범죄수사
③ 피해자 동의시 피해자를 가정폭력 관련 상담소 또는 보호시설로 인도
④ 긴급치료가 필요한 피해자를 의료기관으로 인도
⑤ 폭력행위 재발 시 제8조에 따라 임시조치를 신청할 수 있음을 통보
⑥ 법 제55조의2에 따른 피해자보호명령 또는 신변안전조치를 청구할 수 있음을 고지

위 6가지의 응급조치를 하였음에도 아래 3가지 요건이 충족될 경우 경찰관은 긴급임시조치를 할 수 있다.

① 가정폭력범죄가 재발될 우려
② 긴급을 요하여 법원의 임시조치 결정을 받을 수 없을 때
③ 직권 또는 피해자나 그 법정대리인의 신청

세 번째 요건은 피해자 등의 신청 외에도 직권으로 긴급임시조치를 할 수 있으므로 사실상 ① 및 ②의 요건만 갖추어지면 경찰관은 긴급임시조치를 할 수 있다. 긴급임시조치에는 아래의 3가지가 있다.

① 피해자 또는 가정구성원의 주거 또는 점유하는 방실(房室)로부터의 퇴거 등 격리
② 피해자 또는 가정구성원의 주거, 직장 등에서 100미터 이내의 접근 금지
③ 피해자 또는 가정구성원에 대한 전기통신기본법 제2조 제1호의 전기통신을 이용한 접근 금지

가정폭력 신고 현장조사를 거부·기피하는 등 업무 수행을 방해한 가정폭력행위자에게는 500만원 이하의 과태료를, 정당한 이유없이 긴급임시조치를 이행하지 아니한 사람은 300만원 이하의 과태료를 부과할 수 있다.

가정폭력 사건의 처리에서 실무상 가장 어려운 부분 중 하나는 신고 장소에

대한 강제출입의 여부이다. 양 법에 강제출입을 할 수 있는지가 명백히 규정되어 있지 아니 하고, 그 거부나 방해에 대한 형사처벌도 규정되어 있지 않기 때문이다. 하지만 가정폭력 관련법 상 출입은 가정폭력이라는 추상적인 위험에 대한 적극적인 대응을 위해 신고만으로도 경찰관의 강제출입이 가능하도록 한 것으로 해석된다. 먼저 가정폭력이 현재 진행중이라는 취지의 신고가 있었던 경우에는 강제출입이 가능함은 명백하다. 가해자와 피해자의 분리, 가해자에 대한 수사, 피해자에 대한 보호조치가 접수된 신고를 처리하는 경찰관의 의무로 규정되어 있는데, 진행중인 장소에 경찰관의 강제출입이 가능함을 전제하지 아니하고는 이러한 의무를 이행할 방법이 없기 때문이다. 이는 헌법재판소의 즉시강제 기준에도 부합함이 명백하다. 다음으로 현재 가정폭력이 진행 중이지 아니한 경우라도 재발이 임박했거나, 재발의 위험이 명백한 경우로서 강제출입을 인정할 급박한 사정이 있다면 경찰관은 신고장소에 강제로 출입할 수 있다고 생각한다. 가정폭력이 진행중인 경우와는 달리 구체적인 경찰관의 수사와 위험방지 조치의 의무는 규정되어 있지 않지만, 관계인에 대한 조사권은 규정되어 있고, 상황에 따라 이러한 조사권은 의무가 될 수 있음에는 이론의 여지가 없다. 가정폭력 사건의 재발이 임박했거나, 재발의 위험이 명백한 경우라면 경찰관은 이러한 가정폭력 사건에 대해 조사할 의무가 있고, 이러한 의무를 이행하기 위해서는 현장의 출입이 전제되어야 한다. 이러한 경우는 헌법재판소의 즉시강제 기준을 충족하므로 이때의 출입은 즉시강제라 할 것이다.

　　다만 여기에서는 "신고"에 명백한 오인신고나 허위신고까지 포함될 수는 없음에 유의해야 한다. 현장에 출동한 경찰관이 신고의 진위를 합리적으로 판단했을 때 위험이 있다고 인정된다면 신고로 인정되지만, 합리적인 기준으로 판단하지 아니하여 위험이 있다고 오인하였다면 신고로 인정될 수 없다. 위 "가폭오인" 사건에서 경찰은 제3자인 신고인의 신고 외에는 가정폭력사건이 일어나고 있다고 인정할 만한 어떠한 정보도 확인하지 않았다. 게다가 가정폭력 장소로 신고된 아파트 호실 앞은 조용하였음에도, 신고인은 여전히 시끄럽다고 하는 등 현장과 전혀 다른 진술을 한 후 협조를 거부하였다. 그럼에도 경찰관은 다른 이웃을 확인하는 등 어떠한 추가적인 사실확인 없이 위 아파트에 들어갔는데 이는 전형적인 오상위험인 것이다. 이러한 경우에까지 신고로 인정한다면, 경찰은 가정폭력 신고가 있기만 하면 허위나 오인여부와 관계없이 어디든지 그 장소에 강제로 출

입할 수 있다는 의미가 되므로 법원의 태도를 존중할 수 밖에 없다. 아래는 출입
에 대한 법원의 태도와 헌법재판소의 결정 등을 고려하여 진행중인 가정폭력 사
건의 신고시 그 장소에서 가정폭력 사건이 진행중이거나 신고시 진행중이었음에
대해 의심이 있는 경우, 신고자의 유형에 따라 경찰관이 추가로 확인해야할 사실
과 강제출입 가능성에 대한 저자의 견해를 정리한 것이다.

[표 6] 가정폭력의 신고와 강제출입의 가능성

신고자 추가 사실 확인		피해자	제3자
전화통화 등 신고자 확인	신고내용과 부합하는 진술	지금은 가정폭력이 중단되었다는 취지 진술시 즉시 강제출입 가능	지금은 조용해졌다는 취지 진술시 강제출입 또는 이웃 등 추가 확인
	신고내용과 부합하지 않는 진술	허위로 신고한 것이었다는 취지의 진술시 즉시 강제출입 가능	지금도 여전히 시끄럽다는 취지 진술시 이웃 등 추가확인 필요
	통화 불가	전화를 받지 않는 등 통화 불가시 강제출입 가능	전화를 받지 않는 등 통화 불가시 이웃 등 추가 확인 필요
주변 이웃 확인	신고내용과 부합하는 진술	불요	지금은 조용해졌다는 취지 진술시 강제출입 가능
	신고내용과 부합하지 않는 진술	불요	시끄러웠던 적이 없었다는 취지 진술시 강제출입 불가
	명확한 확인 불가	불요	신고자가 신고내용과 부합하는 진술을 한 경우 강제출입 가능. 그 외 경우는 강제출입 불가

가정폭력 신고자가 피해자인 경우에는 신고자에 대한 확인만으로도 충분하다고 생각한다. 신고자가 신고내용과 부합하지 않는 진술을 하거나 전화를 받지 않는 등의 경우라도, 신고자는 가해자와의 관계, 현장의 긴박한 상황 등으로 허위 진술을 하거나 전화를 받지 못하는 경우가 있으므로 그 사실만으로도 오인 또는 허위신고가 아니라는 경찰관의 판단은 합리적이라 아니할 수 없다.

신고자가 제3자의 경우는 신고자에 대한 확인과 더불어 이웃 등에 대한 확인도 필요하다. 제3자가 가정폭력의 소음을 들었는데 지금은 조용해졌다는 등의 취지로 신고와 현장상황에 모두 부합하는 취지의 진술을 하고 그 진술에 신뢰성이 인정된다면 즉시 강제출입을 할 수 있을 것이다. 그 진술에 신빙성이 부족하다고 판단된다면 주변 이웃에 대한 추가적인 확인을 한다. 이때 주변 이웃들도 상황에 부합하는 진술을 하면 강제출입할 수 있다. 이때에는 객관적으로 위험함이 확인되었다 할 것이기 때문이다. 나아가 주변 이웃들로부터 상황을 확인하기 위해 성실한 노력을 기울였으나 상황이 명확하게 확인되지 않는 경우, 예컨대 이웃들로부터 잘 모르겠다는 진술만이 얻어지거나 문이 잠겨있는 등 응답하는 이웃이 없는 때라면 신고 진위여부 확인을 위한 충분한 노력을 하였으므로 강제출입을 할 수 있다고 생각한다. 물론 주변 이웃들이 전혀 그런 사실이 없다는 취지로 진술했을 때에는 신고자가 오인한 경우라 할 것이므로 강제출입은 할 수 없다. 제3자인 신고자가 여전히 시끄럽다는 등의 취지로 현장상황과 전혀 부합하지 않는 취지의 진술을 하거나 전화통화가 되지 않는 등 연락이 되지 않으면 경찰관은 신고된 장소에 강제출입 할 수 없다. 이러한 경우 경찰관은 만약의 상황을 대비하여 이웃에 사실여부를 확인해 보아야 하고, 신고시간 즈음에 가정폭력의 소음이 있었으나 지금은 조용해진 것으로 확인될 때에만 강제 출입을 할 수 있을 것이다.

경찰관은 출입, 조사, 질문시 경찰관은 권한을 표시하는 증표인 경찰공무원증을 제시하여야 한다.

4. 스토킹사건 관련법

스토킹범죄의 처벌 등에 관한 법률
[시행 2023. 7. 11.] [법률 제19518호, 2023. 7. 11., 일부개정]

제2조(정의) 이 법에서 사용하는 용어의 뜻은 다음과 같다.

1. "스토킹행위"란 상대방의 의사에 반(反)하여 정당한 이유 없이 다음 각 목의 어느 하나에 해당하는 행위를 하여 상대방에게 불안감 또는 공포심을 일으키는 것을 말한다.

   가. 상대방 또는 그의 동거인, 가족(이하 "상대방등"이라 한다)에게 접근하거나 따라다니거나 진로를 막아서는 행위

   나. 상대방등의 주거, 직장, 학교, 그 밖에 일상적으로 생활하는 장소(이하 "주거등"이라 한다) 또는 그 부근에서 기다리거나 지켜보는 행위

   다. 상대방등에게 우편·전화·팩스 또는 「정보통신망 이용촉진 및 정보보호 등에 관한 법률」 제2조제1항제1호의 정보통신망(이하 "정보통신망"이라 한다)을 이용하여 물건이나 글·말·부호·음향·그림·영상·화상(이하 "물건등"이라 한다)을 도달하게 하거나 정보통신망을 이용하는 프로그램 또는 전화의 기능에 의하여 글·말·부호·음향·그림·영상·화상이 상대방등에게 나타나게 하는 행위

   라. 상대방등에게 직접 또는 제3자를 통하여 물건등을 도달하게 하거나 주거등 또는 그 부근에 물건등을 두는 행위

   마. 상대방등의 주거등 또는 그 부근에 놓여져 있는 물건등을 훼손하는 행위

   바. 다음의 어느 하나에 해당하는 상대방등의 정보를 정보통신망을 이용하여 제3자에게 제공하거나 배포 또는 게시하는 행위

      1) 「개인정보 보호법」 제2조제1호의 개인정보

      2) 「위치정보의 보호 및 이용 등에 관한 법률」 제2조제2호의 개인위치정보

      3) 1) 또는 2)의 정보를 편집·합성 또는 가공한 정보(해당 정보주체를 식별할 수 있는 경우로 한정한다)

   사. 정보통신망을 통하여 상대방등의 이름, 명칭, 사진, 영상 또는 신분에 관한 정보를 이용하여 자신이 상대방등인 것처럼 가장하는 행위

2. "스토킹범죄"란 지속적 또는 반복적으로 스토킹행위를 하는 것을 말한다.

3. "피해자"란 스토킹범죄로 직접적인 피해를 입은 사람을 말한다.

4. "피해자등"이란 피해자 및 스토킹행위의 상대방을 말한다.

제3조(스토킹행위 신고 등에 대한 응급조치) 사법경찰관리는 진행 중인 스토킹행위에 대하여 신고를 받은 경우 즉시 현장에 나가 다음 각 호의 조치를 하여야 한다.

1. 스토킹행위의 제지, 향후 스토킹행위의 중단 통보 및 스토킹행위를 지속적 또는 반복적으로 할 경우 처벌 서면경고

2. 스토킹행위자와 피해자등의 분리 및 범죄수사

3. 피해자등에 대한 긴급응급조치 및 잠정조치 요청의 절차 등 안내

4. 스토킹 피해 관련 상담소 또는 보호시설로의 피해자등 인도(피해자등이 동의한 경우만 해당한다)

제4조(긴급응급조치) ① 사법경찰관은 스토킹행위 신고와 관련하여 스토킹행위가 지속적 또는 반복적으로 행하여질 우려가 있고 스토킹범죄의 예방을 위하여 긴급을 요하는 경우 스토킹행위자에게 직권으로 또는 스토킹행위의 상대방이나 그 법정대리인 또는 스토킹행위를 신고한 사람의 요청에 의하여 다음 각 호에 따른 조치를 할 수 있다.

1. 스토킹행위의 상대방등이나 그 주거등으로부터 100미터 이내의 접근 금지

2. 스토킹행위의 상대방등에 대한 「전기통신기본법」 제2조제1호의 전기통신을 이용한 접근 금지

② 사법경찰관은 제1항에 따른 조치(이하 "긴급응급조치"라 한다)를 하였을 때에는 즉시 스토킹행위의 요지, 긴급응급조치가 필요한 사유, 긴급응급조치의 내용 등이 포함된 긴급응급조치결정서를 작성하여야 한다.

제20조(벌칙) ③ 긴급응급조치(검사가 제5조제2항에 따른 긴급응급조치에 대한 사후승인을 청구하지 아니하거나 지방법원 판사가 같은 조 제3항에 따른 승인을 하지 아니한 경우는 제외한다)를 이행하지 아니한 사람은 1년 이하의 징역 또는 1천만원 이하의 벌금에 처한다.

스토킹방지 및 피해자보호 등에 관한 법률
[시행 2023. 7. 18.] [법률 제19216호, 2023. 1. 17., 제정]

제14조(사법경찰관리의 현장출동 등) ① 사법경찰관리는 스토킹의 신고가 접수된 때에는 지체 없이 신고된 현장에 출동하여야 한다.

② 제1항에 따라 출동한 사법경찰관리는 신고된 현장 또는 사건조사를 위한 관

련 장소에 출입하여 관계인에 대하여 조사를 하거나 질문을 할 수 있다.

③ 제2항에 따라 출입, 조사 또는 질문을 하는 사법경찰관리는 그 권한을 표시하는 증표를 지니고 이를 관계인에게 내보여야 한다.

④ 제2항에 따라 조사 또는 질문을 하는 사법경찰관리는 피해자·신고자·목격자 등이 자유롭게 진술할 수 있도록 스토킹행위자로부터 분리된 곳에서 조사하는 등 필요한 조치를 하여야 한다.

⑤ 누구든지 정당한 사유 없이 제2항에 따른 사법경찰관리의 현장조사를 거부하는 등 그 업무 수행을 방해하는 행위를 하여서는 아니 된다.

제18조(과태료) ① 제14조제5항을 위반하여 정당한 사유 없이 사법경찰관리의 업무 수행을 방해한 자에게는 1천만원 이하의 과태료를 부과한다.

스토킹 범죄의 심각성에 대한 대응을 강화하기 위해 최근 스토킹범죄의 처벌 등에 관한 법률이 개정되었고, 스토킹방지 및 피해자보호 등에 관한 법률이 입법되었다. 두 법률에 따라 경찰관은 진행중인 스토킹 행위에 대해 신고가 접수되면 아직 스토킹 범죄에 이르지 않았다 하더라도 신고장소에 대한 출입, 범죄의 제지, 보호조치, 수사 등을 할 의무를 지게 되었다. 이로써 스토킹사건 관련 특별법상 경찰관의 위험방지권한 및 수사권은 가정폭력사건 관련 특별법상의 그것과 동일하게 되었다. 경찰관은 진행중인 스토킹 행위의 신고를 접수하면 현장에 출동하여 아래 4가지의 응급조치를 모두 하여야 한다. 응급조치를 위해 신고장소에 대한 출입의 필요성이 인정되면 경찰관은 그 장소에 출입하여야 한다.

① 스토킹행위의 제지, 향후 스토킹행위의 중단 통보 및 스토킹행위를 지속적 또는 반복적으로 할 경우 처벌 서면 경고
② 스토킹행위자와 피해자등의 분리 및 범죄수사
③ 피해자등에 대한 긴급응급조치 및 잠정조치 요청의 절차 등 안내
④ 스토킹 피해 관련 상담소 또는 보호시설로의 피해자등 인도(피해자등이 동의한 경우만 해당한다)

위 4가지의 응급조치를 하였음에도 아래 3가지 요건이 충족될 경우 경찰관은 긴급응급조치를 할 수 있다.

① 스토킹행위가 지속적 또는 반복적으로 행하여질 우려
② 스토킹범죄의 예방을 위하여 긴급을 요하는 경우
③ 직권, 스토킹행위의 상대방이나 그 법정대리인 또는 스토킹행위를 신고한 사람의 요청

세 번째 요건에는 직권이 포함되어 있으므로 사실상 ① 및 ②의 요건만 갖추어지면 경찰관은 긴급응급조치를 할 수 있다. 긴급응급조치에는 아래의 2가지가 있다.

① 스토킹행위의 상대방등(상대방 또는 그의 동거인, 가족)이나 그 주거등으로부터 100미터 이내의 접근 금지
② 스토킹행위의 상대방등(상대방 또는 그의 동거인, 가족)에 대한 「전기통신기본법」 제2조제1호의 전기통신을 이용한 접근 금지

정당한 사유없이 긴급응급조치를 이행하지 아니한 사람은 1년 이하의 징역 또는 1천만원 이하의 벌금에 처한다.

5. 아동학대범죄의 처벌 등에 관한 특례법

아동학대범죄의 처벌 등에 관한 특례법 (약칭: 아동학대처벌법)
[시행 2023. 6. 28.] [법률 제19101호, 2022. 12. 27., 일부개정]

제11조(현장출동) ① 아동학대범죄 신고를 접수한 사법경찰관리나 「아동복지법」 제22조제4항에 따른 아동학대전담공무원(이하 "아동학대전담공무원"이라 한다)은 지체 없이 아동학대범죄의 현장에 출동하여야 한다. 이 경우 수사기관의 장이나 시·도지사 또는 시장·군수·구청장은 서로 동행하여 줄 것을 요청할 수 있으며, 그 요청을 받은 수사기관의 장이나 시·도지사 또는 시장·군수·구청장은 정당한 사유가 없으면 사법경찰관리나 아동학대전담공무원이 아동학대범죄 현장에 동행하도록 조치하여야 한다.

② 아동학대범죄 신고를 접수한 사법경찰관리나 아동학대전담공무원은 아동학대범죄가 행하여지고 있는 것으로 신고된 현장 또는 피해아동을 보호하기 위하여 필요한 장소에 출입하여 아동 또는 아동학대행위자 등 관계인에 대하여 조사를 하거나 질문을 할 수 있다.(이하 생략)

④ 제2항 및 제3항에 따라 출입이나 조사를 하는 사법경찰관리, 아동학대전담공무원 또는 아동보호전문기관의 직원은 그 권한을 표시하는 증표를 지니고 이를 관계인에게 내보여야 한다.

⑤ 제2항에 따라 조사 또는 질문을 하는 사법경찰관리 또는 아동학대전담공무원은 피해아동, 아동학대범죄신고자등, 목격자 등이 자유롭게 진술할 수 있도록 아동학대행위자로부터 분리된 곳에서 조사하는 등 필요한 조치를 하여야 한다.

⑥ 누구든지 제1항부터 제3항까지의 규정에 따라 현장에 출동한 사법경찰관리, 아동학대전담공무원 또는 아동보호전문기관의 직원이 제2항 및 제3항에 따른 업무를 수행할 때에 폭행·협박이나 현장조사를 거부하는 등 그 업무 수행을 방해하는 행위를 하여서는 아니 된다.

제12조(피해아동 등에 대한 응급조치) ① 제11조제1항에 따라 현장에 출동하거나 아동학대범죄 현장을 발견한 경우 또는 학대현장 이외의 장소에서 학대피해가 확인되고 재학대의 위험이 급박·현저한 경우, 사법경찰관리 또는 아동학대전담공무원은 피해아동, 피해아동의 형제자매인 아동 및 피해아동과 동거하는 아동(이하 "피해아동등"이라 한다)의 보호를 위하여 즉시 다음 각 호의 조치(이하 "응급조치"라 한다)를 하여야 한다. 이 경우 제3호의 조치를 하는 때에는 피해아동등의 이익을 최우선으로 고려하여야 하며, 피해아동등을 보호하여야 할 필요가 있는 등 특별한 사정이 있는 경우를 제외하고는 피해아동등의 의사를 존중하여야 한다.

1. 아동학대범죄 행위의 제지
2. 아동학대행위자를 피해아동등으로부터 격리
3. 피해아동등을 아동학대 관련 보호시설로 인도
4. 긴급치료가 필요한 피해아동을 의료기관으로 인도

⑦ 누구든지 아동학대전담공무원이나 사법경찰관리가 제1항에 따른 업무를 수행할 때에 폭행·협박이나 응급조치를 저지하는 등 그 업무 수행을 방해하는 행위를 하여서는 아니 된다.

⑧ 사법경찰관리는 제1항제1호 또는 제2호의 조치를 위하여 다른 사람의 토지·건물·배 또는 차에 출입할 수 있다.

제13조(아동학대행위자에 대한 긴급임시조치) ① 사법경찰관은 제12조제1항에 따른 응급조치에도 불구하고 아동학대범죄가 재발될 우려가 있고, 긴급을 요하여 제19조제1항에 따른 법원의 임시조치 결정을 받을 수 없을 때에는 직권이나 피해아동등, 그 법정대리인(아동학대행위자를 제외한다. 이하 같다), 변호사(제16조에 따른 변호사를 말한다. 제48조 및 제49조를 제외하고는 이하 같다), 시·도지사, 시장·군수·구청장 또는 아동보호전문기관의 장의 신청에 따라 제19조제1항제1호부터 제3호까지의 어느 하나에 해당하는 조치를 할 수 있다.

제14조(임시조치의 청구) ① 검사는 아동학대범죄가 재발될 우려가 있다고 인정하는 경우에는 직권으로 또는 사법경찰관이나 보호관찰관의 신청에 따라 법원에 제19조제1항 각 호의 임시조치를 청구할 수 있다.

제15조(응급조치·긴급임시조치 후 임시조치의 청구) ① 사법경찰관이 제12조제1항제2호부터 제4호까지의 규정에 따른 응급조치 또는 제13조제1항에 따른 긴급임시조치를 하였거나 시·도지사 또는 시장·군수·구청장으로부터 제12조제1항제2호부터 제4호까지의 규정에 따른 응급조치가 행하여졌다는 통지를 받은 때에는 지체 없이 검사에게 제19조에 따른 임시조치의 청구를 신청하여야 한다.
② 제1항의 신청을 받은 검사는 임시조치를 청구하는 때에는 응급조치가 있었던 때부터 72시간(제12조제3항 단서에 따라 응급조치 기간이 연장된 경우에는 그 기간을 말한다) 이내에, 긴급임시조치가 있었던 때부터 48시간 이내에 하여야 한다. 이 경우 제12조제5항에 따라 작성된 응급조치결과보고서 및 제13조제2항에 따라 작성된 긴급임시조치결정서를 첨부하여야 한다.
③ 사법경찰관은 검사가 제2항에 따라 임시조치를 청구하지 아니하거나 법원이 임시조치의 결정을 하지 아니한 때에는 즉시 그 긴급임시조치를 취소하여야 한다.

제19조(아동학대행위자에 대한 임시조치) ① 판사는 아동학대범죄의 원활한 조사·심리 또는 피해아동등의 보호를 위하여 필요하다고 인정하는 경우에는 결정으로 아동학대행위자에게 다음 각 호의 어느 하나에 해당하는 조치(이하 "임시조치"라 한다)를 할 수 있다.
1. 피해아동등 또는 가정구성원(「가정폭력범죄의 처벌 등에 관한 특례법」 제2조제2호에 따른 가정구성원을 말한다. 이하 같다)의 주거로부터 퇴거 등 격리
2. 피해아동등 또는 가정구성원의 주거, 학교 또는 보호시설 등에서 100미터 이내의 접근 금지

> 3. 피해아동등 또는 가정구성원에 대한 「전기통신기본법」 제2조제1호의 전기통신을 이용한 접근 금지
>
> **제63조(과태료)** ① 다음 각 호의 어느 하나에 해당하는 사람에게는 1천만원 이하의 과태료를 부과한다.
> 3. 정당한 사유 없이 제11조제6항을 위반하여 사법경찰관리, 아동학대전담공무원 또는 아동보호전문기관의 직원이 수행하는 현장조사를 거부한 사람
> 4. 정당한 사유 없이 제13조제1항에 따른 긴급임시조치를 이행하지 아니한 사람

아동학대범죄의 처벌 등에 관한 특례법에는 아동학대 범죄 신고에 대한 경찰관의 출입, 수사, 보호조치 등이 가정폭력관련 특별법들과 동일한 방식으로 규정되어 있다. 이에 구체적인 설명은 위 가정폭력관련 법률들에 대한 내용으로 대신한다.

사실의 확인 등

제8조는 경찰의 사실조회와 특정한 행정작용을 위한 출석요구를 규정하고 있다. 경찰관직무집행법 제8조의 사실조회는 경찰이 수사나 위험방지를 위한 목적으로 제3자에게 정보제공을 요청할 수 있는 근거이고, 특정한 행정작용을 위한 출석요구는 특정한 사람으로부터 특정한 행정작용에 필요한 정보를 수집하기 위해 출석을 요구할 수 있는 근거로 상대방이 출석요구에 불응하더라도 수사상 출석요구와 달리 영장의 발부 등을 통해 강제할 방법은 없다. 조문의 순서에 따라 사실조회와 출석요구로 나누어 본다.

I 사실조회

제8조(사실의 확인 등) ① 경찰관서의 장은 직무 수행에 필요하다고 인정되는 상당한 이유가 있을 때에는 국가기관이나 공사(公私) 단체 등에 직무 수행에 관련된 사실을 조회할 수 있다. 다만, 긴급한 경우에는 소속 경찰관으로 하여금 현장에 나가 해당 기관 또는 단체의 장의 협조를 받아 그 사실을 확인하게 할 수 있다.

개인정보보호법
[시행 2023. 9. 15.] [법률 제19234호, 2023. 3. 14., 일부개정]

제2조(정의) 이 법에서 사용하는 용어의 뜻은 다음과 같다.
  1. "개인정보"란 살아 있는 개인에 관한 정보로서 다음 각 목의 어느 하나에 해당하는 정보를 말한다.
     가. 성명, 주민등록번호 및 영상 등을 통하여 개인을 알아볼 수 있는 정보
     나. 해당 정보만으로는 특정 개인을 알아볼 수 없더라도 다른 정보와 쉽게 결

합하여 알아볼 수 있는 정보. 이 경우 쉽게 결합할 수 있는지 여부는 다른
정보의 입수 가능성 등 개인을 알아보는 데 소요되는 시간, 비용, 기술 등
을 합리적으로 고려하여야 한다.

　　다. 가목 또는 나목을 제1호의2에 따라 가명처리함으로써 원래의 상태로 복
원하기 위한 추가 정보의 사용·결합 없이는 특정 개인을 알아볼 수 없는
정보(이하 "가명정보"라 한다)

1의2. "가명처리"란 개인정보의 일부를 삭제하거나 일부 또는 전부를 대체하는
등의 방법으로 추가 정보가 없이는 특정 개인을 알아볼 수 없도록 처리하는 것
을 말한다.

2. "처리"란 개인정보의 수집, 생성, 연계, 연동, 기록, 저장, 보유, 가공, 편집, 검
색, 출력, 정정(訂正), 복구, 이용, 제공, 공개, 파기(破棄), 그 밖에 이와 유사한
행위를 말한다.

3. "정보주체"란 처리되는 정보에 의하여 알아볼 수 있는 사람으로서 그 정보의
주체가 되는 사람을 말한다.

4. "개인정보파일"이란 개인정보를 쉽게 검색할 수 있도록 일정한 규칙에 따라
체계적으로 배열하거나 구성한 개인정보의 집합물(集合物)을 말한다.

5. "개인정보처리자"란 업무를 목적으로 개인정보파일을 운용하기 위하여 스스
로 또는 다른 사람을 통하여 개인정보를 처리하는 공공기관, 법인, 단체 및 개
인 등을 말한다.

6. "공공기관"이란 다음 각 목의 기관을 말한다.

　　가. 국회, 법원, 헌법재판소, 중앙선거관리위원회의 행정사무를 처리하는 기
관, 중앙행정기관(대통령 소속 기관과 국무총리 소속 기관을 포함한다) 및
그 소속 기관, 지방자치단체

　　나. 그 밖의 국가기관 및 공공단체 중 대통령령으로 정하는 기관

7. "고정형 영상정보처리기기"란 일정한 공간에 설치되어 지속적 또는 주기적으
로 사람 또는 사물의 영상 등을 촬영하거나 이를 유·무선망을 통하여 전송하
는 장치로서 대통령령으로 정하는 장치를 말한다.

7의2. "이동형 영상정보처리기기"란 사람이 신체에 착용 또는 휴대하거나 이동
가능한 물체에 부착 또는 거치(据置)하여 사람 또는 사물의 영상 등을 촬영하
거나 이를 유·무선망을 통하여 전송하는 장치로서 대통령령으로 정하는 장치
를 말한다.

8. "과학적 연구"란 기술의 개발과 실증, 기초연구, 응용연구 및 민간 투자 연구
등 과학적 방법을 적용하는 연구를 말한다.

제15조(개인정보의 수집·이용) ① 개인정보처리자는 다음 각 호의 어느 하나에 해당하는 경우에는 개인정보를 수집할 수 있으며 그 수집 목적의 범위에서 이용할 수 있다.

1. 정보주체의 동의를 받은 경우
2. 법률에 특별한 규정이 있거나 법령상 의무를 준수하기 위하여 불가피한 경우
3. 공공기관이 법령 등에서 정하는 소관 업무의 수행을 위하여 불가피한 경우
4. 정보주체와 체결한 계약을 이행하거나 계약을 체결하는 과정에서 정보주체의 요청에 따른 조치를 이행하기 위하여 필요한 경우
5. 명백히 정보주체 또는 제3자의 급박한 생명, 신체, 재산의 이익을 위하여 필요하다고 인정되는 경우
6. 개인정보처리자의 정당한 이익을 달성하기 위하여 필요한 경우로서 명백하게 정보주체의 권리보다 우선하는 경우. 이 경우 개인정보처리자의 정당한 이익과 상당한 관련이 있고 합리적인 범위를 초과하지 아니하는 경우에 한한다.
7. 공중위생 등 공공의 안전과 안녕을 위하여 긴급히 필요한 경우

제17조(개인정보의 제공) ① 개인정보처리자는 다음 각 호의 어느 하나에 해당되는 경우에는 정보주체의 개인정보를 제3자에게 제공(공유를 포함한다. 이하 같다)할 수 있다.

1. 정보주체의 동의를 받은 경우
2. 제15조제1항제2호, 제3호 및 제5호부터 제7호까지에 따라 개인정보를 수집한 목적 범위에서 개인정보를 제공하는 경우

제18조(개인정보의 목적 외 이용·제공 제한) ① 개인정보처리자는 개인정보를 제15조제1항에 따른 범위를 초과하여 이용하거나 제17조제1항 및 제28조의8제1항에 따른 범위를 초과하여 제3자에게 제공하여서는 아니 된다.

② 제1항에도 불구하고 개인정보처리자는 다음 각 호의 어느 하나에 해당하는 경우에는 정보주체 또는 제3자의 이익을 부당하게 침해할 우려가 있을 때를 제외하고는 개인정보를 목적 외의 용도로 이용하거나 이를 제3자에게 제공할 수 있다. 다만, 제5호부터 제9호까지에 따른 경우는 공공기관의 경우로 한정한다.

1. 정보주체로부터 별도의 동의를 받은 경우
2. 다른 법률에 특별한 규정이 있는 경우
3. 명백히 정보주체 또는 제3자의 급박한 생명, 신체, 재산의 이익을 위하여 필요하다고 인정되는 경우
4. 삭제 〈2020. 2. 4.〉

5. 개인정보를 목적 외의 용도로 이용하거나 이를 제3자에게 제공하지 아니하면 다른 법률에서 정하는 소관 업무를 수행할 수 없는 경우로서 보호위원회의 심의·의결을 거친 경우

6. 조약, 그 밖의 국제협정의 이행을 위하여 외국정부 또는 국제기구에 제공하기 위하여 필요한 경우

7. 범죄의 수사와 공소의 제기 및 유지를 위하여 필요한 경우

8. 법원의 재판업무 수행을 위하여 필요한 경우

9. 형(刑) 및 감호, 보호처분의 집행을 위하여 필요한 경우

10. 공중위생 등 공공의 안전과 안녕을 위하여 긴급히 필요한 경우

제19조(개인정보를 제공받은 자의 이용·제공 제한) 개인정보처리자로부터 개인정보를 제공받은 자는 다음 각 호의 어느 하나에 해당하는 경우를 제외하고는 개인정보를 제공받은 목적 외의 용도로 이용하거나 이를 제3자에게 제공하여서는 아니 된다.

1. 정보주체로부터 별도의 동의를 받은 경우

2. 다른 법률에 특별한 규정이 있는 경우

제59조(금지행위) 개인정보를 처리하거나 처리하였던 자는 다음 각 호의 어느 하나에 해당하는 행위를 하여서는 아니 된다.

2. 업무상 알게 된 개인정보를 누설하거나 권한 없이 다른 사람이 이용하도록 제공하는 행위

제71조(벌칙) 다음 각 호의 어느 하나에 해당하는 자는 5년 이하의 징역 또는 5천만원 이하의 벌금에 처한다.

1. 제17조제1항제2호에 해당하지 아니함에도 같은 항 제1호(제26조제8항에 따라 준용되는 경우를 포함한다)를 위반하여 정보주체의 동의를 받지 아니하고 개인정보를 제3자에게 제공한 자 및 그 사정을 알면서도 개인정보를 제공받은 자

2. 제18조제1항·제2항, 제27조제3항 또는 제28조의2(제26조제8항에 따라 준용되는 경우를 포함한다), 제19조 또는 제26조제5항을 위반하여 개인정보를 이용하거나 제3자에게 제공한 자 및 그 사정을 알면서도 영리 또는 부정한 목적으로 개인정보를 제공받은 자

9. 제59조제2호를 위반하여 업무상 알게 된 개인정보를 누설하거나 권한 없이 다른 사람이 이용하도록 제공한 자 및 그 사정을 알면서도 영리 또는 부정한

목적으로 개인정보를 제공받은 자

금융실명거래 및 비밀보장에 관한 법률
[시행 2021. 12. 30.] [법률 제17799호, 2020. 12. 29., 타법개정]

제4조(금융거래의 비밀보장) ① 금융회사등에 종사하는 자는 명의인(신탁의 경우에는 위탁자 또는 수익자를 말한다)의 서면상의 요구나 동의를 받지 아니하고는 그 금융거래의 내용에 대한 정보 또는 자료(이하 "거래정보등"이라 한다)를 타인에게 제공하거나 누설하여서는 아니 되며, 누구든지 금융회사등에 종사하는 자에게 거래정보등의 제공을 요구하여서는 아니 된다. 다만, 다음 각 호의 어느 하나에 해당하는 경우로서 그 사용 목적에 필요한 최소한의 범위에서 거래정보등을 제공하거나 그 제공을 요구하는 경우에는 그러하지 아니하다.
1. 법원의 제출명령 또는 법관이 발부한 영장에 따른 거래정보등의 제공
2. 조세에 관한 법률에 따라 제출의무가 있는 과세자료 등(생략)
3. 「국정감사 및 조사에 관한 법률」에 따른 국정조사에 필요한 자료(생략)
4. 금융위원회(증권시장·파생상품시장의 불공정거래조사의 경우(생략)
5. 동일한 금융회사등의 내부 또는 금융회사등 상호간에 업무상 필요한 거래정보등의 제공
6. 금융위원회 및 금융감독원장이 그에 상응하는 업무를 수행하는 외국 금융감독기관과 업무협조(생략)
7. 「자본시장과 금융투자업에 관한 법률」에 따라 거래소허가를 받은 거래소(생략)
8. 그 밖에 법률에 따라 불특정 다수인에게 의무적으로 공개하여야 하는 것으로서 해당 법률에 따른 거래정보등의 제공

위치정보의 보호 및 이용 등에 관한 법률
[시행 2022. 4. 20.] [법률 제18517호, 2021. 10. 19., 일부개정]

제21조(개인위치정보 등의 이용·제공의 제한 등) 위치정보사업자등은 개인위치정보주체의 동의가 있거나 다음 각 호의 어느 하나에 해당하는 경우를 제외하고는 개인위치정보 또는 위치정보 수집·이용·제공사실 확인자료를 제18조제1항 및 제19조제1항·제2항에 의하여 이용약관에 명시 또는 고지한 범위를 넘어 이용하거나 제3자에게 제공하여서는 아니된다.
1. 위치정보 및 위치기반서비스 등의 제공에 따른 요금정산을 위하여 위치정보

수집·이용·제공사실 확인자료가 필요한 경우
2. 통계작성, 학술연구 또는 시장조사를 위하여 특정 개인을 알아볼 수 없는 형태
   로 가공하여 제공하는 경우

제1항 사실의 조회는 경찰관이 제3자에게 정보제공을 요구할 수 있는 근거
로 사실조회의 주체, 대상, 상대방 및 한계에 대해 살펴본다.

1. 사실조회의 주체, 대상, 상대방

사실조회의 주체는 경찰관서의 장인 경찰서장, 시도경찰청장, 경찰청장이고
긴급한 경우에는 소속 경찰관이 현장에서 상대방의 협조를 받아 직접 사실을 확
인할 수 있다. 사실조회의 대상이 되는 정보는 경찰의 직무수행에 필요한 정보이
다. 경찰의 직무는 위험방지 및 수사가 포함되는데, 이와 관련된 개별·구체적인
직무수행을 위한 정보는 물론 정책 연구·개발·평가 등의 업무를 수행하기 위한
정보도 사실조회의 대상이다. 수사에 대해서는 형사소송법 제199조 제2항과 더
불어 임의수사의 일환으로 공사단체에 대한 사실조회의 근거가 된다. 사실조회
의 상대방은 문언의 의미 그대로 모든 국가기관, 공사 단체 등이다.

2. 사실조회의 한계

경찰관은 상대방에게 정보의 제공을 요청할 수 있을 뿐이고, 상대방이 자
발적으로 사실을 제공해주지 아니하는 이상 이 조항에 근거하여 경찰관이 정보
를 강제로 확보할 수는 없다. 형사상 임의제출과 마찬가지로 상대방이 사실조회
에 대해 불응할 시 이를 강제할 방법은 없는 것이다. 게다가 법률에 의해 특정
한 정보는 상대방의 임의적 제공 조차 금지되어 있는 경우도 있다. 예를 들어
금융실명거래 및 비밀보장에 관한 법률에 의해 금융회사 등에 종사하는 자는
법원의 제출명령 또는 법관이 발부한 영장 등에 의해 거래정보 등을 제3자에게
제공할 수 있을 뿐 경찰관직무집행법 제8조에 근거해서는 거래정보 등을 경찰
관에게 제공할 수 없고, 위치정보의 보호 및 이용 등에 관한 법률상 위치정보사
업자등은 위치정보 및 위치기반서비스 등의 제공에 따른 요금정산 등을 위해

위치정보를 제3자에게 제공할 수 있을 뿐 경찰관직무집행법 제8조에 근거해서는 개인위치정보를 경찰관에게 제공할 수 없다. 나아가 개인정보보호법에 따라 개인정보처리자는 개인정보를 제공하는데 있어 상당한 제약을 받는데, 경찰이 수집하고자 하는 정보는 대부분 개인정보에 해당하므로 개인정보처리자는 경찰관직무집행법 제8조에 근거해서는 개인정보를 제공할 수 없는 경우가 많다. 개인정보보호법을 위반하여 개인정보를 제공한 자나 제공받은 자는 자칫 형사처벌까지 받을 수 있고, 개인정보보호법을 위반하여 얻어진 정보는 위법수집증거로서 증거능력이 부정될 가능성도 매우 크다. 이에 개인정보보호법에 대해 조금 더 자세히 살펴본다.

가. 개인정보, 개인정보파일, 개인정보처리자

개인정보보호법은 개인정보처리자의 개인정보처리를 규율하고 있다. 법 제2조는 정의규정으로 개인정보보호법의 적용여부에 직결되어 있는 개인정보, 개인정보파일, 개인정보처리자의 정의를 두고 있다. "개인정보"는 살아 있는 개인에 관한 정보로서 ① 성명, 주민등록번호 및 영상 등을 통하여 개인을 알아볼 수 있는 정보, ② 해당 정보만으로는 특정 개인을 알아볼 수 없더라도 다른 정보와 쉽게 결합하여 알아볼 수 있는 정보, ③ ① 또는 ②에 해당하는 개인정보의 일부를 삭제하거나 일부 또는 전부를 대체하는 등의 방법으로 추가정보가 없이는 특정 개인을 알아볼 수 없도록 처리되어 원래의 상태로 복원하기 위한 추가 정보의 사용·결합 없이는 특정 개인을 알아볼 수 없는 정보, 즉 가명정보이다. 다른 정보와 쉽게 결합하는지 여부는 다른 정보의 입수 가능성 등 개인을 알아보는 데 소요되는 시간, 비용, 기술 등을 합리적으로 고려하여야 하는 개인정보처리자의 역량에 따른 상대적인 개념으로, 경찰청은 주민정보, 운전면허정보, 전과정보, 수사정보 등 개인을 알아볼 수 있는 다양한 정보를 직접 처리하고 있거나, 다른 기관 등으로부터 협조를 통해 매우 쉽게 얻을 역량을 가지고 있으므로, 경찰청의 입장에서는 개인과 연관되어 있는 모든 정보는 개인정보에 해당한다 할 수 있다.

"개인정보파일"이란 개인정보를 쉽게 검색할 수 있도록 일정한 규칙에 따라 체계적으로 배열하거나 구성한 개인정보의 집합물(集合物)을 말한다. 일정한 규칙에 따라 체계적으로 배열한 개인정보의 예로는 성명을 가나다 순으로 정리한 것이나, 전화번호를 123 순으로 정리한 것을 들 수 있는데 대다수의 사업체가 보유하고 있는 고객 명단은 개인정보파일에 해당한다.

"개인정보처리자"는 업무를 목적으로 개인정보파일을 운용하기 위하여 스스로 또는 다른 사람을 통하여 개인정보를 처리하는 공공기관, 법인, 단체 및 개인 등을 말한다. 개인정보파일의 운용목적이 업무처리이고, 공사단체가 업무처리 목적 외 개인정보파일을 운용하는 것은 생각하기 어려우므로 개인정보파일을 가지고 있는 공사단체는 특별한 예외적인 경우 외에는 개인정보처리자에 해당한다. 이와는 반대로 개인은 개인사업자 등에 해당하여 업무를 목적으로 개인정보파일을 가지고 있지 아니한 이상, 개인정보처리자에 해당하지 않는다. 휴대전화에 개인적으로 연락처를 가지고 있다는 이유만으로는 개인정보처리자에 해당하지 않는 것이다.

나. 사실조회 상대방의 유형에 따른 개인정보 제공 한계

위에서 살펴보았듯 개인정보보호법은 개인정보를 처리하는 자 중 개인정보파일을 업무목적으로 운영하는 자인 개인정보처리자의 개인정보 처리에 대해 규율하고 있다. 그리고 개인정보처리자가 국회, 법원, 헌법재판소, 중앙선거관리위원회의 행정사무를 처리하는 기관, 중앙행정기관 및 그 소속 기관, 지방자치단체, 그 밖의 국가기관 및 공공단체 중 대통령령으로 정하는 기관, 즉 공공기관인 경우와 공공기관이 아닌 경우 자신이 처리하는 개인정보의 제3자 제공에 대해 달리 규정하고 있다. 따라서 경찰관의 사실조회 한계는 사실조회의 상대방이 공공기관인 개인정보처리자인 경우, 공공기관 아닌 개인정보처리자인 경우, 개인정보처리자가 아닌 경우로 나누어진다.

개인정보보호법 제15조 내지 제17조는 개인정보처리자의 종류에 관계없이 개인정보처리자가 개인정보를 제3자에게 제공할 수 있는 경우로 정보주체의 동의를 받는 경우와 개인정보를 수집한 목적 범위 내에서 제공하는 경우를 두고 있다. 하지만 양자에 의해 경찰관이 개인정보를 제공받을 수 있는 예는 생각하기 어렵다. 먼저 개인정보처리자가 개인정보 주체로부터 동의를 받으면 제3자에게 개인정보를 제공할 수 있지만, 개인정보처리자가 경찰업무에 그렇게 까지 협조해 주기를 기대하는 어렵고 개인정보주체가 그러한 동의를 하는 것은 불가능에 가깝다. 다음으로 개인정보처리자는 ① 정보주체의 동의를 받은 경우, ② 법률에 특별한 규정이 있거나 법령상 의무를 준수하기 위하여 불가피한 경우, ③ 공공기관이 법령 등에서 정하는 소관 업무의 수행을 위하여 불가피한 경우, ④ 정보주체와 체결한 계약을 이행하거나 계약을 체결하는 과정에서 정보주체의 요청에 따른 조치를 이행하기 위하여 필요한 경우, ⑤ 명백히 정보주체 또는 제3자의 급박한 생명, 신체, 재산의 이익을 위하여 필요하다고 인정되는 경우 또는 ⑥ 공중위생 등 공공의 안전과 안녕을 위하여 긴급히 필요한 경우 개인정보를 수집할 수 있는데, 당해 정보의 수집 목적이 우연하게도 개인정보의 제공을 요청하게 된 경찰의 직무상 목적과 동일한 경우 개인정보를 제공할 수 있다. 이러한 경우가 전혀 없다고 단언하기는 어려우나, 실무상 매우 드물 것이다.

개인정보보호법 제18조 제2항은 개인정보처리자의 종류에 따라 제3자 정보 제공이 가능한 예외를 두고 있다. 이에 대해서는 정보제공자의 유형을 나누어 살펴본다.

1) 개인정보처리자가 공공기관인 경우

개인정보처리자가 공공기관인 경우에는 아래 8가지 중 하나에 해당하면 개인정보처리자는 제3자에게 개인정보를 제공할 수 있다.

① 정보주체로부터 별도의 동의를 받은 경우

이 경우 공공기관은 경찰관에게 개인정보를 제공할 수 있지만, 공공기관이 정보주체로부터 별도의 동의를 받아두는 경우는 생각하기 어렵다.

② 다른 법률에 특별한 규정이 있는 경우

"다른 법률"에는 개인정보보호법 외에 모든 법률이 해당할 것이다. 경찰관직무집행법도 형식상 법률에 해당함은 명백하다. 문제는 경찰관직무집행법 제8조 제1항이 "특별한 규정"에 해당하는지 여부이다. 특별한 규정은 일반적 규정이라는 개념을 전제로 한다고 할 때, 특별한 규정으로 인정되기 위해서는 단지 개인정보의 제공 가능성만을 두고 있는 것을 넘어서 어떠한 목적으로 어떠한 종류의 개인정보를 어느 만큼 제공할 수 있는지 여부가 명백히 규정되어 있어야 한다. 다른 법률의 특별한 규정의 예로 주택법 제55조는 제1항을 살펴보자.

> **주택법**
>
> **제55조(자료제공의 요청)** ① 국토교통부장관은 제54조 제2항에 따라 주택을 공급받으려는 자의 입주자자격, 주택의 소유 여부, 재당첨 제한 여부, 공급 순위 등을 확인하거나 제56조의3에 따라 요청받은 정보를 제공하기 위하여 필요하다고 인정하는 경우에는
> **(자료제공의 목적)**
>
> 주민등록 전산정보(주민등록번호·외국인등록번호 등 고유식별번호를 포함한다), 가족관계 등록사항, 국세, 지방세, 금융, 토지, 건물(건물등기부·건축물대장을 포함한다), 자동차, 건강보험, 국민연금, 고용보험 및 산업재해보상보험 등의 자료 또는 정보의 제공을
> **(제공되는 개인정보의 종류와 정도)**
>
> 관계 기관의 장에게 요청할 수 있다. 이 경우 관계 기관의 장은 특별한 사유가 없으면 이에 따라야 한다.
> **(개인정보 제공의 근거)**

주택법 제55조 제1항을 보면 조문에 개인정보를 제공하는 목적이 명시되어 있고, 어떠한 종류의 개인정보를 어느 만큼 제공할 수 있는지 또한 명확하게 규정되어 있으며 정보제공의 근거가 수인의무와 함께 주어져 있다. 이에 비해 경찰관직무집행법 제8조 제1항에는 단지 경찰관이 "사실을 조회할 수 있다"고 만 규정되어 있을 뿐이므로, 개인정보보호법 제18조 제2항 제2호의 "특별한 규정"에 해당한다고 보기 어렵다. 따라서 이에 근거하여 공공기관이 경찰관에게 개인정보를 제공할 수는 없다.[57]

③ 명백히 정보주체 또는 제3자의 급박한 생명, 신체, 재산의 이익을 위하여 필요하다고 인정되는 경우

개인정보주체의 사전 동의가 없더라도 긴급구호의 필요성이 명백한 경우, 공공기관은 경찰관에게 개인정보를 제공할 수 있다. 하지만 소방, 해양경찰 등 극히 일부의 국가기관을 제외한 공공기관은 명백히 급박한 생명, 신체, 재산의 이익을 위하여 필요한 정보를 처리하지 않는 것이 일반적이다.

---

[57] 이에 대한 깊이 있는 논의는 개인정보 보호법에 대한 타 법률의 특별한 규정의 연구, 개인정보보호위원회, 진한엠앤비, 2017. 참고

④ 범죄의 수사와 공소의 제기 및 유지를 위하여 필요한 경우

범죄 수사를 위해 경찰관은 공공기관으로부터 개인정보를 제공받을 수 있다. 하지만 이는 경찰관직무집행법 제8조 제1항을 근거로 한 것이 아니며, 행정작용을 목적으로 한 경우에는 개인정보를 제공받을 수 없음에 유의해야 한다.

그 외에도 ⑤ 개인정보를 목적 외의 용도로 이용하거나 이를 제3자에게 제공하지 아니하면 다른 법률에서 정하는 소관 업무를 수행할 수 없는 경우로서 보호위원회의 심의·의결을 거친 경우, ⑥ 조약, 그 밖의 국제협정의 이행을 위하여 외국정부 또는 국제기구에 제공하기 위하여 필요한 경우, ⑦ 법원의 재판업무 수행을 위하여 필요한 경우, ⑧ 형(刑) 및 감호, 보호처분의 집행을 위하여 필요한 경우, ⑨ 공중위생 등 공공의 안전과 안녕을 위하여 긴급히 필요한 경우가 있으나, 이는 경찰이 직무와 관련하여 공공기관에게 정보제공을 요구하는 것과는 무관하므로 생략하고자 한다.

정리하면 공공기관인 개인정보처리자는 경찰관직무집행법 제8조 제1항에 근거해서는 경찰관에게 개인정보를 제공할 수 없다. 공공기관인 개인정보처리자는 개인정보보호법 제18조 제2항에 의해 긴급구호 및 범죄수사를 목적으로 경찰관에게 개인정보를 제공할 수 있다.

2) 개인정보처리자가 공공기관이 아닌 경우

공공기관 아닌 개인정보처리자는 ① 정보주체로부터 별도의 동의를 받은 경우, ② 다른 법률에 특별한 규정이 있는 경우, ③ 명백히 정보주체 또는 제3자의 급박한 생명, 신체, 재산의 이익을 위하여 필요하다고 인정되는 경우 중 하나에 해당할 때 제3자에게 개인정보를 제공할 수 있다. 위 ① 내지 ③에 대한 검토는 공공기관인 개인정보처리자의 내용과 동일하여 사실상 개인정보처리자가 공공기관이 아닌 경우에는, 긴급구호 목적 외에는 경찰관에게 개인정보를 제공할 수 없다. 공공기관 아닌 개인정보처리자는 범죄수사와 긴급구호의 목적이 병존하는 경우에는 개인정보를 경찰관에게 제공할 수 있으나, 오로지 범죄수사목적으로는 개인정보를 제공할 수 없음에 유의하여야 한다.

3) 개인정보처리자가 아닌 경우

개인정보보호법은 일반적으로 개인정보처리자 아닌 자의 개인정보처리에 대해서는 적용되지 아니한다. 하지만 개인정보보호법은 개인정보처리자로부터

개인정보를 제공받은 자는 누구든지 정보주체의 별도 동의 또는 다른 법률의 특별한 규정없이 자신이 수집한 목적 외의 목적으로 제3자에게 개인정보를 제공하는 것을 금지하고 있다. 따라서 이 두 예외에 해당하지 아니한다면 개인정보처리자는 물론 개인정보처리자 아닌 자도 개인정보처리자로부터 제공받은 개인정보를 경찰에 제공할 수 없다.

Ⅱ 출석요구

> 제8조(사실의 확인 등) ② 경찰관은 다음 각 호의 직무를 수행하기 위하여 필요하면 관계인에게 출석하여야 하는 사유·일시 및 장소를 명확히 적은 출석 요구서를 보내 경찰관서에 출석할 것을 요구할 수 있다.
> 1. 미아를 인수할 보호자 확인
> 2. 유실물을 인수할 권리자 확인
> 3. 사고로 인한 사상자(死傷者) 확인
> 4. 행정처분을 위한 교통사고 조사에 필요한 사실 확인

경찰관은 미아를 인수할 보호자 확인, 유실물을 인수할 권리자 확인, 사고로 인한 사상자 확인, 행정처분을 위한 교통사고 조사에 필요한 사실 확인 등 네 가지의 특정한 위험방지 직무에 한하여 관계인에 대해 출석을 요구할 수 있다. 수사상 출석요구는 불응할 시 형사소송법상 체포영장 발부의 요건 중 일부가 충족되어 출석을 강제할 방법이 마련되어 있으나, 경찰관직무집행법 제8조 제2항에 근거한 출석요구는 관계인이 불응해도 출석을 강제할 방법이 없다.

생각해 볼 문제 / 25

미아를 발견한 경찰관이 보호자에게 인계하기 위해 전화로 출석요구를 하였다. 보호자가 출석하기 전 미아와 대화를 나누던 중 경찰관은 미아에게서 학대의 정황을 발견하였다. 경찰관은 보호자가 출석하자 피의자로 인지하여 피의자신문조서를 작성하였다. 경찰관의 수사는 적법한가?

검사와 사법경찰관의 상호협력과 일반적 수사준칙에 관한 규정
[시행 2021. 1. 1.] [대통령령 제31089호, 2020. 10. 7., 제정]

제19조(출석요구)
③ 검사 또는 사법경찰관은 피의자에게 출석요구를 하려는 경우 피의사실의 요지 등 출석요구의 취지를 구체적으로 적은 출석요구서를 발송해야 한다. 다만, 신속한

출석요구가 필요한 경우 등 부득이한 사정이 있는 경우에는 전화, 문자메시지, 그 밖의 상당한 방법으로 출석요구를 할 수 있다.

⑥ 제1항부터 제5항까지의 규정은 피의자 외의 사람에 대한 출석요구의 경우에도 적용한다.

제8조의2(정보의 수집 등) ① 경찰관은 범죄·재난·공공갈등 등 공공안녕에 대한 위험의 예방과 대응을 위한 정보의 수집·작성·배포와 이에 수반되는 사실의 확인을 할 수 있다.

② 제1항에 따른 정보의 구체적인 범위와 처리 기준, 정보의 수집·작성·배포에 수반되는 사실의 확인 절차와 한계는 대통령령으로 정한다.

경찰관의 정보수집 및 처리 등에 관한 규정

[시행 2021. 3. 23.] [대통령령 제31555호, 2021. 3. 23., 제정]

제2조(정보활동의 기본원칙 등) ① 공공안녕에 대한 위험의 예방과 대응을 위한 정보의 수집·작성·배포와 이에 수반되는 사실의 확인을 위해 경찰관이 수행하는 활동(이하 "정보활동"이라 한다)은 국민의 자유와 권리를 보호하는 것을 목적으로 해야 하며, 필요 최소한의 범위에 그쳐야 한다.

② 경찰관은 정보활동과 관련하여 다음 각 호의 행위를 해서는 안 된다.

1. 정치에 관여하기 위해 정보를 수집·작성·배포하는 행위
2. 법령의 직무 범위를 벗어나 개인의 동향 등을 파악하기 위해 사생활에 관한 정보를 수집·작성·배포하는 행위
3. 상대방의 명시적 의사에 반해 자료 제출이나 의견 표명을 강요하는 행위
4. 부당한 민원이나 청탁을 직무 관련자에게 전달하는 행위
5. 직무상 알게 된 정보를 누설하거나 개인의 이익을 위해 사용하는 행위
6. 직무와 무관한 비공식적 직함을 사용하는 행위

제3조(수집 등 대상 정보의 구체적인 범위) 경찰관이 「경찰관 직무집행법」(이하 "법"이라 한다) 제8조의2제1항에 따라 수집·작성·배포할 수 있는 정보의 구체적인 범위는 다음 각 호와 같다.

1. 범죄의 예방과 대응에 필요한 정보
2. 「형의 집행 및 수용자의 처우에 관한 법률」 제126조의2 또는 「보호관찰 등에

관한 법률」 제55조의3에 따라 통보되는 정보의 대상자인 수형자·가석방자의 재범방지 및 피해자의 보호에 필요한 정보

3. 국가중요시설의 안전 및 주요 인사(人士)의 보호에 필요한 정보

4. 방첩·대테러활동 등 국가안전을 위한 활동에 필요한 정보

5. 재난·안전사고 등으로부터 국민안전을 확보하기 위한 정보

6. 집회·시위 등으로 인한 공공갈등과 다중운집에 따른 질서 및 안전 유지에 필요한 정보

7. 국민의 생명·신체·재산의 보호와 공공안녕에 대한 위험의 예방과 대응을 위한 정책에 관한 정보[해당 정책의 입안·집행·평가를 위해 객관적이고 필요한 사항에 관한 정보로 한정하며, 이와 직접적·구체적으로 관련이 없는 사생활·신조(信條) 등에 관한 정보는 제외한다]

8. 도로 교통의 위해(危害) 방지·제거 및 원활한 소통 확보를 위한 정보

9. 「보안업무규정」 제45조제1항에 따라 경찰청장이 위탁받은 신원조사 또는 「공공기관의 정보공개에 관한 법률」 제2조제3호에 따른 공공기관의 장이 법령에 근거하여 요청한 사실의 확인을 위한 정보

10. 그 밖에 제1호부터 제9호까지에서 규정한 사항에 준하는 정보

제4조(정보의 수집 및 사실의 확인 절차) ① 경찰관은 법 제8조의2제1항에 따라 정보를 수집하거나 정보의 수집·작성·배포에 수반되는 사실을 확인하려는 경우에는 상대방에게 자신의 신분을 밝히고 정보 수집 또는 사실 확인의 목적을 설명해야 한다. 이 경우 강제적인 방법을 사용해서는 안 된다.

② 제1항 전단에도 불구하고 다음 각 호의 어느 하나에 해당하는 경우에는 같은 항 전단에서 규정한 절차를 생략할 수 있다.

1. 국민의 생명·신체의 안전이나 국가안보에 긴박한 위험이 발생할 우려가 있는 경우

2. 범죄의 대응을 위한 정보활동에 현저한 지장을 초래할 우려가 있는 경우

제5조(정보 수집 등을 위한 출입의 한계) 경찰관은 다음 각 호의 장소에 상시적으로 출입해서는 안 되며, 정보활동을 위해 필요한 경우에 한정하여 일시적으로만 출입해야 한다.

1. 언론·교육·종교·시민사회 단체 등 민간단체

2. 민간기업

3. 정당의 사무소

제7조(수집·작성한 정보의 처리) ① 경찰관은 수집·작성한 정보를 그 목적 외의 용도로 사용해서는 안 된다.

개인정보보호법상 공공기관은 법령등에서 정하는 소관 업무의 수행을 위하여 불가피한 경우 개인정보를 처리할 수 있으므로, 공공기관인 경찰청은 직무의 범위 내에서 개인정보를 처리할 수 있다. 이는 불가피한 경우라는 제한과 구체적인 정보수집의 한계를 명확히 하기 위해 2021. 3. 23. 시행된 경찰관직무집행법58)에서 입법되었다. 이러한 점은 개정이유에서도 명확히 드러난다.

[개정이유 중 일부]
한편, 현행법은 경찰관의 직무 중 하나로 치안정보의 수집·작성 및 배포를 규정하고 있으나 "치안정보"의 개념이 모호하여 이를 근거로 경찰이 자의적으로 광범위한 정보 수집활동을 할 수 있다는 우려가 계속되어 왔음...
...현행법상 "치안정보"의 개념을 "공공안녕에 대한 위험의 예방과 대응을 위한 정보"로 수정하고, 경찰관이 수집·작성·배포와 이에 수반되는 사실의 확인을 할 수 있는 정보의 범위 및 처리 기준 등을 대통령령으로 구체적으로 정할 수 있는 위임 근거를 마련하려는 것임...

1. 정보활동의 원칙

정보활동은 국민의 자유와 권리를 보호하는 것을 목적으로 해야 하고, 필요 최소한의 범위에 그쳐야 한다. 따라서 그리고 당연히 경찰관이 국민의 자유와 권리 보호와 관련없는 정보를 수집한다면 그 자체로 위법하다. 국민의 자유와 권리를 보호한다는 목적은 상당히 포괄적으로 결코 경찰관 개인의 자의적 해석이 허용되어서는 아니된다. 이를 방지하기 위해 경찰의 정보활동에 대해서는 구체적인 제한과 충분한 견제장치가 필요하다.

---

58) 법률 제17688호, 2020. 12. 22. 일부개정

2. 정보활동의 범위와 절차

가. 정보활동의 범위

경찰관은 범죄정보, 수형자나 가석방자의 재범방지 및 피해자 보호에 필요한 정보, 국가중요시설 및 주요 인사의 보호에 필요한 정보, 방첩·대테러활동 등 국가안전을 위한 활동에 필요한 정보, 재난·안전사고 등으로부터 국민안전을 확보하기 위한 정보, 집회시위 관련 정보, 위험방지 정책에 관한 정보, 도로 교통의 위해(危害) 방지·제거 및 원활한 소통 확보를 위한 정보, 보안관련 신원조사 등을 위한 정보를 처리할 수 있다.

나. 정보활동의 절차

경찰관은 위 범위 내의 정보를 수집하거나 정보의 수집·작성·배포에 수반되는 사실을 확인하기에 앞서 상대방에게 자신의 신분을 밝히고 정보 수집 또는 사실 확인의 목적을 설명해야 한다. 다만 국민의 생명·신체의 안전이나 국가안보에 긴박한 위험이 발생할 우려가 있는 경우와 범죄의 대응을 위한 정보활동에 현저한 지장을 초래할 우려가 있는 경우에는 그러하지 아니하다.

3. 한 계

가. 금지행위

경찰관은 정치관여나 사찰목적의 정보처리, 정보수집을 위한 강요행위, 정보누설, 민간단체와 정당 사무소의 상시적 출입, 수집 목적 외 용도의 정보 사용 등을 하여서는 아니된다.

나. 개인정보

경찰관이 개인정보를 수집할 경우에는 개인정보보호법이 적용된다. 경찰관직무집행법 제8조의2와 경찰관의 정보수집 및 처리 등에 관한 규정은 정보를 제공하는 자가 제공할 수 있는 개인정보가 구체적으로 규정되어 있지 아니하고, 상대방의 개인정보 제공 근거도 없으므로 개인정보보호법 제18조 제2항의 "특별한 규정"에 해당하지 아니한다. 따라서 경찰관이 개인정보를 개인정보처리자인 제3 자로부터 제공받을 때에는 위 제8조에서 살펴본 개인정보보호법 상 제3자 제공 이 가능한 경우인지 여부를 확인하여야 한다.

제8조의3　국제협력

제8조의3(국제협력) 경찰청장 또는 해양경찰청장은 이 법에 따른 경찰관의 직무수행을 위하여 외국 정부기관, 국제기구 등과 자료 교환, 국제협력 활동 등을 할 수 있다.

1. 의　의

경찰청은 외국 정부기관 또는 국제기구와 지휘부 방문, 실무자 교류, 교육프로그램 공유, 학술세미나 등 다양한 국제협력을 하고 있는데, 과거 수사목적의 국제협력에는 국제형사사법공조법의 근거가 있었지만 위험방지 목적의 국제협력에 대해서는 국제형사사법공조법과 같이 국제협력의 범위와 절차를 명확히 규정한 법률이 없었다. 2014. 5. 20. 시행된 경찰관직무집행법[59]은 이러한 문제점을 해결하기 위해 제8조의3을 입법하였다.

[개정이유 중 일부]

...수사 및 재판과 관련한 국제협력에 대해서는 「국제형사사법공조법」에 구체적인 규정이 마련되어 있으나, 그 이외의 위험방지 또는 예방경찰 작용에 있어서의 국제협력에 대해서는 근거 규정이 마련되어 있지 않아 경찰의 업무수행에 어려움이 있고... 법문상 이에 대한 명확한 근거 조항이 없으므로...국제협력 관련 규정을 경찰관의 직무범위에 추가하고, 국제협력을 위한 개별적 수권조항을 마련하는 등 현행 경찰작용의 법적 근거를 명확히...

---

59) 법률 제12600호, 2014. 5. 20. 일부개정

2. 한 계

　　경찰관은 이 조항에 근거하여 경찰관직무집행법 제2조의 직무범위 내에서 위험방지와 수사를 위해 외국 정부기관, 국제기구 등과 자료 교환 및 국제협력을 할 수 있다. 하지만 이 조항은 구체적인 자료교환과 국제협력의 한계나 절차를 전혀 규정하고 있지 아니하고 있다. 따라서 이는 조직법적 규정에 그치고, 이와 충돌하는 다른 법률이 있다면 그 법률에 대해 특별법의 지위를 인정받기 매우 어려울 것이다. 예를 들어 국제기구 등과 교환하는 자료가 개인정보에 해당할 경우에는 위 제8조의2에서 검토한 것과 같은 기준으로 제한이 따른다. 경찰청은 공공기관인 개인정보처리자에, 외국 정부기관, 국제기구 등은 공공기관 아닌 개인정보처리자에 해당하고, 제8조의3은 다른 법률에는 해당하지만 특별한 규정에는 해당하지 않기 때문이다.

<table>
<tr><td>제9조</td><td>유치장</td></tr>
</table>

제9조(유치장) 법률에서 정한 절차에 따라 체포·구속된 사람 또는 신체의 자유를 제한하는 판결이나 처분을 받은 사람을 수용하기 위하여 경찰서와 해양경찰서에 유치장을 둔다.

형의 집행 및 수용자의 처우에 관한 법률
[시행 2022. 12. 27.] [법률 제19105호, 2022. 12. 27., 일부개정]

제79조(미결수용자 처우의 원칙) 미결수용자는 무죄의 추정을 받으며 그에 합당한 처우를 받는다.

제80조(참관금지) 미결수용자가 수용된 거실은 참관할 수 없다.

제81조(분리수용) 소장은 미결수용자로서 사건에 서로 관련이 있는 사람은 분리수용하고 서로 간의 접촉을 금지하여야 한다.

제82조(사복착용) 미결수용자는 수사·재판·국정감사 또는 법률로 정하는 조사에 참석할 때에는 사복을 착용할 수 있다. 다만, 소장은 도주우려가 크거나 특히 부적당한 사유가 있다고 인정하면 교정시설에서 지급하는 의류를 입게 할 수 있다.

제83조(이발) 미결수용자의 머리카락과 수염은 특히 필요한 경우가 아니면 본인의 의사에 반하여 짧게 깎지 못한다.

제84조(변호인과의 접견 및 편지수수) ① 제41조제4항에도 불구하고 미결수용자와 변호인과의 접견에는 교도관이 참여하지 못하며 그 내용을 청취 또는 녹취하지 못한다. 다만, 보이는 거리에서 미결수용자를 관찰할 수 있다.
② 미결수용자와 변호인 간의 접견은 시간과 횟수를 제한하지 아니한다.
③ 제43조제4항 단서에도 불구하고 미결수용자와 변호인 간의 편지는 교정시설에서 상대방이 변호인임을 확인할 수 없는 경우를 제외하고는 검열할 수 없다.

제85조(조사 등에서의 특칙) 소장은 미결수용자가 징벌대상자로서 조사받고 있거

나 징벌집행 중인 경우에도 소송서류의 작성, 변호인과의 접견·편지수수, 그 밖의 수사 및 재판 과정에서의 권리행사를 보장하여야 한다.

제86조(작업과 교화) ① 소장은 미결수용자에 대하여는 신청에 따라 교육 또는 교화프로그램을 실시하거나 작업을 부과할 수 있다.

② 제1항에 따라 미결수용자에게 교육 또는 교화프로그램을 실시하거나 작업을 부과하는 경우에는 제63조부터 제65조까지 및 제70조부터 제76조까지의 규정을 준용한다.

제87조(유치장) 경찰관서에 설치된 유치장은 교정시설의 미결수용실로 보아 이 법을 준용한다.

경찰관직무집행법 제9조는 경찰서에 유치장을 두고 있는 법적 근거로, 조문의 내용만을 보면 유치장에는 수사단계에서 체포 또는 구속된 피의자는 물론 미결수용자와 수형자도 구금할 수 있지만, 미결수용자는 구치소에, 수형자는 교도소에서 구금하고, 실무상 경찰서 유치장에는 주로 체포된 피의자, 영장실질심사 후 영장발부여부가 결정되기 전인 피의자, 구속된 후 송치가 되기 전인 피의자가 입감된다. 경찰인력의 감소로 현재 광역유치장, 즉 특정 권역에 있는 경찰서 중 하나의 경찰서에만 유치장을 두고 동일 권역의 경찰서가 함께 이용하는 경우가 많다.

유치장의 운영에 대해서는 형의 집행 및 수용자의 처우에 관한 법률 상 미결수에 대한 내용이 준용된다. 따라서 유치장에 입감된 자(이하 '입감자')는 무죄의 추정을 받고 그에 합당한 처우를 받는다. 유치장에는 일반인이 들어가 살펴볼 수 없다. 사건에 서로 관련이 있는 입감자는 분리수용되고, 서로 간의 접촉이 금지된다. 조사시 입감자는 사복을 착용할 수 있다. 머리카락과 수염은 특히 필요한 경우가 아니면 입감자의 의사에 반하여 짧게 깎지 못한다. 입감자와 변호인 또는 변호인이 되려고 하는 사람과의 접견에는 경찰관이 참여하지 못하며 그 내용을 청취 또는 녹취하지 못한다. 다만 경찰관은 입감자와 변호인이 보이는 거리에서 관찰할 수 있다. 입감자와 변호인 간의 접견은 시간과 횟수를 제한할 수 없고, 입감자와 변호인 간의 편지는 상대방이 변호인임을 확인할 수 없는 경우를 제외하고는 검열할 수 없다.

관련판례 헌법재판소 2001. 7. 19. 자 2000헌마546 전원재판부 결정

미결수용자들은 격리된 시설에서 강제적 공동생활을 하므로 구금목적의 달성 즉 도주·증거인멸의 방지와 규율 및 안전유지를 위한 통제의 결과 헌법이 보장하는 신체의 자유 등 기본권에 대한 제한을 받는 것이 불가피하다. 그러나 이러한 기본권의 제한은 헌법 제37조 제2항에서 규정한 국가안전보장·질서유지 또는 공공복리를 위하여 필요한 경우에 한하여 법률로써 할 수 있으며, 제한하는 경우에도 자유와 권리의 본질적인 내용을 침해할 수 없고, 무죄가 추정되는 미결수용자의 자유와 권리에 대한 제한은 구금의 목적인 도망·증거인멸의 방지와 시설 내의 규율 및 안전 유지를 위한 필요 최소한의 합리적인 범위를 벗어나서는 아니 된다. 또한 미결구금은 수사 및 재판 등의 절차 확보를 위해 불가피한 것이기는 하나, 실질적으로 형의 집행에 유사한 자유의 제한을 초래하는 폐단이 있다는 것은 널리 인식되어 있는 사실이다. 미결수용자들은 구금으로 인해 긴장, 불안, 초조감을 느끼는 등 심리적으로 불안정한 상태에 빠지고 위축되며, 육체적으로도 건강을 해치기 쉽고, 자칫 열악하고 불리한 환경의 영향으로 형사절차에서 보장되어야 할 적정한 방어권 행사에 제약을 받거나 나아가 기본적 인권이 유린되기 쉽다. 그러므로 구금 자체의 폐단을 최소화하고 필요 이상으로 자유와 권리가 제한되는 것을 피하기 위해서, 그리고 이들의 형사절차상 방어권의 실질적 보장을 위해서는 규율 수단의 선택에 있어 충돌되는 이익들 간의 신중한 비교교량을 요하며, 통제의 효율성에만 비중이 두어져서는 아니 된다. 위와 같은 점들은 현행범으로 체포되었으나 아직 구속영장이 발부·집행되지 않은, 즉 구속 여부에 관한 종국적 판단조차 받지 않은 잠정적 지위에 있는 경찰서 유치장 수용자들에게도 당연히 적용되고, 이들에 대한 기본권 제한은 구속영장이 발부·집행된 미결수용자들의 경우와는 달리 더 완화되어야 할 것이며, 이들의 권리는 가능한 한 더욱 보호됨이 바람직하다.

경찰장비의 사용 등

제10조(경찰장비의 사용 등) ① 경찰관은 직무수행 중 경찰장비를 사용할 수 있다. 다만, 사람의 생명이나 신체에 위해를 끼칠 수 있는 경찰장비(이하 이 조에서 "위해성 경찰장비"라 한다)를 사용할 때에는 필요한 안전교육과 안전검사를 받은 후 사용하여야 한다.

② 제1항 본문에서 "경찰장비"란 무기, 경찰장구(警察裝具), 경찰착용기록장치, 최루제(催淚劑)와 그 발사장치, 살수차, 감식기구(鑑識機具), 해안 감시기구, 통신기기, 차량·선박·항공기 등 경찰이 직무를 수행할 때 필요한 장치와 기구를 말한다.

③ 경찰관은 경찰장비를 함부로 개조하거나 경찰장비에 임의의 장비를 부착하여 일반적인 사용법과 달리 사용함으로써 다른 사람의 생명·신체에 위해를 끼쳐서는 아니 된다.

④ 위해성 경찰장비는 필요한 최소한도에서 사용하여야 한다.

⑤ 경찰청장은 위해성 경찰장비를 새로 도입하려는 경우에는 대통령령으로 정하는 바에 따라 안전성 검사를 실시하여 그 안전성 검사의 결과보고서를 국회 소관 상임위원회에 제출하여야 한다. 이 경우 안전성 검사에는 외부 전문가를 참여시켜야 한다.

⑥ 위해성 경찰장비의 종류 및 그 사용기준, 안전교육·안전검사의 기준 등은 대통령령으로 정한다.

위해성장비규정
[시행 2021. 1. 5.] [대통령령 제31380호, 2021. 1. 5., 타법개정]

제2조(위해성 경찰장비의 종류) 「경찰관 직무집행법」(이하 "법"이라 한다) 제10조제1항 단서에 따른 사람의 생명이나 신체에 위해를 끼칠 수 있는 경찰장비(이하 "위해성 경찰장비"라 한다)의 종류는 다음 각 호와 같다.
1. 경찰장구 : 수갑·포승(捕繩)·호송용포승·경찰봉·호신용경봉·전자충격기·방패 및 전자방패

2. 무기 : 권총·소총·기관총(기관단총을 포함한다. 이하 같다)·산탄총·유탄발사기·박격포·3인치포·함포·크레모아·수류탄·폭약류 및 도검

3. 분사기·최루탄등 : 근접분사기·가스분사기·가스발사총(고무탄 발사겸용을 포함한다. 이하 같다) 및 최루탄(그 발사장치를 포함한다. 이하 같다)

4. 기타장비 : 가스차·살수차·특수진압차·물포·석궁·다목적발사기 및 도주차량차단장비

제13조(가스차·특수진압차·물포의 사용기준) ① 경찰관은 불법집회·시위 또는 소요사태로 인하여 발생할 수 있는 타인 또는 경찰관의 생명·신체의 위해와 재산·공공시설의 위험을 억제하기 위하여 부득이한 경우에는 현장책임자의 판단에 의하여 필요한 최소한의 범위에서 가스차를 사용할 수 있다.

② 경찰관은 소요사태의 진압, 대간첩·대테러작전의 수행을 위하여 부득이한 경우에는 필요한 최소한의 범위안에서 특수진압차를 사용할 수 있다.

③ 경찰관은 불법해상시위를 해산시키거나 선박운항정지(정선)명령에 불응하고 도주하는 선박을 정지시키기 위하여 부득이한 경우에는 현장책임자의 판단에 의하여 필요한 최소한의 범위안에서 경비함정의 물포를 사용할 수 있다. 다만, 사람을 향하여 직접 물포를 발사해서는 안 된다.

제13조의2(살수차의 사용기준) ① 경찰관은 다음 각 호의 어느 하나에 해당하여 살수차 외의 경찰장비로는 그 위험을 제거·완화시키는 것이 현저히 곤란한 경우에는 시·도경찰청장의 명령에 따라 살수차를 배치·사용할 수 있다.

1. 소요사태로 인해 타인의 법익이나 공공의 안녕질서에 대한 직접적인 위험이 명백하게 초래되는 경우

2. 「통합방위법」 제21조제4항에 따라 지정된 국가중요시설에 대한 직접적인 공격행위로 인해 해당 시설이 파괴되거나 기능이 정지되는 등 급박한 위험이 발생하는 경우

② 경찰관은 제1항에 따라 살수차를 사용하는 경우 별표 3의 살수거리별 수압기준에 따라 살수해야 한다. 이 경우 사람의 생명 또는 신체에 치명적인 위해를 가하지 않도록 필요한 최소한의 범위에서 살수해야 한다.

③ 경찰관은 제2항에 따라 살수하는 것으로 제1항 각 호의 어느 하나에 해당하는 위험을 제거·완화시키는 것이 곤란하다고 판단하는 경우에는 시·도경찰청장의 명령에 따라 필요한 최소한의 범위에서 최루액을 혼합하여 살수할 수 있다. 이 경우 최루액의 혼합 살수 절차 및 방법은 경찰청장이 정한다.

제14조(석궁의 사용기준) 경찰관은 총기·폭발물 기타 위험물로 무장한 범인 또는

인질범의 체포, 대간첩·대테러작전등 국가안전에 관련되는 작전을 은밀히 수행하거나 총기를 사용할 경우에는 화재·폭발의 위험이 있는 등 부득이한 때에 한하여 현장책임자의 판단에 의하여 필요한 최소한의 범위안에서 석궁을 사용할 수 있다.

제15조(다목적발사기의 사용기준) 경찰관은 인질범의 체포 또는 대간첩·대테러작전등 국가안전에 관련되는 작전을 수행하거나 공공시설의 안전에 대한 현저한 위해의 발생을 방지하기 위하여 필요한 때에는 최소한의 범위안에서 다목적발사기를 사용할 수 있다.

제16조(도주차량차단장비의 사용기준등) ① 경찰관은 무면허운전이나 음주운전 기타 범죄에 이용하였다고 의심할 만한 차량 또는 수배중인 차량이 정당한 검문에 불응하고 도주하거나 차량으로 직무집행중인 경찰관에게 위해를 가한 후 도주하려는 경우에는 도주차량차단장비를 사용할 수 있다.
② 도주차량차단장비를 운용하는 경찰관은 검문 또는 단속장소의 전방에 동 장비의 운용중임을 알리는 안내표지판을 설치하고 기타 필요한 안전조치를 취하여야 한다.

경찰관직무집행법 제10조 내지 제10조의4는 경찰관이 직무를 집행하면서 사용할 수 있는 장비, 즉 장구, 분사기, 무기 등에 대해 규정하고 있는데, 제10조는 경찰장비에 대한 총칙적 규정이다. 제10조는 경찰장비 및 위해성 경찰장비의 정의, 경찰장비의 임의적 개조·사용 금지, 사용시 비례원칙의 준수 등을 규정하고 있고, 위해성 경찰장비의 도입, 사용기준, 안전교육 등에 대한 자세한 내용은 대통령령인 위해성장비규정에 위임하고 있다.

위해성장비규정은 위해성장비를 정의한 후, 각 위해성 장비의 사용요건, 절차, 한계 등을 규정하고 있는데, 경찰관직무집행법에는 요건 등이 구체적으로 규정되어 있지 않은 가스차, 특수진압차, 물포, 살수차 등에 대한 내용도 포함하고 있다. 경찰관직무집행법에 규정되어 있는 장비에 대한 내용은 제10조의2 내지 제10조의4에서 확인하고, 여기에서는 경찰관직무집행법에 규정되어 있지 않은 장비에 대해 살펴본다.

1. 가스차 · 특수진압차 · 물포

가스차, 특수진압차, 물포는 명백한 위험을 초래한 집회시위 참가자를 해산시키거나 소요사태 진압 등 다중을 상대로 한 위험방지 작용을 위해 직접적이고 효과적인 유형력을 행사하여 효율적으로 목적을 달성할 수 있도록 하는 장비이지만, 상대방이 생명이나 신체 등에 대한 매우 높은 위험성도 내포하고 있다. 따라서 요건에 "부득이한 경우"를 두어 요건충족을 어렵게 하고 있고, 한계로서 "필요한 최소한의 범위"를 두어 사용시 비례원칙의 철저한 준수를 통해 피해를 최소화할 것을 요구하고 있다.

가. 가스차

1) 요 건

불법집회·시위 또는 소요사태로 인하여 발생할 수 있는 타인 또는 경찰관의 생명·신체의 위해와 재산·공공시설의 위험을 억제하기 위하여 부득이한 경우이다. 불법집회란 단순히 집회나 시위가 불법인 경우는 해당하지 아니하고, 금지통고 대상인 집회시위와 같이 명백하게 공공의 위험을 초래하는 집회시위에 해당하여야 한다. 소요사태란 형법상 소요죄가 성립할 수 있는 상황, 즉 다중이 집합하여 한 지방에 있어서 공공의 평화, 평온, 안전을 해할 수 있을 정도의 폭행, 협박, 손괴를 하고 있는 상황을 말한다 하겠다. 아래는 불법집회와 소요죄에 대한 판례이다.

관련판례

▶ **명백한 위험이 인정되는 집회시위**

대법원 1990. 7. 24. 선고 90도470 판결
  100여명의 학생 등이 화염병, 쇠파이프 등을 들고 구호를 외치면서 시위를 하고 전경들을 체포하려고 한 경우

대법원 1990. 6. 22. 선고 90도767 판결
  수백명 이상의 다수가 미리 준비하여 소지하고 있던 돌과 화염병을 던지고

쇠파이프와 각목을 휘두르며 구호를 외치면서 행진하고, 파출소를 습격하여 화염병을 던지고 부근에 있던 전경들을 체포한 경우

▶ **명백한 위험이 인정되지 아니하는 집회시위**

대법원 1991. 11. 26. 선고 91도2440 판결

　참가인원이 40여 명에 불과하고, 그 장소가 하천부지로서 교통소통이나 일반인의 생활에 아무런 지장을 주지 않는 곳이며, 또한 시위 당시의 구호나 노래의 내용 등에 과격한 면이 보이지 않고 달리 다중의 위력을 통한 폭행이나 협박이 없었던 경우

▶**소요죄가 성립하는 경우**

대법원 1957. 3. 8. 선고 4289형상341 판결

　정당인사가 군중 500명 이상이 운진하여 있음을 보고 구호를 선창하면서 군중들과 같이 행진하다가 도중에서 차량의 유리창을 손괴하고 통행인에게 폭행을 가한 경우.

　'부득이한 경우'는 경찰관직무집행법 제7조 출입에서 살펴본 것과 같은 이유로 '보충성을 충족시킬 정도는 아니라 해도 단지 필요한 정도를 넘어 그 방법 외에는 다른 대안을 찾기 쉽지 않은 경우'를 의미한다.

2) 수단 및 한계

　필요 최소한의 범위에서 가스차를 사용할 수 있다. 비례원칙에 대한 엄격한 심사가 이루어지므로 가스차의 사용이 반드시 필요한 경우에 한하여 사용하고, 생명, 신체, 재산에 대한 손해가 최소화 될 수 있는 방법으로 사용해야 한다.

나. 특수진압차

　특수진압차는 소요사태의 진압, 대간첩·대테러작전의 수행을 위하여 부득이한 경우, 필요최소한의 범위에서 사용할 수 있다.

다. 물 포

물포는 불법해상시위를 해산시키거나 정선명령에 불응하고 도주하는 선박을 정지시키기 위하여 부득이한 경우, 필요한 최소한의 범위에서 물포를 사용할 수 있다. 다만 사람을 향하여 직접 물포를 발사할 수는 없다.

2. 살수차

살수차 사용의 유형에는 일반적인 살수와 최루액의 혼합 살수가 있다.

가. 일반 살수

1) 주 체

살수차 사용 명령의 주체는 시도경찰청장이고, 경찰관은 사용 명령에 따라 실제 작용을 하는 주체이다. 따라서 요건의 충족여부에 대한 판단주체는 시도경찰청장이고, 절차 및 한계 준수 등에 대한 주체는 경찰관으로 양자에 대한 법적 권한 및 책임소재를 명확히 구분해야 한다.

2) 요 건

① 소요사태로 인해 타인의 법익이나 공공의 안녕질서에 대한 직접적인 위험이 명백하게 초래되는 경우로 살수차 외의 경찰장비로는 그 위험을 제거·완화시키는 것이 현저히 곤란한 경우 또는 ② 「통합방위법」 제21조 제4항에 따라 지정된 국가중요시설에 대한 직접적인 공격행위로 인해 해당 시설이 파괴되거나 기능이 정지되는 등 급박한 위험이 발생하는 경우로 살수차 외의 경찰장비로는 그 위험을 제거·완화시키는 것이 현저히 곤란한 경우이다. "살수차 외의 경찰장비로는 그 위험을 제거·완화시키는 것이 현저히 곤란한 경우"의 의미는 보충성에 미치지는 않지만 그에 준하는 정도로, 부득이한 경우보다는 보충성에 더 가까울 정도로 다른 수단으로는 목적달성이 어려운 경우를 의미한다고 생각한다.

한편 통합방위법 제21조 제4항에 따라 국가중요시설은 국방부장관이 관계 행정기관의 장 및 국가정보원장과 협의하여 지정하는데, 과거에는 국가중요시설에 대한 구체적인 내용을 규정하고 있는 국가중요시설 지정 및 방호 훈령[60]이

공개되어 있었으나, 현재는 국가보안 등의 문제로 비공개되고 있다.[61] 공개되었던 최종 훈령을 기준으로 국가중요시설 중 국가 및 공공기관시설과 산업시설의 등급과 종류는 아래와 같다.[62]

[표 7] 국가중요 시설 중 국가 및 공공기관 시설과 산업시설

구분	국가 및 공공기관시설	산업시설
가급[63]	- 청와대 - 국회의사당 - 대법원 - 정부중앙청사 - 국방부·국가정보원 청사 - 한국은행 본점	- 철강, 조선, 항공기, 정유 등 국가경제에 중대한 영향을 미치는 대규모 산업시설 - 전투기, 전차, 함정, 화포 등 중화기를 생산하는 방위산업시설 중 파괴 또는 기능 마비시 국가안보에 직접적인 영향을 미치는 시설 - 1,000만 배럴 이상의 대규모 저유시설과 LNG, LPG 인수기지 - 연쇄적인 폭발위험성이 있는 대규모 총·포탄, 화약류 생산시설
나급[64]	- 중앙행정기관 각 부·처 및 이에 준하는 기관 - 대검찰청·경찰청·기상청 청사 -한국산업은행·한국수출입은행 본점	- 국가경제에 영향을 미치는 중요산업시설로서 파괴시 대체가 곤란한 시설 - "가"급 이외의 방위산업시설 중 주요 전투장비의 완제품 및 핵심부품 생산시설 - 200만 배럴 이상의 저유시설과 1,000톤 이상의 LPG 저장시설

---

60) 국방부훈령 제1057호, 2009. 5. 25.

61) 법제처, 국방부 등에서 이 훈령이 검색되지 아니하여 2020. 2. 3. 국방부 통합방위과 소속 관계자와 통화한 바(중령 김민규, 02-748-3464) 국가안보유지 차원에서 국방부에서 이 훈령을 비공개로 결정하였고, 연구나 교육목적 등으로도 공개대상이 아니라함.

62) 국가중요시설 지정 및 방호 훈령 제7조에는 이외에도 방송시설, 교통시설, 공항 등 다수의 국가중요시설이 있다.

63) "가"급 : 적에 의하여 점령 또는 파괴되거나, 기능 마비시 광범위한 지역의 통합방위작전 수행이 요구되고, 국민생활에 결정적인 영향을 미칠 수 있는 시설

64) "나"급 : 적에 의하여 점령 또는 파괴되거나, 기능 마비시 일부 지역의 통합방위작전수행이 요구되고, 국민생활에 중대한 영향을 미칠 수 있는 시설

65) "다"급 : 적에 의하여 점령 또는 파괴되거나, 기능 마비시 제한된 지역에서 단기간 통합방위작전수행이 요구되고, 국민생활에 상당한 영향을 미칠 수 있는 시설

	- 중앙행정기관의 청사
	- 국가정보원 지부
	- 한국은행 각 지역본부
	- 다수의 정부기관이
	  입주한 남북출입
	  관리시설
	- 기타 중요 국·공립
	  기관
		- 100만 배럴 이상의 저유시설과 500톤 이상의
		  LPG 저장시설
		- 기타 "가", "나"급 이외의 특별한 보호가 요구되는
		  산업시설

다급[65]		

3) 수단(효과) 및 한계

요건 충족시 경찰관은 살수차를 사용할 수 있다. 살수차를 사용할 때에는 아래의 살수거리별 수압기준을 따라야 하며, 비례원칙을 지켜야 한다.

[표 8] 살수거리별 수압기준

살수거리	수압기준
10미터 이하	3바(bar)[66] 이하
10미터 초과 20미터 이하	5바(bar) 이하
20미터 초과 25미터 이하	7바(bar) 이하
25미터 초과	13바(bar) 이하

나. 최루액 혼합살수

1) 주 체

일반·추상적으로 최루액의 혼합 및 살수 절차 및 방법을 정하는 주체는 경찰청장이고, 최루액 혼합살수 명령의 주체는 시도경찰청장이며, 경찰관은 사용명령에 따라 실제 작용을 하는 주체이다. 따라서 일반 추상적 기준에 대한 지정권자는 경찰청장, 사용 요건의 충족여부에 대한 판단주체는 시도경찰청장이고, 절차 및 한계 준수 등에 대한 주체는 경찰관으로 각자의 법적 권한 및 책임소재를 명확히 구분해야 한다.

---

66) 1바는 1제곱 미터 당 100,000 뉴턴(N. 1kg의 질량을 갖는 물체를 미터 매 초 제곱만큼 가속시키는 데에 필요한 힘)의 힘이 작용하는 것이다.

2) 요 건

일반 살수로는 일반 살수의 요건에 해당하는 위험을 제거·완화시키는 것이 곤란하다고 판단하는 경우이어야 한다. 최루액은 인체에 상당한 고통이 수반되므로 일반 살수보다 더욱 요건을 강화한 것으로, 이미 일반살수의 요건이 보충성에 준하므로 혼합살수는 보충성을 요건으로 한다.

3) 수단 및 한계

요건 충족시 경찰관은 최루액 혼합살수를 할 수 있다. 비록 조문에 비례원칙의 준수가 명문화 되어 있지 않으나, 행정법 일반원칙 및 경찰법 일반원칙인 비례원칙은 반드시 준수되어야 한다.

3. 석궁·다목적발사기

석궁과 다목적발사기는 범인의 체포, 대간첩·대테러 작전등에서 사용되는 장비로 생명에 위해를 끼칠 우려가 크므로[67] 총기에 준하는 엄격한 비례원칙의 준수가 요구된다.

가. 석 궁

석궁은 활을 고정틀에 물린 후 화살을 올려 발사장치를 통해 쏘는 기계식 활로서, 사용시 소음과 폭발의 위험이 없다. 이에 총기 등 위험물로 무장한 범인이나 인질범의 체포, 대간첩·대테러 작전 등에서 은밀한 작전 수행이나 화재·폭발의 위험이 있는 등 부득이한 때에 한하여 현장책임자의 판단에 의하여 필요한 최소한의 범위 안에서 사용할 수 있다.

나. 다목적발사기

다목적발사기란 유탄, 최루탄, 조명탄, 고무탄, 압축 스펀지탄, 페인트탄 등

---

67) 경찰이 운용하였던 독일 H&K(헥클러 & 콕크)사가 만든 69A1 다목적 발사기는 20m 거리에서 3mm 두께의 합판을 파괴할 수 있고, 석궁은 그 크기에 따라 판금갑옷(full-plate armor)을 입은 사람조차 관통할 수 있다.

다양한 유형의 발사체를 발사할 수 있는 기기로, 현장경찰관은 인질범의 체포 또는 대간첩·대테러작전등 국가안전에 관련되는 작전을 수행하거나 공공시설의 안전에 대한 현저한 위해의 발생을 방지하기 위하여 필요한 때에는 최소한의 범위안에서 다목적발사기를 사용할 수 있다.

4. 도주차량 차단장비

도주차량 차단장비에는 로드 스파이크, 스토퍼 등이 있다. 로드스파이크는 길이 3m, 폭 17㎝의 고무판에 4㎝ 높이의 못을 촘촘히 박은 것으로, 경찰관이 리모컨을 작동시키면 못이 튀어나와 도주차량 타이어를 5초 이내에 펑크를 내는 장비이고, 스토퍼는 철골조 삼각뿔과 봉 등으로 이뤄졌는데 삼각뿔이 차량 아래로 굴러 들어가 앞바퀴를 띄워 도주를 막는 장비이다. 경찰관은 무면허운전이나 음주운전 및 기타 범죄에 이용하였다고 의심할 만한 차량 또는 수배중인 차량이 정당한 검문에 불응하고 도주하거나 차량으로 직무집행중인 경찰관에게 위해를 가한 후 도주하려는 경우에는 도주차량차단장비를 사용할 수 있다. 경찰관이 도주차량차단장비를 운용하려면 검문 또는 단속장소의 전방에 운용안내 표지판을 설치하고 기타 필요한 안전조치를 취하여야 한다.

생각해 볼 문제 / 26

과거 위해성장비규정(대통령령)에는 경찰관직무집행법에는 존재하지 않는 살수차의 일반살수에 대해서만 규정하고 있었고, 혼합살수에 대해서는 규정하지 아니하였다. 경찰은 내부지침으로 최루액을 혼합 살수 하였다.

1. 법률유보의 관점에서 당시 최루액 혼합 살수는 합헌인가?
2. 현재 위해성장비규정은 경찰관직무집행법에는 존재하지 않는 다수의 장비(가스차, 특수진압차 등) 및 경찰관직무집행법에 존재하지 않는 목적으로 장비사용 가능성(영장집행시 수갑의 사용 등)을 에 대해 규정하고 있다. 이에 대해 법률유보의 관점에서 아무 문제가 없는가?
(관련 판례 : 헌법재판소 2014. 6. 26. 선고 2011헌마815 전원재판부 결정, 헌법재판소 2018. 5. 31.자 2015헌마476 전원재판부 결정)

제10조의2 경찰장구의 사용

제10조의2(경찰장구의 사용) ① 경찰관은 다음 각 호의 직무를 수행하기 위하여 필요하다고 인정되는 상당한 이유가 있을 때에는 그 사태를 합리적으로 판단하여 필요한 한도에서 경찰장구를 사용할 수 있다.

1. 현행범이나 사형·무기 또는 장기 3년 이상의 징역이나 금고에 해당하는 죄를 범한 범인의 체포 또는 도주 방지
2. 자신이나 다른 사람의 생명·신체의 방어 및 보호
3. 공무집행에 대한 항거(抗拒) 제지

② 제1항에서 "경찰장구"란 경찰관이 휴대하여 범인 검거와 범죄 진압 등의 직무 수행에 사용하는 수갑, 포승(捕繩), 경찰봉, 방패 등을 말한다.

위해성경찰장비규정
[시행 2021. 1. 5.] [대통령령 제31380호, 2021. 1. 5., 타법개정]

제2조(위해성 경찰장비의 종류) 「경찰관 직무집행법」(이하 "법"이라 한다) 제10조제1항 단서에 따른 사람의 생명이나 신체에 위해를 끼칠 수 있는 경찰장비(이하 "위해성 경찰장비"라 한다)의 종류는 다음 각 호와 같다.

1. 경찰장구 : 수갑·포승(捕繩)·호송용포승·경찰봉·호신용경봉·전자충격기·방패 및 전자방패

제4조(영장집행등에 따른 수갑등의 사용기준) 경찰관(국가경찰공무원에 한한다. 이하 같다)은 체포·구속영장을 집행하거나 신체의 자유를 제한하는 판결 또는 처분을 받은 자를 법률이 정한 절차에 따라 호송하거나 수용하기 위하여 필요한 때에는 최소한의 범위안에서 수갑·포승 또는 호송용포승을 사용할 수 있다.

제5조(자살방지등을 위한 수갑등의 사용기준 및 사용보고) 경찰관은 범인·술에 취한 사람 또는 정신착란자의 자살 또는 자해기도를 방지하기 위하여 필요한 때에는 수갑·포승 또는 호송용포승을 사용할 수 있다. 이 경우 경찰관은 소속 국가경찰관서의 장(경찰청장·해양경찰청장·시·도경찰청장·지방해양경찰청장·경찰

서장 또는 해양경찰서장 기타 경무관·총경·경정 또는 경감을 장으로 하는 국가경찰관서의 장을 말한다.이하 같다)에게 그 사실을 보고해야 한다.

제6조(불법집회등에서의 경찰봉·호신용경봉의 사용기준) 경찰관은 불법집회·시위로 인하여 발생할 수 있는 타인 또는 경찰관의 생명·신체의 위해와 재산·공공시설의 위험을 방지하기 위하여 필요한 때에는 최소한의 범위안에서 경찰봉 또는 호신용경봉을 사용할 수 있다.

제7조(경찰봉·호신용경봉의 사용시 주의사항) 경찰관이 경찰봉 또는 호신용경봉을 사용하는 때에는 인명 또는 신체에 대한 위해를 최소화하도록 주의하여야 한다.

제8조(전자충격기등의 사용제한) ① 경찰관은 14세미만의 자 또는 임산부에 대하여 전자충격기 또는 전자방패를 사용하여서는 아니된다.
② 경찰관은 전극침(電極針) 발사장치가 있는 전자충격기를 사용하는 경우 상대방의 얼굴을 향하여 전극침을 발사하여서는 아니된다.

경찰관직무집행법과 위해성경찰장비규정에 따라 경찰장구는 "수갑·포승(捕繩)·호송용포승·경찰봉·호신용경봉·전자충격기·방패 및 전자방패"이다. 이 중 실무상 가장 널리 사용되는 수갑, 경찰봉, 전자충격기에 대해 자세히 살펴보겠다.

1. 수 갑

수갑은 경찰관을 상징한다고 할 만큼 널리 사용되는 장구로, 체포 등 수사는 물론 보호조치 등 위험방지를 목적으로도 사용될 수 있다.

가. 요 건

① 현행범이나 사형·무기 또는 장기 3년 이상의 징역이나 금고에 해당하는 죄를 범한 범인의 체포 또는 도주 방지를 위해 필요하다고 인정되는 상당한 이유가 있는 때, ② 체포·구속영장을 집행하거나 신체의 자유를 제한하는 판결 또는 처분을 받은 자를 법률이 정한 절차에 따라 호송하거나 수용하기 위하여 필요한 때, ③ 자신이나 다른 사람의 생명·신체의 방어 및 보호를 위해 필요하다

고 인정되는 상당한 이유가 인정될 때, ④ 범인·주취자 또는 정신착란자의 자살 또는 자해기도를 방지하기 위하여 필요한 때, 또는 ⑤ 공무집행에 대한 항거 제지를 위해 필요하다고 인정되는 상당한 이유가 있는 때이다.

나. 수단과 한계

경찰관직무집행법과 위해성경찰장비규정에는 수갑사용시 비례원칙의 준수를 명문화 하고 있다. 수사목적으로 사용하는 경우에는 경찰청 지침에 따라 원칙적으로 이동시 뒷수갑, 인치시 앞수갑, 조사시 수갑을 사용하지 않도록 하고 있다.

관련판례

▶ **수갑사용이 적법한 경우**

주취 행패자(서울고등법원 1998. 8. 3. 자 98초114 결정)

술에 취하여 행인을 상대로 행패를 부리는 자에 대해 설득하여 귀가를 종용하였으나, 이에 불응하고, 파출소로 연행하려 하자 반항하며 난동을 부려 이를 제압하기 위해 손에 수갑을 채운 후 순찰차에 태워 연행하는 과정에서 약간의 부상이 발생한 경우

격렬히 저항한 절도 현행범(대법원 2007. 10. 11. 선고 2007다44460 판결. 환송판결 - 광주고등법원 2008. 4. 2. 선고 2007나5310 판결)

절도 현행범인으로 체포시 경찰관을 무는 등 격렬히 저항하는 자(피해자)에 대해 옷 위 수갑을 채워 순찰차로 호송하던 중 신호대기를 틈타 피해자가 탈출을 시도하자 경찰관이 옆구리에 피해자를 끼워 제압 및 호송하였다. 경찰서 도착 시 확인해 보자 피해자가 사망한 경우

▶ **수갑사용이 위법한 경우**

우측상완 영구장해(서울고등법원 2006. 5. 11. 선고 2005나87953 판결)

피의자가 누나와 조카인 피하자를 폭행한 혐의로 지구대에 연행된 상태에서 피해자와 언쟁을 벌리며 폭행을 하려 하고, 이를 제지하는 경찰관의 멱살을 잡는 등 폭행하였다. 경찰관이 팔을 과도하게 뒤로 꺾어 수갑을 채움으로

서 우측 상완 분쇄골절로 영구장해를 입힌 경우

음주운전 의심 강제 연행(부산지방법원 동부지원 2013. 9. 13. 선고 2013고합71 판결)

경찰관이 음주운전을 한 것으로 의심이 있다는 이유로 임의동행을 요구하였으나, 피고인은 이에 명시적인 거부의사를 밝혔다. 그럼에도 경찰관이 강제로 연행하였고, 피고인이 격렬하게 저항하자 이를 제압하기 위한 목적으로 수갑을 사용한 경우

검사의 피의자 신문시 보호장비의 해제 요청의무(대법원 2020. 3. 17. 자 2015모2357 결정)

검사는 조사실에서 피의자를 신문할 때 해당 피의자가 도주, 자해, 다른 사람에 대한 위해 등 형집행법 제97조 제1항 각호에 규정된 위험이 분명하고 구체적으로 드러나는 경우 외에는, 교도관에게 수갑, 포승 등 보호장비의 해제를 요청할 의무가 있고, 교도관은 이에 응하여야 한다.

생각해 볼 문제 / 27

1. 경찰관은 피의자신문 시 특별한 이유 없이 피의자의 상체에 포승과 수갑을 동시에 사용할 수 있는가? 특별한 이유에는 어떠한 예가 있는가? (참고 판례 : 헌법재판소 2005. 5. 26. 선고 2001헌마728 결정 전원재판부)

2. 경찰관은 마약사범으로 의심되는 자가 소변과 모발의 임의제출을 거부하자 압수수색영장을 발부받았다. 영장집행에 대해 저항하는 피의자를 병원으로 강제로 데려가면서 포승 및 수갑을 사용할 수 있는가? (참고 판례 : 대법원 2018. 7. 12. 선고 2018도6219 판결)

2. 경찰봉

경찰봉은 적법한 공무집행에 대해 흉기 등을 소지하고 적극적으로 저항하는 사람의 무력화 또는 범인검거에 널리 사용된다. 이와 관련하여 집회시위를 진압하는 과정에서 경찰봉으로 도주하는 집회시위 참가자나 집회시위와 관련

이 없는 사람의 머리 등을 가격하여 과도한 상해를 입히면 위법하다는 취지의 다수 하급심 판례[68]가 발견될 뿐 사실관계를 음미할 필요가 있는 판례는 찾기 어려워 경찰관직무집행법과 위해성경찰장비규정의 조문 내용만을 살펴본다.

가. 요 건

① 현행범이나 사형·무기 또는 장기 3년 이상의 징역이나 금고에 해당하는 죄를 범한 범인의 체포 또는 도주 방지를 위해 필요하다고 인정되는 상당한 이유가 있는 때, ② 자신이나 다른 사람의 생명·신체의 방어 및 보호를 위해 필요하다고 인정되는 상당한 이유가 있는 때, ③ 불법집회·시위로 인하여 발생할 수 있는 재산·공공시설의 위험을 방지하기 위하여 필요한 때, 또는 ④ 공무집행에 대한 항거 제지를 위해 필요하다고 인정되는 상당한 이유가 있는 때이다.

나. 한 계

경찰관직무집행법과 위해성경찰장비규정에는 비례원칙이 명문화 되어 있다. 특히 위해성경찰장비규정은 조를 바꾸어 다시 한 번 비례원칙의 준수를 촉구하고 있다.

3. 전자 충격기

실무상 주로 테이져 건이 해당하는데, 최근 분사기의 대안 또는 권총을 사용할 만큼 위급한 상황이 아닌 경우 널리 사용되고 있다. 지구대나 파출소에 근무하는 경찰관은 2인 1조로 현장에 출동하는 것이 원칙으로, 1인은 테이져 건, 1인은 권총을 소지하여 만약의 사태에 대비한다.

인체는 뇌에서 중추신경계로 전기신호를 일정한 전자파장으로 보내 근육을 움직이는데, 테어져 건은 전자파장을 인체에 투입하여 자연적 전자파장을 교란시키고 근육 무력화를 가져 오는 것으로, 침 길이 1cm인 2개의 전극침이 8도 각

---

68) 서울지방법원 1996. 8. 22. 선고 95가합43551 판결, 서울지방법원 1996. 8. 22. 선고 95가합 43551 판결, 서울중앙지방법원 2009. 10. 8. 선고 2008가합101525 판결 등

도로 발사되어 신체에 2개 모두 접촉할 때 5만 볼트의 전압으로 2－3mA의 전류가 흘러 상대방을 제압한다[69]. 따라서 전극침이 1개만 신체에 접촉하거나 트리거를 놓음으로서 전류가 흐르지 않으면 상대방은 제압되지 않는다. 테이저 건에 의한 사람의 사망가능성에 대해서는 논란이 있으나, 서 있는 상대방에게 사용하면 낙상사고가 발생할 수 있음에 유의하여야 한다.

가. 요 건

① 현행범이나 사형·무기 또는 장기 3년 이상의 징역이나 금고에 해당하는 죄를 범한 범인의 체포 또는 도주 방지를 위해 필요하다고 인정되는 상당한 이유가 있는 때, ② 자신이나 다른 사람의 생명·신체의 방어 및 보호를 위해 필요하다고 인정되는 상당한 이유가 있는 때, 또는 ③ 공무집행에 대한 항거 제지를 위해 필요하다고 인정되는 상당한 이유가 있는 때이다.

나. 한 계

비례원칙이 명문화되어 있고, 구체적으로 14세 미만의 자 또는 임산부에 대하여 사용할 수 없다. 또한 상대방의 얼굴을 향하여 전극침을 발사하여서는 아니된다.

---

[69] 인간은 40~50mA의 전류가 흐를 시 사망할 수 있다. 테이져건의 최적 사거리는 3~4.5m, 최대 사거리는 6.4m이다.

▶ 테이져 건 사용이 적법하다는 취지

자해 우려자(대법원 2012. 8. 30. 선고 2012다48114 판결)

　피해자는 음주 후 21시에 택시를 이용 귀가하였고, 집에 있던 부인이 택시비를 내고 우물가에 쓰러졌는데 피해자는 만취하여 부인이 납치되었다고 오인하고 신고하였다. 경찰관 출동 시 피해자는 칼을 두 자루 들고 있었고, 경찰관과 대치하다가 자신의 집에 들어가 칼 3자루(회칼2, 과도1)를 가지고 나와 폭 5미터 정도의 막다른 골목길에서 경찰관과 대치하였다. 피해자는 처를 찾아 달라며 칼로 자해하려하고, 이에 경찰관들이 피해자를 제압하려 하자 칼 등으로 경찰관의 접근을 저지하며 위협하였다. 경찰관은 피해자를 제압하기 위해 테이저 건을 등 뒤에서 발사하였고, 피해자는 테이져 건에 맞아 넘어지면서 자신이 쥐고 있던 과도로 복부를 찔러 사망한 경우

　1심 법원은 테이져 건은 무기에 준하는 사용기준이 요구된다며 위법하다고 하였으나, 2심 법원은 테이져 건 사용요건과 수단한계를 준수했다며 적법하다고 하였고 대법원은 상고를 기각하였다.

▶ 테이져 건 사용이 위법하다는 취지

쏠테면 쏴봐(대법원 2015. 11. 27. 선고 2015도15185 판결)

　가폭신고가 접수되어 경찰관이 신고자의 처벌의사를 확인 후 가택에 출입하였다. 가정폭력가해자는 소파에 누워 있다가 경찰관을 보자 나가라고 하였고, 경찰관이 조사에 대한 협조를 요청하자 이를 거부하면서 경찰관의 모자를 툭툭 쳤다. 경찰관이 체포될 수 있다고 경고하며 테이져 건에 손을 대자 가정폭력 가해자는 쏠 테면 쏴 보라 하였고, 경찰관이 테이져 건을 쏜 경우. 법원은 테이져 건을 사용할 긴급성이 없다며 위법하다고 하였다.

생각해 볼 문제 / 28

위 자해 우려자 사건의 1심에서는 테이져 건은 무기에 준하는 사용기준이 요구된다고 하여 공무집행이 위법하다 하였지만, 2심 및 대법원은 경찰관이 테이져 건의 사용요건과 한계를 준수하였다며 공무집행을 적법하다고 보았다. 어느 쪽의 의견에 동의하는가?

제10조의3 분사기 등의 사용

제10조의3(분사기 등의 사용) 경찰관은 다음 각 호의 직무를 수행하기 위하여 부득이한 경우에는 현장책임자가 판단하여 필요한 최소한의 범위에서 분사기(「총포·도검·화약류 등의 안전관리에 관한 법률」에 따른 분사기를 말하며, 그에 사용하는 최루 등의 작용제를 포함한다. 이하 같다) 또는 최루탄을 사용할 수 있다. <개정 2015. 1. 6.>
1. 범인의 체포 또는 범인의 도주 방지
2. 불법집회·시위로 인한 자신이나 다른 사람의 생명·신체와 재산 및 공공시설 안전에 대한 현저한 위해의 발생 억제

위해성경찰장비규정
[시행 2021. 1. 5.] [대통령령 제31380호, 2021. 1. 5., 타법개정]

제2조(위해성 경찰장비의 종류) 「경찰관 직무집행법」(이하 "법"이라 한다) 제10조 제1항 단서에 따른 사람의 생명이나 신체에 위해를 끼칠 수 있는 경찰장비(이하 "위해성 경찰장비"라 한다)의 종류는 다음 각 호와 같다.
3. 분사기·최루탄등 : 근접분사기·가스분사기·가스발사총(고무탄 발사겸용을 포함한다. 이하 같다) 및 최루탄(그 발사장치를 포함한다. 이하 같다)

제12조(가스발사총등의 사용제한) ① 경찰관은 범인의 체포 또는 도주방지, 타인 또는 경찰관의 생명·신체에 대한 방호, 공무집행에 대한 항거의 억제를 위하여 필요한 때에는 최소한의 범위안에서 가스발사총을 사용할 수 있다. 이 경우 경찰관은 1미터이내의 거리에서 상대방의 얼굴을 향하여 이를 발사하여서는 아니된다.

분사기는 압축된 최루 가스 등을 분사하여 상대방을 무력화시키는 장구로, 가스 분사 시 고무마개나 고압가스가 상대방의 얼굴, 특히 눈 부위를 타격하면 실명 등 신체에 큰 위해를 초래할 수 있다. 테이져 건이 보급 된 이후로는 실무상 널리 활용되지 않는 것으로 보인다.

1. 요 건

① 범인의 체포 또는 범인의 도주 방지를 위하여 부득이한 경우, ② 불법집회·시위로 인한 자신이나 다른 사람의 생명·신체와 재산 및 공공시설 안전에 대한 현저한 위해의 발생 억제를 위하여 부득이한 경우, ③ 타인 또는 경찰관의 생명·신체에 대한 방호를 위해 필요한 때, 또는 ④ 공무집행에 대한 항거의 억제를 위해 필요한 때이다. 이는 장구의 사용요건과 크게 다를 바 없다.

2. 한 계

비례원칙의 명문화 및 구체적으로 1미터 이내의 거리에서 상대방의 얼굴을 향하여 이를 발사할 수 없다.

관련판례

▶ **가스총 사용이 적법하다는 취지**

손도끼 저항 마약사범(서울지방법원 1999. 4. 14. 선고 97가합80905 판결)

마약밀매사범을 검거하는 과정에서 손도끼를 휘두르며 저항하는 범인의 안면부에 가스총을 발사하여 실명한 경우

▶ **가스총 사용이 위법하다는 취지**

유리조각 등 저항 가정폭력 사범(대법원 2003. 3. 14. 선고 2002다57218 판결)

동거녀가 피해자와 다투었는데 피해자가 마약을 투약한 것 같다는 112 신고를 하였다. 경찰관이 현장에 출동하자, 피해자는 쇠파이프, 유리조각 및 가스호스를 끊는 등 저항하였고 이에 경찰관이 가스총을 피해자의 얼굴에 근접 발사하여 피해자가 실명한 경우

도주 마약사범(부산지방법원 2013. 6. 27. 선고 2011가합21849 판결)

경찰관 2명이 마약사범 관련제보를 받고 잠복하던 중, 차량의 왕래가 많지 않고 주변상가들도 대부분 문을 닫은 23 : 40경 용의자가 이용하려는 차량의 번호도 확보한 상태에서, 용의자에게 신분증 제시를 요구하였다. 용의자가 이를 거부하면서 승용차량을 이용해 도주하려 하자 경찰관 A가 차에 매달렸고,

용의자는 그 상태에서 차량을 출발하려고 시도하였다. 경찰관 B가 A와 차량 사이의 틈에 손을 넣어 분사기를 발사하였고, 용의자의 안면부에 적중하여 실명한 경우

제10조의4 무기의 사용

　　무기는 가장 강력한 유형력 행사의 수단으로 실무상 38구경 리볼버 권총이 주로 사용된다. 무기의 사용은 사람의 생명에 대한 침해의 결과를 가져올 우려가 있어 조문상 보충성을 요구하는 경우도 있고, 보충성이 요구되지 아니한다 해도 비례원칙이 매우 엄격하게 적용된다.

　　경찰관직무집행법은 무기의 사용을 사람에게 위해를 끼칠 수 있는 경우와 없는 경우로 구분하여 규정하고 있으므로 여기에서도 두 가지 경우로 나누어 살펴보겠다.

제10조의4(무기의 사용) ① 경찰관은 범인의 체포, 범인의 도주 방지, 자신이나 다른 사람의 생명·신체의 방어 및 보호, 공무집행에 대한 항거의 제지를 위하여 필요하다고 인정되는 상당한 이유가 있을 때에는 그 사태를 합리적으로 판단하여 필요한 한도에서 무기를 사용할 수 있다. 다만, 다음 각 호의 어느 하나에 해당할 때를 제외하고는 사람에게 위해를 끼쳐서는 아니 된다.

1. 「형법」에 규정된 정당방위와 긴급피난에 해당할 때
2. 다음 각 목의 어느 하나에 해당하는 때에 그 행위를 방지하거나 그 행위자를 체포하기 위하여 무기를 사용하지 아니하고는 다른 수단이 없다고 인정되는 상당한 이유가 있을 때
   가. 사형·무기 또는 장기 3년 이상의 징역이나 금고에 해당하는 죄를 범하거나 범하였다고 의심할 만한 충분한 이유가 있는 사람이 경찰관의 직무집행에 항거하거나 도주하려고 할 때
   나. 체포·구속영장과 압수·수색영장을 집행하는 과정에서 경찰관의 직무집행에 항거하거나 도주하려고 할 때
   다. 제3자가 가목 또는 나목에 해당하는 사람을 도주시키려고 경찰관에게 항거할 때
   라. 범인이나 소요를 일으킨 사람이 무기·흉기 등 위험한 물건을 지니고 경찰관으로부터 3회 이상 물건을 버리라는 명령이나 항복하라는 명령을 받고

도 따르지 아니하면서 계속 항거할 때
3. 대간첩 작전 수행 과정에서 무장간첩이 항복하라는 경찰관의 명령을 받고도 따르지 아니할 때
② 제1항에서 "무기"란 사람의 생명이나 신체에 위해를 끼칠 수 있도록 제작된 권총·소총·도검 등을 말한다.
③ 대간첩·대테러 작전 등 국가안전에 관련되는 작전을 수행할 때에는 개인화기 (個人火器) 외에 공용화기(共用火器)를 사용할 수 있다.

위해성경찰장비규정
[시행 2021. 1. 5.] [대통령령 제31380호, 2021. 1. 5., 타법개정]

제2조(위해성 경찰장비의 종류) 「경찰관 직무집행법」(이하 "법"이라 한다) 제10조제1항 단서에 따른 사람의 생명이나 신체에 위해를 끼칠 수 있는 경찰장비(이하 "위해성 경찰장비"라 한다)의 종류는 다음 각 호와 같다.
2. 무기 : 권총·소총·기관총(기관단총을 포함한다. 이하 같다)·산탄총·유탄발사기·박격포·3인치포·함포·크레모아·수류탄·폭약류 및 도검

제9조(총기사용의 경고) 경찰관은 법 제10조의4에 따라 사람을 향하여 권총 또는 소총을 발사하고자 하는 때에는 미리 구두 또는 공포탄에 의한 사격으로 상대방에게 경고하여야 한다. 다만, 다음 각 호의 어느 하나에 해당하는 경우로서 부득이한 때에는 경고하지 아니할 수 있다.
1. 경찰관을 급습하거나 타인의 생명·신체에 대한 중대한 위험을 야기하는 범행이 목전에 실행되고 있는 등 상황이 급박하여 특히 경고할 시간적 여유가 없는 경우
2. 인질·간첩 또는 테러사건에 있어서 은밀히 작전을 수행하는 경우

제10조(권총 또는 소총의 사용제한) ① 경찰관은 법 제10조의4의 규정에 의하여 권총 또는 소총을 사용하는 경우에 있어서 범죄와 무관한 다중의 생명·신체에 위해를 가할 우려가 있는 때에는 이를 사용하여서는 아니된다. 다만, 권총 또는 소총을 사용하지 아니하고는 타인 또는 경찰관의 생명·신체에 대한 중대한 위험을 방지할 수 없다고 인정되는 때에는 필요한 최소한의 범위안에서 이를 사용할 수 있다.
② 경찰관은 총기 또는 폭발물을 가지고 대항하는 경우를 제외하고는 14세미만의 자 또는 임산부에 대하여 권총 또는 소총을 발사하여서는 아니된다.

I 사람에게 위해를 끼칠 수 없는 경우

1. 요 건

① 경찰관은 범인의 체포, 범인의 도주 방지를 위해 필요하다고 인정되는 상당한 이유가 있을 때, ② 자신이나 다른 사람의 생명·신체의 방어 및 보호를 위해 필요하다고 인정되는 상당한 이유가 있을 때, 또는 ③ 공무집행에 대한 항거의 제지를 위하여 필요하다고 인정되는 상당한 이유가 있을 때이다. 이는 장구나 분사기의 사용요건과 크게 다를 바 없다.

2. 수단(효과) 및 한계

경찰관은 비례원칙을 준수하여 사람에게 위해를 끼칠 수 없는 방법으로 무기를 사용할 수 있다. 사람에게 위해를 끼칠 수 없는 방법의 권총 사용은 공중을 향해 발사하는 것으로, 실무상 차량으로 도주하는 자를 정지 또는 체포하기 위해 권총으로 타이어를 쏘는 경우가 있는데 이는 사람에게 위해를 끼칠 수 있다는 점에 유의해야 한다.

II 사람에게 위해를 끼칠 수 있는 경우

1. 요 건

① 형법에 규정된 정당방위와 긴급피난에 해당할 때, ② 사형·무기 또는 장기 3년 이상의 징역이나 금고에 해당하는 죄를 범하거나 범하였다고 의심할 만한 충분한 이유가 있는 사람이 경찰관의 직무집행에 항거하거나 도주하려고 할 때, 그 행위를 방지하거나 그 행위자를 체포하기 위한 무기사용에 보충성이 인정되는 경우, ③ 체포·구속영장과 압수·수색영장을 집행하는 과정에서 경찰관의

직무집행에 항거하거나 도주하려고 할 때, 그 행위를 방지하거나 그 행위자를 체포하기 위한 무기사용에 보충성이 인정되는 경우, ④ 제3자가 ② 또는 ③에 해당하는 사람을 도주시키려고 경찰관에게 항거할 때, 그 행위를 방지하거나 그 행위자를 체포하기 위한 무기사용에 보충성이 인정되는 경우, ⑤ 범인이나 소요를 일으킨 사람이 무기·흉기 등 위험한 물건을 지니고 경찰관으로부터 3회 이상 물건을 버리라는 명령이나 항복하라는 명령을 받고도 따르지 아니하면서 계속 항거할 때, 그 행위를 방지하거나 그 행위자를 체포하기 위한 무기사용에 보충성이 인정되는 경우, ⑥ 대간첩 작전 수행 과정에서 무장간첩이 항복하라는 경찰관의 명령을 받고도 따르지 아니할 때이다.

실무상 사람에게 위해를 끼치는 무기사용의 대표적인 예는 사람에게 권총을 쏘는 것이다. 그런데 경찰관직무집행법은 이처럼 정당방위, 긴급피난, 대간첩 작전 수행과정에서 항복명령 불응 외에는 보충성을 요구하고 있다. 대간첩 작전 수행은 매우 이례적으로 일어나기 때문에 실무상으로는 정당방위나 긴급피난에 해당하지 않을시 사람에게 권총을 쏘기 위한 요건이 충족되려면 보충성이 인정되어야 한다는 결론에 이르게 된다. 나아가 긴급피난의 경우, 이익형량이 이루어져야 하는데 정대정의 관계에서 생명에 대한 위해는 어떠한 이익보다 크다 할 것이다. 따라서 일반적으로 실무상 보충성이 충족되지 않는 경우 정당방위 외에는 권총을 사람에게 또는 사람에게 위해가 일어날 것이 명백한 물건 등에는 쏠 수 없다. 특히 도주하는 자에 대한 신체사격에 대해 보충성이 인정되는 예는 생각하기 어렵다.

2. 절 차

사람을 향하여 권총 또는 소총을 발사하고자 하는 때에는 미리 구두 또는 공포탄에 의한 사격으로 상대방에게 경고하여야 한다. 다만 경찰관을 급습하거나 타인의 생명·신체에 대한 중대한 위험을 야기하는 범행이 목전에 실행되고 있는 등 상황이 급박하여 특히 경고할 시간적 여유가 없는 경우로서 부득이한 때 또는 인질·간첩 또는 테러사건에 있어서 은밀히 작전을 수행하는 경우로서 부득이한 때에는 경고하지 않을 수 있다.

3. 수단(효과)과 한계

사람에게 위해를 끼칠 수 있는 방법으로 무기를 사용할 수 있다. 비례원칙이 명문화되어 있는데, 실무상 경감이하 경찰관은 권총을 사람의 허벅지에 사격하도록 훈련받고 상체는 사격의 대상이 아니라는 점에서 상체에 대한 사격은 비례원칙의 준수했다고 인정받기 어려울 것이다. 한편 위해성경찰장비규정은 아래와 같은 구체적인 한계를 규정하고 있다. ① 범죄와 무관한 다중의 생명·신체에 위해를 가할 우려가 있는 때에는 권총 등을 사용할 수 없다. 다만, 권총 등을 사용하지 아니하고는 타인 또는 경찰관의 생명·신체에 대한 중대한 위험을 방지할 수 없다고 인정되는 때에는 필요한 최소한의 범위안에서 이를 사용할 수 있다. ② 총기 또는 폭발물을 가지고 대항하는 경우를 제외하고는 14세 미만의 자 또는 임산부에 대하여 권총 등을 발사할 수 없다.

관련판례

1. 정당방위, 긴급피난 관련
▶ **적 법**
대법원 2004. 3. 25. 선고 2003도3842 판결
　피해자는 진주시 씨름대회에서 우승할 정도로 건장한 남성으로, 술집에서 맥주병을 깨 다른 사람의 목을 찌르고 현재 자기집으로 도주하여 칼로 아들을 위협하고 있다는 상황을 고지받고, 출동 경찰관 2명이 현장에 도착하여 "어떻게 된 겁니까"라고 묻는 순간 피해자가 경찰관 2명을 동시에 쓰러뜨렸다. 경찰관 1명의 몸 위에 올라타 목을 조르자, 칼을 소지하고 있을 것이라고 인식한 경찰관이 공포탄 1발을 발사하였음에도 피해자가 계속 경찰관의 목을 조르자 실탄을 발사하여 우측 흉부에 맞아 사망한 경우(하지만 동일한 사실관계에 대한 국가배상소송에서 법원은 민사와 형사의 불법행위에 대한 판단이 상호 기속되지 않고, 경찰관의 무기사용은 정당방위에 해당하지 않는다며 배상책임 인정하였다. 대법원 2008. 2. 1. 선고 2006다6713 판결)

▶ **위 법**
대법원 1969. 9. 23. 선고 69다888 판결
　술에 만취되어 서로 폭행하고, 차량 통행을 방해하는 자에 대해 임의동행

을 요구하자 이를 거부하며 도주하고, 이에 경찰관이 카빈총의 개머리판으로 피해자의 가슴을 구타하자 피해자가 총을 뺏으려 시비하던 순간 안전장치가 되지 아니하여 총이 발사되고 피해자가 이에 맞아 사망한 경우

대법원 1991. 9. 10. 선고 91다19913 판결

병원에서 교통사고로 입원중인 자신의 형을 살려내라며 자해소동을 벌인 피해자를 제압하려 하자 피해자가 칼을 경찰관에게 들이대며 다가왔고, 경찰관이 약 11미터 정도 뒤로 밀려 복도 끝부분에 이르게 되자 더 이상 물러설 공간이 없어 칼빈총으로 피해자의 가슴부분을 밀어냈으나, 피해자가 계속 다가오자 피해자의 왼쪽 가슴 아래부위에 총을 발사하여 사망케 한 경우

대법원 1999. 3. 23. 선고 98다63445 판결

차량절도범이 경찰관과 대치하자 40센치 상당의 횟칼로 저항 및 도주를 반복하였다. 경찰관은 절도범이 저항 후 도주하려 몸을 돌리는 상태에서 공포탄을 발사할 의도로 권총을 1회 발사하였는데 실린더가 열렸다가 다시 닫히는 과정에서 실탄이 먼저 장전되어 실탄이 발사되었고, 이에 절도범이 사망한 경우

2. 체포 대상자의 항거 또는 도주 관련
▶ 위 법

대법원 1991. 5. 28. 선고 91다10084 판결

조직폭력배 상호간 폭력사건에 대해 경찰관이조직폭력배인 피해자를 체포하려하자 피해자는 경찰관에게 상해를 입히고 도주 한 후 유흥주점 기물을 손괴하였다. 그 사실을 알고 있는 다른 경찰관이 피해자를 추적하여 타인의 집 대문 앞에 은신하고 있던 피해자에게 총을 겨누며 두 손을 들고 나오라고 명령하자, 피해자가 순순히 손을 들고 나오면서 그대로 도주하였다. 이에 경찰관이 피해자의 등에 권총을 발사하여 사망케 한 경우

대법원 1994. 11. 8. 선고 94다25896 판결

트레일러와 트렉터를 절취하여 운행하다가 검문소에서 검문을 하려하자 도주하였고, 위 절도 사실을 모르는 경찰관이 이를 추적하여 일단 피해자를 검거하였다. 피해자가 경찰관을 쓰러뜨리고 다시 도주하자 공포탄 2발, 실탄 1

발을 공중을 향해 발사하였고, 실탄 1발을 피해자의 몸쪽을 향해 발사한 결과 도로의 바닥에 맞고 튄 유탄이 피해자의 후두부에 맞아 피해자가 사망한 경우

대법원 1999. 6. 22. 선고 98다61470 판결
교통신호를 위반하고, 정지명령을 무시한 채 수차례 신호위반과 중앙선 침범 등을 하며 도주하다가, 차량정체로 인해 차량에서 내려 계속 도주하던 피해자에게 공포탄 2발 발사하고, 정지하지 않으면 총을 쏘겠다고 경고 한 후에 하퇴부를 겨냥하여 실탄 1발 발사하여 좌측 대퇴부에 맞아 사망한 경우

대법원 2004. 5. 13. 선고 2003다57956 판결
오토바이를 타고 가던 피해자가 검문에 불응하고 도주하자, 경찰관이 추격하면서 수차례 정지명령을 하였으나 피해자는 이에 불응하며 계속 도주하였다. 경찰관이 공포탄 1발, 실탄 3발을 발사한 후, 오토바이 바퀴를 조준하여 발사한 실탄이 피해자의 좌측 후복벽에 맞아 상해를 입은 경우

3. 대간첩작전 관련
▶ 적 법
대법원 1968. 1. 23. 선고 67다2429 판결
경찰관이 인근지역에 무장간첩이 나타나 주민들을 살상하므로 간첩을 잡기 위하여 긴장된 상태에서 수색을 벌이던 중 새벽 1시반경 간첩같은 수상한 사람이 열차에 탔다는 전화 통보를 받아 열차를 검색하였다. 경찰관은 전투복차림의 피해자들이 철로변으로 뛰어내려 숨는 것을 발견하고 철로변을 수색하다가 둑 가운데 있는 피해자를 발견하였다. 경찰관이 누구냐, 손들어하면서 권총을 발사한 것이 피해자의 다리에 명중하였고, 이에 놀란 피해자들이 논 가운데로 숨기 시작하자 경찰관이 집중사격을 퍼부어 피해자가 사망한 경우

신체에 대한 총기사용이 적법하다고 인정된 예는 정당방위와 대간첩작전에서 각 1건이 발견될 뿐, 법원은 대부분의 경우 신체에 대한 총기사용은 위법하다고 하였다. 게다가 정당방위를 인정한 사례는 동일 사안에 대한 민사사건에서는 적법성을 부정하였고, 대간첩작전은 매우 이례적인 상황이라는 점에 유의해야 한다. 하지만 이러한 법원의 태도를 어떠한 경우에도 경찰관이 피해자의 신체에

대해 무기를 사용하지 말아야 한다는 의미로 받아들여서는 아니 된다. 피해자나 경찰관의 생명이나 신체에 대한 침해를 하려는 자를 막을 다른 상당한 방법이 없는 경우에는 정당방위로서 장구, 분사기는 물론 신체에 대한 무기사용도 가능하다.

생각해 볼 문제 / 29

경찰관이 도난 번호판을 부착하고 차량을 운행하는 범인을 검문하려 하자, 범인이 도주하였고 경찰관은 범인을 검문하기 위해 차량에서 내렸던 동료 경찰관들을 미처 태우지 못하고 혼자 경찰차량을 운행하여 추적을 시작하였다. 범인은 신호위반 좌회전, 중앙선 침범, 역방향 운행 등 매우 위험한 방법으로 도주하다가 바리케이트로 막힌 막다른 길에 이르러 더 이상 차량의 진행이 불가능해지자 차에서 내려 경찰관의 명령에 따라 바닥에 엎드리는 척 하다가 다시 뛰어서 도망가기 시작했다. 경찰관은 범인을 향해 경고사격으로 공중에 실탄 1발을 쏘고 도망하면 쏜다라며 2~3회 반복 경고하였다. 하지만 범인이 계속 도주하자 범인의 왼쪽 대퇴부를 향해 실탄 1발 발사하여 위 대퇴부에 명중하여 상해를 입혔다. 경찰관은 40대로 10~15킬로그램에 달하는 외근장비를 착용한 상태였고, 피해자는 22세로 운동능력이 뛰어난 남성이었다. 경찰관의 총기사용은 적법한가?

(참고판례: 서울고등법원 2006. 11. 16. 선고 2006나43790 판결)

제10조의5 경찰착용기록장치의 사용

2023년 개인정보보호법의 개정으로 이동형 영상정보처리기기의 근거가 규정되었고, 2024년 경찰관직무집행법에는 그 특칙으로 경찰관의 직무수행상 경찰착용기록장치의 사용과 절차 및 그로 인해 생성된 영상정보의 관리 규정이 신설되었다.

경찰관직무집행법 제10조의5는 경찰착용기록장치를 정의하고, 그 사용 요건과 한계를 규정하고 있다. 경찰관직무집행법은 경찰착용기록장치의 사용에 따라 생성되어 수집된 영상정보의 이용이나 제공에 대해서는 규정하고 있지 아니하므로, 이에는 개인정보처리에 대한 일반법인 개인정보보호법이 적용된다. 따라서 경찰착용기록장치로 수집된 영상정보는 개인정보보호법에 따라 수집목적과 동일한 목적(개인정보보호법 제15조 제1항) 또는 수집목적과 밀접한 관련이 있는 목적으로 이용될 수 있다(동조 제3항). 또한 이는 수집목적과 관련이 없지만 명백히 정보주체 또는 제3자의 급박한 생명, 신체, 재산의 이익을 위하여 필요하다고 인정되는 경우, 범죄의 수사와 공소의 제기 및 유지를 위하여 필요한 경우 또는 공중위생 등 공공의 안전과 안녕을 위하여 긴급히 필요한 경우(동법 제18조 제2항 제3호, 제7호, 제10호)에도 이용될 수 있다.

제10조의5(경찰착용기록장치의 사용) ① 경찰관은 다음 각 호의 어느 하나에 해당하는 직무 수행을 위하여 필요한 경우에는 필요한 최소한의 범위에서 경찰착용기록장치를 사용할 수 있다.

1. 경찰관이 「형사소송법」 제200조의2, 제200조의3, 제201조 또는 제212조에 따라 피의자를 체포 또는 구속하는 경우
2. 범죄 수사를 위하여 필요한 경우로서 다음 각 목의 요건을 모두 갖춘 경우
   가. 범행 중이거나 범행 직전 또는 직후일 것
   나. 증거보전의 필요성 및 긴급성이 있을 것

3. 제5조제1항에 따른 인공구조물의 파손이나 붕괴 등의 위험한 사태가 발생한 경우
4. 경찰착용기록장치에 기록되는 대상자(이하 이 조에서 "기록대상자"라 한다)로부터 그 기록의 요청 또는 동의를 받은 경우
5. 제4조제1항 각 호에 해당하는 것이 명백하고 응급구호가 필요하다고 믿을 만한 상당한 이유가 있는 경우
6. 제6조에 따라 사람의 생명·신체에 위해를 끼치거나 재산에 중대한 손해를 끼칠 우려가 있는 범죄행위를 긴급하게 예방 및 제지하는 경우
7. 경찰관이 「해양경비법」 제12조 또는 제13조에 따라 해상검문검색 또는 추적·나포하는 경우
8. 경찰관이 「수상에서의 수색·구조 등에 관한 법률」에 따라 같은 법 제2조제4호의 수난구호 업무 시 수색 또는 구조를 하는 경우
9. 그 밖에 제1호부터 제8호까지에 준하는 경우로서 대통령령으로 정하는 경우
② 이 법에서 "경찰착용기록장치"란 경찰관이 신체에 착용 또는 휴대하여 직무수행 과정을 근거리에서 영상·음성으로 기록할 수 있는 기록장치 또는 그 밖에 이와 유사한 기능을 갖춘 기계장치를 말한다.

1. 정 의

경찰착용기록장치란 경찰관이 신체에 착용 또는 휴대하여 직무수행 과정을 근거리에서 영상·음성으로 기록할 수 있는 기록장치 또는 그 밖에 이와 유사한 기능을 갖춘 기계장치를 말한다. 예를 들어 실무상 이미 사용되고 있는 순찰차 캠(영상 촬영 및 영상물의 송신기능만이 활성화된 휴대전화)과 일부 경찰관들이 개인적으로 이용하고 있는 바디 캠 등은 경찰관의 신체에 착용되거나 손이 닿을 정도의 근거리에 있으므로 경찰착용기록장치에 해당한다. 하지만 드론에 부착된 장치는 착용 또는 휴대되었다 보기 어려울 것이다.

경찰관직무집행법 제10조의5는 경찰착용기록장치로 생성되어 수집된 영상정보의 정의를 두지 아니하고 있으나, 제10조의6은 "경찰착용기록장치로 기록을 마친 영상음성기록"이라 하고 있으므로, 여기에서도 이를 영상음성기록이라 하겠다.

2. 요 건

경찰착용기록장치의 사용요건은 크게 정보주체의 동의와 경찰업무수행의 필요성이라는 두 가지로 나뉘고, 경찰업무수행을 위한 요건은 다시 수사, 위험방지 및 해상업무의 세 가지로 나뉜다.

가. 정보주체의 동의(제4호)

경찰관은 경찰착용기록장치에 기록되는 대상자, 즉 정보주체로부터 그 기록의 요청 또는 동의를 받은 경우 경찰착용기록장치를 사용하여 영상음성기록을 수집할 수 있다. 이 때 정보주체의 동의는 명시적이어야 한다. 하지만 문서 등 개인정보보호법이 규정하고 있는 복잡한 방식으로 이루어질 필요는 없다.

나. 수사 업무수행시 필요성

1) 체포·구속시 필요성(제1호)

경찰관은 형사소송법에 따라 피의자를 영장에 의한 체포, 긴급체포, 현행범인 체포 또는 구속을 위하여 필요한 경우 경찰착용기록장치를 사용하여 영상음성기록을 수집할 수 있다. 여기에서의 필요성은 체포나 구속 자체에 필요한 경우를 의미하는 것은 아니다. 수갑을 써서 체포 등을 할 수는 있지만, 영상음성기록을 수집하여 체포 등을 할 수는 없기 때문이다. 따라서 이 때 필요성은 체포·구속의 적법성을 증명할 수단으로서의 필요성을 의미한다 할 것이다.

그런데 체포·구속의 적법성은 경찰관은 물론 피체포·구속자에게도 중요한 문제이다. 불법 체포·구속은 그 자체로도 위법하여 경찰관은 형사처벌의 대상이 될 수 있고, 피체포·구속자가 이에 저항한다 해도 공무집행방해죄로 처벌받지 아니한다. 나아가 피체포자는 위법한 체포에 이은 수사는 모두 위법함을 이유로 체포의 사유가 된 범죄에 대해서도 무죄를 주장할 수 있게 된다. 따라서 체포·구속시 특별한 사유가 없는 이상 경찰관이 영상음성기록을 수집하게 할 필요가 있다.

2) 증거보전의 필요성(제2호)

경찰관은 범행 직전부터 범행 중 및 그 직후까지 증거보전의 필요성과 긴급성이 인정되는 경우 경찰착용기록장치를 사용하여 영상음성기록을 수집할 수 있다. 이는 법원이 제시한 수사기관의 영장없는 사진·영상 촬영의 요건과 동일한데, 법원은 비공개 장소에서 수사목적으로 영상물이나 사진을 촬영하는 행위는 강제수사이고 이에 압수수색검증 영장의 발부가 필요하다 하였으나,[70] 공개된 장소에 대해서는 '범행 직전부터 직후'라는 시간적 한계 내에서, '증거보전의 필요성', '긴급성', '상당한 방법'이라는 세 가지 요소를 갖춘 경우 영장의 발부가 필요하지 아니하다고 한다.[71]

가) 범행직전부터 직후까지

범행 직전이란 형사처벌의 대상이 되는 행위가 눈앞에서 막 이루어지려고 하는 것이 객관적으로 인정될 수 있는 상황으로 범죄의 예방과 제지에서의 목전과 같은 의미라 할 수 있다. 범행 중 및 범행직후의 의미는 현행범인 체포 요건으로서 현행성의 의미와 동일하다.

법원은 반국가단체 구성원들이 길거리, 식당 등에서 회합하기 직전부터 직후까지의 모습이 촬영된 동영상과 사진,[72] 무인장비에 의해 제한속도 위반차량으로 촬영된 사진,[73] 경찰관이 나이트클럽의 음란공연 단속을 목적으로 손님으로 가장하여 통상적인 방법으로 출입한 후 음란공연을 촬영한 동영상,[74] 국가보안법 위반 혐의가 상당히 밝혀진 상태에서 피고인들이 회합 직후 주거지에 들어가는 모습(담장, 2층 계단)을 주거지 외부에서 촬영한 동영상[75]에 대해 영장에 의

---

70) 대법원 2019. 10. 31. 선고 2019도10226 판결. 경찰관이 불법 게임장의 불법 환전 장면을 촬영하겠다는 사인에게 손목시계 형태의 소형 카메라를 대여해 주었고, 그가 이를 이용하여 게임장 내부를 촬영한 사안에 대하여, 법원은 사인의 촬영에는 경찰관의 기여가 있으므로 실질적으로 강제수사에 해당함에도 사전 또는 사후영장을 발부받지 않았으므로 위법하다고 하였다.

71) 대법원 2013. 7. 26. 선고 2013도2511 판결, 대법원 1999. 12. 7. 선고 98도3329 판결, 대법원 1999. 9. 3. 선고 99도2317 판결, 대법원 2023. 4. 27. 선고 2018도8161 판결.

72) 대법원 2013. 7. 26. 선고 2013도2511 판결. 범행 직전부터 직후.

73) 대법원 1999. 12. 7. 선고 98도3329 판결. 범행 중.

74) 대법원 2023. 4. 27. 선고 2018도8161 판결. 범행 중.

75) 대법원 1999. 9. 3. 선고 99도2317 판결. 범행 직후.

하지 아니하였음에도 그 증거능력을 인정하였다.

나) 증거보전의 필요성과 긴급성

증거보전의 필요성이란 촬영 대상물의 현존 상태 또는 촬영 당시 현장 상황이 영상음성기록으로 생성되어 그대로 기록될 필요가 있는 것을 말한다. 증거보전의 필요성이 인정되어 생성된 영상음성기록은 범행 전후를 기록한 경우 간접증거가, 범행 중을 기록한 경우 직접 증거가 될 것이다.

긴급성이란 긴급체포에서의 긴급성과 다를 바 없다. 따라서 여기에서 긴급성이란 경찰착용기록장치의 사용에 앞서 압수수색영장을 발부받을 시간적 여유가 없는 때를 말한다.

다. 위험방지 업무수행시 필요성(제3호, 제5호, 제6호)

경찰관은 경찰관직무집행법 제4조 제1항에 규정된 보호조치, 제5조 제1항에 규정된 위험발생의 방지, 제6조에 규정된 범죄의 예방과 제지 업무를 수행을 위해 필요한 경우 경찰착용기록장치를 사용하여 영상음성기록을 수집할 수 있다. 이 경우도 수사와 마찬가지로 각 위험방지 작용에 대한 요건은 이미 갖추어져 있어야 하고, 경찰착용기록장치의 사용은 그 작용을 위해 필요한 경우 이에 부수하여 이루어져야 한다. 따라서 그러한 위험의 예측을 위한 경찰착용기록장치의 사용은 허용될 수 없다.

라. 해양업무시 필요성

1) 해상검문검색, 추적·나포하는 경우(제7호)

경찰관은 해양경비법상 해상검문검색 또는 추적·나포시 필요한 경우 경찰착용기록장치를 사용하여 영상음성기록을 수집할 수 있다. 해양경비법 제12조는 해양경찰관은 비정상적 운항, 무기류 수송, 법령위반 등의 의심이 있는 경우 그 선박에 대한 해상검문검색을, 제13조는 해상검문검색에 불응하고 도주하거나 법령위반이 확실시 되는 선박에 대한 추적·나포를 할 수 있다고 규정하고 있고, 제15조는 해양경찰관서장의 타 행정기관에 대한 지원요청권과 행정기관의 지원의무를 규정하고 있다. 따라서 경찰관은 해양경찰관서장의 지원요청에 따른 지원시 해상검문검색 또는 추적·나포를 위해 필요한 경우 경찰착용기록장치를 사용할 수 있다.

2) 수난구호 업무시 수색 또는 구조를 하는 경우

경찰관은 수난구호 업무 시 수색 또는 구조에 필요한 경우 경찰착용기록장치를 사용하여 영상음성기록을 수집할 수 있다. 수상구조법 제16조는 조난사실을 신고·통보받거나 인지한 관할 구조본부의 장 등이 수난구호에 필요하다고 인정한 경우 수난구호협력기관의 장 등에게 구조활동 지원을 요청할 수 있고, 이러한 요청을 받은 수난구호협력기관의 장 등은 특별한 사유가 없는 한 즉시 이에 응하여야 한다고 규정하고 있다. 경찰청은 수난구호협력기관으로(수상구조법 제2조 제6호, 재난안전법 제3조 제8호) 수난구호 응원요청을 받으면 이에 응할 의무가 있다. 이 때 요구조자 수색 또는 구조에 필요한 경우 경찰관은 경찰착용기록장치를 사용할 수 있다.

3. 한 계

다른 작용과 마찬가지로 경찰착용기록장치의 사용은 비례원칙을 준수하여야 한다. 경찰관직무집행 제10조의5 제1항은 이를 명문으로 규정하고 있다. 따라서 각 요건을 준수하는 경우에도 경찰착용기록장치의 사용은 필요 최소한도로 제한되고, 그 사용으로 생성되는 영상정보에는 각 요건에 따른 목적 달성에 필요·최소한도의 정보만을 담고 있어야 한다.

4. 관련문제: 영장의 필요성

헌법 제12조와 제16조에 따라 체포·구속·압수·수색은 사전영장에 의함이 원칙이고, 형사소송법에 따라 검증도 사전영장에 의함이 원칙이다. 경찰착용기록장치의 사용은 체포·구속·압수·수색에는 해당하지 아니함이 명백하므로, 각 처분에 대한 영장과 별도의 영장을 요하는 것은 아니다. 하지만 경찰착용기록장치의 사용은 검증결과 기록의 한 방법으로 이해될 수도 있어 영장이 필요한지 여부가 문제된다.

사진·영상 촬영의 법적 성질과 영장의 필요성에 대해서는 다양한 견해가 있지만, 법원은 이미 범행직전 부터 직후, 증거보전의 필요성, 긴급성, 상당한 방법이라는 네 가지 요건을 갖추면 사진·영상의 촬영에 영장은 필요하지 아니하다는 입장이다. 경찰관직무집행법 제10조의5는 이중 앞의 세 가지 요건을 그 요건으로 삼고 있고, 제10조의6은 경찰착용기록장치의 사용 절차를 엄격히 규정하여 이를 준수한 경찰착용기록장치의 사용은 상당한 방법에 따랐다고 아니할 수 없다. 따라서 경찰관직무집행법상 요건과 절차 규정을 준수한 경찰착용기록장치의 사용은 위 네 가지 요건을 모두 충족하므로 실무상 영장을 요하지 아니한다.

제10조의6　경찰착용기록장치의 사용 고지 등

2023년 개인정보보호법의 개정으로 이동형 영상정보처리기기에 의한 영상정보 처리의 근거가 규정되었고, 2024년 경찰관직무집행법에는 그 특칙으로 경찰관의 직무수행상 경찰착용기록장치의 사용과 절차 및 그로 인해 생성된 영상정보의 관리 규정이 신설되었다.

경찰관직무집행법 제10조의6은 경찰착용기록장치 사용시 절차와 영상음성기록의 관리 및 저장에 대해 규정하고 있다. 이는 개인정보 보호법상 이동형 영상정보처리기기의 운영시 절차에 대한 특칙이므로, 경찰착용기록장치의 사용에는 이 규정의 내용만이 적용된다.

> **제10조의6(경찰착용기록장치의 사용 고지 등)** ① 경찰관이 경찰착용기록장치를 사용하여 기록하는 경우로서 이동형 영상정보처리기기로 사람 또는 그 사람과 관련된 사물의 영상을 촬영하는 때에는 불빛, 소리, 안내판 등 대통령령으로 정하는 바에 따라 촬영 사실을 표시하고 알려야 한다.
> ② 제1항에도 불구하고 제10조의5제1항 각 호에 따른 경우로서 불가피하게 고지가 곤란한 경우에는 제3항에 따라 영상음성기록을 전송·저장하는 때에 그 고지를 못한 사유를 기록하는 것으로 대체할 수 있다.
> ③ 경찰착용기록장치로 기록을 마친 영상음성기록은 지체 없이 제10조의7에 따른 영상음성기록정보 관리체계를 이용하여 영상음성기록정보 데이터베이스에 전송·저장하도록 하여야 하며, 영상음성기록을 임의로 편집·복사하거나 삭제하여서는 아니 된다.
> ④ 그 밖에 경찰착용기록장치의 사용기준 및 관리 등에 필요한 사항은 대통령령으로 정한다.

1. 경찰착용기록장치 사용시 절차(제1항, 제2항)

경찰관이 경찰착용기록장치를 사용하여 사람 또는 그 사람과 관련된 사물의 영상을 촬영하는 때에는 불빛, 소리, 안내판 등으로 촬영 사실을 표시하고 알려야 한다. 다만 현장에서 불가피하게 고지가 곤란한 경우에는 영상음성기록을 전송·저장하는 때에 그 고지를 못한 사유를 기록하는 것으로 대체할 수 있다.

경찰착용기록장치의 사용은 주된 경찰작용에 부수되는 것으로, 촬영고지로 인해 주된 경찰작용이 방해되어서는 아니 된다. 예를 들어 은밀히 진행중인 경찰체포작전 수행 중에 경찰고지를 할 수는 없다. 은밀성·밀행성이 요구되는 경찰작용의 특수성을 고려하여 볼 때, 실무상 촬영고지 예외는 널리 인정될 것이다. 다만 불고지 사유를 기록으로만 대체하도록 한 것은 이해하기 어렵다. 경찰관이 피촬영자로 특정하여 그를 중심으로 촬영하였고, 마스킹 대상으로도 삼지 않았으며 신원이 확인된 피촬영자에게는 촬영사실을 사후 고지하도록 개정할 필요성이 있다.

2. 영상음성기록의 관리(제3항)

영상음성기록은 생성 후 지체 없이 영상음성기록정보 관리체계를 이용하여 영상음성기록정보 데이터베이스에 전송·저장하도록 하여야 하며, 영상음성기록을 임의로 편집·복사하거나 삭제하여서는 아니 된다.

3. 대통령령의 미비

경찰착용기록장치 사용절차와 기록관리의 구체적인 내용은 대통령령으로 정하도록 하고 있는데, 아직 대통령령에 관련 내용이 마련되지 못하였다. 구체적이고 현실적인 내용의 규정을 통해 국민의 기본권 보장과 경찰업무의 효율성을 모두 충족시켜 주길 기대한다.

제10조의7 영상음성기록정보 관리체계의 구축·운영

2023년 개인정보보호법의 개정으로 이동형 영상정보처리기기에 의한 영상정보 처리의 근거가 규정되었고, 2024년 경찰관직무집행법에는 그 특칙으로 경찰관의 직무수행상 경찰착용기록장치의 사용과 절차 및 그로 인해 생성된 영상정보의 관리 규정이 신설되었다.

경찰관직무집행법 제10조의7은 경찰청장 및 해양경찰청장에게 영상음성기록을 저장하고 데이터베이스로 관리하는 영상음성기록정보 관리체계를 구축·운영할 의무를 부과하고 있다. 아직까지는 이에 대해 설명할 내용이 없으므로 조문의 소개로 갈음하고자 한다.

> 제10조의7(영상음성기록정보 관리체계의 구축·운영) 경찰청장 및 해양경찰청장은 경찰착용기록장치로 기록한 영상·음성을 저장하고 데이터베이스로 관리하는 영상음성기록정보 관리체계를 구축·운영하여야 한다.

제11조 사용기록의 보관

> **제11조(사용기록의 보관)** 제10조제2항에 따른 살수차, 제10조의3에 따른 분사기, 최루탄 또는 제10조의4에 따른 무기를 사용하는 경우 그 책임자는 사용 일시·장소·대상, 현장책임자, 종류, 수량 등을 기록하여 보관하여야 한다.
>
> **위해성경찰장비규정**
>
> [시행 2021. 1. 5.] [대통령령 제31380호, 2021. 1. 5., 타법개정]
>
> **제20조(사용기록의 보관 등)** ①제2조제2호부터 제4호76)까지의 위해성 경찰장비(제4호의 경우에는 살수차만 해당한다)를 사용하는 경우 그 현장책임자 또는 사용자는 별지 서식의 사용보고서를 작성하여 직근상급 감독자에게 보고하고, 직근상급 감독자는 이를 3년간 보관하여야 한다.
>
> ② 제1항의 규정에 의하여 제2조제2호의 무기 사용보고를 받은 직근상급 감독자는 지체없이 지휘계통을 거쳐 경찰청장 또는 해양경찰청장에게 보고하여야 한다.

경찰관직무집행법과 위해성경찰장비규정에 따라 경찰관이 살수차, 분사기, 무기 등을 사용한 경우 위해성경찰장비규정 별지 서식의 사용보고서를 작성하여 직근상급 감독자에게 보고해야 한다. 직근 상급 감독자는 이를 3년간 보관하여야 하고, 무기를 사용하였다는 보고를 받은 경우 경찰청장에게 보고하여야 한다.

---

76) 순서대로 무기, 분사기·최루탄, 기타장비

제11조의2(손실보상) ① 국가는 경찰관의 적법한 직무집행으로 인하여 다음 각 호의 어느 하나에 해당하는 손실을 입은 자에 대하여 정당한 보상을 하여야 한다.

1. 손실발생의 원인에 대하여 책임이 없는 자가 생명·신체 또는 재산상의 손실을 입은 경우(손실발생의 원인에 대하여 책임이 없는 자가 경찰관의 직무집행에 자발적으로 협조하거나 물건을 제공하여 생명·신체 또는 재산상의 손실을 입은 경우를 포함한다)

2. 손실발생의 원인에 대하여 책임이 있는 자가 자신의 책임에 상응하는 정도를 초과하는 생명·신체 또는 재산상의 손실을 입은 경우

② 제1항에 따른 보상을 청구할 수 있는 권리는 손실이 있음을 안 날부터 3년, 손실이 발생한 날부터 5년간 행사하지 아니하면 시효의 완성으로 소멸한다.

③ 제1항에 따른 손실보상신청 사건을 심의하기 위하여 손실보상심의위원회를 둔다.

④ 경찰청장 또는 시도경찰청장은 제3항의 손실보상심의위원회의 심의·의결에 따라 보상금을 지급하고, 거짓 또는 부정한 방법으로 보상금을 받은 사람에 대하여는 해당 보상금을 환수하여야 한다.

⑥ 경찰청장 또는 시도경찰청장은 제4항에 따라 보상금을 반환하여야 할 사람이 대통령령으로 정한 기한까지 그 금액을 납부하지 아니한 때에는 국세 체납처분의 예에 따라 징수할 수 있다.

⑦ 제1항에 따른 손실보상의 기준, 보상금액, 지급 절차 및 방법, 제3항에 따른 손실보상심의위원회의 구성 및 운영, 제4항 및 제6항에 따른 환수절차, 그 밖에 손실보상에 관하여 필요한 사항은 대통령령으로 정한다.

경찰관 직무집행법 시행령 제9조 내지 제17조의2 생략

경찰관직무집행법상 재산에 대한 손실 보상 규정은 2014년 도입되었고,[77]

---

77) 시행 2014. 4. 6. 법률 제11736호, 2013. 4. 5. 일부개정

2019년에는 보상의 범위를 생명, 신체까지 확대하였다.[78) 우리나라에서 손실보상규정은 일반적으로 국가에 의한 사유재산의 수용을 예정하고 있는 법률에 주로 규정되어 있고, 현장에서 이루어지는 국가기관의 작용에 의한 손실보상을 규정하고 있는 법률은 찾기 쉽지 않다[79)는 점에서 주목할 만하다. 게다가 2019년 개정으로 경찰관직무집행법 상 손실보상 규정은 일반적으로 손실보상 이론에서 인정하는 재산상 손실을 넘어 생명과 신체상의 손실, 즉 희생 보상까지 도입하였음은 매우 흥미롭다.

과거 손실보상 규정이 존재하지 않았을 때에는 적법한 공무집행에 의한 손실이 발생하여도 국민은 이에 대해 보상받는 것이 불가능했다.[80) 이 경우 피해자는 손해배상소송을 하여도 적법한 공무집행은 불법행위를 구성하지 아니하므로 패소에 이를 수밖에 없었고, 때로는 피해자가 끊임없이 민원을 제기하여 경찰관이 사비로 감당하기도 하였다. 손실보상 규정은 이러한 문제점을 해결하여 국민에게는 정당한 보상을 받을 수 있도록 해 주고, 경찰관은 당당히 공무집행에 임할 수 있게 해 주기 위한 것이라 하겠다. 따라서 조문의 해석은 가능한 널리 하여 보상이 가능도록 해야 할 것이다. 이러한 해석방향의 정당성은 손실보상의 입법 및 개정 이유를 보아도 확인할 수 있다.

---

1. 재산상 손실에 대한 손실보상의 도입시 개정이유

경찰관직무집행법
[시행 2014. 4. 6.] [법률 제11736호, 2013. 4. 5., 일부개정]

■ 개정이유 및 주요내용

경찰관의 적법한 직무집행으로 인하여 재산상 손실이 발생한 경우 국가가

---

78) 시행 2019. 6. 25. 법률 제16036호, 2018. 12. 24. 일부개정
79) 소방기본법 제49조의2에도 적법한 소방활동에 의한 손실을 입은 피해자에 대한 손실보상 규정을 두고 있다.
80) 행정법 이론상으로는 손실보상 규정이 없는 경우 헌법 제29조를 직접 적용할 수 있다는 견해, 유추 적용한다는 견해 등이 있으나, 실무적으로는 손실보상의 근거 규정이 없으면 보상을 받는 것은 사실상 불가능에 가깝다. 무엇보다 근거규정이 없으면 예산을 배정받을 수도 없다.

그 손실을 보상하도록 손실보상 규정을 신설함으로써 국민의 권익을 보호하고 경찰관의 안정적인 직무집행을 도모하려는 것임.

2. 생명, 신체에 대한 손실로 손실보상의 범위를 확대시 개정이유

경찰관 직무집행법

[시행 2019. 6. 25.] [법률 제16036호, 2018. 12. 24., 일부개정]

■ 개정이유 및 주요내용

현행법은 경찰관의 적법한 직무집행으로 인하여 국민이 재산상 손실을 입은 경우 국가가 그 손실을 보상하도록 규정하고 있음.

그런데 생명 또는 신체상 손실을 입은 경우에는 보상의 근거가 없어 국민들이 피해보상을 받는 데 한계가 있다는 지적이 있어 왔고, 손실을 입은 국민은 위법·적법을 가리지 않고 손해배상을 청구할 수밖에 없어 경찰관은 적법한 직무집행을 하고도 사비를 들여 손실을 보상하거나 이에 따른 직무집행에 대한 심리적 위축으로까지 이어지는 사례가 발생하여 이에 대한 보완이 필요하다는 주장이 있어 왔음. 또 보상금 지급절차의 투명성을 보장하기 위한 방안도 필요한 상황임.

이에 국가가 경찰관의 적법한 직무집행 과정에서 발생한 재산상 손실 외에 생명 또는 신체상의 손실에 대하여도 보상을 하도록 하되, 거짓 또는 부정한 방법으로 보상금을 받은 사람에 대하여는 해당 보상금을 환수하도록 하고, 손실보상심의위원회는 보상금 지급 후 경찰위원회에 정기적으로 보고하게 하며, 경찰청장 또는 지방경찰청장은 보상금을 반환하여야 할 사람이 대통령령으로 정한 기한까지 그 금액을 납부하지 아니한 때에는 국세 체납처분의 예에 따라 징수할 수 있도록 함으로써 해당 손실에 대한 국민의 권리구제를 강화함과 동시에 경찰관의 충실한 직무수행 및 투명한 보상금 지급절차가 되도록 하려는 것임.

경찰관직무집행법은 손실보상의 청구권자에 대해 규정하고 있고, 보상금액, 보상절차 등 구체적인 내용에 대해서는 경찰관직무집행법 시행령에 위임하고 있다. 경찰관직무집행법과 경찰관직무집행법 시행령을 통해 경찰관직무집행법상 손실보상규정의 자세한 내용을 살펴보자.

1. 보상청구권자

손실보상의 청구권자는 동일한 원인으로 인한 손실에 대해 보상금을 지급받은 사실이 없는 자로서, 손실발생의 원인에 대해 책임이 없는 사람 또는 손실발생의 원인에 대해 책임이 있으나 책임을 초과하는 손실을 입은 사람이다. 다만 이미 보상금을 지급받은 자라 해도, 보상금을 지급받은 원인과 동일한 원인으로 인한 부상이 악화되거나 새로 발견되어 부상등급이 변경되거나 추가 보상금의 지급이 필요한 경우에는 청구권이 인정된다.

가. 손실발생의 원인에 대해 책임이 없는 사람

손실보상의 청구권자는 적법한 공무집행으로 인해 손실을 입었고, 그 손실발생의 원인에 대하여 책임이 없는 사람이다. 청구권자에는 손실발생의 원인에 대하여 책임이 없는 자가 경찰관의 직무집행에 자발적으로 협조하거나 물건을 제공하여 그 결과 생명·신체 또는 재산상의 손실을 입은 경우를 포함한다. 손실을 야기한 최초의 원인에 대해 피해자의 책임이 없다면, 피해자의 자발적인 협조나 물건의 제공이 더하여져 손실의 결과가 발생하더라도, 이를 손실발생의 원인에서 배제함으로서 손실보상 청구권자의 범위를 널리 인정하도록 명문으로 규정한 것이다.

나. 손실발생의 원인에 대해 책임이 있으나, 책임을 초과하는 손실을 입은 사람

손실발생의 원인에 대하여 책임이 있는 사람이라 할지라도, 자신의 책임에 상응하는 정도를 초과하는 손실을 입은 경우에는 보상을 청구할 수 있다. 예를 들어 칼을 들고 자해를 하려는 자에 대해 보호조치를 하려 하였으나 이에 저항하여 테이져 건을 사용하였는데 피해자가 넘어지면서 자신이 들고 있던 칼에 찔려 중요 장기에 대한 중상해를 입은 경우, 경찰관의 보호조치가 적법하다 해도 피해자는 자신의 책임에 상응하는 정도를 초과하는 손실이 입었다할 수 있을 것이다. 이러한 경우 피해자는 손실보상의 청구권자로 인정될 수 있다.

경찰관직무집행법 상 손실보상 규정에는 피해자 사망시 청구권의 상속에 대한 내용이 없다. 위 예와 달리 자해를 하려는 자에게 경찰관이 적법한 공무집행으로 피해자를 사망에 이르게 하였다면, 피해자의 유족은 손실보상 청구권자로 인정되는가?

2. 보상금액

경찰관직무집행법상 손실보상은 "정당한 보상"을 해야 하는 것으로 규정하고 있고, 보상금액의 구체적인 내용은 경찰관직무집행법 시행령에 규정되어 있다. 경찰관직무집행법 시행령은 보상금액을 재산상 손실과 생명, 신체의 손실로 나누어져 규정하고 있고, 재산상 손실은 다시 물건을 멸실·훼손한 경우와 그 외의 경우로 나누고 있다.

가. 재산상 손실

1) 물건을 멸실·훼손한 경우

손실을 입은 물건을 수리할 수 있는 경우 수리비에 상당하는 금액을, 손실을 입은 물건을 수리할 수 없는 경우에는 손실을 입은 당시의 해당 물건의 교환가액을 보상한다. 피해자가 영업자이고 손실을 입은 물건의 수리나 교환으로 인하여 영업을 계속할 수 없는 경우에는 영업을 계속할 수 없는 기간 중 영업상 이익에 상당하는 금액을 보상한다. 이는 사실상 전액을 보상하는 것으로 법이 요구하고 있는 정당한 보상에 해당한다고 생각된다.

2) 물건을 멸실·훼손한 경우 외

직무집행과 상당한 인과관계가 있는 범위 내에서 보상한다고 규정하고 있다. 어떠한 경우에 적용되는 것인지 논란이 있을 수 있겠지만, 피해자의 두터운 보호를 위해 물건을 멸실 훼손한 것으로 평가하기 어렵지만 재산상 손실이 발생한 모든 경우를 포함한다고 보는 것이 상당할 것이다.

경찰관직무집행법상 손실보상은 정당한 보상이 원칙이므로 직무집행과의 상당인과관계가 인정되면 그로 입은 재산상 손실 전액에 해당하는 보상이 이루어져야 한다.

나. 생명·신체상의 손실

경찰관직무집행법 시행령은 생명·신체상 손실보상의 기준금액을 의사상자 등 예우 및 지원에 관한 법률을 따르도록 하고 있다.

경찰관 직무집행법 시행령 [별표] <신설 2019. 6. 25.>

생명·신체상의 손실에 대한 보상의 기준(제9조제3항 관련)

1. 사망자의 보상금액 기준

「의사상자 등 예우 및 지원에 관한 법률 시행령」 제12조 제1항에 따라 보건복지부장관이 결정하여 고시하는 금액을 보상한다.

2. 부상등급의 기준

「의사상자 등 예우 및 지원에 관한 법률 시행령」 제2조 및 별표 1에 따른 부상범위 및 등급을 준용하되, 같은 영 별표 1에 따른 부상 등급 중 제1급부터 제8급까지의 등급에 해당하지 않는 신체상의 손실을 입은 경우에는 부상등급 외의 부상으로 본다.

3. 부상등급별 보상금액 기준

「의사상자 등 예우 및 지원에 관한 법률 시행령」 제12조 제2항 및 별표 2에 따른 의상자의 부상등급별 보상금을 준용하되, 제2호에 따른 부상등급 외의 부상에 대한 보상금액의 기준은 제4호와 같다.

4. 부상등급 외의 부상에 대한 보상금액 기준

가. 부상등급 외의 부상에 대한 보상금액은 제1호에 따른 보상금의 100분의 5를 최고 한도로 하여 그 범위에서 진료비, 치료비, 수술비, 약제비, 입원비 등 실제로 지출된 의료비를 지급한다.

나. 가목에도 불구하고 위원회가 최고 한도를 초과하여 보상이 필요하다고 인정하는 경우에는 가목에 따른 최고 한도를 초과하여 실제로 지출된 의료비를 지급할 수 있다.

경찰관직무집행법 상 손실보상 규정에 따른 생명 및 신체, 신체의 손실에 대한 보상금은 의사상자 등 예우 및 지원에 관한 법률 시행령 별표1과 2를 따라 사망자에 대한 보상금[81]을 기준으로 하여 부상의 정도에 따른 비율로 지급한다. 예를 들어 제1급에 해당하면 사망자의 보상금에 100퍼센트를, 제2급에 해당하면 88퍼센트를 지급하는 것이다. 아래는 이를 정리한 것이다.

[표 9] 보상금 지급기준표

등급	부상의 정도	보상금
제1급	1. 두 눈의 교정시력이 0.02 이하인 사람 2. 말하는 기능과 음식물을 씹는 기능 일체를 영구히 잃은 사람 3. 신경계통의 기능이나 정신에 뚜렷한 장애가 남아 수시로 간호를 받아야 하는 사람 4. 흉복부·장기에 뚜렷한 장애가 남아 수시로 간호를 받아야 하는 사람 5. 두 팔의 손목관절 이상의 부위를 잃은 사람 6. 두 다리의 발목관절 이상의 부위를 잃은 사람	100
제2급	1. 두 눈의 교정시력이 0.06 이하인 사람 2. 말하는 기능과 음식물을 씹는 기능에 뚜렷한 장애가 남은 사람 3. 신경계통의 기능이나 정신에 뚜렷한 장애가 남아 일생동안 노무에 종사하지 못하게 된 사람 4. 흉복부·장기의 기능에 뚜렷한 장애가 남아 일생동안 노무에 종사하지 못하게 된 사람 5. 두 귀의 청력을 완전히 잃은 사람 6. 한 팔의 팔꿈치관절 이상의 부위를 잃은 사람 7. 한 다리의 무릎관절 이상의 부위를 잃은 사람 8. 두 손의 손가락 일체를 영구히 사용하지 못하게 된 사람 9. 두 발의 발목발바닥뼈관절 이상의 부위를 잃은 사람	88
제3급	1. 두 눈의 교정시력이 0.1 이하인 사람	76

[81] 의사상자등 예우 및 지원에 관한 법률 시행령 제12조는 사망자에 대한 보상금을 매 회계연도 시작 전까지 고시하도록 하고 있는데, 2022년 사망자에 대한 보상금은 221,728,000원이다.

	2. 말하는 기능이나 음식물을 씹는 기능에 뚜렷한 장애가 남은 사람 3. 두 귀의 청력이 귀에 대고 말하지 아니하면 큰 말소리를 알아 듣지 못하는 정도인 사람 4. 신경계통의 기능이나 정신에 뚜렷한 장애가 남아 특별히 손쉬운 노무 외에는 종사하지 못하게 된 사람 5. 흉복부·장기의 기능에 뚜렷한 장애가 남아 특별히 손쉬운 노무 외에는 종사하지 못하게 된 사람 6. 한 팔의 손목관절 이상의 부위를 잃은 사람 7. 한 팔의 3대관절 중 2개를 못 쓰게 된 사람 8. 한 팔 일체를 영구히 사용하지 못하게 된 사람 9. 한 다리의 발목관절 이상의 부위를 잃은 사람 10. 한 다리의 3대관절 중 2개를 못 쓰게 된 사람 11. 한 다리 일체를 영구히 사용하지 못하게 된 사람 12. 척추에 뚜렷한 기형이나 운동장애가 남은 사람	
제4급	1. 한 눈이 실명[맹(盲)·광각상실(光角喪失)]되고 다른 눈의 교정시력이 0.6 이하인 사람 2. 두 귀의 청력이 40센티미터 이상의 거리에서는 보통의 말소리를 알아듣지 못하는 정도인 사람 3. 신경계통의 기능이나 정신에 뚜렷한 장애가 남아 손쉬운 노무 외에는 종사하지 못하게 된 사람 4. 흉복부·장기의 기능에 뚜렷한 장애가 남아 손쉬운 노무 외에는 종사하지 못하게 된 사람 5. 한 손의 엄지손가락을 포함하여 2개 이상의 손가락을 잃은 사람 6. 한 손의 엄지손가락과 둘째손가락을 못 쓰게 된 사람 또는 엄지손가락이나 둘째손가락을 포함하여 세 개 이상의 손가락을 못 쓰게 된 사람 7. 한 다리가 다른 쪽 다리보다 5센티미터 이상 짧은 사람 8. 한 발을 발목발바닥뼈관절 이상의 부위를 잃은 사람 9. 한 팔에 가관절(假關節 : 부러진 뼈가 완전히 아물지 못하여 그 부분이 마치 관절처럼 움직이는 상태)이 남은 사람 10. 한 다리에 가관절이 남은 사람 11. 한 발의 발가락을 모두 잃은 사람 12. 한 팔의 3대관절 중 1개를 못 쓰게 된 사람	64

	13. 한 다리의 3대관절 중 1개를 못 쓰게 된 사람 14. 두 발의 발가락을 모두 못 쓰게 된 사람 15. 외모에 뚜렷한 흉터가 남은 사람 16. 양쪽의 고환을 잃은 사람 17. 비장이나 한쪽 신장을 잃은 사람	
제5급	1. 한 눈의 교정시력이 0.1 이하인 사람 2. 두 눈에 반맹증, 시야협착 또는 시야이상이 있는 사람 3. 두 눈의 눈꺼풀에 뚜렷한 결손이나 운동장애가 있는 사람 4. 코가 결손되어 그 기능에 뚜렷한 장애가 있는 사람 5. 말하는 기능이나 음식물을 씹는 기능에 장애가 남은 사람 6. 한 귀의 청력이 귀에 대고 말하지 아니하면 큰 말소리를 알아듣지 못하는 정도인 사람 7. 두 귀의 청력이 1미터 이상의 거리에서는 보통의 말소리를 알아듣기 어려운 정도인 사람 8. 한 손의 둘째손가락을 잃거나 엄지손가락과 둘째손가락 외의 손가락 2개를 잃은 사람 9. 한 손의 엄지손가락을 못 쓰게 된 사람, 둘째손가락을 포함하여 손가락 2개를 못 쓰게 된 사람 또는 엄지손가락과 둘째손가락 외의 손가락 3개를 못 쓰게 된 사람 10. 한 발의 엄지발가락 또는 그 외의 발가락 4개를 잃은 사람 11. 한 발의 발가락을 모두 못 쓰게 된 사람 12. 한 다리가 다른 쪽 다리보다 3센티미터 이상 짧은 사람 13. 한 팔의 3대관절 중 1개의 기능에 뚜렷한 장애가 남은 사람 14. 한 다리의 3대관절 중 1개의 기능에 뚜렷한 장애가 남은 사람 15. 생식기에 뚜렷한 장애가 남은 사람 16. 신경계통의 기능이나 정신에 장애가 남아 종사할 수 있는 노무가 상당한 정도로 제한된 사람 17. 흉복부·장기의 기능에 장애가 남아 종사할 수 있는 노무가 상당한 정도로 제한된 사람	52
제6급	1. 한 눈의 조절기능에 뚜렷한 장애가 있거나 또는 안구에 운동장애가 남은 사람 2. 한 눈의 눈꺼풀에 뚜렷한 결손 또는 운동장애가 남은 사람 3. 한 눈에 반맹증·시야협착과 시야이상이 남은 사람	40

	4. 한 눈의 교정시력이 0.6 이하인 사람	
	5. 한 귀의 청력이 40센티미터 이상의 거리에서는 보통의 말소리를 알아듣지 못하는 정도인 사람	
	6. 척추에 기형이 남은 사람	
	7. 한 손의 셋째손가락 또는 넷째손가락을 잃은 사람	
	8. 한 귀의 귓바퀴가 대부분 결손된 사람	
	9. 7개 이상의 치아에 치과보철을 한 사람	
	10. 한 발의 엄지발가락을 포함하여 발가락 2개 이상을 못 쓰게 된 사람	
	11. 흉복부·장기의 기능에 장애가 남은 사람	
	12. 쇄골·흉골·늑골·견갑골 또는 골반뼈에 뚜렷한 기형이 남은 사람	
	13. 한 팔의 3대관절 중 1개의 기능에 장애가 남은 사람	
	14. 한 다리의 3대관절 중 1개의 기능에 장애가 남은 사람	
	15. 장관골에 기형이 남은 사람	
	16. 한 손의 셋째손가락 또는 넷째손가락을 못 쓰게 된 사람	
	17. 한 발의 엄지발가락 또는 그 외의 발가락 4개를 못 쓰게 된 사람	
	18. 국부에 뚜렷한 신경증상이 남은 사람	
	19. 외모에 경미한 흉터가 남은 사람	
제7급	1. 한 눈의 시력이 0.1 이하로 된 사람 2. 한 눈에 반맹증, 시야협착 또는 시야변상이 남은 사람 3. 두 눈의 눈꺼풀 일부에 결손이 남거나 속눈썹에 결손이 남은 사람 4. 5개 이상의 치아에 치과보철을 한 사람 5. 한 손의 새끼손가락을 잃은 사람 6. 한 손의 엄지손가락 지골의 일부를 잃은 사람 7. 한 손의 둘째손가락 지골의 일부를 잃은 사람 8. 한 손의 둘째손가락 말관절을 굽히고 펼 수 없게 된 사람 9. 한 다리가 다른 쪽 다리보다 1센티미터 이상 짧은 사람 10. 한 발의 가운데·넷째·다섯째발가락 중 1개 또는 2개를 잃은 사람 11. 한 발의 둘째발가락을 제대로 못 쓰게 된 사람 또는 둘째발가락을 포함하여 발가락 2개를 제대로 못 쓰게 된 사람 또는 가운데·넷째·다섯째발가락 3개를 제대로 못 쓰게 된 사람	20

	12. 제1호부터 제11호까지에 해당하지 아니하는 부상으로서 전치 12주 이상의 부상을 당한 사람	
제8급	1. 한 눈의 눈꺼풀 일부에 결손이 남거나 속눈썹에 결손이 남은 사람 2. 3개 이상의 치아에 치과보철을 한 사람 3. 팔의 노출된 면에 손바닥 크기의 흉터가 남은 사람 4. 다리의 노출된 면에 손바닥 크기의 흉터가 남은 사람 5. 한 손의 새끼손가락을 제대로 못 쓰게 된 사람 6. 한 손의 엄지손가락과 둘째손가락 외의 손가락 지골의 일부를 잃은 사람 7. 한 손의 엄지손가락과 둘째손가락 외의 손가락 말관절을 굽히고 펼 수 없게 된 사람 8. 한 발의 가운데·넷째·다섯째발가락 중 1개 또는 2개를 제대로 못 쓰게 된 사람 9. 국부에 신경증상이 남은 사람 10. 한 귀의 청력이 모두 1미터 이상의 거리에서는 작은 말소리를 알아 듣지 못하게 된 사람 11. 제1호부터 제10호까지에 해당하지 아니하는 부상으로서 전치 6주 이상의 부상을 당한 사람	10
제9급	타박상, 열상, 찰과상, 부분화상, 골절, 탈골, 삠, 인대손상, 3개 미만의 치아보철 등의 부상을 당한 사람	5

비고 : 1. 위의 표에 규정된 신체의 부상이 두 가지 이상(제7급, 제8급 및 제9급은 제외한다)인 경우에는 그 중 중한 부상등급(그 부상이 모두 같은 등급에 해당하는 경우에는 그 등급을 말한다)의 1등급 위의 등급을 그 의상자의 부상등급으로 하되, 제1급을 최고등급으로 한다.
       2. 위의 표에 규정되지 아니한 신체 부상이 있는 경우에는 그 부상의 정도에 따라 위의 표에 규정된 부상에 준하여 그 부상등급을 결정한다.

생각해 볼 문제 / 31

경찰관직무집행법상 생명, 신체상의 손실에 대한 보상 기준에 따른 보상을 정당한 보상이라 할 수 있는가?

3. 손실보상위원회의 구성

손실보상위원회는 보상여부 및 금액을 결정하는 기관으로 경찰청과 시도경찰청에 설치된다. 위원회는 위원장 1명을 포함한 5명 이상 7명 이하의 위원으로 구성되고, 임기는 2년이다.

위원은 소속 경찰공무원과 판사·검사 또는 변호사로 5년 이상 근무한 사람, 「고등교육법」 제2조에 따른 학교에서 법학 또는 행정학을 가르치는 부교수 이상으로 5년 이상 재직한 사람, 경찰 업무와 손실보상에 관하여 학식과 경험이 풍부한 사람 중 경찰청장등이 위촉하거나 임명하는데, 위원의 과반수 이상은 경찰공무원이 아닌 사람으로 하여야 한다.

손실보상위원회의 위원 또는 그 배우자나 배우자였던 사람이 심의 안건의 청구인인 경우, 위원이 심의 안건의 청구인과 친족이거나 친족이었던 경우, 위원이 심의 안건에 대하여 증언, 진술, 자문, 용역 또는 감정을 한 경우, 위원이나 위원이 속한 법인이 심의 안건 청구인의 대리인이거나 대리인이었던 경우, 위원이 해당 심의 안건의 청구인인 법인의 임원인 경우 위원회의 심의·의결에서 제척되고, 이 경우 당해 위원은 회피할 의무가 있다. 청구인은 특정 위원에 대해 위원회에 기피신청을 할 수 있다.

4. 손실보상 절차

손실보상의 절차는 아래 그림과 같다.

[그림 3] 경찰관직무집행법상 손실보상의 절차

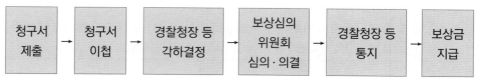

청구서 제출 → 청구서 이첩 → 경찰청장 등 각하결정 → 보상심의 위원회 심의·의결 → 경찰청장 등 통지 → 보상금 지급

가. 청구권자의 청구서 제출

청구권자는 보상금 지급 청구서에 손실내용과 손실금액을 증명할 수 있는 서류를 첨부하여 손실보상청구 사건 발생지를 관할하는 국가경찰관서의 장에게

제출하여야 한다.

나. 청구서의 이첩

보상금 지급 청구서를 받은 국가경찰관서의 장은 해당 청구서를 손실보상심의위원회가 설치된 경찰청장 또는 지방해양경찰청장에게 보내야 한다.

다. 경찰청장 등의 각하 결정

경찰청장 등은 청구인이 같은 청구 원인으로 보상신청을 하여 이미 보상금 지급 여부에 대하여 결정을 받은 경우, 이전 청구시 기각 결정을 받은 청구인이 손실을 증명할 수 있는 새로운 증거가 발견되었음을 소명하는 경우 외에는 그 청구에 대해 각하결정을 하여야 한다. 또한 손실보상 청구가 요건과 절차를 갖추지 못한 경우, 이를 시정할 수 있는 경우 외에는 각하결정을 하여야 한다. 그 외의 경우에는 손실보상심의위원회의 심의 및 의결을 거쳐야 한다.

라. 손실보상심의위원회의 심의·의결

손실보상심의위원회의는 재적위원 과반수의 출석으로 개의하고, 출석위원 과반수의 찬성으로 보상 여부 및 보상금액을 의결한다. 위원회는 심의를 위하여 필요한 경우에는 관계 공무원이나 관계 기관에 사실조사나 자료의 제출 등을 요구할 수 있으며, 관계 전문가에게 필요한 정보의 제공이나 의견의 진술 등을 요청할 수 있다.

마. 경찰청장 등의 통지

경찰청장 등은 손실보상심의위원회의 결정이 있는 날로부터 10일 이내에 결정내용을 청구인에게 통지하여야 한다.

바. 보상금의 지급

위원회가 보상금을 지급하기로 결정한 경우, 보상금은 다른 법률에 특별한 규정이 있는 경우를 제외하고는 일시불로 현금으로 지급하여야 한다. 다만 예산 부족 등의 사유로 일시금으로 지급할 수 없는 특별한 사정이 있는 경우에는 청구인의 동의를 받아 분할하여 지급할 수 있다.

5. 기 타

가. 불복방법

경찰관직무집행법 및 경찰관직무집행법 시행령은 경찰청장 등의 각하결정이나 위원회의 결정에 대한 불복방법을 두고 있지 않으므로, 행정쟁송의 일반적인 방법을 따라야 할 것이다.

나. 소멸시효

안 날부터 3년, 발생한 날부터 5년의 소멸시효를 두고 있다. 이를 제척기간으로 볼 수도 있겠지만, 손실보상의 입법취지를 보아 소멸시효로 봄이 상당하다 할 것이다.

다. 환수절차

경찰청장 또는 시도경찰청장은 보상금을 환수하려는 경우에는 위원회의 심의·의결에 따라 환수 여부 및 환수금액을 결정하고, 거짓 또는 부정한 방법으로 보상금을 받은 사람에게 환수사유, 환수금액, 납부기한, 납부기관을 서면으로 통지해야 한다. 환수대상자가 40일 이내에 환수금액을 자진하여 납부하지 않을 경우, 경찰청장 등은 국세 체납처분의 예에 따라 이를 징수할 수 있다.

생각해 볼 문제 / 32

경찰관직무집행법에 손실보상규정의 도입에 대해 국회의원 상당수가 반대하였다. 그 이유는 무엇일까? 피해자가 손실보상을 받고 나면 배상소송을 할 가능성이 매우 낮아진다는 점에 착안하여 생각해보자.

제11조의3 범인검거 등 공로자 보상

제11조의3(범인검거 등 공로자 보상) ① 경찰청장, 시도경찰청장 또는 경찰서장은 다음 각 호의 어느 하나에 해당하는 사람에게 보상금을 지급할 수 있다.

1. 범인 또는 범인의 소재를 신고하여 검거하게 한 사람
2. 범인을 검거하여 경찰공무원에게 인도한 사람
3. 테러범죄의 예방활동에 현저한 공로가 있는 사람
4. 그 밖에 제1호부터 제3호까지의 규정에 준하는 사람으로서 대통령령으로 정하는 사람

② 경찰청장, 시도경찰청장 및 경찰서장은 제1항에 따른 보상금 지급의 심사를 위하여 대통령령으로 정하는 바에 따라 각각 보상금심사위원회를 설치·운영하여야 한다.

③ 제2항에 따른 보상금심사위원회는 위원장 1명을 포함한 5명 이내의 위원으로 구성한다.

④ 제2항에 따른 보상금심사위원회의 위원은 소속 경찰공무원 중에서 경찰청장, 시도경찰청장 또는 경찰서장이 임명한다.

⑤ 경찰청장, 시도경찰청장 또는 경찰서장은 제2항에 따른 보상금심사위원회의 심사·의결에 따라 보상금을 지급하고, 거짓 또는 부정한 방법으로 보상금을 받은 사람에 대하여는 해당 보상금을 환수한다.

⑥ 경찰청장, 시도경찰청장 또는 경찰서장은 제5항에 따라 보상금을 반환하여야 할 사람이 대통령령으로 정한 기한까지 그 금액을 납부하지 아니한 때에는 국세체납처분의 예에 따라 징수할 수 있다.

⑦ 제1항에 따른 보상 대상, 보상금의 지급 기준 및 절차, 제2항 및 제3항에 따른 보상금심사위원회의 구성 및 심사사항, 제5항 및 제6항에 따른 환수절차, 그 밖에 보상금 지급에 관하여 필요한 사항은 대통령령으로 정한다.

경찰관직무집행법 시행령 제18조 내지 제22조 생략
범인검거 등 공로자 보상에 관한 규정 제3조, 제4조, 제6조 내지 제9조, 제11조, 제13조 생략

범인검거 등 공로자 보상은 과거 경찰청 훈령에 근거하여 이루어지다가, 2016년부터 경찰관직무집행법[82)]에 그 근거를 두게 되었다. 아래는 당시 개정이유이다.

경찰관 직무집행법
[시행 2016. 7. 28.] [법률 제13825호, 2016. 1. 27., 일부개정]

■ **개정이유 및 주요내용**

경찰청의 범인검거공로자 등에 대한 보상금은 현재 경찰청 훈령(범죄신고자등 보호 및 보상에 관한 규칙)에 근거하여 예산을 편성하고 집행하고 있는 실정임. 이에 범인검거공로자 등에 대한 보상금 지급에 관한 규정을 법률로 상향함으로써 이에 대한 법적 근거를 마련하려는 것임.

경찰관직무집행법은 범인검거 등 공로자로서 보상금을 받을 수 있는 사람을 명확히 규정하고 있고, 보상금액, 보상절차 등 구체적인 내용에 대해서는 경찰관직무집행법 시행령에 위임하고 있으며, 경찰관직무집행법 시행령은 세부내용에 대해 경찰청 고시에 위임하고 있다. 경찰관직무집행법, 경찰관직무집행법 시행령 및 경찰청 고시(범인검거 등 공로자 보상에 관한 규정)를 통해 경찰관직무집행법 상 범인검거 등 공로자 보상규정의 자세한 내용을 살펴보자.

1. 보상금 지급 대상자

범인의 신원을 특정할 수 있는 정보를 제공한 사람, 범인 또는 범인의 소재를 신고하여 검거하게 한 사람, 범인을 검거하여 경찰공무원에게 인도한 사람, 범죄사실을 입증하는 증거물을 제출한 사람, 테러범죄의 예방활동에 현저한 공로가 있는 사람, 및 그 밖에 범인 검거와 관련하여 경찰 수사 활동에 협조한 사람 중 보상금 지급 대상자에 해당한다고 보상금심사위원회가 인정하는 사람이 해당한다.

---

82) 시행 2016. 7. 28. 법률 제13825호, 2016. 1. 27. 일부개정

2. 보상금액

경찰관직무집행법은 보상금액을 경찰관직무집행법 시행령이 규정하도록 위임하고 있다. 경찰관직무집행법 시행령은 보상금의 최고액을 5억 원으로 하고, 구체적인 보상금 지급 기준은 경찰청장이 정하여 고시하도록 하고 있는데, 2021년 현재 고시내용은 아래와 같다.

범인검거 등 공로자 보상에 관한 규정
[시행 2021. 1. 22.] [경찰청고시 제2021-3호, 2021. 1. 22., 타법개정]

제6조(보상금의 지급 기준) ① 시행령 제20조에 따른 보상금 지급기준 금액은 다음 각 호와 같다.
 1. 사형, 무기징역 또는 무기금고, 장기 10년 이상의 징역 또는 금고에 해당하는 범죄: 100만원
 2. 장기 10년 미만의 징역 또는 금고에 해당하는 범죄: 50만원
 3. 장기 5년 미만의 징역 또는 금고, 장기 10년 이상의 자격정지 또는 벌금형: 30만원
 ② 연쇄 살인, 사이버 테러 등과 같이 피해 규모가 심각하고 사회적 파장이 큰 범죄의 지급기준 금액은 별표에 따른다.
 ③ 위원회는 제1항 및 제2항에 따른 보상금 지급기준에서 시행령 제21조제2항 각 호의 사항을 고려하여 그 금액을 조정하거나 지급하지 아니할 수 있다.
 ④ 경찰청장 또는 경찰청장의 승인을 받은 지방경찰청장이 미리 보상금액을 정하여 수배할 경우에는 제1항 및 제2항에 따른 보상금 지급기준에도 불구하고 예산의 범위에서 금액을 따로 결정할 수 있다.
 ⑤ 동일한 사람에게 지급결정일을 기준으로 연간(1월 1일부터 12월 31일까지를 말한다) 5회를 초과하여 보상금을 지급할 수 없다.

[별표] 피해 규모가 심각하고 사회적 파장이 큰 범죄의 지급기준 금액

기준금액	대 상
5억원 이하	∘3인 이상 살해 등 사회적 피해가 크고 국민의 안전을 위해 신속한 검거가 요구되는 사건 ∘〈선거범죄〉 공무원의 불법 선거개입·선거운동 (3급 이상 공무원)

	◦〈선거범죄〉불법선거운동조직 (유사기관 등) 설치·운영
	◦〈선거범죄〉후보자의 매수이해유도 행위 (방송신문 매수죄 포함)
	◦〈정치자금 수수〉5천만원 이상 불법정치자금 수수 (공천대가 포함)
1억원 이하	◦2인 이하 살해 사건
	◦「폭력행위 등 처벌에 관한 법률」제4조의 폭력조직을 구성한 수괴 검거 사건
	◦인질강도 사건
	◦〈선거범죄〉공무원의 불법 선거개입·선거운동 (4급 이하 공무원)
	◦〈선거범죄〉후보자 이외의 매수이해유도 행위 (방송신문 매수죄 포함)
	◦〈선거범죄〉후보자의 기부행위
	◦〈정치자금수수〉5천만원 미만 불법정치자금 수수 (공천대가 포함)
	◦〈뇌물〉국회의원, 광역·기초자치단체장 및 해당 의회 의장, 교육감, 「공공기관의 운영에 관한 법률」상 공공기관장, 3급 이상 공무원의 수뢰 (공무원 의제자 포함)
	◦〈뇌물〉수뢰 총액 1억원 이상 사건
	◦〈문화재 범죄〉국보·보물에 해당하거나 이에 상당하는 문화재의 도굴, 절취, 손상, 은닉, 국외 반출·수출
	◦「특정경제범죄 가중처벌 등에 관한 법률」제3조제1항제1호에 규정된 사기·횡령·배임 등 재산범죄 (전화금융사기·보험사기·유사수신·보조금 부정수급 등)
5천만원 이하	◦약취유인·인신매매 사건
	◦「폭력행위 등 처벌에 관한 법률」제4조의 폭력조직을 구성한 부두목·고문 등 간부급 검거 사건
	◦2명 이상이 사망한 방화 사건
	◦〈선거범죄〉후보자 이외의 기부 행위
	◦〈선거범죄〉허위사실공표·비방 등 행위
	◦〈선거범죄〉여론조작 등 여론조사 관련 불법행위
	◦〈뇌물〉수뢰총액 5천만원 이상 1억원 이하 사건 (공무원 의제자 포함)
	◦〈의료·의약 등 보건범죄〉총 수신금액 1억원 이상 불법리베이트 수수

◦〈불량식품〉위해식품* 제조·유통·판매사건
  * 위해식품: 식품위생법 등 식품 관련법령에서 위해식품으로 규정하고, 실제사건에서 해당법령 위반으로 의율한 사건에 한정
◦〈문화재 범죄〉국보·보물 이외 문화재의 도굴, 절취, 손상, 은닉, 국외반출·수출
◦「특정경제범죄 가중처벌 등에 관한 법률」제3조제1항제2호에 규정된 사기·횡령·배임 등 재산범죄 (전화금융사기·보험사기·유사수신·보조금 부정수급 등)
◦〈사이버 테러〉주요 정부기관, 공·사 단체, 민간기업 등의 정보통신기반시설을 대상으로 해킹, 서비스 거부 공격, 악성 프로그램 유포 등 기술적 방법을 이용해 사회에 큰 파장을 발생시킨 사이버테러 사건 관련, 범인을 검거하거나 공격주체 규명에 그 공이 현저한 자
◦피해자가 10명 이상인 연쇄 강간
◦「성폭력범죄의 처벌 등에 관한 특례법」,「아동·청소년의 성보호에 관한 법률」등에 장기 무기징역 이상 규정된 성폭력 범죄
◦아동학대 치사
◦5년 이상 장기 실종아동 등(미성년자·장애인·정신질환자)을 발견하고, 발견된 실종자가 형법 또는 특별법상 범죄 피해자인 경우

2천만원 이하	◦2인 이상 조직적 강도 또는 2회 이상 연쇄 강도 사건 ◦폭력조직 또는 이에 준하는 범죄단체 조직원들의 특수폭행, 특수상해, 특수공갈, 특수재물손괴 등 조직성 범죄 검거 사건 ◦피해액 1억원 이상의 절도, 장물 사건 ◦도주죄 및 「형의 집행 및 수용자의 처우에 관한 법률」제133조의 출석의무 위반 사건 ◦전자발찌 훼손 도주사건 ◦피해액 1억원 이상의 연쇄방화 또는 인적피해가 발생한 방화 사건 ◦피해액 1억원 이상의 절도, 장물 사건 ◦1kg 이상 압수된 대규모 메스암페타민·코카인·헤로인 수출입·제조·유통사범 검거 사건 ◦〈불법다단계·불법대부업〉피해자가 다수인 불법 다단계·불법 대부업(채권추심 포함) 범죄 ◦〈통화 위·변조〉국내·국외 통화를 대량으로 위조··변조하여 유통

	한 범죄 ◦〈뇌물〉수뢰총액 5천만원 미만의 사건 (공무원 의제자 포함) ◦〈의료·의약 등 보건범죄〉총 수신금액 1억원 미만의 불법리베이트 수수 ◦〈사이버 테러〉주요 정부기관, 공·사 단체, 민간기업 등의 정보통신기반시설을 대상으로 해킹, 서비스 거부 공격, 악성 프로그램 유포 등 기술적 방법을 이용해 사회에 큰 파장을 일으키는 사이버테러 사건 관련, 사실관계 또는 범죄혐의자를 경찰공무원에게 신고하거나 범죄혐의자 활동을 제지해 미수에 그치게 하거나 피해를 최소화하는데 그 공이 현저한 자 ◦조직적·집단적으로 이루어진 강간·강제추행 ◦반복적·상습적으로 이루어진 강간·강제추행(피해자 수는 관계없음) ◦아동학대 중상해 ◦집단시설 내에서 다수 아동을 대상으로 이루어지거나 1개월 이상 지속된 아동학대 ◦장기 실종아동 등(미성년자·장애인·정신질환자)을 발견하고, 발견된 실종자가 형법 또는 특별법상 범죄 피해자인 경우
1,500만원 이하	◦「폭력행위 등 처벌에 관한 법률」제4조의 폭력조직에 가입·활동한 조직원 검거 사건 ◦피해액 1억원 이상의 방화 사건 ◦100g 이상 압수된 대규모 메스암페타민·코카인·헤로인 수출입·제조·유통 사범 검거 사건 ◦교통사고 야기 후 도주사건으로 피해자 3명 이상이 30일 이내에 사망한 경우
1천만원 이하	◦강도상해·강도강간 사건 및 피해액 1백만원 이상의 강도 사건 ◦피해액 1천만원 이상의 연쇄 방화 사건 ◦피해액 1천만원 이상의 절도, 장물 사건 ◦기타 마약류(양귀비·대마 제외) 수출입·제조사범 검거 사건 ◦〈지식재산권 침해〉제조·수입·대량 유통으로 특허권·상표권 등을 침해하거나 산업기술을 유출하여 지식재산권을 침해한 경우 ◦교통사고 야기 후 도주사건으로 피해자 2명이 30일 이내에 사망한

	경우 ◦집단시설 내 아동학대, 1개월 이상 지속된 아동학대 ◦피의자가 20명 이상인 조직적·집단적 학교폭력 ◦노인 학대
5백만원 이하	◦상습적·고질적 공갈·업무방해·재물손괴·폭행 사건 ◦피해액 5백만원 이상 천만원 이하의 절도, 장물 사건 ◦기타 마약류(양귀비 제외) 재배·판매사범 검거 사건 ◦교통사고 야기 후 도주사건으로 피해자 1명이 30일 이내에 사망한 경우 ◦1개월 이상 이루어지거나, 피해 가족구성원이 다수인 가정폭력 ◦반복적·상습적으로 이루어진 학교폭력(피해자 수는 관계없음) ◦권총·소총·엽총·공기총 및 화약·폭약의 불법 제조·판매·수입·소지·사용 사건 ◦그 밖에 피해자가 다수이거나 범죄의 피해가 심각하여 방송·신문 등 언론에 대서특필되는 등 사회적 이목이 집중된 사건
1백만원 이하	◦교통사고 야기 후 도주사건으로 피해자가 상해를 입은 경우

3. 보상금심사위원회의 구성

　　보상금심사위원회는 경찰청, 시도경찰청, 경찰서에 둔다. 경찰청 보상금심사위원회의 위원장은 경찰청 수사국 수사기획과장이, 시도경찰청 보상금심사위원회의 위원장은 시도경찰청 수사과장이, 경찰서 보상금심사위원회의 위원장은 경찰서 수사과장이 된다. 다만, 부득이한 사유로 위원장의 직무를 수행할 수 없을 때에는 각 경찰관서장이 지명하는 소속 경찰관서의 다른 과장급 경찰공무원이 그 직무를 대행한다. 보상금심사위원회 위원은 소속 경찰관서의 경정·경감 또는 경위 계급으로서 직위가 있는 경찰공무원 중 위원장보다 하위의 계급인 4명으로 하되, 수사과 소속 경찰공무원을 1명 이상 포함하여야 한다.

4. 범인검거 등 공로자 보상 절차

범인검거 등 공로자 보상의 절차는 아래 그림과 같다.

[그림 4] 경찰관직무집행법상 범인검거 등 공로자 보상의 절차

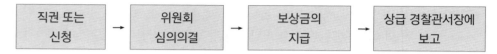

가. 경찰청장 등 직권 또는 보상금 지급 대상자의 신청

경찰청장, 시도경찰청장 또는 경찰서장은 보상금 지급사유가 발생한 경우에는 직권으로 또는 보상금을 지급받으려는 사람의 신청에 따라 소속 보상금심사위원회를 개최할 수 있다.

나. 보상금심사위원회의 심사 의결

보상금심사위원회는 보상금 지급 대상자에 해당하는 지 여부와 지급시 보상금 지급 금액에 대하여 테러범죄 예방의 기여도, 범죄피해의 규모, 범인 신고 등 보상금 지급 대상 행위의 난이도, 보상금 지급 대상자가 다른 법령에 따라 보상금 등을 지급받을 수 있는지 여부, 그 밖에 범인검거와 관련한 제반 사정을 고려하여 심사하고, 재적위원 과반수의 찬성으로 의결한다.

위원회는 신고내용이 사실이 아닌 것으로 판명되거나 이미 신고된 사항인 경우, 신고내용이 언론매체 등을 통해 이미 공개된 사항인 경우, 범인검거 등 공로자 본인이 보상금을 거절하는 경우, 익명 또는 가명으로 신고하여 신고자가 누구인지 알 수 없는 경우, 법령에 신고 의무가 규정되어 있거나, 범죄의 수사·범인의 검거가 직무로 규정되어 있는 경우, 공직자가 자기의 직무 또는 직무였던 사항과 관련하여 신고한 경우, 또는 범인검거 등 공로자가 보상대상 행위와 관련된 불법 행위를 하여 보상금 지급이 부적절하다고 인정되는 경우에는 보상금을 지급하지 않거나 감액하여 지급할 수 있다.

위원회는 보상금을 지급받을 사람이 동일한 원인으로 다른 법령에 따른 포상금·보상금 등을 지급받거나 지급받을 예정인 경우에는 그 포상금·보상금 등

의 액수가 지급할 보상금액과 동일하거나 이를 초과할 때에는 보상금을 지급하지 아니하며, 그 포상금·보상금 등의 액수가 지급할 보상금액보다 적을 때에는 그 금액을 공제하고 보상금액을 정하여야 한다. 또한 한번 보상금 지급 심사·의결을 거쳐 지급이 이루어진 이후에는 동일한 사건에 대하여 보상금을 지급할 수 없다.

경찰청장, 시도경찰청장 및 경찰서장은 소속 보상금심사위원회의 보상금 심사를 위하여 필요한 경우에는 보상금 지급 대상자와 관계 공무원 또는 기관에 사실조사나 자료의 제출 등을 요청할 수 있다.

다. 보상금의 지급 및 상급 경찰관서장에 보고

경찰관서장은 위원회의 심사·의결이 완료되면 지체 없이 보상금을 지급하고 그 결과를 상급 경찰관서장에게 보고하여야 한다.

5. 환수절차

경찰청장, 시도경찰청장 또는 경찰서장은 보상금을 지급한 후 위법한 증거수집, 허위신고, 거짓진술, 증거위조 등 부정한 방법으로 보상금을 지급받은 사실이 발견된 때에는 해당 보상금을 환수하여야 한다. 보상금을 환수하려는 경우에는 보상금심사위원회의 심사·의결에 따라 환수 여부 및 환수금액을 결정하고, 거짓 또는 부정한 방법으로 보상금을 받은 사람에게 환수사유, 환수금액, 납부기한, 납부기관 등을 서면으로 통지해야 한다. 환수대상자가 40일 이내에 환수금액을 자진하여 납부하지 않을 경우, 경찰청장 등은 국세 체납처분의 예에 따라 이를 징수할 수 있다.

제11조의4 소송 지원

제11조의4(소송 지원) 경찰청장과 해양경찰청장은 경찰관이 제2조 각 호에 따른 직무의 수행으로 인하여 민·형사상 책임과 관련된 소송을 수행할 경우 변호인 선임 등 소송 수행에 필요한 지원을 할 수 있다.

이는 적극행정에 대한 국민적 요청에 부응하여 경찰관이 적극적이고 안정적으로 직무를 수행할 수 있도록 2021. 10. 19. 시행된 개정 경찰관직무집행법에 입법되었다. 이러한 입법취지는 개정이유에서도 명확히 드러난다.

경찰관직무집행법
[시행 2021. 10. 19.] [법률 제18488호, 2021. 10. 19., 일부개정]

◇ **개정이유 및 주요내용**

경찰관과 소방관은 직무 특성상 국민의 생명·신체 및 재산을 보호하기 위해 불가피하게 물리력을 사용하게 되고, 그 과정에서 사상이나 재산상 손해가 발생하여 해당 경찰관 또는 소방관이 민·형사상 소송에 휘말리는 경우가 있음.

그러나 소방관은 「소방기본법」에 소송지원의 법적 근거가 있는 반면, 경찰관의 경우 법률에 소송지원 근거 규정이 없음.

이에 경찰관이 직무를 안정적으로 수행할 수 있도록 직무수행으로 인하여 민·형사상 책임과 관련된 소송을 수행할 경우 경찰청장과 해양경찰청장이 소송수행에 필요한 지원을 할 수 있도록 법적 근거를 마련하려는 것임.

경찰청은 현장 경찰관의 소송을 지원하기 위해 법률구조금, 소송지원단, 경찰관서별 동료지킴이 제도 등을 운영해 왔고, 2018년 경찰법률보험을 도입한 후

2020년부터 공무원 책임보험에도 가입하여[83] 민형사상 직무관련 분쟁에 대한 금전적 지원이 이루어지도록 하였다. 양 보험에 따라 경찰관은 민형사 사건에서 1건당 5,000만원(1년 최대 3건)까지 소송비용을 보장받는다. 경찰관은 직무집행과 관련된 민사소송에서 고의·중과실이 인정될 경우, 5,000만원 한도 내에서 손해배상금, 변호사선임비, 소송비용을 보장받는다. 형사소송의 경우, 5,000만원 한도 내에서 합의금의 80%, 수사단계의 변호사 선임비, 공판단계 변호사 선임비 및 소송비용(수사단계 및 1심은 각 1,500만원, 2심과 3심은 각 1,000만원 한도)을 보장받는다. 다만 형사소송에서 유죄 확정시에는 수령한 보험금을 반환해야 하는데, 자격정지 미만의 과실범인 경우에는 변호사 선임비 및 소송비용은 반환대상에 포함되지 아니한다.

경찰관 개인의 불법행위에 대한 국가차원의 지원은 옳지 않다는 비판도 가능하다. 하지만 적극적 경찰행정작용에 대한 국민의 기대가 매우 크다는 점은 부인할 수 없는 사실이다. 현장 경찰관은 다른 공무원에 비하여 민형사상 피소에 매우 쉽게 노출되어 있으므로, 경찰청은 향후 위와 같은 지원제도를 더욱 확대하여 경찰관의 적극 행정의지를 제고할 것이다.

---

83) 경찰법률보험 비용은 경찰관 전용 신용카드인 KNP 복지카드의 기금으로, 공무원 책임보험의 비용은 경찰청의 예산으로 납부한다.

제11조의5 · 직무수행으로 인한 형의 감면

제11조의5(직무 수행으로 인한 형의 감면) 다음 각 호의 범죄가 행하여지려고 하거나 행하여지고 있어 타인의 생명·신체에 대한 위해 발생의 우려가 명백하고 긴급한 상황에서, 경찰관이 그 위해를 예방하거나 진압하기 위한 행위 또는 범인의 검거 과정에서 경찰관을 향한 직접적인 유형력 행사에 대응하는 행위를 하여 그로 인하여 타인에게 피해가 발생한 경우, 그 경찰관의 직무수행이 불가피한 것이고 필요한 최소한의 범위에서 이루어졌으며 해당 경찰관에게 고의 또는 중대한 과실이 없는 때에는 그 정상을 참작하여 형을 감경하거나 면제할 수 있다.
1. 「형법」 제2편제24장 살인의 죄, 제25장 상해와 폭행의 죄, 제32장 강간과 추행의 죄 중 강간에 관한 범죄, 제38장 절도와 강도의 죄 중 강도에 관한 범죄 및 이에 대하여 다른 법률에 따라 가중처벌하는 범죄
2. 「가정폭력범죄의 처벌 등에 관한 특례법」에 따른 가정폭력범죄, 「아동학대범죄의 처벌 등에 관한 특례법」에 따른 아동학대범죄

이는 적극행정에 대한 국민적 요청에 부응하여 경찰관이 적극적이고 안정적으로 직무를 수행할 수 있도록 2022. 2. 3. 시행된 개정 경찰관직무집행법에 입법되었다. 이러한 입법취지는 개정이유에서도 명확히 드러난다.

경찰관 직무집행법
[시행 2022. 2. 3.] [법률 제18807호, 2022. 2. 3., 일부개정]

[일부개정]

◇ **개정이유 및 주요내용**

현행법상 경찰공무원의 직무 수행 과정에서 경과실로 인해 발생한 사고에 대하여 형을 감면할 수 있는 근거가 미비하여 경찰관이 직무 집행에 소극적으로 임하

고 있다는 지적이 제기되고 있는바, 살인 또는 상해·폭행의 죄, 아동학대범죄 등
으로 타인의 생명·신체에 대한 위해 발생의 우려가 명백하고 긴급한 상황에서 경
찰관이 그 위해를 예방·진압하는 등의 과정에서 타인에게 피해가 발생한 경우,
그 경찰관의 직무수행이 불가피하고 필요한 최소한의 범위에서 이루어졌으며 고
의 또는 중대한 과실이 없는 경우에는 그 정상을 참작하여 형을 감경하거나 면제
할 수 있도록 하려는 것임.

하지만 형의 감경이나 면제를 위한 요건을 구체적으로 살펴보면 위와 같은
입법취지에 부합하는 입법이 이루어진 것으로 보이지는 않는다. 아직 이와 관련
된 판례는 발견되지 아니하므로, 지금까지 이 책에서 살펴본 경찰관 직무집행법
및 형사소송법 관련 판례에서 법원의 태도를 바탕으로 이 조에 따른 형 감면의
요건을 세분하여 검토한 후, 문제점과 개선방안을 제시한다.

1. 요 건

가. 구체적으로 규정된 중대범죄의 발생 또는 그 직전 상황

'중대한 범죄'가 '행하여지려고 하거나 행하여지고 있어'야 한다. 형법상 중
대한 범죄는 살인, 상해, 폭행, 강도, 강간 등 생명이나 신체를 보호법익으로 하
는 범죄이고, 가정폭력범죄와 아동학대범죄인 유기, 학대, 체포, 감금, 협박, 명예
훼손 등도 중대한 범죄에 포함된다. 범죄가 행하여지려는 상황은 결과범을 기준
으로 생각할 때 실행의 착수 이후로는 인정될 것이고, 상황에 따라서는 예비나
음모에 대해서도 인정될 수 있을 것이다.

나. 타인의 생명·신체에 대한 위해 발생 우려의 명백성과 상황의 긴급성

중대 범죄 범죄상황으로 '타인'의 '생명·신체'에 대한 '위해 발생의 우려'가
'명백'하고 그러한 상황이 '긴급'하여야 한다. 타인에는 위해를 입을 우려가 있는
자 뿐만 아니라 위해를 끼치려하는 자도 포함되지만, 행위를 한 경찰관 자신은
포함되지 아니한다. 생명·신체에 대한 위해로 제한되므로, 재산에 대한 위해는
해당하지 아니한다. 위해 발생의 우려 뿐만 아니라 위해가 이미 발생한 상황도

포함된다. 위해발생 우려의 명백성은 평균적인 경찰관이 상당한 주의를 기울여 자신의 면전에서 일어나고 있는 상황으로 인해 타인의 생명이나 신체에 대한 위해가 발생할 수 있다고 판단한 경우 인정된다. 상황의 긴급성은 '경찰관이 당장 적절히 대응하지 않으면 위해가 발생할 것이 객관적으로 인정되고, 그 대응 외에는 결과를 막을 수 없는 절박한 상황'이라 하겠다.

다. 위해 예방, 진압 또는 피의자 검거 과정에서 경찰관을 향한 직접적인 유형력 행사

경찰관이 위해를 '예방' 또는 '진압'하고자 하거나, 위해를 끼치려는 자가 현행범인 또는 긴급체포 대상이 되어 경찰관이 피의자를 '검거'하는 과정에서 피의자가 경찰관에게 직접적인 유형력을 행사하여야 한다. 위해의 예방을 위한 경우, 경찰관은 위해를 끼치려하는 자 뿐만 아니라 위해를 입을 우려가 있는 자에게도 유형력을 행사할 수 있다. 진압을 위한 경우, 경찰관은 위해를 끼치려하는 자에게만 유형력을 행사할 수 있다. 검거 과정의 경우, 경찰관은 경찰관 자신에게 직접 유형력을 행사하는 피체포자에 대해서만 유형력을 행사 할 수 있다. 물론 검거시 타인에게 위해를 가하는 자는 위 예방 또는 진압의 대상이 될 수 있다.

라. 직무수행의 불가피성, 경찰관의 대응의 비례원칙 준수

위해의 예방, 진압, 범인의 검거는 '불가피'하여야 하고, 경찰관의 대응은 '비례원칙'을 준수하여야 한다. 불가피는 문언 그대로 반드시 그러한 직무를 수행하여야 하는 상황을 의미하고, 그러한 직무수행을 위한 경찰관의 유형력 행사는 비례원칙을 준수하여야 한다.

마. 경찰관의 대응이 범죄에 해당하고, 경찰관에게 고의 또는 중과실이 없을 것

경찰관의 대응이 범죄에 해당하면서도 경과실에 그쳐야 하므로 고의범에 해당하는 경우에는 적용될 수 없다. 그 예로는 경찰관의 대응이 경과실에 의한 업무상과실치사상죄를 저지른 경우 외에는 생각하기 어렵다.

2. 문제점 및 개선방안

제11조의5는 실무상 아무런 쓸모가 없다. 요건은 과도하게 복잡하고 충족시키기 어렵다. 경찰관에게 적극적인 임무수행을 요구한다면 이렇듯 복잡하고 엄격한 요건을 두어서는 아니된다. 더 큰 문제는 각 요건을 모두 충족시킨다면 경찰관의 대응은 위법한 것이 아니라 '적법'하다. 예를 들어 중대한 범죄 상황에서 생명 또는 신체에 대한 우려가 명백하고 긴급하여 경찰관이 피해자를 구하기 위해 비례원칙을 준수한 유형력을 행사하였는데 그로 인해 피해자가 상해를 입었다면, 경찰관의 유형력 행사는 피해자에 대한 위험을 감소시킨 것으로서 객관적 귀속이 부정되어 범죄구성요건이 조각되거나, 정당행위 또는 긴급피난으로서 위법성이 조각될 것이다. 경찰관이 피의자를 검거하는 과정에서 피의자가 경찰관에게 직접 유형력을 행사하고, 이에 경찰관이 피의자에게 비례원칙을 준수하여 유형력을 행사하여 상해를 입혔다면 이는 정당행위 또는 정당방위로서 위법성이 조각될 것이다. 이처럼 위 요건을 모두 충족시킨다면 경찰관의 대응은 적법한 것으로 범죄는 애초에 성립하지 아니한다. 성립하지 아니하는 범죄에 대한 형의 감면? 어불성설이라 아니할 수 없다.

경찰관에게 더욱 적극적인 임무수행을 요구하고자 한다면 요건은 간결하고, 효과는 명확하여야 한다. 경찰관에게 경과실에 의한 업무상과실치사상죄에 대한 면책권을 부여하고자 한다면 아래 예시와 같이 규정하면 되는 것이다.

> **경찰관 직무집행법 개정안**
> 제11조의5(직무 수행으로 인한 형의 감면) 경찰관이 이 법 제2조에 규정된 경찰관의 직무를 수행하면서 저지른 경과실에 의한 업무상과실치사상죄에 대해서는 그 정상을 참작하여 형을 감경하거나 면제할 수 있다.

제12조   벌 칙

> 제12조(벌칙) 이 법에 규정된 경찰관의 의무를 위반하거나 직권을 남용하여 다른
> 사람에게 해를 끼친 사람은 1년 이하의 징역이나 금고 또는 300만원 이하의 벌
> 금에 처한다.

경찰관직무집행법은 의무위반이나 권한남용에 대한 처벌규정은 있으나, 경
찰관직무집행법에 규정된 의무를 위반한 국민에 대한 처벌규정은 존재하지 아니
한다. 국민에 대해서는 경찰관직무집행법에 의한 소극적인 수인의무는 인정하지
만, 경찰의 작용에 적극적인 협조해야 할 의무까지는 요구하지는 않기 위함이라
생각된다.

1. 구성요건

경찰관직무집행법 상 벌칙의 구성요건은 "경찰관이 경찰관직무집행법에 규
정된 의무를 위반하거나 직권을 남용하여", "다른 사람에게 해를 끼침"이다.

가. 경찰관이 경찰관직무집행법에 규정된 의무를 위반하거나 직권을 남용하여

경찰관직무집행법에 규정된 권한은 곧 의무라고 할 때, 제3조 내지 제7조
및 제10조 내지 제10조의4에 의해 주어진 권한을 남용한 경우는 물론, 재량권이
0으로 수축된 경우 제3조 내지 제7조에 근거한 권한을 행사하지 않은 경우도 이
에 해당한다.

나. 다른 사람에게 해를 끼침

경찰관이 권한을 일탈 남용하는 작위 또는 부작위는 행위의 태양에 따라 형법 제7장 공무원의 직무에 관한 죄에 해당할 수 있다. 경찰관직무집행법은 형법상 구성요건에 해당하지 아니하는 경우라도 어떠한 내용으로든 경찰관이 경찰관직무집행법에 규정된 의무를 위반하거나 직권을 남용하여 '다른 사람에게 해를 끼쳤다'면 형사처벌 할 수 있도록 하고 있다. 따라서 해를 끼쳤다는 의미는 문언의 의미를 벗어나지 않는 한도에서 널리 새겨야 할 것이다. 예를 들어 불심검문 시 정지시킨 시간이 과도한 경우, 형법상 불법체포죄가 성립하지 아니한다 하더라도 경찰관직무집행법상 벌칙규정에는 해당할 여지가 있다.

2. 법정형

2024년 개정전 경찰관직무집행법 제12조 위반의 법정형은 징역 1년 이하의 자유형만 존재하였다. 따라서 당시에는 경찰관직무집행법 위반에 대한 처벌은 징역형을 의미했고 징역형의 확정은 경찰관의 즉시 면직으로 이어지므로, 이는 경찰관의 의무위반 및 직권남용에 대한 엄중한 경고로 여겨졌다. 비록 경찰관직무집행법의 개정으로 벌금형이 추가되었지만, 경찰관의 의무위반 및 직권남용은 결코 가벼이 여겨지거나 쉽게 용납되어서는 아니 될 것이다.

부 록

관련 법령

경찰관 직무집행법

[시행 2024. 7. 31]
[법률 제20153호, 2024. 1. 30., 일부개정]

제1조(목적) ① 이 법은 국민의 자유와 권리 및 모든 개인이 가지는 불가침의 기본적 인권을 보호하고 사회공공의 질서를 유지하기 위한 경찰관(경찰공무원만 해당한다. 이하 같다)의 직무 수행에 필요한 사항을 규정함을 목적으로 한다. <개정 2020. 12. 22.>

② 이 법에 규정된 경찰관의 직권은 그 직무 수행에 필요한 최소한도에서 행사되어야 하며 남용되어서는 아니 된다.

[전문개정 2014. 5. 20.]

제2조(직무의 범위) 경찰관은 다음 각 호의 직무를 수행한다. <개정 2018. 4. 17., 2020. 12. 22.>

1. 국민의 생명·신체 및 재산의 보호
2. 범죄의 예방·진압 및 수사
2의2. 범죄피해자 보호
3. 경비, 주요 인사(人士) 경호 및 대간첩·대테러 작전 수행
4. 공공안녕에 대한 위험의 예방과 대응을 위한 정보의 수집·작성 및 배포
5. 교통 단속과 교통 위해(危害)의 방지
6. 외국 정부기관 및 국제기구와의 국제협력
7. 그 밖에 공공의 안녕과 질서 유지

[전문개정 2014. 5. 20.]

제3조(불심검문) ① 경찰관은 다음 각 호의 어느 하나에 해당하는 사람을 정지시켜 질문할 수 있다.

1. 수상한 행동이나 그 밖의 주위 사정을 합리적으로 판단하여 볼 때 어떠한 죄를 범하였거나 범하려 하고 있다고 의심할 만한 상당한 이유가 있는 사람
2. 이미 행하여진 범죄나 행하여지려고 하는 범죄행위에 관한 사실을 안다고 인정되는 사람

② 경찰관은 제1항에 따라 같은 항 각 호의 사람을 정지시킨 장소에서 질문을 하는 것이 그 사람에게 불리하거나 교통에 방해가 된다고 인정될 때에는 질문을 하기 위하여 가까운 경찰서·지구대·파출소 또는 출장소(지방해양경찰관서를 포함하며, 이하 "경찰관서"라 한다)로 동행할 것을 요구할 수 있다. 이 경우 동행을 요구받은 사람은 그 요구를 거절할 수 있다. <개정 2014. 11. 19., 2017. 7. 26.>

③ 경찰관은 제1항 각 호의 어느 하나에 해당하는 사람에게 질문을 할 때에 그 사람이 흉기를 가지고 있는지를 조사할 수 있다.

④ 경찰관은 제1항이나 제2항에 따라 질문을 하거나 동행을 요구할 경우 자신의 신분을 표시하는 증표를 제시하면서 소속과 성명을 밝히고 질문이나 동행의 목적과 이유를 설명하여야 하며, 동행을 요구하는 경우에는 동행 장소를 밝혀야 한다.

⑤ 경찰관은 제2항에 따라 동행한 사람의 가족이나 친지 등에게 동행한 경찰관의 신분, 동행 장소, 동행 목적과 이유를 알리거나 본인으로 하여금 즉시 연락할 수 있는 기회를 주어야 하며, 변호인의 도움을 받을 권리가 있음을 알려야 한다.

⑥ 경찰관은 제2항에 따라 동행한 사람을 6시간을 초과하여 경찰관서에 머물게 할 수 없다.

⑦ 제1항부터 제3항까지의 규정에 따라 질문을 받거나 동행을 요구받은 사람은 형사소송에 관한 법률에 따르지 아니하고는 신체를 구속당하지 아니하며, 그 의사에 반하여 답변을 강요당하지 아니한다.

[전문개정 2014. 5. 20.]

제4조(보호조치 등) ① 경찰관은 수상한 행동이나 그 밖의 주위 사정을 합리적으로 판단해 볼 때 다음 각 호의 어느 하나에 해당하는 것이 명백하고 응급구호가 필요하다고 믿을 만한 상당한 이유가 있는 사람(이하 "구호대상자"라 한다)을 발견하였을 때에는 보건의료기관이나 공공구호기관에 긴급구호를 요청하거나 경찰관서에 보호하는 등 적절한 조치를 할 수 있다.

1. 정신착란을 일으키거나 술에 취하여 자신 또는 다른 사람의 생명·신체·재산에 위해를 끼칠 우려가 있는 사람

2. 자살을 시도하는 사람

3. 미아, 병자, 부상자 등으로서 적당한 보호자가 없으며 응급구호가 필요하다고 인정되는 사람. 다만, 본인이 구호를 거절하는 경우는 제외한다.

② 제1항에 따라 긴급구호를 요청받은 보건의료기관이나 공공구호기관은 정당한 이유 없이 긴급구호를 거절할 수 없다.

③ 경찰관은 제1항의 조치를 하는 경우에 구호대상자가 휴대하고 있는 무기·흉기 등 위험을 일으킬 수 있는 것으로 인정되는 물건을 경찰관서에 임시로 영치(領置)하여 놓을 수 있다.

④ 경찰관은 제1항의 조치를 하였을 때에는 지체 없이 구호대상자의 가족, 친지 또는 그 밖의 연고자에게 그 사실을 알려야 하며, 연고자가 발견되지 아니할 때에는 구호대상자를 적당한 공공보건의료기관이나 공공구호기관에 즉시 인계하여야 한다.

⑤ 경찰관은 제4항에 따라 구호대상자를 공공보건의료기관이나 공공구호기관에 인계하였을 때에는 즉시 그 사실을 소속 경찰서장이나 해양경찰서장에게 보고하여야 한다. <개정 2014. 11. 19., 2017. 7. 26.>

⑥ 제5항에 따라 보고를 받은 소속 경찰서장이나 해양경찰서장은 대통령령으로 정하는 바에 따라 구호대상자를 인계한 사실을 지체 없이 해당 공공보건의료기관 또는 공공구호기관의 장 및 그 감독행정청에 통보하여야 한다. <개정 2014. 11. 19., 2017. 7. 26.>

⑦ 제1항에 따라 구호대상자를 경찰관서에서 보호하는 기간은 24시간을 초과할 수 없고, 제3항에 따라 물건을 경찰관서에 임시로 영치하는 기간은 10일을 초과할 수 없다.

[전문개정 2014. 5. 20.]

제5조(위험 발생의 방지 등) ① 경찰관은 사람의 생명 또는 신체에 위해를 끼치거나 재산에 중대한 손해를 끼칠 우려가 있는 천재(天災), 사변(事變), 인공구조물의 파손이나 붕괴, 교통사고, 위험물의 폭발, 위험한 동물 등의 출현, 극도의 혼잡, 그 밖의 위험한 사태가 있을 때에는 다음 각 호의 조치를 할 수 있다.

1. 그 장소에 모인 사람, 사물(事物)의 관리자, 그 밖의 관계인에게 필요한 경고를 하는 것
2. 매우 긴급한 경우에는 위해를 입을 우려가 있는 사람을 필요한 한도에서 억류하거나 피난시키는 것
3. 그 장소에 있는 사람, 사물의 관리자, 그 밖의 관계인에게 위해를 방지하기 위하여 필요하다고 인정되는 조치를 하게 하거나 직접 그 조치를 하는 것

② 경찰관서의 장은 대간첩 작전의 수행이나 소요(騷擾) 사태의 진압을 위하여 필요하다고 인정되는 상당한 이유가 있을 때에는 대간첩 작전지역이나 경찰관서·무기고 등 국가중요시설에 대한 접근 또는 통행을 제한하거나 금지할 수 있다.

③ 경찰관은 제1항의 조치를 하였을 때에는 지체 없이 그 사실을 소속 경찰관서의 장에게 보고하여야 한다.

④ 제2항의 조치를 하거나 제3항의 보고를 받은 경찰관서의 장은 관계 기관의 협조를 구하는 등 적절한 조치를 하여야 한다.

[전문개정 2014. 5. 20.]

제6조(범죄의 예방과 제지) 경찰관은 범죄행위가 목전(目前)에 행하여지려고 하고 있다고 인정될 때에는 이를 예방하기 위하여 관계인에게 필요한 경고를 하고, 그 행위로 인하여 사람의 생명·신체에 위해를 끼치거나 재산에 중대한 손해를 끼칠 우려가 있는 긴급한 경우에는 그 행위를 제지할 수 있다.

[전문개정 2014. 5. 20.]

제7조(위험 방지를 위한 출입) ① 경찰관은 제5조제1항·제2항 및 제6조에 따른 위험한 사태가 발생하여 사람의 생명·신체 또는 재산에 대한 위해가 임박한 때에 그 위해를 방지하거나 피해자를 구조하기 위하여 부득이하다고 인정하면 합리적으로 판단하여 필요한 한도에서 다른 사람의 토지·건물·배 또는 차에 출입할 수 있다.

② 흥행장(興行場), 여관, 음식점, 역, 그 밖에 많은 사람이 출입하는 장소의 관리자나 그에 준하는 관계인은 경찰관이 범죄나 사람의 생명·신체·재산에 대한 위해를 예방하기 위하여 해당 장소의 영업시간이나 해당 장소가 일반인에게 공개된 시간에 그 장소에 출입하겠다고 요구하면 정당한 이유 없이 그 요구를 거절할 수 없다.

③ 경찰관은 대간첩 작전 수행에 필요할 때에는 작전지역에서 제2항에 따른 장소를 검색할 수 있다.

④ 경찰관은 제1항부터 제3항까지의 규정에 따라 필요한 장소에 출입할 때에는 그 신분을 표시하는 증표를 제시하여야 하며, 함부로 관계인이 하는 정당한 업무를 방해해서는 아니 된다.
[전문개정 2014. 5. 20.]

제8조(사실의 확인 등) ① 경찰관서의 장은 직무 수행에 필요하다고 인정되는 상당한 이유가 있을 때에는 국가기관이나 공사(公私) 단체 등에 직무 수행에 관련된 사실을 조회할 수 있다. 다만, 긴급한 경우에는 소속 경찰관으로 하여금 현장에 나가 해당 기관 또는 단체의 장의 협조를 받아 그 사실을 확인하게 할 수 있다.
② 경찰관은 다음 각 호의 직무를 수행하기 위하여 필요하면 관계인에게 출석하여야 하는 사유·일시 및 장소를 명확히 적은 출석 요구서를 보내 경찰관서에 출석할 것을 요구할 수 있다.
1. 미아를 인수할 보호자 확인
2. 유실물을 인수할 권리자 확인
3. 사고로 인한 사상자(死傷者) 확인
4. 행정처분을 위한 교통사고 조사에 필요한 사실 확인
[전문개정 2014. 5. 20.]

제8조의2(정보의 수집 등) ① 경찰관은 범죄·재난·공공갈등 등 공공안녕에 대한 위험의 예방과 대응을 위한 정보의 수집·작성·배포와 이에 수반되는 사실의 확인을 할 수 있다.
② 제1항에 따른 정보의 구체적인 범위와 처리 기준, 정보의 수집·작성·배포에 수반되는 사실의 확인 절차와 한계는 대통령령으로 정한다.
[본조신설 2020. 12. 22.]
[종전 제8조의2는 제8조의3으로 이동 <2020. 12. 22.>]

제8조의3(국제협력) 경찰청장 또는 해양경찰청장은 이 법에 따른 경찰관의 직무수행을 위하여 외국 정부기관, 국제기구 등과 자료 교환, 국제협력 활동 등을 할 수 있다. <개정 2014. 11. 19., 2017. 7. 26.>
[본조신설 2014. 5. 20.]
[제8조의2에서 이동 <2020. 12. 22.>]

제9조(유치장) 법률에서 정한 절차에 따라 체포·구속된 사람 또는 신체의 자유를 제한하는 판결이나 처분을 받은 사람을 수용하기 위하여 경찰서와 해양경찰서에 유치장을 둔다. <개정 2014. 11. 19., 2017. 7. 26.>
[전문개정 2014. 5. 20.]

제10조(경찰장비의 사용 등) ① 경찰관은 직무수행 중 경찰장비를 사용할 수 있다. 다만, 사람의 생명이나 신체에 위해를 끼칠 수 있는 경찰장비(이하 이 조에서 "위해성 경찰장비"라 한다)를 사용할 때에는 필요한 안전교육과 안전검사를 받은 후 사용하여야 한다.
② 제1항 본문에서 "경찰장비"란 무기, 경찰장구(警察裝具), 경찰착용기록장치, 최루제(催淚

劑)와 그 발사장치, 살수차, 감식기구(鑑識機具), 해안 감시기구, 통신기기, 차량·선박·항공기 등 경찰이 직무를 수행할 때 필요한 장치와 기구를 말한다.

③ 경찰관은 경찰장비를 함부로 개조하거나 경찰장비에 임의의 장비를 부착하여 일반적인 사용법과 달리 사용함으로써 다른 사람의 생명·신체에 위해를 끼쳐서는 아니 된다.

④ 위해성 경찰장비는 필요한 최소한도에서 사용하여야 한다.

⑤ 경찰청장은 위해성 경찰장비를 새로 도입하려는 경우에는 대통령령으로 정하는 바에 따라 안전성 검사를 실시하여 그 안전성 검사의 결과보고서를 국회 소관 상임위원회에 제출하여야 한다. 이 경우 안전성 검사에는 외부 전문가를 참여시켜야 한다.

⑥ 위해성 경찰장비의 종류 및 그 사용기준, 안전교육·안전검사의 기준 등은 대통령령으로 정한다.

[전문개정 2014. 5. 20.]

제10조의2(경찰장구의 사용) ① 경찰관은 다음 각 호의 직무를 수행하기 위하여 필요하다고 인정되는 상당한 이유가 있을 때에는 그 사태를 합리적으로 판단하여 필요한 한도에서 경찰장구를 사용할 수 있다.

1. 현행범이나 사형·무기 또는 장기 3년 이상의 징역이나 금고에 해당하는 죄를 범한 범인의 체포 또는 도주 방지

2. 자신이나 다른 사람의 생명·신체의 방어 및 보호

3. 공무집행에 대한 항거(抗拒) 제지

② 제1항에서 "경찰장구"란 경찰관이 휴대하여 범인 검거와 범죄 진압 등의 직무 수행에 사용하는 수갑, 포승(捕繩), 경찰봉, 방패 등을 말한다.

[전문개정 2014. 5. 20.]

제10조의3(분사기 등의 사용) 경찰관은 다음 각 호의 직무를 수행하기 위하여 부득이한 경우에는 현장책임자가 판단하여 필요한 최소한의 범위에서 분사기(「총포·도검·화약류 등의 안전관리에 관한 법률」에 따른 분사기를 말하며, 그에 사용하는 최루 등의 작용제를 포함한다. 이하 같다) 또는 최루탄을 사용할 수 있다. <개정 2015. 1. 6.>

1. 범인의 체포 또는 범인의 도주 방지

2. 불법집회·시위로 인한 자신이나 다른 사람의 생명·신체와 재산 및 공공시설 안전에 대한 현저한 위해의 발생 억제

[전문개정 2014. 5. 20.]

제10조의4(무기의 사용) ① 경찰관은 범인의 체포, 범인의 도주 방지, 자신이나 다른 사람의 생명·신체의 방어 및 보호, 공무집행에 대한 항거의 제지를 위하여 필요하다고 인정되는 상당한 이유가 있을 때에는 그 사태를 합리적으로 판단하여 필요한 한도에서 무기를 사용할 수 있다. 다만, 다음 각 호의 어느 하나에 해당할 때를 제외하고는 사람에게 위해를 끼쳐서는 아니 된다.

1. 「형법」에 규정된 정당방위와 긴급피난에 해당할 때

2. 다음 각 목의 어느 하나에 해당하는 때에 그 행위를 방지하거나 그 행위자를 체포하기 위하여 무기를 사용하지 아니하고는 다른 수단이 없다고 인정되는 상당한 이유가 있을 때

　가. 사형·무기 또는 장기 3년 이상의 징역이나 금고에 해당하는 죄를 범하거나 범하였다고 의심할 만한 충분한 이유가 있는 사람이 경찰관의 직무집행에 항거하거나 도주하려고 할 때

　나. 체포·구속영장과 압수·수색영장을 집행하는 과정에서 경찰관의 직무집행에 항거하거나 도주하려고 할 때

　다. 제3자가 가목 또는 나목에 해당하는 사람을 도주시키려고 경찰관에게 항거할 때

　라. 범인이나 소요를 일으킨 사람이 무기·흉기 등 위험한 물건을 지니고 경찰관으로부터 3회 이상 물건을 버리라는 명령이나 항복하라는 명령을 받고도 따르지 아니하면서 계속 항거할 때

3. 대간첩 작전 수행 과정에서 무장간첩이 항복하라는 경찰관의 명령을 받고도 따르지 아니할 때

② 제1항에서 "무기"란 사람의 생명이나 신체에 위해를 끼칠 수 있도록 제작된 권총·소총·도검 등을 말한다.

③ 대간첩·대테러 작전 등 국가안전에 관련되는 작전을 수행할 때에는 개인화기(個人火器) 외에 공용화기(共用火器)를 사용할 수 있다.

[전문개정 2014. 5. 20.]

제10조의5(경찰착용기록장치의 사용) ① 경찰관은 다음 각 호의 어느 하나에 해당하는 직무 수행을 위하여 필요한 경우에는 필요한 최소한의 범위에서 경찰착용기록장치를 사용할 수 있다.

1. 경찰관이 「형사소송법」 제200조의2, 제200조의3, 제201조 또는 제212조에 따라 피의자를 체포 또는 구속하는 경우

2. 범죄 수사를 위하여 필요한 경우로서 다음 각 목의 요건을 모두 갖춘 경우

　가. 범행 중이거나 범행 직전 또는 직후일 것

　나. 증거보전의 필요성 및 긴급성이 있을 것

3. 제5조제1항에 따른 인공구조물의 파손이나 붕괴 등의 위험한 사태가 발생한 경우

4. 경찰착용기록장치에 기록되는 대상자(이하 이 조에서 "기록대상자"라 한다)로부터 그 기록의 요청 또는 동의를 받은 경우

5. 제4조제1항 각 호에 해당하는 것이 명백하고 응급구호가 필요하다고 믿을 만한 상당한 이유가 있는 경우

6. 제6조에 따라 사람의 생명·신체에 위해를 끼치거나 재산에 중대한 손해를 끼칠 우려가 있는 범죄행위를 긴급하게 예방 및 제지하는 경우

7. 경찰관이 「해양경비법」 제12조 또는 제13조에 따라 해상검문검색 또는 추적·나포하는 경우

8. 경찰관이 「수상에서의 수색·구조 등에 관한 법률」에 따라 같은 법 제2조제4호의 수난구호 업무 시 수색 또는 구조를 하는 경우

9. 그 밖에 제1호부터 제8호까지에 준하는 경우로서 대통령령으로 정하는 경우

② 이 법에서 "경찰착용기록장치"란 경찰관이 신체에 착용 또는 휴대하여 직무수행 과정을 근거리에서 영상·음성으로 기록할 수 있는 기록장치 또는 그 밖에 이와 유사한 기능을 갖춘 기계장치를 말한다.

[본조신설 2024. 1. 30.]

제10조의6(경찰착용기록장치의 사용 고지 등) ① 경찰관이 경찰착용기록장치를 사용하여 기록하는 경우로서 이동형 영상정보처리기기로 사람 또는 그 사람과 관련된 사물의 영상을 촬영하는 때에는 불빛, 소리, 안내판 등 대통령령으로 정하는 바에 따라 촬영 사실을 표시하고 알려야 한다.

② 제1항에도 불구하고 제10조의5제1항 각 호에 따른 경우로서 불가피하게 고지가 곤란한 경우에는 제3항에 따라 영상음성기록을 전송·저장하는 때에 그 고지를 못한 사유를 기록하는 것으로 대체할 수 있다.

③ 경찰착용기록장치로 기록을 마친 영상음성기록은 지체 없이 제10조의7에 따른 영상음성기록정보 관리체계를 이용하여 영상음성기록정보 데이터베이스에 전송·저장하도록 하여야 하며, 영상음성기록을 임의로 편집·복사하거나 삭제하여서는 아니 된다.

④ 그 밖에 경찰착용기록장치의 사용기준 및 관리 등에 필요한 사항은 대통령령으로 정한다.

[본조신설 2024. 1. 30.]

제10조의7(영상음성기록정보 관리체계의 구축·운영) 경찰청장 및 해양경찰청장은 경찰착용기록장치로 기록한 영상·음성을 저장하고 데이터베이스로 관리하는 영상음성기록정보 관리체계를 구축·운영하여야 한다.

[본조신설 2024. 1. 30.]

제11조(사용기록의 보관) 제10조제2항에 따른 살수차, 제10조의3에 따른 분사기, 최루탄 또는 제10조의4에 따른 무기를 사용하는 경우 그 책임자는 사용 일시·장소·대상, 현장책임자, 종류, 수량 등을 기록하여 보관하여야 한다.

[전문개정 2014. 5. 20.]

제11조의2(손실보상) ① 국가는 경찰관의 적법한 직무집행으로 인하여 다음 각 호의 어느 하나에 해당하는 손실을 입은 자에 대하여 정당한 보상을 하여야 한다. <개정 2018. 12. 24.>

1. 손실발생의 원인에 대하여 책임이 없는 자가 생명·신체 또는 재산상의 손실을 입은 경우 (손실발생의 원인에 대하여 책임이 없는 자가 경찰관의 직무집행에 자발적으로 협조하거나 물건을 제공하여 생명·신체 또는 재산상의 손실을 입은 경우를 포함한다)

2. 손실발생의 원인에 대하여 책임이 있는 자가 자신의 책임에 상응하는 정도를 초과하는 생명·신체 또는 재산상의 손실을 입은 경우

② 제1항에 따른 보상을 청구할 수 있는 권리는 손실이 있음을 안 날부터 3년, 손실이 발생한 날부터 5년간 행사하지 아니하면 시효의 완성으로 소멸한다.

③ 제1항에 따른 손실보상신청 사건을 심의하기 위하여 손실보상심의위원회를 둔다.

④ 경찰청장 또는 시·도경찰청장은 제3항의 손실보상심의위원회의 심의·의결에 따라 보상금을 지급하고, 거짓 또는 부정한 방법으로 보상금을 받은 사람에 대하여는 해당 보상금을 환수하여야 한다. <개정 2018. 12. 24., 2020. 12. 22.>

⑤ 보상금이 지급된 경우 손실보상심의위원회는 대통령령으로 정하는 바에 따라 국가경찰위원회에 심사자료와 결과를 보고하여야 한다. 이 경우 국가경찰위원회는 손실보상의 적법성 및 적정성 확인을 위하여 필요한 자료의 제출을 요구할 수 있다. <신설 2018. 12. 24., 2020. 12. 22.>

⑥ 경찰청장 또는 시·도경찰청장은 제4항에 따라 보상금을 반환하여야 할 사람이 대통령령으로 정한 기한까지 그 금액을 납부하지 아니한 때에는 국세 체납처분의 예에 따라 징수할 수 있다. <신설 2018. 12. 24., 2020. 12. 22.>

⑦ 제1항에 따른 손실보상의 기준, 보상금액, 지급 절차 및 방법, 제3항에 따른 손실보상심의위원회의 구성 및 운영, 제4항 및 제6항에 따른 환수절차, 그 밖에 손실보상에 관하여 필요한 사항은 대통령령으로 정한다. <신설 2018. 12. 24.>

[본조신설 2013. 4. 5.]

제11조의3(범인검거 등 공로자 보상) ① 경찰청장, 시·도경찰청장 또는 경찰서장은 다음 각 호의 어느 하나에 해당하는 사람에게 보상금을 지급할 수 있다. <개정 2020. 12. 22.>

1. 범인 또는 범인의 소재를 신고하여 검거하게 한 사람
2. 범인을 검거하여 경찰공무원에게 인도한 사람
3. 테러범죄의 예방활동에 현저한 공로가 있는 사람
4. 그 밖에 제1호부터 제3호까지의 규정에 준하는 사람으로서 대통령령으로 정하는 사람

② 경찰청장, 시·도경찰청장 및 경찰서장은 제1항에 따른 보상금 지급의 심사를 위하여 대통령령으로 정하는 바에 따라 각각 보상금심사위원회를 설치·운영하여야 한다. <개정 2020. 12. 22.>

③ 제2항에 따른 보상금심사위원회는 위원장 1명을 포함한 5명 이내의 위원으로 구성한다.

④ 제2항에 따른 보상금심사위원회의 위원은 소속 경찰공무원 중에서 경찰청장, 시·도경찰청장 또는 경찰서장이 임명한다. <개정 2020. 12. 22.>

⑤ 경찰청장, 시·도경찰청장 또는 경찰서장은 제2항에 따른 보상금심사위원회의 심사·의결에 따라 보상금을 지급하고, 거짓 또는 부정한 방법으로 보상금을 받은 사람에 대하여는 해당 보상금을 환수한다. <개정 2020. 12. 22.>

⑥ 경찰청장, 시·도경찰청장 또는 경찰서장은 제5항에 따라 보상금을 반환하여야 할 사람이 대통령령으로 정한 기한까지 그 금액을 납부하지 아니한 때에는 국세 체납처분의 예에 따라 징수할 수 있다. <개정 2018. 12. 24., 2020. 12. 22.>

⑦ 제1항에 따른 보상 대상, 보상금의 지급 기준 및 절차, 제2항 및 제3항에 따른 보상금심사위원회의 구성 및 심사사항, 제5항 및 제6항에 따른 환수절차, 그 밖에 보상금 지급에 관하여 필요한 사항은 대통령령으로 정한다. <신설 2018. 12. 24.>

[본조신설 2016. 1. 27.]

[제목개정 2018. 12. 24.]

제11조의4(소송 지원) 경찰청장과 해양경찰청장은 경찰관이 제2조 각 호에 따른 직무의 수행으로 인하여 민·형사상 책임과 관련된 소송을 수행할 경우 변호인 선임 등 소송 수행에 필요한 지원을 할 수 있다.

[본조신설 2021. 10. 19.]

제11조의5(직무 수행으로 인한 형의 감면) 다음 각 호의 범죄가 행하여지려고 하거나 행하여지고 있어 타인의 생명·신체에 대한 위해 발생의 우려가 명백하고 긴급한 상황에서, 경찰관이 그 위해를 예방하거나 진압하기 위한 행위 또는 범인의 검거 과정에서 경찰관을 향한 직접적인 유형력 행사에 대응하는 행위를 하여 그로 인하여 타인에게 피해가 발생한 경우, 그 경찰관의 직무수행이 불가피한 것이고 필요한 최소한의 범위에서 이루어졌으며 해당 경찰관에게 고의 또는 중대한 과실이 없는 때에는 그 정상을 참작하여 형을 감경하거나 면제할 수 있다.

1. 「형법」 제2편제24장 살인의 죄, 제25장 상해와 폭행의 죄, 제32장 강간과 추행의 죄 중 강간에 관한 범죄, 제38장 절도와 강도의 죄 중 강도에 관한 범죄 및 이에 대하여 다른 법률에 따라 가중처벌하는 범죄
2. 「가정폭력범죄의 처벌 등에 관한 특례법」에 따른 가정폭력범죄, 「아동학대범죄의 처벌 등에 관한 특례법」에 따른 아동학대범죄

[본조신설 2022. 2. 3.]

제12조(벌칙) 이 법에 규정된 경찰관의 의무를 위반하거나 직권을 남용하여 다른 사람에게 해를 끼친 사람은 1년 이하의 징역이나 금고 또는 300만원 이하의 벌금에 처한다.

[전문개정 2014. 5. 20.]

제13조 삭제 <2014. 5. 20.>

부칙 <제20153호, 2024. 1. 30.>

이 법은 공포 후 6개월이 경과한 날부터 시행한다. 다만, 제12조의 개정규정은 공포한 날부터 시행한다.

경찰관직무집행법시행령

[시행 2021. 1. 5]
[대통령령 제31380호, 2021. 1. 5, 타법개정]

제1조(목적) 이 영은 경찰관직무집행법(이하 "법"이라 한다)의 시행에 관하여 필요한 사항을 규정함을 목적으로 한다.

제2조(임시영치) 경찰공무원이 법 제4조제3항의 규정에 의하여 무기·흉기등을 임시영치한 때에는 소속 국가경찰관서의 장(지방해양경찰관서의 장을 포함한다. 이하 같다)은 그 물건을 소지하였던 자에게 별지 제1호서식에 의한 임시영치증명서를 교부하여야 한다.
　<개정 1996·8·8, 2006. 6. 29., 2014. 11. 19., 2017. 7. 26., 2020. 12. 31.>

제3조(피구호자의 인계통보) 법 제4조제6항의 규정에 의한 경찰서장 또는 해양경찰서장의 공중보건의료기관·공공구호기관의 장 및 그 감독행정청에 대한 통보는 별지 제2호서식에 의한다.
　<개정 1996·8·8, 2014. 11. 19., 2017. 7. 26.>
　[전문개정 1989·3·7]

제4조(대간첩작전지역등에 대한 접근등의 금지·제한) 국가경찰관서의 장은 법 제5조제2항의 규정에 의하여 대간첩작전지역등에 대한 접근 또는 통행을 제한하거나 금지한 때에는 보안상 부득이한 경우를 제외하고는 지체없이 그 기간·장소 기타 필요한 사항을 방송·벽보·경고판·전단살포등 적당한 방법으로 일반인에게 널리 알려야 한다. 이를 해제한 때에도 또한 같다.
　<개정 2006. 6. 29.>

제5조(신분을 표시하는 증표) 법 제3조제4항 및 법 제7조제4항의 신분을 표시하는 증표는 경찰공무원의 공무원증으로 한다. <개정 1989·3·7, 2006. 6. 29., 2020. 12. 31.>

제6조(출석요구서) 법 제8조제2항의 규정에 의한 출석요구서는 별지 제3호서식에 의한다.

제7조(보고) 경찰공무원은 다음의 조치를 한 때에는 소속 국가경찰관서의 장에게 이를 보고하여야 한다. <개정 2006. 6. 29., 2020. 12. 31.>
　1. 법 제3조제2항의 규정에 의한 동행요구를 한 때
　2. 법 제4조제1항의 규정에 의한 긴급구호요청 또는 보호조치를 한 때
　3. 법 제4조제3항의 규정에 의한 임시영치를 한 때
　4. 법 제6조제1항의 규정에 의하여 범죄행위를 제지한 때

5. 삭제 <1989·3·7>

6. 법 제7조제2항 및 제3항의 규정에 의하여 다수인이 출입하는 장소에 대하여 출입 또는 검색을 한 때

7. 법 제8조제1항 단서의 규정에 의한 사실확인을 한 때

8. 삭제 <1999. 11. 27.>

9. 삭제 <1999. 11. 27.>

제8조(민감정보 및 고유식별정보의 처리) 경찰공무원은 법 제2조에 따른 경찰관의 직무를 수행하기 위하여 불가피한 경우 「개인정보 보호법」 제23조에 따른 건강에 관한 정보, 같은 법 시행령 제18조제2호에 따른 범죄경력자료에 해당하는 정보, 같은 영 제19조에 따른 주민등록번호, 여권번호, 운전면허의 면허번호 또는 외국인등록번호가 포함된 자료를 처리할 수 있다. <개정 2020. 12. 31.>

[본조신설 2012. 1. 6.]

제9조(손실보상의 기준 및 보상금액 등) ① 법 제11조의2제1항에 따라 손실보상을 할 때 물건을 멸실·훼손한 경우에는 다음 각 호의 기준에 따라 보상한다.

1. 손실을 입은 물건을 수리할 수 있는 경우: 수리비에 상당하는 금액

2. 손실을 입은 물건을 수리할 수 없는 경우: 손실을 입은 당시의 해당 물건의 교환가액

3. 영업자가 손실을 입은 물건의 수리나 교환으로 인하여 영업을 계속할 수 없는 경우: 영업을 계속할 수 없는 기간 중 영업상 이익에 상당하는 금액

② 물건의 멸실·훼손으로 인한 손실 외의 재산상 손실에 대해서는 직무집행과 상당한 인과관계가 있는 범위에서 보상한다.

③ 법 제11조의2제1항에 따라 손실보상을 할 때 생명·신체상의 손실의 경우에는 별표의 기준에 따라 보상한다. <신설 2019. 6. 25.>

④ 법 제11조의2제1항에 따라 보상금을 지급받을 사람이 동일한 원인으로 다른 법령에 따라 보상금 등을 지급받은 경우 그 보상금 등에 상당하는 금액을 제외하고 보상금을 지급한다. <신설 2019. 6. 25.>

[본조신설 2014. 2. 18.]

[제목개정 2019. 6. 25.]

제10조(손실보상의 지급절차 및 방법) ① 법 제11조의2에 따라 경찰관의 적법한 직무집행으로 인하여 발생한 손실을 보상받으려는 사람은 별지 제4호서식의 보상금 지급 청구서에 손실내용과 손실금액을 증명할 수 있는 서류를 첨부하여 손실보상청구 사건 발생지를 관할하는 국가경찰관서의 장에게 제출하여야 한다.

② 제1항에 따라 보상금 지급 청구서를 받은 국가경찰관서의 장은 해당 청구서를 제11조제1항에 따른 손실보상청구 사건을 심의할 손실보상심의위원회가 설치된 경찰청, 해양경찰청, 시·도경찰청 및 지방해양경찰청의 장(이하 "경찰청장등"이라 한다)에게 보내야 한다. <개정

2014. 11. 19., 2017. 7. 26., 2020. 12. 31.>

③ 제2항에 따라 보상금 지급 청구서를 받은 경찰청장등은 손실보상심의위원회의 심의·의결에 따라 보상 여부 및 보상금액을 결정하되, 다음 각 호의 어느 하나에 해당하는 경우에는 그 청구를 각하(却下)하는 결정을 하여야 한다. <개정 2019. 6. 25.>

1. 청구인이 같은 청구 원인으로 보상신청을 하여 보상금 지급 여부에 대하여 결정을 받은 경우. 다만, 기각 결정을 받은 청구인이 손실을 증명할 수 있는 새로운 증거가 발견되었음을 소명(疏明)하는 경우는 제외한다.

2. 손실보상 청구가 요건과 절차를 갖추지 못한 경우. 다만, 그 잘못된 부분을 시정할 수 있는 경우는 제외한다.

④ 경찰청장등은 제3항에 따른 결정일부터 10일 이내에 다음 각 호의 구분에 따른 통지서에 결정 내용을 적어서 청구인에게 통지하여야 한다.

1. 보상금을 지급하기로 결정한 경우: 별지 제5호서식의 보상금 지급 청구 승인 통지서

2. 보상금 지급 청구를 각하하거나 보상금을 지급하지 아니하기로 결정한 경우: 별지 제6호서식의 보상금 지급 청구 기각·각하 통지서

⑤ 보상금은 다른 법률에 특별한 규정이 있는 경우를 제외하고는 현금으로 지급하여야 한다.

⑥ 보상금은 일시불로 지급하되, 예산 부족 등의 사유로 일시금으로 지급할 수 없는 특별한 사정이 있는 경우에는 청구인의 동의를 받아 분할하여 지급할 수 있다.

⑦ 보상금을 지급받은 사람은 보상금을 지급받은 원인과 동일한 원인으로 인한 부상이 악화되거나 새로 발견되어 다음 각 호의 어느 하나에 해당하는 경우에는 보상금의 추가 지급을 청구할 수 있다. 이 경우 보상금 지급 청구, 보상금액 결정, 보상금 지급 결정에 대한 통지, 보상금 지급 방법 등에 관하여는 제1항부터 제6항까지의 규정을 준용한다. <신설 2019. 6. 25.>

1. 별표 제2호에 따른 부상등급이 변경된 경우(부상등급 외의 부상에서 제1급부터 제8급까지의 등급으로 변경된 경우를 포함한다)

2. 별표 제2호에 따른 부상등급 외의 부상에 대해 부상등급의 변경은 없으나 보상금의 추가 지급이 필요한 경우

⑧ 제1항부터 제7항까지에서 규정한 사항 외에 손실보상의 청구 및 지급에 필요한 사항은 경찰청장 또는 해양경찰청장이 정한다. <개정 2014. 11. 19., 2017. 7. 26., 2019. 6. 25.>

[본조신설 2014. 2. 18.]

제11조(손실보상심의위원회의 설치 및 구성) ① 법 제11조의2제3항에 따라 소속 경찰공무원의 직무집행으로 인하여 발생한 손실보상청구 사건을 심의하기 위하여 경찰청, 해양경찰청, 시·도경찰청 및 지방해양경찰청에 손실보상심의위원회(이하 "위원회"라 한다)를 설치한다. <개정 2014. 11. 19., 2017. 7. 26., 2020. 12. 31.>

② 위원회는 위원장 1명을 포함한 5명 이상 7명 이하의 위원으로 구성한다.

③ 위원회의 위원은 소속 경찰공무원과 다음 각 호의 어느 하나에 해당하는 사람 중에서 경찰청장등이 위촉하거나 임명한다. 이 경우 위원의 과반수 이상은 경찰공무원이 아닌 사람으

로 하여야 한다.

1. 판사·검사 또는 변호사로 5년 이상 근무한 사람

2. 「고등교육법」 제2조에 따른 학교에서 법학 또는 행정학을 가르치는 부교수 이상으로 5년 이상 재직한 사람

3. 경찰 업무와 손실보상에 관하여 학식과 경험이 풍부한 사람

④ 위촉위원의 임기는 2년으로 한다.

⑤ 위원회의 사무를 처리하기 위하여 위원회에 간사 1명을 두되, 간사는 소속 경찰공무원 중에서 경찰청장등이 지명한다.

[본조신설 2014. 2. 18.]

제12조(위원장) ① 위원장은 위원 중에서 호선(互選)한다.

② 위원장은 위원회를 대표하며, 위원회의 업무를 총괄한다.

③ 위원장이 부득이한 사유로 직무를 수행할 수 없는 때에는 위원장이 미리 지명한 위원이 그 직무를 대행한다.

[본조신설 2014. 2. 18.]

제13조(손실보상심의위원회의 운영) ① 위원장은 위원회의 회의를 소집하고, 그 의장이 된다.

② 위원회의 회의는 재적위원 과반수의 출석으로 개의(開議)하고, 출석위원 과반수의 찬성으로 의결한다.

③ 위원회는 심의를 위하여 필요한 경우에는 관계 공무원이나 관계 기관에 사실조사나 자료의 제출 등을 요구할 수 있으며, 관계 전문가에게 필요한 정보의 제공이나 의견의 진술 등을 요청할 수 있다.

[본조신설 2014. 2. 18.]

제14조(위원의 제척·기피·회피) ① 위원회의 위원이 다음 각 호의 어느 하나에 해당하는 경우에는 위원회의 심의·의결에서 제척(除斥)된다.

1. 위원 또는 그 배우자나 배우자였던 사람이 심의 안건의 청구인인 경우

2. 위원이 심의 안건의 청구인과 친족이거나 친족이었던 경우

3. 위원이 심의 안건에 대하여 증언, 진술, 자문, 용역 또는 감정을 한 경우

4. 위원이나 위원이 속한 법인이 심의 안건 청구인의 대리인이거나 대리인이었던 경우

5. 위원이 해당 심의 안건의 청구인인 법인의 임원인 경우

② 청구인은 위원에게 공정한 심의·의결을 기대하기 어려운 사정이 있는 경우에는 위원회에 기피 신청을 할 수 있고, 위원회는 의결로 이를 결정한다. 이 경우 기피 신청의 대상인 위원은 그 의결에 참여하지 못한다.

③ 위원이 제1항 각 호에 따른 제척 사유에 해당하는 경우에는 스스로 해당 안건의 심의·의결에서 회피(回避)하여야 한다.

[본조신설 2014. 2. 18.]

제15조(위원의 해촉) 경찰청장등은 위원회의 위원이 다음 각 호의 어느 하나에 해당하는 경우에는 해당 위원을 해촉(解囑)할 수 있다.

1. 심신장애로 인하여 직무를 수행할 수 없게 된 경우
2. 직무태만, 품위손상이나 그 밖의 사유로 위원으로 적합하지 아니하다고 인정되는 경우
3. 제14조제1항 각 호의 어느 하나에 해당하는 데에도 불구하고 회피하지 아니한 경우
4. 제16조를 위반하여 직무상 알게 된 비밀을 누설한 경우

[본조신설 2014. 2. 18.]

제16조(비밀 누설의 금지) 위원회의 회의에 참석한 사람은 직무상 알게 된 비밀을 누설해서는 아니 된다.

[본조신설 2014. 2. 18.]

제17조(위원회의 운영 등에 필요한 사항) 제11조부터 제16조까지에서 규정한 사항 외에 위원회의 운영 등에 필요한 사항은 경찰청장 또는 해양경찰청장이 정한다. <개정 2014. 11. 19., 2017. 7. 26.>

[본조신설 2014. 2. 18.]

제17조의2(보상금의 환수절차) ① 경찰청장 또는 시·도경찰청장은 법 제11조의2제4항에 따라 보상금을 환수하려는 경우에는 위원회의 심의·의결에 따라 환수 여부 및 환수금액을 결정하고, 거짓 또는 부정한 방법으로 보상금을 받은 사람에게 다음 각 호의 내용을 서면으로 통지해야 한다. <개정 2020. 12. 31.>

1. 환수사유
2. 환수금액
3. 납부기한
4. 납부기관

② 법 제11조의2제6항에서 "대통령령으로 정한 기한"이란 제1항에 따른 통지일부터 40일 이내의 범위에서 경찰청장 또는 시·도경찰청장이 정하는 기한을 말한다. <개정 2020. 12. 31.>

③ 제1항 및 제2항에서 규정한 사항 외에 보상금 환수절차에 관하여 필요한 사항은 경찰청장이 정한다.

[본조신설 2019. 6. 25.]

제17조의3(국가경찰위원회 보고 등) ① 법 제11조의2제5항에 따라 위원회(경찰청 및 시·도경찰청에 설치된 위원회만 해당한다. 이하 이 조에서 같다)는 보상금 지급과 관련된 심사자료와 결과를 반기별로 국가경찰위원회에 보고해야 한다. <개정 2020. 12. 31.>

② 국가경찰위원회는 필요하다고 인정하는 때에는 수시로 보상금 지급과 관련된 심사자료와 결과에 대한 보고를 위원회에 요청할 수 있다. 이 경우 위원회는 그 요청에 따라야 한다. <개정 2020. 12. 29.>

[본조신설 2019. 6. 25.]

[제목개정 2020. 12. 31.]

제18조(범인검거 등 공로자 보상금 지급 대상자) 법 제11조의3제1항제4호에서 "대통령령으로 정하는 사람"이란 다음 각 호의 어느 하나에 해당하는 사람을 말한다.

1. 범인의 신원을 특정할 수 있는 정보를 제공한 사람
2. 범죄사실을 입증하는 증거물을 제출한 사람
3. 그 밖에 범인 검거와 관련하여 경찰 수사 활동에 협조한 사람 중 보상금 지급 대상자에 해당한다고 법 제11조의3제2항에 따른 보상금심사위원회가 인정하는 사람

[본조신설 2016. 6. 21.]
[제목개정 2019. 6. 25.]

제19조(보상금심사위원회의 구성 및 심사사항 등) ① 법 제11조의3제2항에 따라 경찰청에 두는 보상금심사위원회의 위원장은 경찰청 소속 과장급 이상의 경찰공무원 중에서 경찰청장이 임명하는 사람으로 한다.

② 법 제11조의3제2항에 따라 시·도경찰청 및 경찰서에 두는 보상금심사위원회의 위원장에 관하여는 제1항을 준용한다. 이 경우 "경찰청"은 각각 "시·도경찰청" 또는 "경찰서"로, "경찰청장"은 각각 "시·도경찰청장" 또는 "경찰서장"으로 본다. <개정 2020. 12. 31.>

③ 법 제11조의3제2항에 따른 보상금심사위원회(이하 "보상금심사위원회"라 한다)는 다음 각 호의 사항을 심사·의결한다.

1. 보상금 지급 대상자에 해당하는 지 여부
2. 보상금 지급 금액
3. 보상금 환수 여부
4. 그 밖에 보상금 지급이나 환수에 필요한 사항

④ 보상금심사위원회의 회의는 재적위원 과반수의 찬성으로 의결한다.

[본조신설 2016. 6. 21.]

제20조(범인검거 등 공로자 보상금의 지급 기준) 법 제11조의3제1항에 따른 보상금의 최고액은 5억원으로 하며, 구체적인 보상금 지급 기준은 경찰청장이 정하여 고시한다.

[본조신설 2016. 6. 21.]
[제목개정 2019. 6. 25.]

제21조(범인검거 등 공로자 보상금의 지급 절차 등) ① 경찰청장, 시·도경찰청장 또는 경찰서장은 보상금 지급사유가 발생한 경우에는 직권으로 또는 보상금을 지급받으려는 사람의 신청에 따라 소속 보상금심사위원회의 심사·의결을 거쳐 보상금을 지급한다. <개정 2020. 12. 31.>

② 보상금심사위원회는 제20조에 따라 경찰청장이 정하여 고시한 보상금 지급 기준에 따라 보상 금액을 심사·의결한다. 이 경우 보상금심사위원회는 다음 각 호의 사항을 고려하여 보상금액을 결정할 수 있다.

1. 테러범죄 예방의 기여도

2. 범죄피해의 규모

3. 범인 신고 등 보상금 지급 대상 행위의 난이도

4. 보상금 지급 대상자가 다른 법령에 따라 보상금 등을 지급받을 수 있는지 여부

5. 그 밖에 범인검거와 관련한 제반 사정

③ 경찰청장, 시·도경찰청장 및 경찰서장은 소속 보상금심사위원회의 보상금 심사를 위하여 필요한 경우에는 보상금 지급 대상자와 관계 공무원 또는 기관에 사실조사나 자료의 제출 등을 요청할 수 있다. <개정 2020. 12. 31.>

[본조신설 2016. 6. 21.]

[제목개정 2019. 6. 25.]

제21조의2(범인검거 등 공로자 보상금의 환수절차) ① 경찰청장, 시·도경찰청장 또는 경찰서장은 법 제11조의3제5항에 따라 보상금을 환수하려는 경우에는 보상금심사위원회의 심사·의결에 따라 환수 여부 및 환수금액을 결정하고, 거짓 또는 부정한 방법으로 보상금을 받은 사람에게 다음 각 호의 내용을 서면으로 통지해야 한다. <개정 2020. 12. 31.>

1. 환수사유

2. 환수금액

3. 납부기한

4. 납부기관

② 법 제11조의3제6항에서 "대통령령으로 정한 기한"이란 제1항에 따른 통지일부터 40일 이내의 범위에서 경찰청장, 시·도경찰청장 또는 경찰서장이 정하는 기한을 말한다. <개정 2020. 12. 31.>

[본조신설 2019. 6. 25.]

제22조(범인검거 등 공로자 보상금의 지급 등에 필요한 사항) 제18조부터 제21조까지 및 제21조의2에서 규정한 사항 외에 보상금의 지급 등에 필요한 사항은 경찰청장이 정하여 고시한다. <개정 2019. 6. 25.>

[본조신설 2016. 6. 21.]

[제목개정 2019. 6. 25.]

경찰관의 정보수집 및 처리 등에 관한 규정

[시행 2021. 3. 23]
[대통령령 제31555호, 2021. 3. 23., 제정]

제1조(목적) 이 영은 「경찰관 직무집행법」 제8조의2에 따라 경찰관이 수집·작성·배포할 수 있는 공공안녕에 대한 위험의 예방과 대응을 위한 정보의 구체적인 범위와 처리 기준, 정보의 수집·작성·배포에 수반되는 사실의 확인 절차 및 한계에 관하여 규정함을 목적으로 한다.

제2조(정보활동의 기본원칙 등) ① 공공안녕에 대한 위험의 예방과 대응을 위한 정보의 수집·작성·배포와 이에 수반되는 사실의 확인을 위해 경찰관이 수행하는 활동(이하 "정보활동"이라 한다)은 국민의 자유와 권리를 보호하는 것을 목적으로 해야 하며, 필요 최소한의 범위에 그쳐야 한다.

② 경찰관은 정보활동과 관련하여 다음 각 호의 행위를 해서는 안 된다.

1. 정치에 관여하기 위해 정보를 수집·작성·배포하는 행위
2. 법령의 직무 범위를 벗어나 개인의 동향 등을 파악하기 위해 사생활에 관한 정보를 수집·작성·배포하는 행위
3. 상대방의 명시적 의사에 반해 자료 제출이나 의견 표명을 강요하는 행위
4. 부당한 민원이나 청탁을 직무 관련자에게 전달하는 행위
5. 직무상 알게 된 정보를 누설하거나 개인의 이익을 위해 사용하는 행위
6. 직무와 무관한 비공식적 직함을 사용하는 행위

③ 경찰청장 또는 해양경찰청장은 정보활동이 적법하게 이루어지도록 현장점검·교육 강화 방안 등을 수립·시행해야 한다.

제3조(수집 등 대상 정보의 구체적인 범위) 경찰관이 「경찰관 직무집행법」(이하 "법"이라 한다) 제8조의2제1항에 따라 수집·작성·배포할 수 있는 정보의 구체적인 범위는 다음 각 호와 같다.

1. 범죄의 예방과 대응에 필요한 정보
2. 「형의 집행 및 수용자의 처우에 관한 법률」 제126조의2 또는 「보호관찰 등에 관한 법률」 제55조의3에 따라 통보되는 정보의 대상자인 수형자·가석방자의 재범방지 및 피해자의 보호에 필요한 정보
3. 국가중요시설의 안전 및 주요 인사(人士)의 보호에 필요한 정보
4. 방첩·대테러활동 등 국가안전을 위한 활동에 필요한 정보

5. 재난·안전사고 등으로부터 국민안전을 확보하기 위한 정보

6. 집회·시위 등으로 인한 공공갈등과 다중운집에 따른 질서 및 안전 유지에 필요한 정보

7. 국민의 생명·신체·재산의 보호와 공공안녕에 대한 위험의 예방과 대응을 위한 정책에 관한 정보[해당 정책의 입안·집행·평가를 위해 객관적이고 필요한 사항에 관한 정보로 한정하며, 이와 직접적·구체적으로 관련이 없는 사생활·신조(信條) 등에 관한 정보는 제외한다]

8. 도로 교통의 위해(危害) 방지·제거 및 원활한 소통 확보를 위한 정보

9. 「보안업무규정」 제45조제1항에 따라 경찰청장이 위탁받은 신원조사 또는 「공공기관의 정보공개에 관한 법률」 제2조제3호에 따른 공공기관의 장이 법령에 근거하여 요청한 사실의 확인을 위한 정보

10. 그 밖에 제1호부터 제9호까지에서 규정한 사항에 준하는 정보

제4조(정보의 수집 및 사실의 확인 절차) ① 경찰관은 법 제8조의2제1항에 따라 정보를 수집하거나 정보의 수집·작성·배포에 수반되는 사실을 확인하려는 경우에는 상대방에게 자신의 신분을 밝히고 정보 수집 또는 사실 확인의 목적을 설명해야 한다. 이 경우 강제적인 방법을 사용해서는 안 된다.

② 제1항 전단에도 불구하고 다음 각 호의 어느 하나에 해당하는 경우에는 같은 항 전단에서 규정한 절차를 생략할 수 있다.

1. 국민의 생명·신체의 안전이나 국가안보에 긴박한 위험이 발생할 우려가 있는 경우

2. 범죄의 대응을 위한 정보활동에 현저한 지장을 초래할 우려가 있는 경우

③ 경찰관은 정보를 제공하거나 사실을 확인해 준 자가 신분이나 처우와 관련하여 불이익을 받지 않도록 비밀유지 등 필요한 조치를 해야 한다.

제5조(정보 수집 등을 위한 출입의 한계) 경찰관은 다음 각 호의 장소에 상시적으로 출입해서는 안 되며, 정보활동을 위해 필요한 경우에 한정하여 일시적으로만 출입해야 한다.

1. 언론·교육·종교·시민사회 단체 등 민간단체

2. 민간기업

3. 정당의 사무소

제6조(정보의 작성) 경찰관은 수집한 정보를 작성할 때 객관적 사실에 기초해 중립적으로 작성해야 하며, 정치에 관여하는 등 특정한 목적을 가지고 그 내용을 왜곡해서는 안 된다.

제7조(수집·작성한 정보의 처리) ① 경찰관은 수집·작성한 정보를 그 목적 외의 용도로 사용해서는 안 된다.

② 경찰관은 공공안녕에 대한 위험의 예방과 대응을 위해 필요한 경우에는 수집·작성한 정보를 관계 기관 등에 통보할 수 있다.

③ 경찰관은 수집·작성한 정보가 그 목적이 달성되어 불필요하게 되었을 때에는 지체 없이 그 정보를 폐기해야 한다. 다만, 다른 법령에 따라 보존해야 하는 경우는 제외한다.

제8조(위법한 지시의 금지 및 거부) ① 누구든지 정보활동과 관련하여 경찰관에게 이 영과 그 밖의 법령에 반하여 지시해서는 안 된다.

② 경찰관은 명백히 위법한 지시라고 판단되는 경우에는 그 집행을 거부할 수 있다.

③ 경찰관은 명백히 위법한 지시를 거부했다는 이유로 인사·직무 등과 관련한 어떠한 불이익도 받지 않는다.

제9조(세부 사항) 이 영에서 규정한 사항 외에 경찰관의 정보활동에 필요한 세부 사항은 경찰청장 또는 해양경찰청장이 정한다.

위해성 경찰장비의 사용기준 등에 관한 규정
(약칭: 위해성경찰장비규정)

[시행 2021. 1. 5]
[대통령령 제31380호, 2021. 1. 5, 타법개정]

제1조(목적) 이 영은 「경찰관 직무집행법」 제10조에 따라 경찰공무원이 직무를 수행할 때 사용할 수 있는 사람의 생명이나 신체에 위해를 끼칠 수 있는 경찰장비의 종류·사용기준 및 안전관리 등에 관한 사항을 규정함을 목적으로 한다. <개정 2020. 12. 31.>

[전문개정 2014. 11. 19.]

제2조(위해성 경찰장비의 종류) 「경찰관 직무집행법」(이하 "법"이라 한다) 제10조제1항 단서에 따른 사람의 생명이나 신체에 위해를 끼칠 수 있는 경찰장비(이하 "위해성 경찰장비"라 한다)의 종류는 다음 각 호와 같다. <개정 2014. 11. 19.>

1. 경찰장구 : 수갑·포승(捕繩)·호송용포승·경찰봉·호신용경봉·전자충격기·방패 및 전자방패

2. 무기 : 권총·소총·기관총(기관단총을 포함한다. 이하 같다)·산탄총·유탄발사기·박격포·3인치포·함포·크레모아·수류탄·폭약류 및 도검

3. 분사기·최루탄등 : 근접분사기·가스분사기·가스발사총(고무탄 발사겸용을 포함한다. 이하 같다) 및 최루탄(그 발사장치를 포함한다. 이하 같다)

4. 기타장비 : 가스차·살수차·특수진압차·물포·석궁·다목적발사기 및 도주차량차단장비

[제목개정 2014. 11. 19.]

제3조 삭제 <2014. 11. 19.>

제4조(영장집행등에 따른 수갑등의 사용기준) 경찰관(경찰공무원으로 한정한다. 이하 같다)은 체포·구속영장을 집행하거나 신체의 자유를 제한하는 판결 또는 처분을 받은 자를 법률이 정한 절차에 따라 호송하거나 수용하기 위하여 필요한 때에는 최소한의 범위안에서 수갑·포승 또는 호송용포승을 사용할 수 있다. <개정 2006. 6. 29., 2020. 12. 31.>

제5조(자살방지등을 위한 수갑등의 사용기준 및 사용보고) 경찰관은 범인·술에 취한 사람 또는 정신착란자의 자살 또는 자해기도를 방지하기 위하여 필요한 때에는 수갑·포승 또는 호송용포승을 사용할 수 있다. 이 경우 경찰관은 소속 국가경찰관서의 장(경찰청장·해양경찰청장·시·도경찰청장·지방해양경찰청장·경찰서장 또는 해양경찰서장 기타 경무관·총경·경정 또는 경감을 장으로 하는 국가경찰관서의 장을 말한다.이하 같다)에게 그 사실을 보고해야 한

다. <개정 2006. 6. 29., 2014. 11. 19., 2017. 7. 26., 2020. 12. 31., 2021. 1. 5.>

제6조(불법집회등에서의 경찰봉·호신용경봉의 사용기준) 경찰관은 불법집회·시위로 인하여 발생할 수 있는 타인 또는 경찰관의 생명·신체의 위해와 재산·공공시설의 위험을 방지하기 위하여 필요한 때에는 최소한의 범위안에서 경찰봉 또는 호신용경봉을 사용할 수 있다.

제7조(경찰봉·호신용경봉의 사용시 주의사항) 경찰관이 경찰봉 또는 호신용경봉을 사용하는 때에는 인명 또는 신체에 대한 위해를 최소화하도록 주의하여야 한다.

제8조(전자충격기등의 사용제한) ① 경찰관은 14세미만의 자 또는 임산부에 대하여 전자충격기 또는 전자방패를 사용하여서는 아니된다.

② 경찰관은 전극침(電極針) 발사장치가 있는 전자충격기를 사용하는 경우 상대방의 얼굴을 향하여 전극침을 발사하여서는 아니된다.

제9조(총기사용의 경고) 경찰관은 법 제10조의4에 따라 사람을 향하여 권총 또는 소총을 발사하고자 하는 때에는 미리 구두 또는 공포탄에 의한 사격으로 상대방에게 경고하여야 한다. 다만, 다음 각 호의 어느 하나에 해당하는 경우로서 부득이한 때에는 경고하지 아니할 수 있다. <개정 2014. 11. 19.>

1. 경찰관을 급습하거나 타인의 생명·신체에 대한 중대한 위험을 야기하는 범행이 목전에 실행되고 있는 등 상황이 급박하여 특히 경고할 시간적 여유가 없는 경우

2. 인질·간첩 또는 테러사건에 있어서 은밀히 작전을 수행하는 경우

제10조(권총 또는 소총의 사용제한) ① 경찰관은 법 제10조의4의 규정에 의하여 권총 또는 소총을 사용하는 경우에 있어서 범죄와 무관한 다중의 생명·신체에 위해를 가할 우려가 있는 때에는 이를 사용하여서는 아니된다. 다만, 권총 또는 소총을 사용하지 아니하고는 타인 또는 경찰관의 생명·신체에 대한 중대한 위험을 방지할 수 없다고 인정되는 때에는 필요한 최소한의 범위안에서 이를 사용할 수 있다.

② 경찰관은 총기 또는 폭발물을 가지고 대항하는 경우를 제외하고는 14세미만의 자 또는 임산부에 대하여 권총 또는 소총을 발사하여서는 아니된다.

제11조(동물의 사살) 경찰관은 공공의 안전을 위협하는 동물을 사살하기 위하여 부득이한 때에는 권총 또는 소총을 사용할 수 있다.

제12조(가스발사총등의 사용제한) ① 경찰관은 범인의 체포 또는 도주방지, 타인 또는 경찰관의 생명·신체에 대한 방호, 공무집행에 대한 항거의 억제를 위하여 필요한 때에는 최소한의 범위안에서 가스발사총을 사용할 수 있다. 이 경우 경찰관은 1미터이내의 거리에서 상대방의 얼굴을 향하여 이를 발사하여서는 아니된다.

② 경찰관은 최루탄발사기로 최루탄을 발사하는 경우 30도이상의 발사각을 유지하여야 하고, 가스차·살수차 또는 특수진압차의 최루탄발사대로 최루탄을 발사하는 경우에는 15도이상의 발사각을 유지하여야 한다.

제13조(가스차·특수진압차·물포의 사용기준) ① 경찰관은 불법집회·시위 또는 소요사태로 인하여 발생할 수 있는 타인 또는 경찰관의 생명·신체의 위해와 재산·공공시설의 위험을 억제하기 위하여 부득이한 경우에는 현장책임자의 판단에 의하여 필요한 최소한의 범위에서 가스차를 사용할 수 있다. <개정 2020. 1. 7.>

② 경찰관은 소요사태의 진압, 대간첩·대테러작전의 수행을 위하여 부득이한 경우에는 필요한 최소한의 범위안에서 특수진압차를 사용할 수 있다.

③ 경찰관은 불법해상시위를 해산시키거나 선박운항정지(정선)명령에 불응하고 도주하는 선박을 정지시키기 위하여 부득이한 경우에는 현장책임자의 판단에 의하여 필요한 최소한의 범위안에서 경비함정의 물포를 사용할 수 있다. 다만, 사람을 향하여 직접 물포를 발사해서는 안 된다. <개정 2021. 1. 5.>

[제목개정 2020. 1. 7.]

제13조의2(살수차의 사용기준) ① 경찰관은 다음 각 호의 어느 하나에 해당하여 살수차 외의 경찰장비로는 그 위험을 제거·완화시키는 것이 현저히 곤란한 경우에는 시·도경찰청장의 명령에 따라 살수차를 배치·사용할 수 있다. <개정 2020. 12. 31.>

1. 소요사태로 인해 타인의 법익이나 공공의 안녕질서에 대한 직접적인 위험이 명백하게 초래되는 경우

2. 「통합방위법」 제21조제4항에 따라 지정된 국가중요시설에 대한 직접적인 공격행위로 인해 해당 시설이 파괴되거나 기능이 정지되는 등 급박한 위험이 발생하는 경우

② 경찰관은 제1항에 따라 살수차를 사용하는 경우 별표 3의 살수거리별 수압기준에 따라 살수해야 한다. 이 경우 사람의 생명 또는 신체에 치명적인 위해를 가하지 않도록 필요한 최소한의 범위에서 살수해야 한다.

③ 경찰관은 제2항에 따라 살수하는 것으로 제1항 각 호의 어느 하나에 해당하는 위험을 제거·완화시키는 것이 곤란하다고 판단하는 경우에는 시·도경찰청장의 명령에 따라 필요한 최소한의 범위에서 최루액을 혼합하여 살수할 수 있다. 이 경우 최루액의 혼합 살수 절차 및 방법은 경찰청장이 정한다. <개정 2020. 12. 31.>

[본조신설 2020. 1. 7.]

제14조(석궁의 사용기준) 경찰관은 총기·폭발물 기타 위험물로 무장한 범인 또는 인질범의 체포, 대간첩·대테러작전등 국가안전에 관련되는 작전을 은밀히 수행하거나 총기를 사용할 경우에는 화재·폭발의 위험이 있는 등 부득이한 때에 한하여 현장책임자의 판단에 의하여 필요한 최소한의 범위안에서 석궁을 사용할 수 있다.

제15조(다목적발사기의 사용기준) 경찰관은 인질범의 체포 또는 대간첩·대테러작전등 국가안전에 관련되는 작전을 수행하거나 공공시설의 안전에 대한 현저한 위해의 발생을 방지하기 위하여 필요한 때에는 최소한의 범위안에서 다목적발사기를 사용할 수 있다.

제16조(도주차량차단장비의 사용기준등) ① 경찰관은 무면허운전이나 음주운전 기타 범죄에 이

용하였다고 의심할 만한 차량 또는 수배중인 차량이 정당한 검문에 불응하고 도주하거나 차
량으로 직무집행중인 경찰관에게 위해를 가한 후 도주하려는 경우에는 도주차량차단장비를
사용할 수 있다.

② 도주차량차단장비를 운용하는 경찰관은 검문 또는 단속장소의 전방에 동 장비의 운용중
임을 알리는 안내표지판을 설치하고 기타 필요한 안전조치를 취하여야 한다.

제17조(위해성 경찰장비 사용을 위한 안전교육) 법 제10조제1항 단서에 따라 직무수행 중 위해
성 경찰장비를 사용하는 경찰관은 별표 1의 기준에 따라 위해성 경찰장비 사용을 위한 안전
교육을 받아야 한다.

[전문개정 2014. 11. 19.]

제18조(위해성 경찰장비에 대한 안전검사) 위해성 경찰장비를 사용하는 경찰관이 소속한 국가
경찰관서의 장은 소속 경찰관이 사용할 위해성 경찰장비에 대한 안전검사를 별표 2의 기준에
따라 실시하여야 한다.

[전문개정 2014. 11. 19.]

제18조의2(신규 도입 장비의 안전성 검사) ① 경찰청장은 위해성 경찰장비를 새로 도입하려는
경우에는 법 제10조제5항에 따라 안전성 검사를 실시하여 새로 도입하려는 장비(이하 이 조
에서 "신규 도입 장비"라 한다)가 사람의 생명이나 신체에 미치는 영향을 평가하여야 한다.

② 제1항에 따른 안전성 검사는 신규 도입 장비와 관련된 분야의 외부 전문가가 신규 도입
장비의 주요 특성이나 작동원리에 기초하여 제시하는 검사방법 및 기준에 따라 실시하되, 신
규 도입 장비에 대하여 일반적으로 인정되는 합리적인 검사방법이나 기준이 있을 경우 그 검
사방법이나 기준에 따라 안전성 검사를 실시할 수 있다.

③ 법 제10조제5항 후단에 따라 안전성 검사에 참여한 외부 전문가는 안전성 검사가 끝난 후
30일 이내에 신규 도입 장비의 안전성 여부에 대한 의견을 경찰청장에게 제출하여야 한다.

④ 경찰청장은 신규 도입 장비에 대한 안전성 검사를 실시한 후 3개월 이내에 다음 각 호의
내용이 포함된 안전성 검사 결과보고서를 국회 소관 상임위원회에 제출하여야 한다.

1. 신규 도입 장비의 주요 특성 및 기본적인 작동 원리
2. 안전성 검사의 방법 및 기준
3. 안전성 검사에 참여한 외부 전문가의 의견
4. 안전성 검사 결과 및 종합 의견

[본조신설 2014. 11. 19.]

제19조(위해성 경찰장비의 개조 등) 국가경찰관서의 장은 폐기대상인 위해성 경찰장비 또는 성
능이 저하된 위해성 경찰장비를 개조할 수 있으며, 소속경찰관으로 하여금 이를 본래의 용법
에 준하여 사용하게 할 수 있다. <개정 2014. 11. 19.>

[제목개정 2014. 11. 19.]

제20조(사용기록의 보관 등) ① 제2조제2호부터 제4호까지의 위해성 경찰장비(제4호의 경우에

는 살수차만 해당한다)를 사용하는 경우 그 현장책임자 또는 사용자는 별지 서식의 사용보고
서를 작성하여 직근상급 감독자에게 보고하고, 직근상급 감독자는 이를 3년간 보관하여야 한
다. <개정 2014. 11. 19.>

②제1항의 규정에 의하여 제2조제2호의 무기 사용보고를 받은 직근상급 감독자는 지체없이
지휘계통을 거쳐 경찰청장 또는 해양경찰청장에게 보고하여야 한다. <개정 2014. 11. 19., 2017. 7.
26.>

[제목개정 2014. 11. 19.]

제21조(부상자에대한 긴급조치) 경찰관이 위해성 경찰장비를 사용하여 부상자가 발생한 경우에
는 즉시 구호, 그 밖에 필요한 긴급조치를 하여야 한다. <개정 2014. 11. 19.>

경찰 물리력 행사의 기준과 방법에 관한 규칙

[시행 2019. 11. 24]
[경찰청예규 제550호, 2019. 7. 18., 일부개정]

제1장　총칙

1.1. 목적

이 규칙은 경찰관이 물리력 사용 시 준수하여야 할 기본원칙, 물리력 사용의 정도, 각 물리력 수단의 사용 한계 및 유의사항을 규정함으로써 국민과 경찰관의 생명·신체를 보호하고 인권을 보장하며 경찰 법집행의 정당성을 확보하는 데에 그 목적이 있다.

1.2. 경찰 물리력의 정의

경찰 물리력이란 범죄의 예방과 제지, 범인 체포 또는 도주 방지, 자신이나 다른 사람의 생명·신체 방어 및 보호, 공무집행에 대한 항거 제지 등 경찰목적을 달성하기 위해 경찰권발동의 대상자(이하 '대상자')에 대해 행해지는 일체의 신체적, 도구적 접촉(경찰관의 현장 임장, 언어적 통제 등 직접적인 신체 접촉 전 단계의 행위들도 포함한다)을 말한다.

1.3. 경찰 물리력 사용 3대 원칙

경찰관은 경찰목적을 실현함에 있어 적합하고 필요하며 상당한 수단을 선택함으로써 그 목적과 수단 사이에 합리적인 비례관계가 유지되도록 하여야 하며, 특히 물리력을 사용할 필요가 있는 경우 다음 원칙을 준수하여야 한다.

1.3.1. 객관적 합리성의 원칙

경찰관은 자신이 처해있는 사실과 상황에 비추어 합리적인 경찰관의 관점에서 가장 적절한 물리력을 사용하여야 하며, 이를 위해 범죄의 종류, 피해의 경중, 위해의 급박성, 저항의 강약, 대상자와 경찰관의 수, 대상자가 소지한 무기의 종류 및 무기 사용의 태양, 대상자의 신체 및 건강 상태, 도주여부, 현장 주변의 상황 등을 종합적으로 고려하여야 한다.

1.3.2. 대상자 행위와 물리력 간 상응의 원칙

경찰관은 대상자의 행위에 따른 위해의 수준을 계속 평가·판단하여 필요최소한의 수준으로 물리력을 높이거나 낮추어서 사용하여야 한다.

1.3.3. 위해감소노력 우선의 원칙

경찰관은 현장상황이 안전하고 시간적 여유가 있는 경우에는 대상자가 야기하는 위해 수준을 떨어뜨려 보다 덜 위험한 물리력을 통해 상황을 종결시킬 수 있도록 노력하여야 한다. 다만, 이러한 노력이 오히려 상황을 악화시킬 가능성이 있거나 급박한 경우에는 이 원칙을 적용하지 않을 수 있다.

1.4. 경찰 물리력 사용 시 유의사항

1.4.1. 경찰관은 경찰청이 공인한 물리력 수단을 사용하여야 한다.

1.4.2. 경찰관은 성별, 장애, 인종, 종교 및 성정체성 등에 대한 선입견을 가지고 차별적으로 물리력을 사용하여서는 아니 된다.

1.4.3. 경찰관은 대상자의 신체 및 건강상태, 장애유형 등을 고려하여 물리력을 사용하여야 한다.

1.4.4. 경찰관은 이미 경찰목적을 달성하여 더 이상 물리력을 사용할 필요가 없는 경우에는 물리력 사용을 즉시 중단하여야 한다.

1.4.5. 경찰관은 대상자를 징벌하거나 복수할 목적으로 물리력을 사용하여서는 아니 된다.

1.4.6. 경찰관은 오직 상황의 빠른 종결이나, 직무수행의 편의를 위한 목적으로 물리력을 사용하여서는 아니 된다.

제2장 대상자 행위와 경찰 물리력 사용의 정도

2.1. 대상자 행위

대상자가 경찰관 또는 제3자에 대해 보일 수 있는 행위는 그 위해의 정도에 따라 ① 순응 ② 소극적 저항 ③ 적극적 저항 ④ 폭력적 공격 ⑤ 치명적 공격 등 다섯 단계로 구별한다.

2.1.1. 순응

대상자가 경찰관의 지시, 통제에 따르는 상태를 말한다. 다만. 대상자가 경찰관의 요구에 즉각 응하지 않고 약간의 시간만 지체하는 경우는 '순응'으로 본다.

2.1.2. 소극적 저항

대상자가 경찰관의 지시, 통제를 따르지 않고 비협조적이지만 경찰관 또는 제3자에 대해 직접적인 위해를 가하지 않는 상태를 말한다.

경찰관이 정당한 이동 명령을 발하였음에도 가만히 서있거나 앉아 있는 등 전혀 움직이지 않는 상태, 일부러 몸의 힘을 모두 빼거나, 고정된 물체를 꽉 잡고 버팀으로써 움직이지 않으려는 상태 등이 이에 해당한다.

2.1.3. 적극적 저항

대상자가 자신에 대한 경찰관의 체포·연행 등 정당한 공무집행을 방해하지만 경찰관 또는 제3자에 대해 위해 수준이 낮은 행위만을 하는 상태를 말한다.

대상자가 자신을 체포·연행하려는 경찰관으로부터 물리적으로 이탈하거나 도주하려는 행위, 체포·연행을 위해 팔을 잡으려는 경찰관의 손을 뿌리치거나, 경찰관을 밀고 잡아끄는 행위, 경찰관에게 침을 뱉거나 경찰관을 밀치는 행위 등이 이에 해당한다.

2.1.4. 폭력적 공격

대상자가 경찰관 또는 제3자에 대해 신체적 위해를 가하는 상태를 말한다.

대상자가 경찰관에게 폭력을 행사하려는 자세를 취하여 그 행사가 임박한 상태, 주먹·발 등을 사용해서 경찰관에 대해 신체적 위해를 초래하고 있거나 임박한 상태, 강한 힘으로 경찰관을 밀거나 잡아당기는 등 완력을 사용해 체포에서 벗어나려고 하는 상태 등이 이에 해당한다.

2.1.5. 치명적 공격

대상자가 경찰관 또는 제3자에 대해 사망 또는 심각한 부상을 초래할 수 있는 행위를 하는 상태를 말한다.

총기류(공기총·엽총·사제권총 등), 흉기(칼·도끼·낫 등), 둔기(망치· 쇠파이프 등)를 이용하여 경찰관, 제3자에 대해 위력을 행사하고 있거나 위해 발생이 임박한 경우, 경찰관이나 제3자의 목을 세게 조르거나 무차별 폭행하는 등 생명·신체에 대해 중대한 위해가 발생할 정도의 위험한 폭력을 행사하는 경우가 이에 해당한다.

2.2. 경찰관 대응 수준

대상자 행위에 따른 경찰관의 대응 수준은 ① 협조적 통제, ② 접촉 통제 ③저위험 물리력 ④중위험 물리력 ⑤고위험 물리력 등 다섯 단계로 구별한다.

2.2.1. 협조적 통제

'순응' 이상의 상태인 대상자에 대해 사용할 수 있는 물리력 수준으로서, 대상자의 협조를 유도하거나 협조에 따른 물리력을 말한다. 그 종류는 다음과 같다.

가. 현장 임장
나. 언어적 통제

다. 체포 등을 위한 수갑 사용

라. 안내·체포 등에 수반한 신체적 물리력

2.2.2. 접촉 통제

'소극적 저항' 이상의 상태인 대상자에 대해 사용할 수 있는 물리력 수준으로서, 대상자 신체 접촉을 통해 경찰목적 달성을 강제하지만 신체적 부상을 야기할 가능성은 극히 낮은 물리력을 말한다. 그 종류는 다음과 같다.

가. 신체 일부 잡기·밀기·잡아끌기, 쥐기·누르기·비틀기

나. 경찰봉 양 끝 또는 방패를 잡고 대상자의 신체에 안전하게 밀착한 상태에서 대상자를 특정 방향으로 밀거나 잡아당기기

2.2.3. 저위험 물리력

'적극적 저항' 이상의 상태인 대상자에 대해 사용할 수 있는 물리력 수준으로서, 대상자가 통증을 느낄 수 있으나 신체적 부상을 당할 가능성은 낮은 물리력을 말한다. 그 종류는 다음과 같다.

가. 목을 압박하여 제압하거나 관절을 꺾는 방법, 팔·다리를 이용해 움직이지 못하도록 조르는 방법, 다리를 걸거나 들쳐 매는 등 균형을 무너뜨려 넘어뜨리는 방법, 대상자가 넘어진 상태에서 움직이지 못하게 위에서 눌러 제압하는 방법

나. 분사기 사용(다른 저위험 물리력 이하의 수단으로 제압이 어렵고, 경찰관이나 대상자의 부상 등의 방지를 위해 필요한 경우)

2.2.4. 중위험 물리력

'폭력적 공격' 이상의 상태의 대상자에 대해 사용할 수 있는 물리력 수준으로서, 대상자에게 신체적 부상을 입힐 수 있으나 생명·신체에 대한 중대한 위해 발생 가능성은 낮은 물리력을 말한다. 그 종류는 다음과 같다.

가. 손바닥, 주먹, 발 등 신체부위를 이용한 가격

나. 경찰봉으로 중요부위가 아닌 신체 부위를 찌르거나 가격

다. 방패로 강하게 압박하거나 세게 미는 행위

라. 전자충격기 사용

2.2.5. 고위험 물리력

가. '치명적 공격' 상태의 대상자로 인해 경찰관 또는 제3자의 생명·신체에 급박하고 중대한 위해가 초래될 가능성이 있는 경우 최후의 수단으로 사용할 수 있는 물리력 수준으로서, 대상자의 사망 또는 심각한 부상을 초래할 수 있는 물리력을 말한다.

나. 경찰관은 대상자의 '치명적 공격' 상황에서도 현장상황이 급박하지 않은 경우에는 낮은 수준의 물리력을 우선적으로 사용하여 상황을 종결시킬 수 있도록 노력하여야 한다.

다. '고위험 물리력'의 종류는 다음과 같다.
　1) 권총 등 총기류 사용
　2) 경찰봉, 방패, 신체적 물리력으로 대상자의 신체 중요 부위 또는 급소 부위 가격, 대상자의 목을 강하게 조르거나 신체를 강한 힘으로 압박하는 행위

2.3. 경찰 물리력 행사 연속체

　2.3.1. 비례의 원칙에 입각한 물리력 사용 한계에 대한 이해도 제고를 위해 대상자 행위에 대응한 경찰 물리력 수준을 도식화한 것을 '경찰 물리력 행사 연속체 〈그림〉'라고 한다.

〈그림〉 경찰 물리력 행사 연속체 (대상자 행위에 대응한 경찰 물리력 수준)

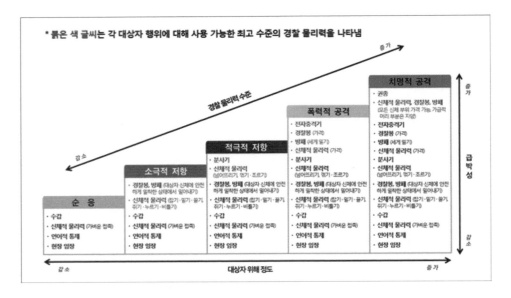

2.3.2. 경찰관은 가능한 경우 낮은 수준의 물리력부터 시작하여 물리력의 강도를 높여 감으로써 상황을 안전하게 종결시키도록 하여야 한다. 다만, 급박하거나 대상자 행위의 위해 수준이 불연속적으로 급변하는 경우 경찰관 역시 그 상황에 맞는 물리력을 곧바로 사용할 수 있다.

가. (1단계 : 평가) 현장상황을 종합적으로 고려하여 대상자 행위를 '순응', '소극적 저항', '적극적 저항', '폭력적 공격', '치명적 공격' 등으로 평가

나. (2단계 : 판단) 대상자의 저항이나 공격을 제압할 수 있는 적절한 물리력 수단을 선택하되, 전체적인 현장상황이 안전하고 시간적 여유가 있는 경우 대상자가 야기하는 위해 수준을 감소시키기 위해 노력하여야 하며, 낮은 수준의 물리력 수단을 우선적으로 고려

다. (3단계 : 행동) 선택한 물리력을 사용하는 경우에도 경찰목적을 달성하는 한도 내에서 대상자에게 최소한의 침해를 가져오는 방법으로 물리력을 사용

라. (4단계 : 재평가) 이후 상황을 지속적으로 재평가하면서 대상자의 행위 및 현장 주변 상황 변화에 따라 대응 물리력 수준을 증가시키거나 감소

2.3.3. 이 연속체는 경찰관과 대상자가 대면하는 모든 상황에 기계적, 획일적으로 적용될 수 있는 것이 아니며, 실제 개별 경찰 물리력 사용 현장에서는 대상자의 행위 외에도 위해의 급박성, 대상자와 경찰관의 수·성별·체격·나이, 제3자에 대한 위해가능성, 기타 현장 주변 상황을 종합적으로 고려하여 가장 적절한 물리력을 사용하여야 한다.

제3장 개별 물리력 수단 사용 한계 및 유의사항

3.1. 현장 임장

현장 임장은 경찰관이 대상자에게 접근하여 자신의 소속, 신분과 함께 임장의 목적과 취지를 밝혀 그에 따르도록 하는 것을 말한다. 현장 임장은 대상자의 모든 행위 유형에서 행해질 수 있다.

3.2.1. 현장 임장 시 유의사항

가. 경찰관은 현장에 임장하는 것만으로도 대상자의 순응을 이끌어 낼 수 있다는 점을 인식하여 현장 임장만으로 상황을 종결시키도록 노력하여야 한다.

나. 경찰관은 현장 임장 시 대상자 및 주변 관계자들에 의한 갑작스런 위해 발생 가능성을 염두에 두고 불시의 피습에 대한 대비, 대상자의 흉기소지 여부 확인, 대상자와의 적절한 거리 유지, 여타 경찰 물리력 사용 태세 완비 등 신변보호를 위한 적절한 조치를 취하여야 한다.

다. 경찰관은 현장 임장 시 대상자나 주변 관계자들의 감정을 자극하거나 오해를 불러 일으켜 경찰관 또는 제3자에 대한 위해로 이어지지 않도록 하여야 한다.

3.2. 언어적 통제

3.2.1. 언어적 통제의 정의

언어적 통제는 경찰관이 대상자에게 특정 행위를 유도하거나 합법적인 명령을 발하기 위해 말이나 행동으로 하는 대화, 설득, 지시, 경고 등을 말하며 대상자의 어깨를 다독이거나 손을 잡아 주는 등의 가벼운 신체적 접촉도 포함한다. 언어적 통제는 대상자의 모든 행위 유형에서 행해질 수 있다.

3.2.2. 언어적 통제 시 유의사항

가. 경찰관은 대상자에 대한 직접적인 물리력 사용 이전 언어적 통제를 통하여 상황을 종결시킬 수 있도록 노력하여야 한다. 다만, 이러한 시도가 오히려 상황을 악화시킬 가능성이 있거나 급박한 경우에는 생략할 수 있다.

나. 경찰관이 언어적 통제를 시도하는 경우 대상자가 경찰관의 지시, 경고 등에 따를 충분한 시간을 부여하여야 한다.

다. 경찰관은 언어적 통제 시 대상자가 갑자기 위해를 가하거나 도주할 것에 대비하여 여타 경찰 물리력 사용 태세를 갖추어야 한다.

라. 경찰관은 언어적 통제 시 불필요하게 대상자를 자극하여 경찰관 또는 제3자에 대한 위해로 이어지지 않도록 하여야 한다.

3.3. 신체적 물리력 사용

3.3.1. 신체적 물리력의 정의

'신체적 물리력'은 여타 무기나 경찰장구에 의존하지 않고 경찰관 자신의 신체, 체중, 근력을 활용하여 대상자를 통제하는 일련의 방법을 말한다.

3.3.2. 신체적 물리력 사용 한계 및 유의사항

가. 대상자가 '순응'하는 경우(협조적 통제)

경찰관은 '순응' 이상의 상태인 대상자를 인도 또는 안내하기 위해 대상자의 손이나 팔을 힘을 주지 않고 잡을 수 있고 어깨 등 신체 일부를 힘을 주지 않고 밀거나 잡아끌 수 있다. (다만, 임의동행하는 대상자를 인도·안내하는 경우에는 동행의 임의성이 침해되지 않도록 신체 접촉에 유의하여야 한다)

형사소송법에 따라 대상자를 체포하는 경우에는 수갑 등으로 결박하기 위해 대상자 신체 일부를 잡거나 대상자를 돌려 세울 수 있다.

나. 대상자 행위가 '소극적 저항'인 경우(접촉 통제)

경찰관은 '소극적 저항' 이상인 상태의 대상자를 통제하기 위해 손이나 팔을 힘을 주어 잡을 수 있고 대상자의 어깨 등 신체 일부를 힘을 주어 밀거나 잡아끌 수 있다.

대상자가 물체를 꽉 잡고 움직이지 않는 경우에는 대상자의 신체 일부를 쥐거나 누르거나 비틀어서 손을 떼도록 할 수 있다.

다. 대상자 행위가 '적극적 저항'인 경우(저위험 물리력)

경찰관은 '적극적 저항' 이상인 상태의 대상자에게 목을 압박하여 제압하거나 관절을 꺾는 방법, 팔·다리를 이용해 움직이지 못하도록 조르는 방법, 다리를 걸거나 들쳐 매는 등 균형을 무너뜨려 넘어뜨리는 방법, 대상자가 넘어진 상태에서 움직이지 못하게 위에서 눌러 제압하는 방법 등을 사용할 수 있다.

라. 대상자 행위가 '폭력적 공격'인 경우(중위험 물리력)

경찰관은 '폭력적 공격' 이상인 상태의 대상자에게 손바닥, 주먹, 발 등 신체 부위를 이용하여 대상자를 가격함으로써 제압할 수 있다.

또한, 현행범 체포나 긴급체포의 요건을 충족하는 대상자 또는 체포영장이 발부된 대상자가 도주하는 경우 체포를 위해 '중위험 물리력'으로 신체적 물리력을 사용할 수 있다.

마. 대상자 행위가 '치명적 공격'인 경우(고위험 물리력)

신체적 물리력 이외의 여타 모든 경찰 물리력 사용이 불가능하거나 무력화된 상태에서 형법상 정당방위 또는 긴급피난의 요건을 충족하는 경우 경찰관은 최후의 수단으로서 대상자의 신체 중요 부위 또는 급소 부위를 가격하는 방법, 대상자의 목을 강하게 조르거나 대상자의 신체를 강한 힘으로 압박하는 방법 등을 사용할 수 있다.

신체적 물리력을 '고위험 물리력'으로 사용할 수밖에 없는 불가피한 경우에는 3.9.2.항의 권총 사용 한계 가.~마.를 따른다.

3.4. 수갑 사용

3.4.1. 수갑의 정의

수갑은 대상자의 동작이 자유롭지 못하도록 대상자의 양쪽 손목에 걸쳐서 채우는 금속 재질의 장구로서 경찰청이 지급 또는 인정한 장비를 말한다.

3.4.2. 수갑 사용 한계 및 유의사항

가. 경찰관은 대상자의 언행, 현장상황 등을 종합적으로 고려하여 도주, 폭행, 소요, 자해 등의 위험이 있는 경우 수갑을 사용할 수 있으며, 그 우려가 높다고 판단되는 경우 뒷수갑을 사용할 수 있다.

나. 경찰관은 뒷수갑 상태로 대상자를 이동시키는 경우 팔짱을 끼고 동행하는 등 도주 및 안전사고 예방을 위한 적절한 조치를 취하여야 한다.

다. 경찰관은 대상자의 움직임으로 수갑이 조여지거나 일부러 조이는 행위를 예방하기 위해 수갑의 이중 잠금장치를 사용하여야 한다. 다만, 대상자의 항거 등으로 사용이 곤란한 경우에는 사용하지 않을 수 있다.

라. 경찰관은 대상자의 신체적 장애, 질병, 신체상태로 인하여 수갑을 사용하는 것이 불합리하다 판단되는 경우에는 수갑을 사용하지 않을 수 있다.

마. 경찰관은 대상자가 수갑으로 인한 고통을 호소하는 경우 수갑 착용 상태를 확인하여 재착용, 앞수갑 사용, 한손 수갑 사용 등 적절한 조치를 취하여야 한다.

바. 경찰관은 급박한 상황에서 수갑이 없거나 사용이 불가능한 경우 예외적으로 경찰혁대 등을 수갑 대용으로 사용할 수 있다.

3.5. 경찰봉 사용

3.5.1. 경찰봉의 정의

경찰봉은 강화 플라스틱, 나무 또는 금속으로 제작된 원통형 막대기로서 경찰청이 지급 또는 인정한 장비를 말한다.

3.5.2. 경찰봉 사용 한계

가. 격리도구로서의 경찰봉 사용

경찰관은 '소극적 저항' 이상인 상태의 대상자에게 경찰봉을 대상자의 신체에 안전하게 밀착한 상태로 밀거나 끌어당길 수 있다.

　　나. 중위험 물리력으로서의 경찰봉 사용

　　　　1) 경찰관은 '폭력적 저항' 이상인 상태의 대상자의 신체를 경찰봉으로 찌르거나 가격
　　　　할 수 있다. 이 경우 가급적 대상자의 머리, 얼굴, 목, 흉부, 복부 등 신체 중요 부위를
　　　　피하여야 한다.

　　　　2) 경찰관은 현행범 또는 사형·무기 또는 장기 3년 이상의 징역이나 금고에 해당하는
　　　　죄를 범한 대상자가 도주하는 경우 체포를 위해서 경찰봉으로 찌르거나 가격할 수
　　　　있다. 이 경우 가급적 신체 중요 부위를 피하여야 한다.

　　다. 고위험 물리력으로서의 경찰봉 사용

　　　　1) 경찰봉 이외의 여타 모든 경찰 물리력 사용이 불가능하거나 무력화된 상태에서 형
　　　　법상 정당방위 또는 긴급피난의 요건을 충족하는 경우 경찰관은 최후의 수단으로서
　　　　경찰봉으로 대상자의 신체 중요 부위 또는 급소 부위를 찌르거나 가격할 수 있다.

　　　　2) 경찰관이 경찰봉을 '고위험 물리력'으로 사용할 수밖에 없는 불가피한 경우에는 3.
　　　　9.2.항의 권총 사용 한계 가.~마.를 따른다.

3.6. 방패 사용

　　3.6.1. 방패의 정의

방패는 강화 플라스틱 또는 금속으로 제작된 판으로서 경찰청이 지급 또는 인정한 장비를
말한다.

　　3.6.2. 방패 사용 한계 및 유의사항

　　가. 격리도구로서의 방패 사용

　　　　경찰관은 '소극적 저항' 이상인 상태의 대상자에게 방패를 대상자의 신체에 안전하게
　　　　밀착한 상태로 밀 수 있다.

　　나. 중위험 물리력으로서의 방패 사용

　　　　1) 경찰관은 대상자의 '폭력적 저항' 이상인 상태의 대상자에 대해 방패로 강하게 압박
　　　　또는 세게 밀 수 있다.

　　　　2) 경찰관은 현행범 또는 사형·무기 또는 장기 3년 이상의 징역이나 금고에 해당하는
　　　　죄를 범한 범인이 도주하는 경우 체포를 위해 방패로 막거나 세게 밀 수 있다.

　　다. 고위험 물리력으로서의 방패 사용

　　　　1) 방패 이외의 여타 모든 경찰 물리력 사용이 불가능하거나 무력화된 상태에서 형법
　　　　상 정당방위 또는 긴급피난의 요건을 충족하는 경우 경찰관은 최후의 수단으로서
　　　　방패를 '고위험 물리력'으로 활용하여 대상자의 신체를 가격할 수 있다.

　　　　2) 경찰관이 방패를 '고위험 물리력'으로 사용할 수밖에 없는 불가피한 경우에는 3.9.2.

항의 권총 사용 한계 가.~마.를 따른다.

3.7. 분사기 사용

3.7.1. 분사기의 정의

분사기는 사람의 활동을 일시적으로 곤란하게 하는 최루 또는 자극 등의 작용제를 내장된 압축가스의 힘으로 분사할 수 있는 기기로서 경찰청이 지급 또는 인정한 장비를 말한다.

3.7.2. 분사기 사용 한계 및 유의사항

가. 경찰관은 '적극적 저항' 이상인 상태의 대상자에 대해 다른 저위험 물리력 이하의 수단으로 제압이 어렵고, 경찰관이나 대상자의 부상 등의 방지를 위해 필요하다고 판단되는 경우 분사기를 사용할 수 있다.

나. 경찰관은 범인의 도주방지를 위해 분사기를 사용할 수 있다.

다. 경찰관은 정당방위나 긴급피난의 요건이 충족되지 않는 한, 다음 어느 하나에 해당하는 상황에서는 분사기를 사용하여서는 아니 된다.
  1) 밀폐된 공간에서의 사용(다만, 경찰 순찰차의 운행을 방해하는 대상자를 제압하기 위해 다른 물리력 사용이 불가능한 경우는 제외한다)
  2) 대상자가 수갑 또는 포승으로 결박되어 있는 경우(다만, 대상자의 행위로 인해 경찰관 또는 제3자에 대한 신체적 위해 발생 가능성 있는 경우는 제외한다)
  3) 대상자의 '소극적 저항' 상태가 장시간 지속될 뿐 이를 즉시 중단시켜야 할 정도로 급박하거나 위험하지 않은 상황
  4) 경찰관이 대상자가 14세미만이거나 임산부 또는 호흡기 질환을 가지고 있음을 인지한 경우(다만, 대상자의 저항 정도가 고위험 물리력을 사용할 수밖에 없는 상황은 제외한다)

라. 경찰관이 사람을 향하여 분사기를 발사하는 경우에는 사전 구두 경고를 하여야 한다. 다만, 현장상황이 급박한 경우에는 생략할 수 있다.

3.8. 전자충격기 사용

3.8.1. 전자충격기의 정의

전자충격기란 사람의 신체에 전류를 방류하여 대상자 근육의 일시적 마비를 일으킴으로써 대상자의 활동을 일시적으로 곤란하게 할 수 있는 기기로서 경찰청이 지급 또는 인정한 장비를 말한다. 그 사용 방법은 다음을 포함한다.

가. 대상자 신체에 대해 직접 접촉하여 사용하는 스턴 방식

나. 대상자 신체에 대해 직접 발사하여 사용하는 전극침 발사 방식

3.8.2. 전자충격기 사용 한계

가. 경찰관은 '폭력적 공격' 이상인 상태의 대상자에 대해 전자충격기를 사용할 수 있다.

나. 경찰관은 현행범 또는 사형·무기 또는 장기 3년 이상의 징역이나 금고에 해당하는 죄를 범한 대상자가 도주하는 경우 체포를 위해서 전자충격기를 사용할 수 있다.

다. 경찰관은 정당방위나 긴급피난의 요건이 충족되지 않는 한, 다음 어느 하나에 해당하는 상황에서는 전자충격기를 사용하여서는 아니 된다.

    1) 대상자 주변에 가연성 액체(휘발유, 신나 등)나 가스누출, 유증기가 있어 전기 불꽃으로 인한 화재·폭발의 위험성이 있는 상황

    2) 대상자가 계단, 난간 등 높은 곳에 위치하거나 차량·기계류를 운전하고 있는 상황

    3) 대상자가 하천, 욕조 등의 부근에 있거나, 폭우 등으로 주변이 모두 물에 젖은 상황

    4) 대상자가 14세 미만 또는 임산부인 경우

    5) 대상자가 수갑 또는 포승으로 결박되어 있는 경우(다만, '폭력적 공격' 이상인 상태의 대상자로 인해 경찰관 또는 제3자에 대한 신체적 위해 발생 가능성 있는 경우는 제외한다)

    6) 대상자의 '저항' 상태가 장시간 지속될 뿐 이를 즉시 중단시켜야 할 정도로 급박하거나 위험하지 않은 상황

    7) 경찰관이 대상자가 갖고 있는 신체적·정신적 장애로 인하여 전자충격기 사용 시 상당한 수준의 2차적 부상 또는 후유증이 발생할 가능성을 인지한 경우(다만, 대상자의 저항 정도가 '고위험 물리력'을 사용할 수밖에 없는 상황은 제외한다)

    8) 대상자가 증거나 물건을 자신의 입 안으로 넣어 삼켰거나 삼키려 하여 질식할 수 있는 상황

3.8.3. 전자충격기 사용 시 유의사항

가. 경찰관은 근무 시작 전 전자충격기의 배터리 충전 여부와 전기 불꽃 작동 상태를 반드시 확인하여야 한다.

나. 경찰관은 공무수행에 필요하다고 믿을 만한 상황이 아닌 경우에는 전자충격기를 뽑아들거나 다른 사람을 향하도록 하여서는 아니 되며, 반드시 전자충격기집에 휴대하여야 한다.

다. 경찰관은 전자충격기 사용 필요성이 인정되고 시간적 여유가 있는 경우에는 신속히 이 사실을 직근상급 감독자에게 보고하고, 동료 경찰관에게 전파하여야 한다. 이를 인지한 직근상급 감독자는 필요한 지휘를 하여야 한다.

라. 경찰관이 대상자에게 전자충격기 전극침을 발사하는 경우에는 사전 구두 경고를 하여야 한다. 다만, 현장상황이 급박한 경우에는 생략할 수 있다.

마. 경찰관이 사람을 향해 전자충격기를 사용하는 경우에는 적정사거리(3~4.5m)에서 후면부(후두부 제외)나 전면부의 흉골 이하(안면, 심장, 급소 부위 제외)를 조준하여야 한

다. 다만, 대상자가 두껍거나 헐렁한 상의를 착용하여 전극침의 효과가 없다고 판단되는 경우 대상자의 하체를 조준하여야 한다.

바. 경찰관은 전자충격기 전극침 불발, 명중 실패, 효과 미발생 시 예상되는 대상자의 추가적인 공격에 대한 적절한 대비책(스턴 방식 사용, 경찰봉 사용 준비, 동료 경찰관의 물리력 사용 태세 완비, 경력 지원 요청 등)을 미리 준비하여야 한다.

사. 전자충격기 전극침이 대상자에 명중한 경우에는 필요 이상의 전류가 흐르지 않도록 즉시 방아쇠로부터 손가락을 떼야하며, 1 사용주기(방아쇠를 1회 당겼을 때 전자파장이 지속되는 시간)가 경과한 후 대상자의 상태, 저항 정도를 확인하여 추가적인 전자충격을 줄 필요가 있다고 판단되는 경우 다시 방아쇠를 당겨 사용할 수 있다.

아. 한 명의 대상자에게 동시에 두 대 이상의 전자충격기 전극침을 발사하거나 스턴 기능을 사용해서는 아니 된다.

자. 수갑을 사용 하는 경우, 먼저 전자충격기를 전자충격기집에 원위치 시킨 이후 양손으로 시도하여야 한다. 전자충격기를 파지한 상태에서 다른 한 손으로 수갑을 사용할 수밖에 없는 불가피한 상황에서는 안전사고 및 전자충격기 피탈방지에 각별히 유의하여야 한다.

3.9. 권총 사용

3.9.1. 권총의 정의

권총은 한 손으로 다룰 수 있는 짧고 작은 총으로서 경찰청이 지급 또는 인정한 무기를 말한다.

3.9.2. 권총 사용 한계

가. 경찰관은 대상자가 경찰관이나 제3자의 생명·신체에 대한 급박하고 중대한 위해를 야기하거나, 위해 발생이 임박한 경우 권총 이외의 수단으로서는 이를 제지할 수 없는 상황에 한하여 대상자에게 권총을 사용할 수 있다.

나. 경찰관은 사형·무기 또는 장기 3년 이상의 징역이나 금고에 해당하는 죄를 저질렀거나 저지르고 있다고 믿을 만한 상당한 이유가 있는 대상자가 도주하면서 경찰관 또는 제3자의 생명·신체에 대한 급박하고 중대한 위해를 야기하거나, 그 위해 발생이 임박한 경우 권총 이외의 수단으로서는 이를 제지할 수 없는 상황에 한하여 체포를 위해 대상자에게 권총을 사용할 수 있다.

다. 경찰관은 대상자가 경찰관 자신이나 제3자의 생명·신체에 대한 중대하고 급박한 위해를 야기하지 않고 단순히 도주하는 경우에는 오로지 체포나 도주방지 목적으로 권총을 사용하여서는 아니 된다.

라. 경찰관은 오로지 대상자 본인의 생명·신체에 대해서만 급박하고 중대한 위해를 야기

하는 경우에는 이를 제지할 목적으로 권총을 사용하여서는 아니 된다.

마. 경찰관은 오로지 재산만을 보호할 목적으로 권총을 사용하여서는 아니 된다.

바. 경찰관은 다음 어느 하나에 해당하는 상황에서는 권총을 사용하여서는 아니 된다.

    1) 대상자에게 단순히 경고를 하거나 겁을 줄 목적 또는 주의를 환기시킬 목적으로 실탄 또는 공포탄을 발사하는 행위

    2) 대상자 이외의 제3자의 생명·신체에 대한 위해가 예상되는 경우(다만, 권총을 사용하지 아니하고는 타인 또는 경찰관의 생명에 대한 중대한 위험을 방지할 수 없다고 인정되는 등 긴급피난의 요건을 충족하는 경우 필요최소한의 범위 내에서 사용할 수 있다)

    3) 경찰관이 움직이는 차량에 탑승한 상태에서 권총 실탄을 발사하는 행위(다만, 대상자가 경찰관 또는 제3자를 향해 차량으로 돌진하는 경우와 같이 형법상 정당방위 또는 긴급피난의 요건을 충족하는 경우는 제외한다)

    4) 경찰관이 움직이는 차량을 정지시키기 위해 권총 실탄을 발사하는 행위(다만, 대상자가 경찰관 또는 제3자를 향해 차량으로 돌진하는 경우와 같이 형법상 정당방위 또는 긴급피난의 요건을 충족하는 경우는 제외한다)

    5) 14세 미만의 자 또는 임산부에 대한 권총 사용(다만, 대상자가 총기 또는 폭발물을 가지고 대항하여 권총을 사용하지 아니하고는 타인 또는 경찰관의 생명·신체에 대한 중대한 위험을 방지할 수 없다고 인정되는 경우는 제외한다)

3.9.3. 권총 사용 시 유의사항

가. 경찰관은 공무수행 중 필요하다고 믿을 만한 경우가 아닌 경우에는 권총을 뽑아 들거나 다른 사람을 향하도록 하여서는 안 되며, 반드시 권총을 권총집에 휴대하여야 한다.

나. 권총 장전 시 반드시 안전고무(안전장치)를 장착한다.

다. 경찰관은 권총 사용의 필요성이 인정되고 시간적 여유가 있는 경우에는 신속히 이 사실을 직근상급 감독자에게 보고하고, 동료 경찰관에게 전파하여야 한다. 이를 인지한 직근상급 감독자는 신속히 현장으로 진출하여 지휘하여야 한다.

라. 경찰관이 권총을 뽑아드는 경우, 격발 순간을 제외하고는 항상 검지를 방아쇠울에서 빼곧게 뻗어 실린더 밑 총신에 일자로 대는 '검지 뻗기' 상태를 유지하여 의도하지 않은 격발을 방지하여야 한다.

마. 경찰관이 권총집에서 권총을 뽑은 상태에서 사격을 하지 않는 경우, 총구는 항상 지면 또는 공중을 향하게 하여야 한다.

바. 경찰관은 사람을 향하여 권총을 발사하고자 하는 때에는 사전 구두 경고를 하거나 공포탄으로 경고하여야 한다. 다만, 현장상황이 급박하여 대상자에게 경고할 시간적 여유가 없는 경우나 인질·간첩 또는 테러사건에 있어서 은밀히 작전을 수행하는 경우 등 부

득이한 때에는 생략할 수 있다.

사. 경찰관이 공포탄 또는 실탄으로 경고 사격을 하는 때는 경찰관의 발 앞쪽 70도에서 90도 사이 각도의 지면 또는 장애물이 없는 허공을 향하여야 한다.

아. 경찰관은 사람을 향해 권총을 조준하는 경우에는 가급적 대퇴부 이하 등 상해 최소 부위를 향한다.

자. 경찰관이 리볼버 권총을 사용하는 경우 안전을 위해 가급적 복동식 격발 방법을 사용하여야 하며, 단동식 격발 방법을 사용하는 경우 격발에 근접한 때가 아닌 한 권총의 공이치기를 미리 젖혀놓지 않도록 하여야 한다.

차. 수갑을 사용하는 경우, 먼저 권총을 권총집에 원위치 시킨 이후 양손으로 시도하여야 한다. 권총을 파지한 상태에서 다른 한 손으로 수갑을 사용할 수밖에 없는 불가피한 상황에서는 오발 사고 및 권총 피탈 방지에 각별히 유의하여야 한다.

제4장 경찰 물리력 사용 후 조치사항

4.1. 부상자 확인 및 조치

4.1.1. 경찰관이 대상자에게 신체접촉을 동반하는 물리력을 사용한 경우에는 반드시 대상자의 부상 여부를 즉시 확인하고, 부상 발생 시에는 지체 없이 의료진 호출, 응급조치 실시, 대상자 병원 후송, 직근상급 감독자 보고 등의 긴급조치를 취하여야 한다.

4.1.2. 이 사실을 보고받은 직근상급 감독자는 즉시 현장으로 진출하여 물리력 사용 및 부상 경위 파악, 현장 보존, 목격자 확보 등 필요한 후속조치를 취하여야 한다.

4.1.3. 대상자 병원 후송 시에는 지체 없이 대상자의 보호자 등에 해당 사실을 통지하여야 한다.

4.2. 사용보고

4.2.1. 경찰관이 권총, 전자충격기(스턴 방식 사용 포함), 분사기, '중위험 물리력' 이상의 경찰봉·방패, 기타 사람에게 위해를 끼칠 수 있는 장비를 사용한 경우 신속히 별지 서식의 사용보고서를 작성하여 소속기관의 장에게 보고하여야 한다.

4.2.2. 수갑을 사용한 때에는 일시·장소·사용경위·사용방식·사용시간 등을 근무일지 또는 수사보고서에 기재하여야 한다.

4.2.3. 수갑 또는 신체적 물리력을 사용하여 대상자에게 부상이 발생한 경우 별지 서식의 사용보고서를 작성하여 보고하여야 한다.

4.2.4. 경찰관이 권총을 사용한 경우 또는 권총 이외의 물리력 수단을 사용하여 대상자에게 사망 또는 심각한 부상이 발생한 경우 소속기관의 장은 그 내용을 상급 경찰기관의 장을 경유하여 경찰청장에게 보고하여야 한다.

4.3. 고위험 물리력 사용자에 대한 조치

4.3.1. 소속 경찰관이 권총을 비롯한 '고위험 물리력'을 사용한 경우 경찰기관의 장은 해당 경찰관이 명백히 중대한 과실 또는 고의로 권총을 사용하지 않은 이상 육체적, 심리적 안정을 되찾고 향후 관련 조사에 성실히 임하게 할 필요가 있다고 인정되는 때에는 적절한 조치(조사를 위한 공가 허가, 근무 중 휴게 부여, 근무 지정 해제, 의료기관·상담기관 연계 등)를 취하여야 한다.

4.3.2. '고위험 물리력'을 사용한 경찰관의 육체적, 심리적 안정을 위한 조치를 취하는 경우에는 직근상급 감독자가 물리력 사용 경찰관을 대리하여 사용보고서를 작성, 보고하여야 한다.

■ 판례 색인 ■

■ 사항 색인 ■

• 저자 약력
 − 경찰대학 경찰학과 교수, 경찰수사연수원 · 경찰인재개발원 · 중앙경찰학교 · 법무연수원 강사
 − 동아 · 서울 · 제주대학교 법학전문대학원 겸임교수
 − 前 강원 · 고려 · 경북 · 경희 · 부산 · 서강 · 서울시립 · 성균관 · 아주 · 연세 · 영남 · 이화여자 ·
   인하 · 원광 · 전북 · 충남 · 충북 · 한국외국어 · 한양대학교 법학전문대학원 겸임교수
 − 前 부산사하 · 사상경찰서, 울산남부경찰서 수사과 등 수사 실무부서 10년 근무

 − 경찰대학 법학과 졸업(법학학사, LL.B)
 − The College of William & Mary Law School (VA) 석사과정 졸업(법학석사, LL.M)
 − 부산대학교 대학원 박사과정 졸업(법학박사, LL.D)

 − 미국 뉴욕 주 변호사 시험 합격
 − 前 경찰 공무원 채용시험 출제위원(경찰간부후보, 순경)
 − 前 변호사시험 모의시험 출제위원

• 주요 저서
 − 중대재해처벌법 전면개정판(박영사, 2022)
 − 성폭력범죄 법률가이드 제2판(박영사, 2021)
 − 수사사례연구(박영사, 2020)
 − 경찰과 법(경찰대학 출판부, 2015)

제2판
경찰관직무집행법의 이론과 실제

초판발행   2022년 3월 5일
제2판발행   2024년 3월 5일

지은이   김형규
펴낸이   안종만 · 안상준

편 집   이승현
기획/마케팅   정연환
표지디자인   이은지
제 작   고철민 · 조영환

펴낸곳   (주) **박영시**
          서울특별시 금천구 가산디지털2로 53, 210호(가산동, 한라시그마밸리)
          등록 1959. 3. 11. 제300-1959-1호(倫)

전 화   02)733-6771
f a x   02)736-4818
e-mail   pys@pybook.co.kr
homepage   www.pybook.co.kr
ISBN   979-11-303-4639-7   93360

정 가   27,000원